ISRAEL E PALESTINA

A HISTÓRIA DE UM CONFLITO SEM VENCEDORES

Dados Internacionais de Catalogação na Publicação (CIP)
(Câmara Brasileira do Livro, SP, Brasil)

Filiu, Jean-Pierre
Israel e Palestina : a história de um conflito sem vencedores : do século XIX aos nossos dias / Jean-Pierre Filiu ; tradução de Idalina Lopes. – Petrópolis, RJ : Vozes, 2025.

Título original: Comment la Palestine fut perdue.
Bibliografia.

ISBN 978-85-326-7135-6

1. Conflito Árabe-israelense – História 2. Israel – História 3. Palestina – História 4. Sionismo – História I. Título.

25-262921 CDD-956.94

Índices para catálogo sistemático:
1. Conflito árabe-israelense : História 956.94

Eliete Marques da Silva – Bibliotecária – CRB-8/9380

JEAN-PIERRE FILIU

ISRAEL E PALESTINA

A HISTÓRIA DE UM CONFLITO SEM VENCEDORES

Do século XIX aos nossos dias

Tradução de Idalina Lopes

EDITORA VOZES
Petrópolis

Tradução do original em francês intitulado *Comment la Palestine fut perdue – Et pourquoi Israël n'a pas gagné – Histoire d'un conflit (XIXe – XXIe siècle)*

Direitos de publicação em língua portuguesa – Brasil:
2025, Editora Vozes Ltda.
Rua Frei Luís, 100
25689-900 Petrópolis, RJ
www.vozes.com.br
Brasil

Editoração: AJB
Diagramação: Guilherme Ayres
Revisão gráfica: Alessandra Karl
Capa: Larissa Sugahara

ISBN 978-85-326-7135-6 (Brasil)
ISBN 978-2-02-153833-5 (França)

Este livro foi composto e impresso pela Editora Vozes Ltda.

Sumário

Não diferencio o otimismo do pessimismo e realmente me pergunto qual dos dois me caracteriza melhor. De manhã, quando acordo, agradeço a Deus por não ter perecido durante a noite. Se, ao longo do dia, algo de desagradável me acontece, agradeço a Ele por não ter acontecido algo pior. O que sou então: otimista ou pessimista?

Émile Habibi, *Les aventures extraordinaires de Said le peptimiste*, 1974

(Habibi, 1987, p. 23)

Agradeço a Diego Filiu, por sua releitura atenta.

Introdução
As ilusões de uma derrota

Émile Habibi é um palestino de nacionalidade israelense, um "árabe israelense" para os israelenses e um "palestino de 1948" para os palestinos. Quando nasceu numa família cristã de Haifa em 1922, a população judaica era bastante minoritária nessa cidade. Mas, em duas décadas, ela vai se tornar tão numerosa quanto os autóctones árabes, a ponto de Haifa ser anexada em 1947 pela ONU, em seu plano de partilha da Palestina, a um futuro Estado judeu. Habibi, comunista convicto, defende então essa partição e vai se agarrar à sua terra, ao passo que centenas de milhares de palestinos são empurrados em 1948 ao êxodo. Embora tenha se tornado cidadão israelense, Habibi continua militando no Partido Comunista, a única organização do novo Estado que naquele momento admite tanto filiados judeus como árabes. Chegou a representar seu partido no Parlamento israelense, o *Knesset*, durante cinco legislaturas, sempre defendendo suas convicções tanto nacionalistas quanto progressistas. Em 1972, abandona seu mandato para se consagrar à sua obra literária, em língua árabe, pela qual vai receber, em 1990, o Prêmio Al-Qods (Jerusalém) da Organização de Libertação da Palestina (OLP), e então, dois anos mais tarde, o prêmio Israel para a literatura árabe.

Essas duas distinções despertam, de ambos os lados, virulentas polêmicas, ao passo que Habibi aparece, sob várias perspectivas, como precursor do processo de paz lançado em 1993 entre Israel e a OLP. Esse escritor engajado sempre recusou ser reduzido a um estatuto de dupla minoria, palestino num Estado majoritariamente judeu e cristão no seio de uma minoria árabe largamente muçulmana. Ele faz de seu livro *Said, o petimista* a encarnação de uma tragédia palestina de valor universal, em que otimismo e pessimismo têm visões diferentes sobre o mesmo tema. Quando Said, conquistado pelo otimismo, se consola porque a calamidade em curso não é, no fundo, tão grave, o pessimismo lhe responde que, pelo contrário, o pior está por vir. O humor palestino atinge, assim, nos escritos de Habibi, graus de perversidade e de amargura que nada deixam a dever ao humor judaico. E ninguém melhor do que ele poderia oferecer a introdução a este estudo de uma derrota tão paradoxal porque não trouxe nem a paz nem a segurança ao indiscutível vencedor.

No entanto, trata-se de uma derrota histórica que é indispensável reconhecer antes de declinar os processos que a tornaram possível. Quando a Sociedade das Nações atribui em 1922 à Grã-Bretanha um mandato sobre o antigo território otomano da Palestina, sua população é 90% árabe, mesmo assim Londres comprometeu-se a estabelecer ali um "lar nacional para o povo judeu". Um século mais tarde, um número equivalente de judeus e de árabes vive nessa terra da Palestina, mas o Estado de Israel representa 77% de sua superfície e ocupa a maior parte do restante, deixando à "Autoridade Palestina" somente a porção da Cisjordânia suficiente para existir, ao passo que os islamistas do Hamas controlam 1% da Faixa de Gaza. O movimento sionista, que possuía apenas uma ínfima parte da Palestina otomana no início do século XX, conseguiu, assim, inverter essa proporção, deixando somente uma pequena porcentagem desse território nas mãos das duas instâncias palestinas, que estão paralisadas por suas contradições.

A esperança de que uma Palestina independente surja ao lado de Israel devido a uma "solução de dois Estados" parece tanto mais impalpável porque Joe Biden se recusou a desfazer os fatos consumados de seu antecessor, Donald Trump, sobretudo o do reconhecimento de Jerusalém como capital de Israel, inclusive de sua parte oriental, ocupada desde 1967. Embora o "processo de paz", lançado três décadas antes, esteja enterrado, os Estados Unidos não aceitam que nenhuma outra parte se intrometa numa mediação entre Israel e a Palestina, uma imposição que a Rússia e a China evitam contestar. Quanto aos Acordos de Abraão de 1920, eles têm como pilar a aliança agora estratégica entre Israel, um Estado fundado na despossessão de um povo árabe, e os Emirados Árabes Unidos, um Estado sem povo, onde 90% dos habitantes não têm acesso à cidadania. Essa dinâmica de normalização consegue, assim, no mundo árabe, desconsiderar o vínculo persistente da sociedade civil com a causa palestina.

A derrota histórica do movimento nacional palestino é ainda mais cruel porque nenhum movimento de libertação jamais contou com um apoio político, diplomático e financeiro tão amplo, com, no auge de sua potência, os recursos anuais de alguns bilhões de dólares e o apoio de uma esmagadora maioria dos Estados-membro da Organização das Nações Unidas (ONU). Compreender a dinâmica dessa derrota é essencial para sair de um duplo impasse intelectual: de um lado, o do mito de um Estado binacional, partilhado entre judeus e árabes, uma opção que o sionismo hoje triunfante, no entanto, rejeitou há quase um século; e, de outro lado, o de uma questão palestina já totalmente "enterrada", ao passo que o vínculo do povo autóctone com sua terra lança uma sombra duradoura sobre o futuro de Israel. O importante, para não ceder nem a um nem a outro desses lados, é revisitar as grandes narrativas tanto israelenses quanto palestinas e iluminar os reais trunfos do vencedor, entre os quais a importante anterioridade cristã do sionismo e as fragilidades estruturais do vencido, que tanto sofreu com o colapso da ilusão panárabe, depois de tanto se aproveitar dela.

Este livro se distingue, em relação à densa historiografia do conflito israelense-palestino, por sua ambição de estudo estrutural de um processo histórico, assim decomposto em capítulos temáticos em vez de sequências cronológicas. A primeira parte do livro é consagrada às três forças essenciais do projeto sionista e a segunda às três fragilidades fundamentais do movimento palestino, cada uma dessas forças e dessas fragilidades sendo tratada num capítulo específico, mas agora seguindo um desenvolvimento cronológico. Desse modo, por exemplo, o plano de partilha da Palestina pela ONU, em 1947, em vez de ser analisado como tal, é abordado sob seis ângulos diferentes dentro de cada um dos capítulos, desde a campanha dos "sionistas cristãos" para a adoção dessa partição pelos Estados Unidos até a incapacidade da ONU de estabelecer seu próprio plano, passando pela aposta sionista no reconhecimento do Estado judeu e a rejeição árabe do próprio princípio de tal Estado. Mas outros eventos menos fundamentais só aparecem num ou noutro dos capítulos, em razão de sua pertinência limitada a uma única das dinâmicas que contribuem para essa derrota histórica.

Este método visa dar toda a sua coerência e a sua visibilidade a processos muitas vezes diluídos numa abordagem estritamente cronológica. Ele esclarece, assim, a antiguidade e a potência do sionismo cristão, um movimento relativamente desconhecido na França. Contudo, o sionismo foi cristão muito antes de ser judaico, em razão da convicção, difundida no protestantismo anglo-saxão desde meados do século XIX, de que o "retorno" do povo de Israel para "sua" terra participa do cumprimento das profecias. Essa convicção facilitou a Declaração Balfour, primeira vitória histórica do sionismo em 1917, e fez do apoio a Israel, desde 1948, um dos mais importantes desafios da política doméstica nos Estados Unidos, menos em razão do "voto judaico" do que do peso sempre crescente desse sionismo cristão. Benyamin Netanyahu, primeiro-ministro de 1996 a 1999, depois de 2009 a 2021, e novamente desde 2022, inventa a esse respeito uma forma de "sionismo sem judeu", em que ele privilegia mais o apoio incondicional dos sionistas cristãos do que o diálogo com uma diáspora profundamente diversa e muitas vezes crítica.

Quanto ao sionismo judaico, ele sempre se caracterizou por sua pluralidade organizacional e pela vivacidade de seus debates internos. Longe de complicar seu desenvolvimento, essa vitalidade democrática consolidou a difusão no mundo judaico de teses que por muito tempo foram minoritárias, uma vez que cada novo aderente podia recorrer à sua própria versão do sionismo, mais ou menos progressista ou religioso, mais ou menos tolerante ou identitário. Na batalha final contra o mandato britânico, de 1945 a 1947, David Ben Gurion jogou habilmente com a capacidade de prejuízo de seus próprios extremistas, antes de integrá-los brutalmente, em 1948, ao recém-criado exército de Israel. A representação proporcional total de distrito único que rege a eleição do *Knesset* é o modo de votação mais democrático do mundo, mas causa há décadas uma fragmentação cada vez mais pronunciada da cena israelense, que culminou com as cinco eleições de 2019-2022. Essa paralisia política permite, contudo, rejeitar qualquer concessão territorial, pois nenhum governo conseguiu, desde o assassinato de Yitzhak Rabin em 1995, obter uma maioria clara em favor da paz. A fragmentação política de Israel tornou-se desde então um componente decisivo da sua relação de força com os palestinos.

O terceiro maior trunfo de Israel reside na estratégia de fatos consumados seguida pelo movimento sionista desde seu congresso fundador de 1897. A população judaica não representa senão 5% dos habitantes da Palestina, onde ela é majoritariamente contrária ao projeto sionista, sobretudo por razões religiosas. O que não impede o movimento sionista de obter, desde 1917, a consagração da Declaração Balfour e, 30 anos mais tarde, a da partilha da Palestina pela ONU entre dois Estados, judeu e árabe. A cada vez, um fato consumado, logo tornado irreversível, permite ao projeto sionista se expandir sem nunca revelar seu objetivo final. Foi desse modo que o êxodo da grande maioria da população palestina em 1948 tornou-se definitivo, a despeito da adoção pela ONU, naquele ano, do princípio do "direito ao retorno" dos refugiados. A partir da Guerra de 1967, são os avanços progressivos sobre os territórios palestinos ocupados que criam uma realidade nova, consagrada mais do que contrariada pelos "processos de paz". O cerco imposto a Gaza e a recusa em anexar formalmente a Cisjordânia favorecem, com efeito, um modo de controle "à distância" de uma população árabe cuja gestão no cotidiano depende de instâncias palestinas, poupando Israel dos custos e da responsabilidade de uma ocupação direta.

Esses três trunfos de Israel se alimentaram de três fragilidades palestinas, a primeira das quais é evidentemente a ilusão da solidariedade árabe. No entanto, foram chefes de Estado árabes que obrigaram os dirigentes palestinos a suspender a Greve Geral de 1936 e que depois excluíram qualquer representação palestina dos armistícios concluídos com Israel em 1949. Somente depois da derrota árabe de 1967 é que a resistência palestina readquire uma visibilidade própria, consagrada quando os fedains assumem o controle, em 1969, da Organização de Libertação da Palestina (OLP), até então sob o domínio do Cairo. Mesmo assim, a OLP dilapida seus recursos políticos e militares em conflitos afinal perdidos contra a Jordânia durante o Setembro Negro de 1970, depois contra a Síria no

Líbano, em 1976 e em 1983. Todos os regimes árabes permanecem passivos em 1982 durante o cerco de Beirute, em que a OLP combate sozinha Israel, antes de ter de deixar a capital libanesa. Só em 1987, com a Intifada, a sublevação pacífica da Cisjordânia e de Gaza, é que a OLP finalmente endossa a solução de dois Estados, abrindo caminho ao processo de paz. Essa solução só é adotada em 2002 por uma cúpula árabe, ao passo que os atentados suicidas da Segunda Intifada desqualificaram o processo de paz para a maioria de israelenses. O fato de que a solidariedade islâmica com a causa palestina tenha sido ainda menos eficaz do que a solidariedade árabe pode dificilmente compensar um balanço tão negativo.

Quanto à dinâmica faccional, ela enfraquece continuamente o nacionalismo palestino, marcado desde a origem pela polarização entre os partidários de duas grandes famílias rivais de Jerusalém: os Husseini e os Nashashibi. É o preço que a direção palestina paga perante a coerência sionista, razão de sua derrota durante a guerra árabe-israelense de 1947-1948 (entre o plano de partilha da Palestina e a proclamação do Estado de Israel), e depois a extensão do êxodo palestino. Os fedains se constituem no exílio e contra os notáveis tradicionais, ainda que os grupos armados conheçam uma fragmentação ainda maior, alimentada pelos conflitos entre os "padrinhos" árabes desta ou daquela facção. Yasser Arafat só se mantém no comando da OLP, a partir de 1969, freando as facções por escolha pessoal e em proveito do Fatah, o movimento que ele fundou. Mas o engajamento de Arafat no processo de paz com Israel permite que o Hamas islamize a "libertação da Palestina" e se coloque como alternativa à OLP. Ainda assim, Arafat consegue evitar uma guerra civil que, depois de sua morte em 2004, eclode entre o Hamas e o Fatah, cada um se impondo no comando de um microterritório em Gaza e na Cisjordânia. Essa divisão impede constantemente qualquer mobilização nacionalista perante o rolo compressor israelense.

Por fim, a causa palestina apresenta o paradoxo cruel de um superinvestimento da comunidade internacional, quanto à atividade diplomática, à ajuda humanitária e à visibilidade midiática, de um lado, e a uma erosão contínua dos direitos dos palestinos, de outro. Esse paradoxo decorre do "dois pesos, duas medidas", pelo qual crimes de guerra qualificados como tais em direito internacional permanecem impunes em razão do estatuto de exceção de Israel, que não hesita em qualificar de "antissemita" qualquer iniciativa de condenação e *a fortiori* de sanção. A ONU, apesar de sua renovação depois da Guerra Fria, mostrou-se, assim, incapaz não só de solucionar, como também de participar da solução dessa "questão da Palestina", que, no entanto, é o conflito que mais a mobilizou durante sua longa história.

As "guerras contra o terror", a partir de 2001, conduziram em seguida a remover a dimensão político-territorial de um enfrentamento já apresentado segundo os termos implacáveis do "choque das civilizações" de tipo étnico-religioso, choque que nega até o princípio de um compromisso negociado e de concessões territoriais.

A derrota histórica do nacionalismo palestino não implica, no entanto, que Israel ganhou, no sentido de que as reivindicações do povo vencido teriam sido extintas, uma vez que a falência das elites palestinas, agravada pela dinâmica faccional e pelas ingerências árabes, em nada arrefeceu a intensidade do vínculo da população palestina com sua terra. E essa população permanece tão numerosa quanto a população judaica no território da Palestina mandatária, ainda que os cerca de 7 milhões de judeus desfrutem de todos os privilégios da nacionalidade israelense, inclusive nas colônias de Jerusalém Oriental e da Cisjordânia, ao passo que os cerca de 7 milhões de palestinos estão divididos em quatro estatutos incompatíveis (1,7 milhão de árabes israelenses, 300 mil residentes palestinos de Jerusalém Oriental sob autoridade israelense, 2,8 milhões de habitantes da Cisjordânia e 2,2 milhões de habitantes da Faixa de Gaza). A dominação israelense sobre esse espaço só pode ser garantida pela exclusão duradoura do enclave superpovoado de Gaza, exclusão assegurada no decorrer de 16 longos anos por um cerco que permite, assim, à população judaica, de nacionalidade israelense, permanecer majoritária sobre o resto da "Palestina útil".

Israel, anestesiado por uma relação de força esmagadora em seu favor, persuadiu-se de que seu futuro podia ser indefinidamente construído sobre a recusa de conceder ao povo dominado o mais ínfimo horizonte político. Mas essa ilusão foi pelos ares em 7 de outubro de 2023, no pavor da campanha terrorista do Hamas. Todos os sentimentos são legítimos diante do horror perpetrado naquele dia, a sideração, a ira, o desespero, a raiva, o terror ou a depressão, todos esses sentimentos são legítimos, menos a surpresa. Desde julho de 2014, eu escrevia que "mergulhar a Faixa de Gaza numa insegurança permanente em nome da segurança de Israel não é apenas uma ilusão trágica, é um erro estratégico", com o risco de que "a armadilha de Gaza se feche sobre Israel tanto quanto sobre os palestinos" (Filiu, 2014). Em abril de 2018, eu acusava Netanyahu e seu governo de "fazer o jogo do Hamas", julgando "desastroso para o Oriente Médio" não "desapertar o garrote do Hamas em Gaza e favorecer uma via alternativa" (Filiu, 2018). Em setembro de 2022, depois da conclusão em Gaza de um cessar-fogo tão precário quanto os anteriores, eu lembrava que "essa suspensão das hostilidades se apoia apenas em arranjos de curto prazo, sem nada resolver sobre o destino de Gaza e de sua população" (Filiu, 2022).

Não foi apenas a arquitetura de segurança de Israel, tão sólida taticamente quanto frágil estrategicamente, que colapsou em 7 de outubro de 2023. Foi também a obstinação de Israel de depender apenas de suas próprias forças que se chocou com a realidade inflexível de uma questão palestina que ressoa muito além do Oriente Médio. Foi sobretudo a própria visão de Theodor Herzl, a de um "Estado dos judeus" que garanta sua segurança num santuário territorial contra o antissemitismo, que foi invalidada com o maior massacre de judeus desde o Holocausto. Ao transformar o norte da Faixa de Gaza em "paisagem apocalíptica" (Remy, 2023), ao semear a destruição, as ruínas e a morte em todo o enclave palestino, as represálias israelenses não passam de uma sangrenta fuga para frente que só agrava a contradição fundamental do projeto sionista. Não, o conflito israelense-palestino não é um jogo de soma zero em que as perdas de um se traduzem mecanicamente em ganhos para o outro. Sim, os destinos do povo israelense e do palestino estão indissoluvelmente ligados, para o melhor e, infelizmente, na maioria das vezes, para o pior.

Não há, no entanto, nenhuma fatalidade numa espiral tão destrutiva, ainda precisamos nos livrar das viseiras ideológicas que as grandes narrativas de uns ou de outros tornaram mais e mais rígidas. Nestes tempos de ódio e de amálgamas, restituir ao passado toda a sua complexidade, percorrer o campo das ocasiões perdidas e reconstituir os estratos dos fatos consumados e das hostilidades é sem dúvida o melhor antídoto ao entusiasmo identitário. Esse conflito, com mais de um século, não diz respeito apenas aos dois povos que se enfrentam pela e na mesma terra. Com efeito, a persistência da injustiça feita ao povo palestino muito contribuiu para o asselvajamento do mundo atual, para a militarização das relações internacionais e para o naufrágio da ONU, paralisada pelos Estados Unidos em benefício de Israel durante décadas, muito antes de sê-lo pela Rússia na Síria e agora na Ucrânia. Compreender um conflito em que a Palestina foi perdida e no qual Israel não saiu vitorioso faz desde já parte de uma reflexão aberta sobre o futuro deste novo milênio.

1. A Palestina segundo o Reverendo Bush (1844)

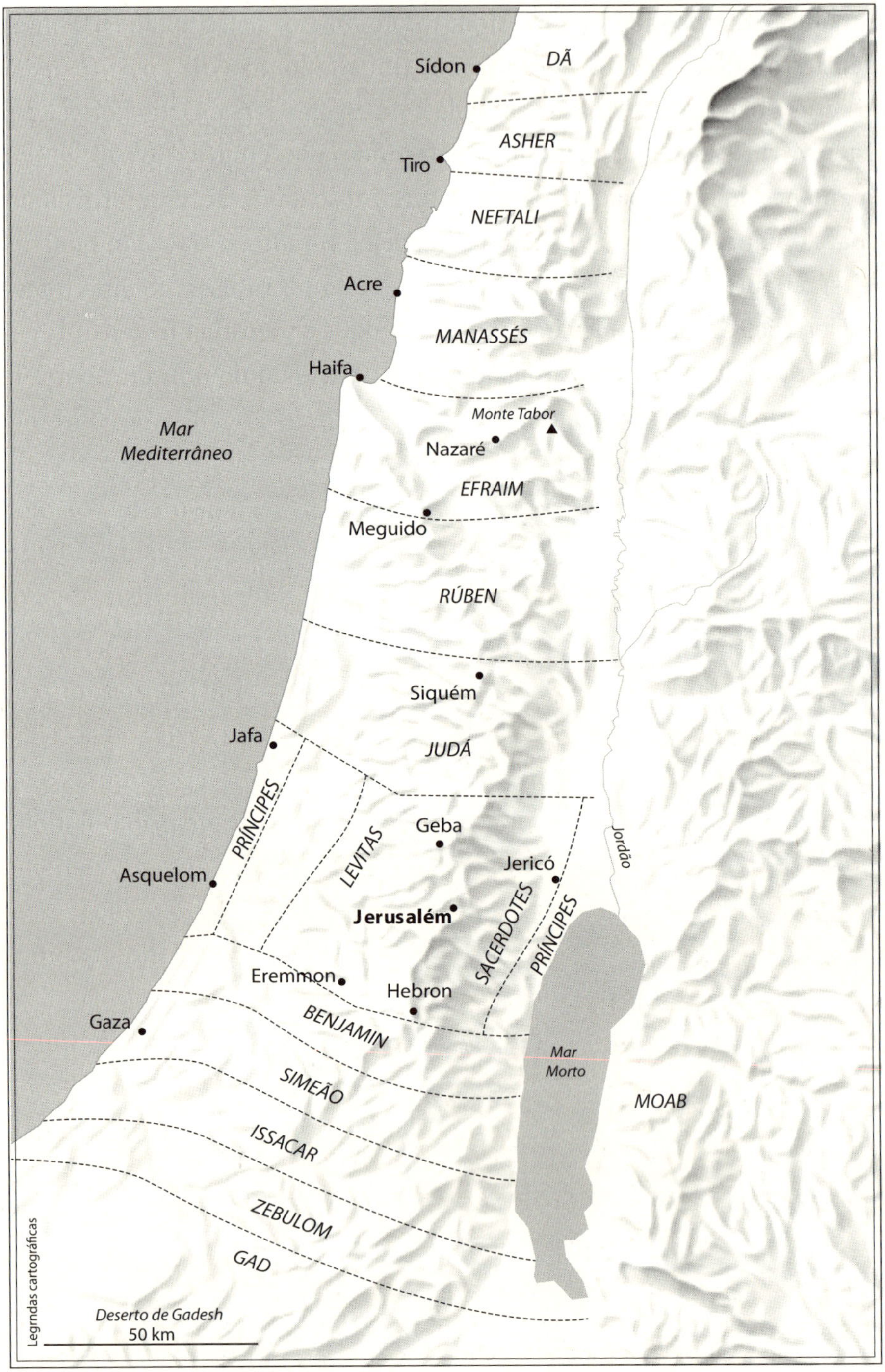

2. Proposta sionista de fronteiras para a Palestina (1919)

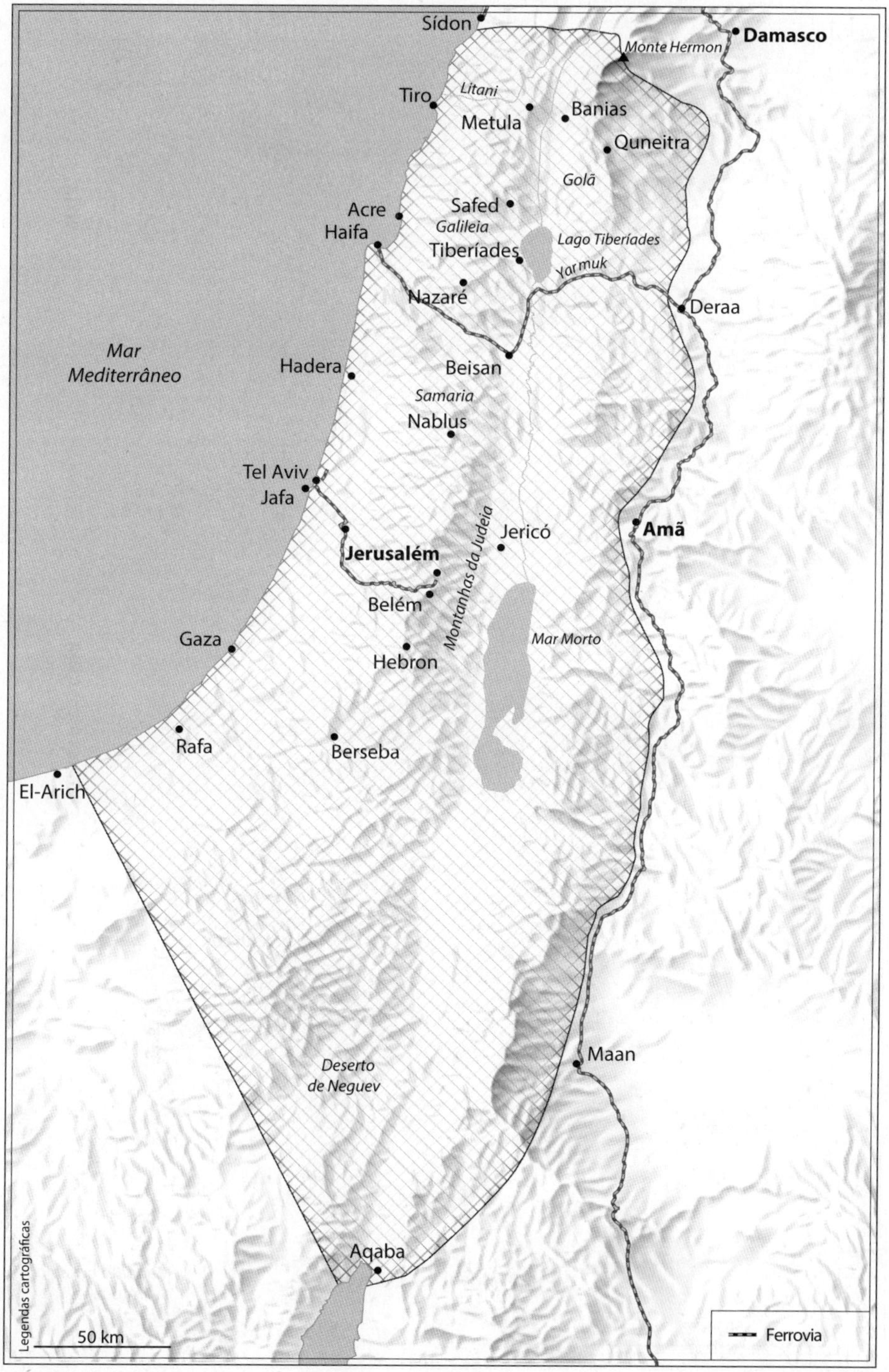

3. O povoamento da Palestina no início de mandato britânico (1922)

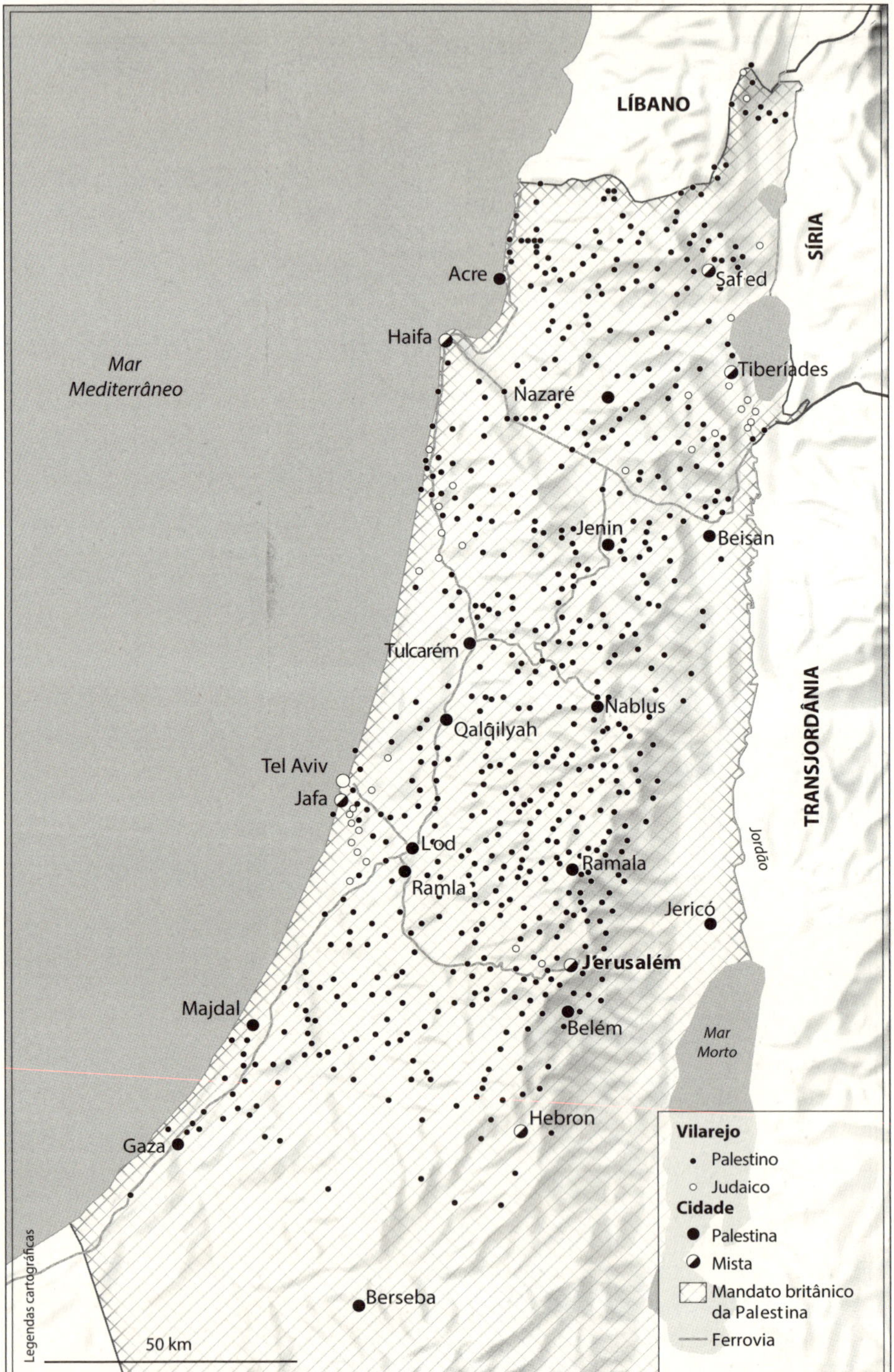

4. O primeiro plano de partilha da Palestina (1937)

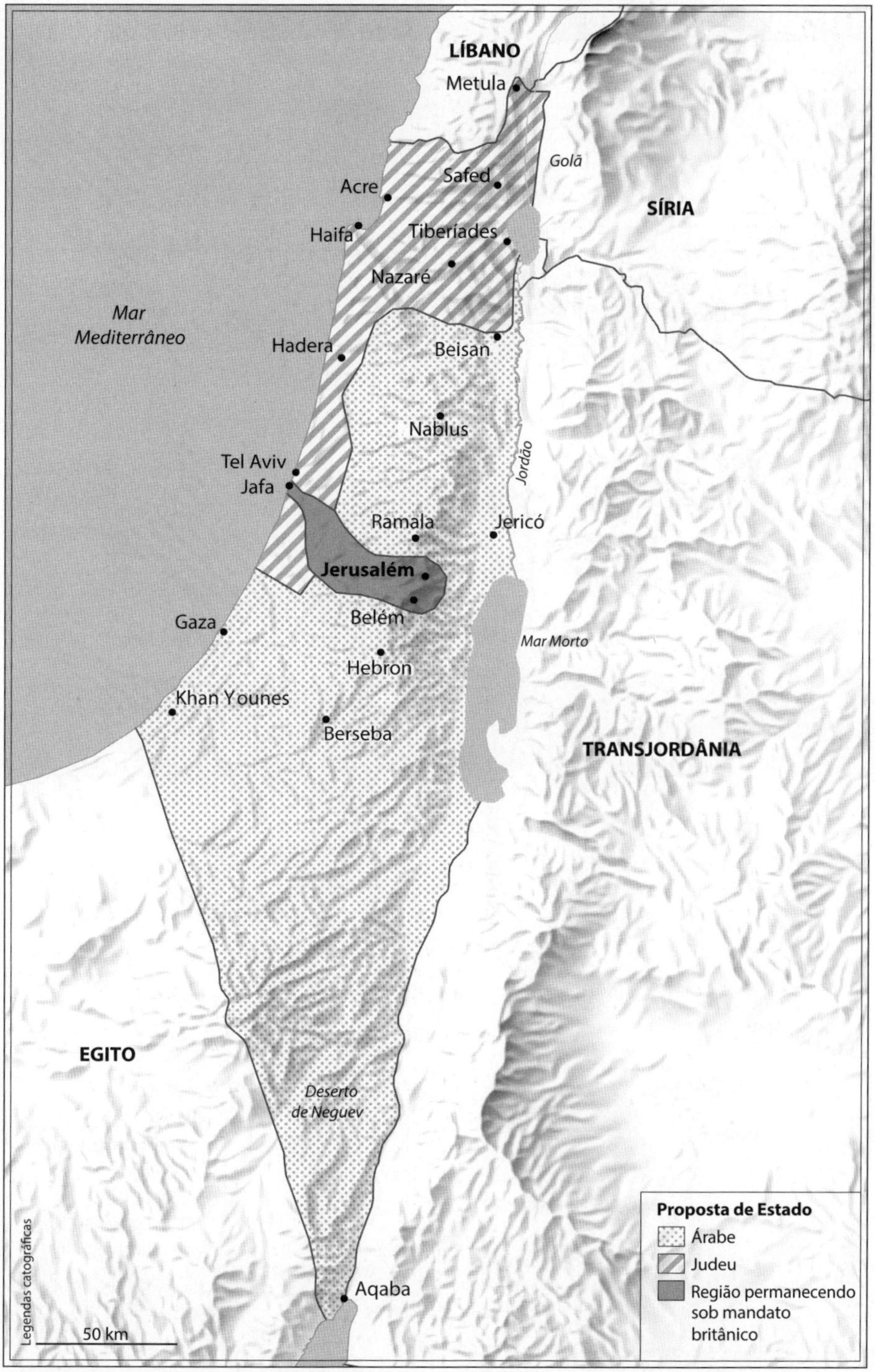

5. Da Palestina a Israel (1947-1948)

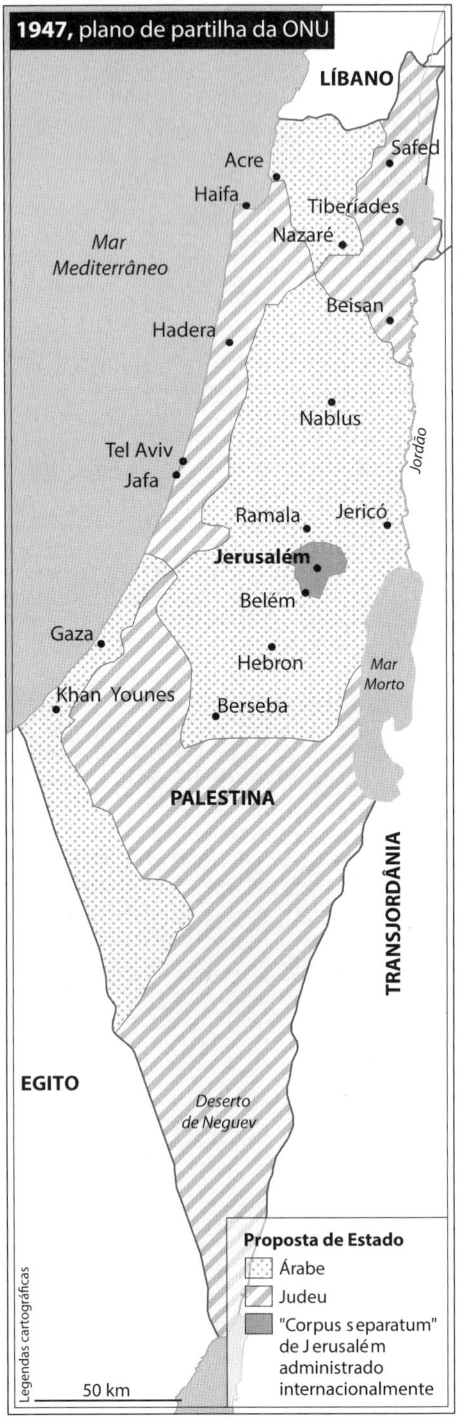

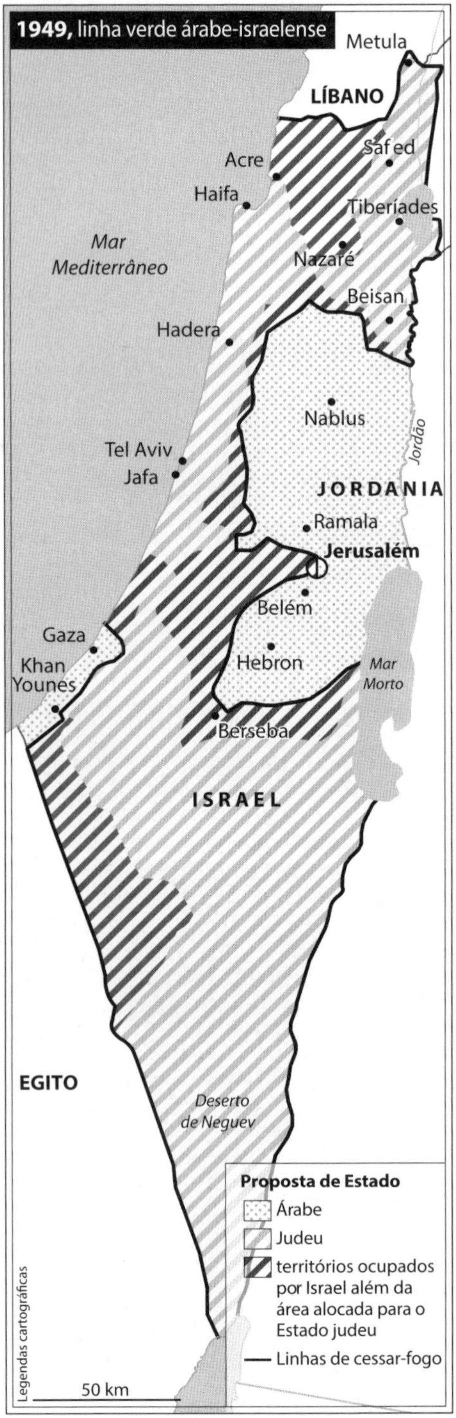

6. A *Nakba* das localidades palestinas desaparecidas em 1948

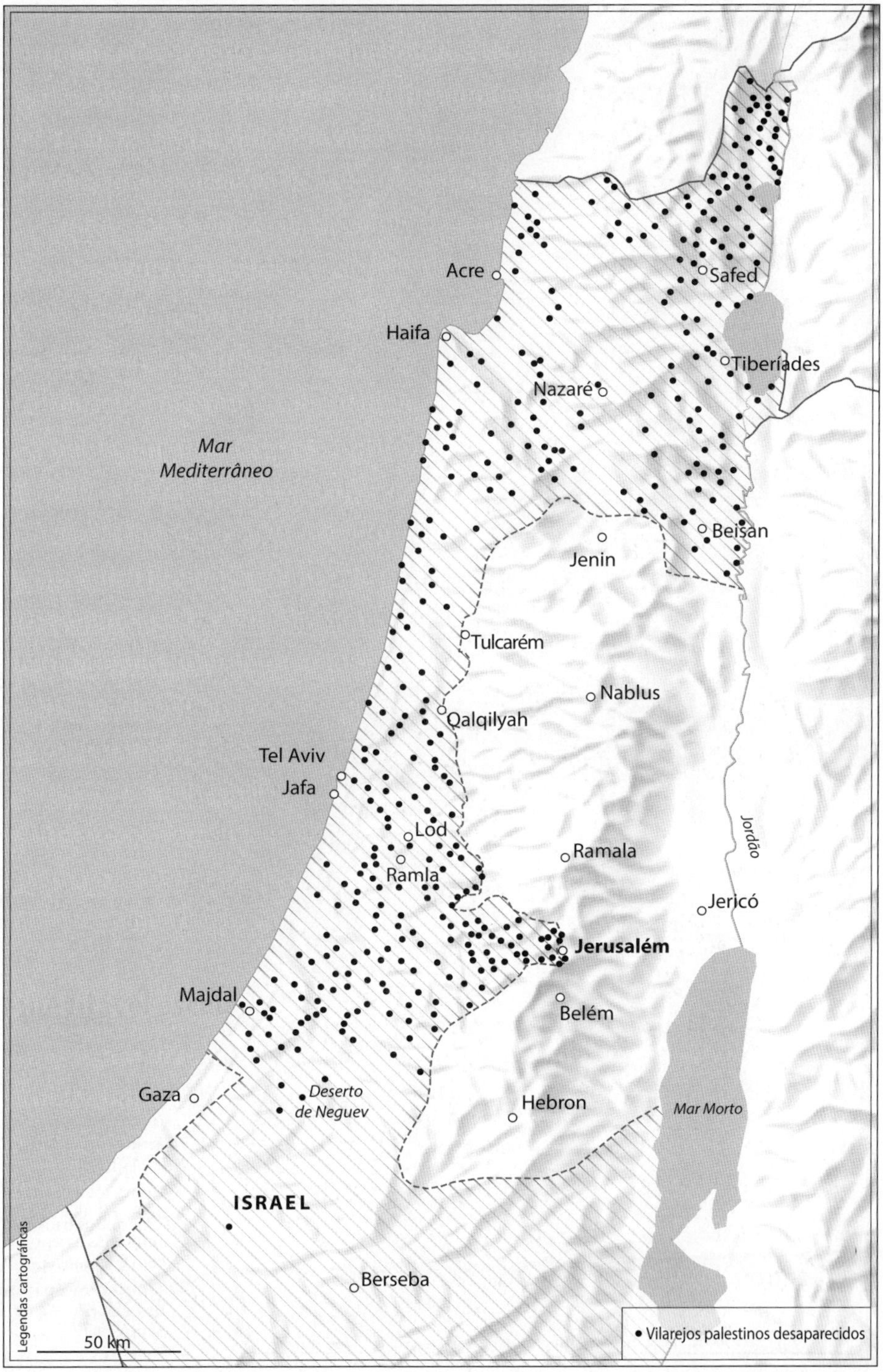

7. O Plano Allon (1967-1968)

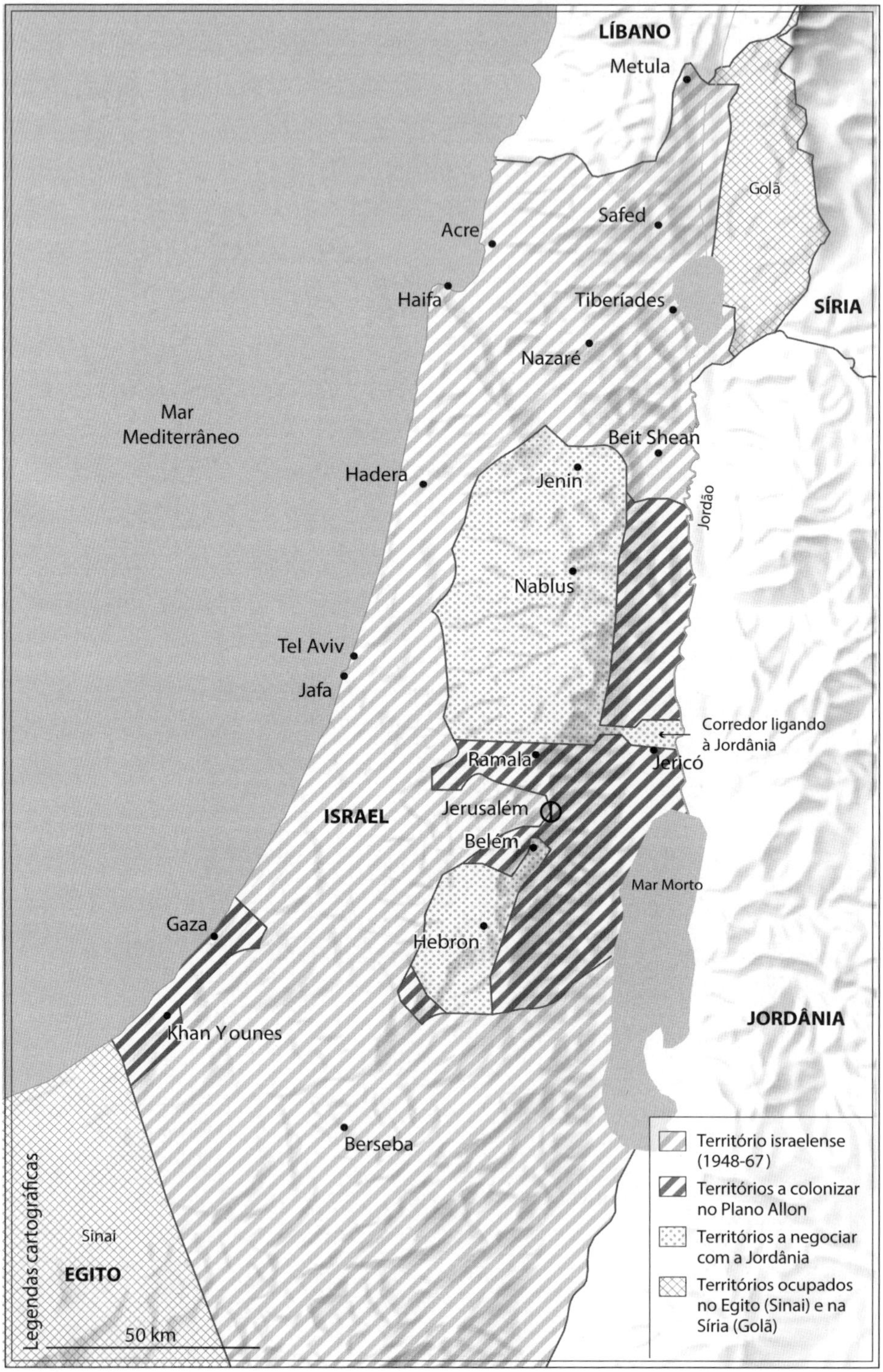

8. Os Acordos de Oslo II e de Wye River (1995-1998)

9. A iniciativa de Genebra para dois Estados (2003)

10. O "acordo do século" de Trump (2020)

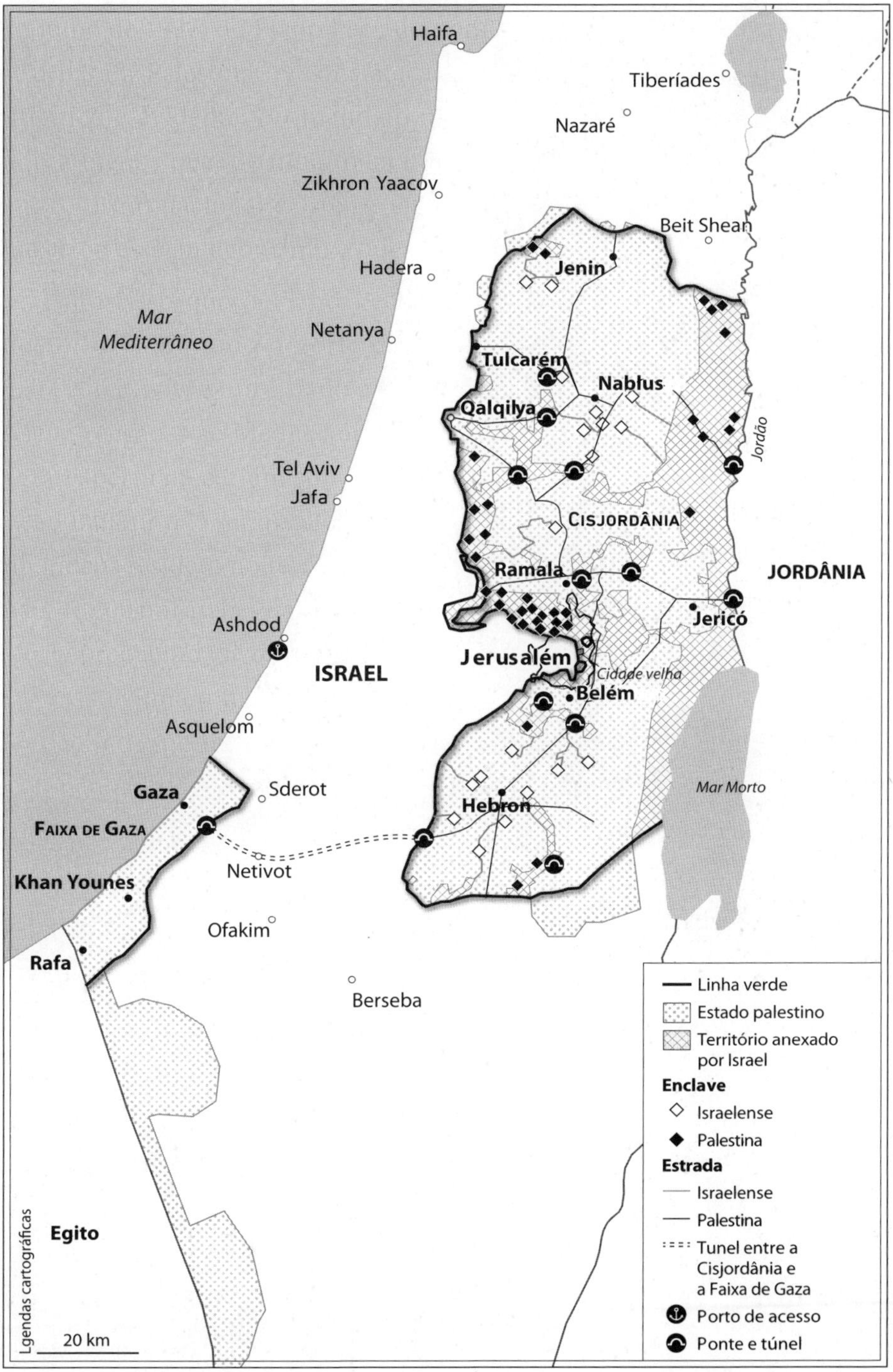

I
As três forças israelenses

1
Um sionismo historicamente cristão

> Existe um país sem nação. E Deus agora nos dirige em sua sabedoria e em sua misericórdia para uma nação sem país.
>
> *Lord Shaftesbury*, 1854
>
> (Lewis, 2010, p. 205)

O sionismo, como movimento que defende a reunião do povo judeu sobre a terra de Israel, foi historicamente cristão antes de ser judaico. Essa realidade, tão desconhecida quanto desencorajante, representou um formidável trunfo para a implantação judaica na Palestina, apesar da resistência, no entanto, precoce da população local. A corrente evangélica do protestantismo anglo-saxão considera, com efeito, a Palestina vazia de sentido e, portanto, de "nação" digna desse nome, enquanto o povo judeu não tiver cumprido ali seu suposto destino, abrindo, assim, o caminho para o estabelecimento do Reino de Deus. Essa obsessão escatológica fortalece o apoio das autoridades britânicas ao projeto sionista na Palestina, depois o dos Estados Unidos ao jovem Estado de Israel. Esse registro bíblico conduz, após as conquistas territoriais de 1967, a desobrigar o Estado judeu da lei dos homens e assim do direito internacional. O sionismo cristão, que pouco a pouco se tornou um ator central da política americana, desempenha um papel determinante na sabotagem do processo de paz israelense-palestino. Afinal é ele que encoraja Donald Trump a dar os mais severos golpes jamais infligidos à própria legitimidade da causa palestina.

Dos pais peregrinos ao restauracionismo

"Viemos proclamar em Sião a obra do Eterno, nosso Deus" (Jr 51,10). Estamos em 1620, e é invocando o Profeta Jeremias que Willian Bradford desembarca no continente americano. Ele é seguido por algumas dezenas de dissidentes ingleses que, por oposição à Igreja Anglicana, tinham se refugiado nos Países Baixos, antes de começar a travessia para o Novo Mundo a bordo do Mayflower. Para esses "Pais peregrinos", a América é a nova Terra Prometida, aquela onde a Jerusalém moderna será fundada sobre o Monte Sião desses tempos. Essa impregnação bíblica das primeiras gerações de colonos na "Nova Inglaterra" se encontra na toponímia dos territórios progressivamente conquistados, com inúmeras colinas batizadas de "Sião", enquanto o Porto de Salém é estabelecido, desde 1626, como uma reprodução de Jerusalém.

Em breve milhares de puritanos ingleses irão se reunir aos pioneiros do Mayflower, determinados a fundar, com esse novo Êxodo, uma colônia regida pela lei de Deus. Esse fundamentalismo está longe de ser partilhado pelas diferentes comunidades de luteranos alemães, de reformados franceses e de menonitas alsacianos que se instalam umas depois das outras. Mas a identificação com o povo de Israel permanece muito forte entre todos esses imigrantes protestantes, cuja vida é com frequência orientada pelo registro bíblico. As 12 colônias ligadas à coroa da Inglaterra em 1700 são até mesmo comparadas às 12 tribos de Israel. E, quando essas colônias, 13 depois da fundação da Geórgia em 1733, declaram a independência de seus "Estados Unidos" em 1776, o soberano britânico é estigmatizado como faraó impotente para transferir tropas suficientes de uma margem à outra desse Mar Vermelho transfigurado em Oceano Atlântico (Oren, 2007, p. 85).

Quatro anos mais tarde, os Estados Unidos, cuja vitória é consagrada em 1783 pelo Tratado de Paris, adotam, depois de intensos debates, uma constituição de inspiração federal. A propaganda patriota até mesmo compara o primeiro presidente, George Washington, no poder de 1789 a 1797, a um novo Moisés que guiou seu povo para a Terra Prometida, seu sucessor John Adams sendo, no mesmo espírito, comparado a Josué. Esse jogo de espelhos continua por muito tempo, enquanto se afirma, no seio de diferentes denominações protestantes, uma tendência chamada "restauracionista", na medida em que ela defende a "restauração" do povo judeu sobre a terra de Israel. A expansão dessa corrente se baseia numa interpretação literalista das Escrituras, segundo a qual a consumação das profecias está subordinada a essa "restauração". Essa convicção acaba se tornando um verdadeiro ato de fé para o Conselho Americano das Missões, estabelecido em 1810 em Massachusetts, em que um dos mais ardentes predicadores, Levi Parsons, proclama em 1812 que "Sião vai prosperar" (Oren, 2007, p. 88).

Trata-se não mais da Sião imaginada dos Pais peregrinos, mas sim do território otomano da Palestina, onde uma revista de Baltimore imaginava, desde 1816, os desertos "desabrocharem como uma rosa" em razão dos pioneiros judeus (Oren, 2007, p. 89). O Ex-presidente John Adams, retirado da vida pública, sonha em 1819 com um "exército" de "cem mil israelitas" estabelecendo-se "novamente na Judeia como nação independente" (Oren, 2007, p. 90). Contudo, tais visões permanecem abstratas nos Estados Unidos, onde apenas alguns milhares de cidadãos são judeus. Quanto ao projeto missionário de Parsons, ele chega ao fim em 1821, depois de permanecer três meses em Jerusalém e de não registrar nenhuma conversão séria. Nos anos seguintes, outras iniciativas missionárias na Terra Santa também não são bem-sucedidas por causa do desinteresse das comunidades judaicas, da hostilidade dos cristãos do Oriente e da proibição otomana de todo proselitismo em meio muçulmano.

A carta do Reverendo Bush

Só em 1844 é que a sensibilidade restauracionista foi formalizada numa obra de referência: *The Valley of Vision, or The Dry Bones of Israel Revived* [O Vale da Visão, ou o reavivamento dos ossos secos de Israel]. O autor é o Reverendo George Bush, professor de hebraico na Universidade de Nova York (e primo do trisavô de Georg H. Bush, presidente dos Estados Unidos de 1989 a 1993, por sua vez pai de George W. Bush, presidente de 2001 a 2009). O Reverendo Bush tornou-se conhecido pela primeira biografia publicada nos Estados Unidos do Profeta Muhammad, que ele acusava de ter "espalhado o veneno de uma falsa religião" (Bush, 1837, p. 191). Apoiando-se nas profecias de Ezequiel, ele pretende então ver seus sinais anunciadores na emancipação dos judeus por "diferentes governos cristãos" e a "elevação deles entre as nações de honrada reputação". Para ele, mais importante ainda é a proclamação otomana de 1839 sobre a igualdade entre todos os súditos, quer sejam muçulmanos, cristãos ou judeus, pois, para os judeus do "Império Turco, a servidão política sempre foi particularmente pesada e penosa" (Bush, 1844, p. 17).

Essa proclamação "pode semear os grãos de um movimento nacional", ou seja, para retomar os termos de Ezequiel, "uma sacudidela nos ossos secos" de Israel (Bush, 1844, p. 24). É claro que "cada departamento de Sião deve ser mobilizado nessa obra", a fim de regenerar "as multidões moralmente defuntas da casa de Israel" (Bush, 1844, p. 24). O Reverendo Bush está convencido da iminência de um "retorno definitivo da raça judaica de sua dispersão prolongada entre as nações e de sua reinstalação sobre a terra legada pela Aliança" (Bush, 1844, p. II). Ele insiste no fato de que esse "restabelecimento na terra de Canaã será definitivo e permanente" (Bush, 1844, p. III). Ele esclarece "que dos cristãos não se espera nenhuma tarefa específica nesse destino predito a Israel, salvo retirar no nível governamental os obstáculos que poderiam ocorrer" (Bush, 1844, p. 40). Uma vez que não tem nenhuma dúvida sobre "a união entre as casas de Judá e de Israel após o retorno delas a sua própria terra" (Bush, 1844, p. V), o Reverendo Bush elabora um mapa* que reparte os territórios das 12 tribos sobre "a terra original de Canaã", ou seja, "do Mediterrâneo ao Jordão": do norte ao sul, Acre retorna assim a Manassés, Tiberíades a Efraim, Cesareia a Rúben, Siquém (denominação bíblica de Nablus) a Judá e assim por diante.

George Bush sequer menciona a população que vive então nessa terra, cujas parcelas ele recorta segundo o método abrupto que delimita ao mesmo tempo os territórios a serem colonizados nos imensos espaços do oeste americano. É que a publicação do *The Valley of Vision*, em 1844, se inscreve no contexto de afirmação conquistadora do "destino manifesto"

---

* *Cf.* mapa 1.

do povo americano. Para os defensores dessa doutrina de tipo messiânico, os Estados Unidos têm como missão estender seu modelo de civilização do Atlântico ao Pacífico, lançando nas trevas as populações indígenas que a ele ousariam se opor. Essa redenção da terra pelo expansionismo colonizador, com a expulsão dos habitantes, cuja própria existência é negada, está realmente no coração da visão do Reverendo Bush de um "retorno" do povo judeu à sua "própria terra".

Seu mapa não deixa de ser impressionante, pois revela a pulsão expropriadora de uma personalidade que, totalmente alheia à cultura e à realidade da Palestina, se arroga, no entanto, o direito soberano de dela dispor. Essa não é senão a primeira de uma longa série de projeções de potência que, sem exceção, invisibilizarão os habitantes da Palestina, uma despossessão simbólica justificada pela santificação dessa terra. Além disso, o Reverendo Bush atribui aos judeus, que ele raramente frequentou apesar de seu domínio do hebraico, uma missão da qual dependem sua própria salvação e a de seus correligionários. O cenário está plantado para que o povo judeu cumpra na Terra Santa profecias cristianizadas, ao passo que os palestinos são oportunamente ocultados da cena.

"Um país sem nação para uma nação sem país"

No momento da independência dos Estados Unidos, o próprio protestantismo britânico está atravessado por uma onda de revivalismo religioso, designado sob o termo genérico de "evangelismo" porque concede um lugar central à conversão pessoal e à interpretação literal das Escrituras. Um dos atos de fé dessa corrente é a crença na "Segunda Vinda" (*Second Coming*) de Jesus a Jerusalém para ali estabelecer o Reino celeste, uma vez os judeus "restaurados" na terra de Israel. Essas expectativas escatológicas se intensificam com a tormenta da Revolução Francesa, em conformidade com o adágio segundo o qual "os ingleses se tornaram piedosos quando os franceses se tornaram republicanos" (Lewis, 2010, p. 39). A angústia é palpável nesses círculos milenaristas quando circulam rumores sobre o "Estado judeu" que o General Bonaparte teria proposto estabelecer na Palestina, parcialmente ocupada em 1799 pelas tropas francesas, antes de seu retorno ao Egito. Embora esses rumores não tenham nenhum fundamento (Laurens, 1998, p. 121-143), a perspectiva de uma "restauração" dos judeus sob a égide da França republicana incomoda os meios evangélicos, convencidos do papel essencial que eles têm de desempenhar nesse cumprimento das profecias. Esses mesmos meios estão então divididos sobre a questão da conversão dos judeus ao cristianismo: uns considerando que ela deve preceder sua "restauração", outros que ela só pode ser consequência desta.

É essa tendência que acaba se impondo em 1836, com a publicação de uma coletânea de sermões de Edward Bickerstech cujo título é em forma de afirmação doutrinária: *The restoration of the jews to their own land in connection with their future conversion and the final blessedness of our earth* [A restauração dos judeus em sua própria terra em relação com sua futura conversão e com a bênção de nossa terra]. O pregador evangélico está convencido de que "a restauração dos judeus é o alarme do relógio da Providência Divina anunciando a iminência do fim do mistério de Deus". Ele acrescenta que o "retorno político" dos judeus à Palestina está "provavelmente muito próximo" num contexto de "queda do Império Turco" (Lewis, 2010, p. 122). Bickerstech pode contar com o apoio ativo de Alexander McCaul, pregador evangélico que publicou, no ano anterior, *New Testament evidence to prove that the jews are to be restored to the land of Israel* [Evidências do Novo Testamento para provar que os judeus serão restaurados na terra de Israel]. Esses dois pregadores estão também muito ligados a uma estrela em ascensão do Partido Conservador, Anthony Ashley-Cooper, membro do Parlamento desde 1826, onde ele é reeleito com constância (promovido à Câmara dos Lordes em 1851, ele entra para a história sob o nome de Lorde Shaftesbury).

Desde 1839, o futuro Lorde Shaftesbury afirma que a Palestina, então disputada pelo Império Otomano e o Egito de Mohammed Ali (Filiu, 2021, p. 191-192), deve retornar a um "terceiro queixoso", o povo judeu, apoiado pelos cristãos enfim dedicados a "buscar a paz temporal e eterna do povo hebreu" (Lewis, 2010, p. 153). Ele estima então a população judaica na Palestina em 40 mil habitantes, um número claramente exagerado, ali onde o cônsul britânico em Jerusalém evoca menos de 10 mil judeus para uma população total avaliada na Palestina em 350 mil habitantes, dos quais 30 mil cristãos). Mas o mesmo cônsul escreve a Lorde Palmerston, ministro britânico das Relações Exteriores, que "duas partes" pesarão no futuro da Palestina: "Os judeus, a quem Deus deu originalmente essa terra", e os "cristãos protestantes, sua descendência legítima" (Kamel, 2015, p. 6). Isso mostra o quanto a linha de argumentação de Shaftesbury impregna a diplomacia britânica. O representante de Sua Graciosa Majestade em Jerusalém, primeiro-cônsul europeu a ali se instalar, em 1839, está aliás oficialmente encarregado de proteger e de assistir a comunidade judaica local.

Shaftesbury continua anunciando "o retorno em massa para sua antiga terra" dos judeus (Lewis, 2010, p. 157), mesmo quando estes se mostram pouco atraídos pela imigração para a Palestina, que em 1840 encontra-se novamente sob a autoridade otomana. O infatigável propagandista escreve a Palmerston que em relação a esse "retorno" não confia nem nos "judeus ingleses, nem nos ricos, nem nos judeus reformados ou infiéis da Alemanha", mas sim nos "hebreus rabínicos que o aceitariam com alegria, vindos da Polônia, da Rússia propriamente dita e da costa da África do Norte" (Lewis, 2010, p. 160). De todo modo, Shaftesbury é bastante convincente para que Palmerston informe seu embaixador em Constantinopla sobre o sentimento crescente, "entre os judeus dispersos na Europa", de uma "aproximação do Tempo em que sua Nação retornará à Palestina" (Lewis, 2010, p. 184). Mais uma vez, a diplomacia britânica projeta na Terra Santa um desejo de "retorno" do povo judeu que é amplamente fruto de suas próprias expectativas escatológicas.

A palpável falta de entusiasmo no seio da diáspora judaica obriga Shaftesbury a moderar seus ardores restauracionistas. Só em 1853 ele, já como um lorde respeitado, retoma sua campanha graças à Guerra da Crimeia, quando ocorre uma aliança franco-britânica em defesa do Império Otomano contra o expansionismo russo. Às inúmeras críticas de seu país contra o regime czarista, Shaftesbury acrescenta sua aversão pelo "principal, poderoso e inumano opressor" dos judeus (Lewis, 2010, p. 200). No conflito em andamento, ele vê sobretudo a oportunidade histórica do "retorno" do povo judeu à Palestina, cujos habitantes desaparecem oportunamente em seus escritos, assim como ele a descreveu em 1854: "Existe um país sem nação. E Deus agora nos dirige em sua sabedoria e em sua misericórdia para uma nação sem país. Seu povo outrora amado, e sim, sempre amado, os filhos de Abraão, de Isaac e de Jacó" (Lewis, 2010, p. 205). A Guerra da Crimeia termina em 1856 com a emancipação tanto dos judeus como dos cristãos do Império Otomano, mas sem nenhum avanço restauracionista. A fórmula de Shaftesbury sobre "um país sem nação" para uma "nação sem país" terá, em contrapartida, uma formidável posteridade.

Pois Shaftesbury não se encontra nem um pouco isolado em sua visão de uma Palestina judaizada sob os auspícios da Inglaterra vitoriana (Schölch, 1992, p. 46-48). O Coronel George Gawler, ex-governador da Austrália do Sul, é um militante da colonização judaica da Terra Santa. Ele vai até essa região em 1849 ao lado de seu compatriota Sir Moses Montefiore, rico negociante judeu, que investe generosamente no desenvolvimento das comunidades judaicas de Jerusalém. Três anos depois, Gawler funda a Associação para a promoção da colonização judaica na Palestina. Em 1865, é o Palestine Exploration Fund [Fundo de Exploração da Palestina] que é criado para apoiar as missões arqueológicas na Terra Santa, mas também para percorrê-la e documentá-la. O desprezo desses orientalistas pelos muçulmanos, que para eles são responsáveis pela "degeneração temporária" da Terra Santa (Kamel, 2015, p. 17), fortalece seu fascínio pelo patrimônio hebraico, que eles acreditam identificar até na toponímia palestina (Kamel, 2015, p. 21). Em 1869, Thomas Cook, pioneiro batista das modernas agências de viagem, lança em Jerusalém uma forma de turismo evangélico dedicada, segundo ele, a reconciliar "a Terra e o Livro" pela descoberta da Palestina apenas sob o ângulo bíblico (Kamel, 2015, p. 20).

Durante o congresso de décimo aniversário do Palestine Exploration Fund, em 1875, Shaftesbury intervém com o tema que já lhe é tão caro de um "país sem nação" para uma "nação sem país". No ano seguinte, a escritora George Eliot publica *Daniel Deronda*, cujos protagonistas, judeus de Londres, só conseguem realizar seu destino partindo para se instalar na Palestina. Em 1878, é a vez de Laurence Oliphant, um amigo de Eliot, propor um "plano" de colonização judaica na "parte norte e a mais fértil da

Palestina", que um recente estudo do Palestine Exploration Fund considera favorável a um imenso desenvolvimento" (Steele, 2020). Oliphant estima que, "para ser sincero, os árabes não têm boas e justas razões para exigir a posse dessa terra: eles a transformaram em deserto, arrasaram as cidades, pilharam os habitantes e precipitaram sua queda até o nível mais baixo" (Charbit, 1998, p. 362). Representante do governo britânico com o objetivo de obter uma concessão otomana para esse projeto, Oliphant espera por longos meses uma audiência do sultão, diante do qual ele evoca fervorosamente a "Segunda Vinda" de Jesus, arruinando, assim, sua própria missão.

O Palestine Exploration Fund contribui substancialmente para a mobilização restauracionista trazendo sua caução "científica" à visão evangélica. As escavações são conduzidas por eruditos impregnados de cultura bíblica, cujo objetivo é muitas vezes confirmar com suas descobertas a validade das profecias, e, portanto, a atualidade do "retorno" do povo judeu à "sua" terra. Quanto às "pesquisas" (*surveys*) publicadas pelo fundo sobre a Terra Santa, elas terão um impacto duradouro sobre a percepção do espaço palestino e de seus limites. Foi o Palestine Exploration Fund que popularizou a fórmula "de Dã a Berseba", inscrevendo num atlas essa definição bíblica dos territórios das tribos de Israel, apesar da incerteza sobre a localização exata de Dã, ao norte, ao contrário de Berseba, bem situada ao sul. Quanto à distinção trazida pelo fundo entre "Palestina ocidental" e "Palestina oriental", separadas pelo Jordão, ela pesará por muito tempo nos debates internos do sionismo judaico, a ponto de alimentar a dissidência revisionista em 1922.

O ciclo das dispensações

O filossemitismo de Shaftesbury é sincero, mesmo que seu limite sejam as portas do Parlamento, pois nenhum judeu pode, segundo ele, ali se sentar a fim de não comprometer o caráter cristão da Coroa. Seu compatriota John Nelson Darby, tradutor da Bíblia e pregador incansável, desenvolve uma visão bem diferente dos judeus, que ele distingue bem, como povo profano de Israel, da Igreja com vocação divina. Com efeito, Darby constrói uma doutrina escatológica em que a humanidade deve atravessar um ciclo de sete "dispensações" antes do juízo final. A primeira dessas dispensações corresponde à Idade da Inocência e se conclui com o pecado original de Adão. Depois vêm a Idade da Consciência (até o Dilúvio), a do Governo (até a Torre de Babel) e a da Aliança (de Abraão a Moisés) (Spector, 2009, p. 13-14). A quinta dispensação, dita da Lei, se conclui com a crucificação de Jesus, quando Israel, em vez de aceitar a salvação oferecida pelo filho de Deus, decide supliciá-lo. Darby prega que os judeus são realmente um povo deicida, culpado de ter comprometido o desígnio divino ao recusar a redenção em Cristo e punido por essa recusa com a destruição do Templo e a dispersão fora da Palestina.

De acordo com Darby, o mundo se encontra desde então na sexta dispensação, conhecida como a da Igreja, e esta só poderá emergir, a fim de cumprir sua missão, com o "retorno" do povo judeu à terra de Israel: "A primeira coisa que o Senhor fará será purificar sua terra, essa terra que pertence aos judeus, dos tírios, dos filisteus, dos sidônios; de Edom e de Moab, e de Amon, de todos os maus, ou seja, do Nilo ao Eufrates. Isso será feito pelo poder de Cristo em benefício de seu povo reestabelecido por sua bondade" (Darby, 1962, p. 380). A menção "do Nilo ao Eufrates" remete à promessa de Javé a Abraão, assim como relatada no Gênesis: "À tua descendência, eu darei este país a partir do rio do Egito até o grande rio, o Rio Eufrates" (Gênesis 15,18) (certa exegese vê nesse "rio do Egito" não o Nilo, mas aquele que desemboca no Mediterrâneo no Oásis de El-Arich, na ponta nordeste do Sinai). Essa restauração de Israel marcará o fim da era da Igreja, com o "arrebatamento" (*rapture*) dos fiéis em direção a Deus. Eles escaparão, assim, aos sete anos de "tribulação", no decorrer dos quais dois terços dos judeus serão massacrados pelo Anticristo, os sobreviventes se convertendo ao cristianismo. Tudo estará pronto para a "Segunda Vinda" de Jesus, que esmagará o Anticristo durante a batalha de Armagedom, no norte da Palestina. Cristo, sentado no trono de Davi em Jerusalém, abrirá a sétima e última dispensação de seu Reino de mil anos, antes do juízo final.

Ligado à Igreja da Irlanda até 1831, Darby prega em seguida sua doutrina nos diferentes círculos protestantes da Europa, em Londres, Dublin ou Genebra. Mas os Estados Unidos, onde ele efetua sua primeira turnê de conferências em 1862, logo se tornarão sua principal terra de missão. Sua tradução para o inglês da Bíblia por ele publicada em 1867 incorpora essas teses "dispensacionalistas", que obtêm um imenso sucesso entre os evangélicos americanos, para muito além dos meios já conquistados pela "restauração" de Israel. Em 1878, essas teses são elevadas à categoria de "fundamentais" pela Conferência de Niágara sobre a Bíblia, um encontro anual de comentaristas das Escrituras que é reconhecido como autoridade entre os "fundamentalistas" de todos os Estados Unidos. No mesmo ano, Willian Blackstone, um homem de negócios de Chicago e pregador metodista, publica *Jesus arrive* [Jesus está chegando], um panfleto distribuído gratuita e maciçamente para divulgar melhor a escatologia de Darby. Quanto a Dwight Moody, talvez o pregador mais popular nessa época nos Estados Unidos, ele defende com ardor a visão dispensacionalista de Darby.

O assassinato, em 1881, do Czar Alexandre II provoca uma onda de *pogroms* no território russo, prelúdio de uma emigração sem precedentes que conduzirá 600 mil judeus para os Estados Unidos ao longo dos 15 anos seguintes. Em contrapartida, o grupo dos Amantes de Sião, nascido nas províncias polonesas e ucranianas do Império Czarista, defende a *Aliá*, ou seja, a subida, e mesmo a ascensão, para a Terra Prometida da Palestina. Esses militantes não escondem a influência que tiveram do *Daniel Deronda* (Goldman, 2009, p. 20), a defesa romanesca de Eliot em favor de uma *Aliá* que ainda não era assim chamada. Quanto a Oliphant, o amargo fracasso, em 1880, de seu plano de assentamento judaico na Palestina não corroeu sua reputação de "novo Ciro". Foi a primeira vez, mas certamente não a última, que uma personalidade cristã se viu enfaticamente comparada ao imperador persa que, ao libertar os judeus da Babilônia, deu-lhes a permissão de reconstruir o Templo de Jerusalém, em 538 a.C.

Oliphant vai em 1882 ao encontro dos judeus refugiados no território austríaco tentar, sem muito sucesso, desviá-los de seu projeto de emigração para os Estados Unidos. Ele continua sua missão na Romênia, cujos habitantes judeus, ainda súditos otomanos, poderiam então se instalar na Palestina. Em Constantinopla, ele fracassa mais uma vez em convencer o sultão a conceder uma carta oficializando a colonização judaica na Palestina. Mas ele contrata na capital otomana Naftali Imber, um poeta judeu e poliglota, encarregado de cuidar de sua volumosa correspondência. Oliphant e Imber partem juntos para o norte da Palestina, onde se instalam durante três anos, contribuindo no desenvolvimento das colônias de Zikhron Yaacov, não distante de Haifa, e de Rosh Pina, na Galileia. Com a morte de Oliphant em 1888, Imber faz uma homenagem a um "autêntico amante de Sião", cujo "amor pelo povo de Israel e sua terra não era maculado por nenhuma agenda oculta" (Steele, 2020). Quanto a Imber, seu poema hebreu *Ha-Tikva* (a esperança), verdadeiro canto de adesão dessa Primeira *Aliá*, publicado em Jerusalém em 1886, se tornará o hino do Estado de Israel: "Nossa esperança, a esperança de dois mil anos, não está perdida/Ser um povo livre em nossa terra/A terra de Sião, Jerusalém" (Goldman, 2009, p. 42).

O Reverendo Blackstone, um dos discípulos mais fervorosos de Darby nos Estados Unidos, parte para a Palestina em 1888, dez anos depois da publicação do seu *Jesus arrive*. Ele retorna impressionado com os resultados, no entanto, limitados da Primeira *Aliá*, a ponto de reunir pouco depois em Chicago uma "conferência sobre o passado, o presente e o futuro de Israel". Mas o entusiasmo dos evangélicos pelo "retorno" do povo judeu contrasta com o ceticismo dos rabinos convidados: "O país onde vivemos é nossa Palestina, e a cidade onde residimos é nossa Jerusalém" (Merkley, 1998, p. 67). Seria necessário muito mais para dissuadir Blackstone de continuar sua campanha: em 1891, ele envia uma carta aberta ao presidente dos Estados Unidos, Benjamin Harrison, ao qual pede para "organizar o mais breve possível uma conferência internacional sobre a condição dos israelitas e suas reivindicações sobre a Palestina como seu antigo lar" (Merkley, 1998, p. 68). Blackstone propõe explicitamente "devolver a Palestina aos judeus", assim como o Congresso de Berlim, em 1878, conseguiu atribuir "a Bulgária aos búlgaros e a Sérvia aos sérvios". O Império Otomano poderia ser compensando com "a aceitação pelos judeus de uma parcela justa da dívida nacional" (Merkley, 1998, p. 68).

A lista dos 413 signatários dessa carta aberta, cristãos em sua esmagadora maioria, revela o quanto Blackstone conseguiu mobilizar para além do movimento evangélico. Nessa lista encontramos, com efeito, o futuro Presidente William McKinley, inúmeros membros do Congresso (entre os quais o presidente da Câmara dos Representantes), o presidente da Suprema Corte, os prefeitos de Nova York e da Filadélfia, dezenas de patrões da imprensa e de editorialistas proeminentes, bem como industriais como John P. Morgan, Leander McCormick ou John Rockefeller. A difusão de tais teses é também ilustrada, nesse mesmo ano de 1891, pela popularidade das conferências sobre a Palestina de John Stoddart, pioneiro da utilização dos estereoscópios, os *slides* da época. Segundo ele, "a Palestina abriga hoje apenas 600 mil pessoas, mas, com uma agricultura digna desse nome, ela poderia acolher facilmente 2 ou 3 milhões" (Garfinkle, 1991, p. 544). Para tanto, Stoddart sugere uma ocupação nos moldes da realizada no Egito pela Grã-Bretanha desde 1882. A cada ano Jerusalém acolhe então mais de 20 mil turistas e peregrinos (Khalidi, 2003, p. 86), duas categorias que, para os evangélicos anglo-saxões, são intercambiáveis.

O amigo evangélico de Herzl

Theodor Herzl é unanimemente considerado como o fundador do sionismo político, cuja plataforma é seu "Estado dos judeus", impropriamente traduzido por *O Estado judeu*, publicado em 1896 em alemão por esse jornalista vienense nascido em Budapeste. Nesse livro, Herzl afirma que a "Palestina permanece nossa pátria histórica inesquecível. Seu nome, por si só, constituiria para nosso povo um grito de adesão de uma extraordinária potência. Se Sua Majestade o sultão consentisse em nos dar a Palestina, poderíamos nos encarregar da organização das finanças da Turquia" (Herzl, 2003, p. 44). Os princípios desse projeto são realmente aqueles já enunciados, cinco anos antes, por Blackstone em sua carta aberta ao presidente americano.

O primeiro Congresso Sionista, que Herzl reúne na Basileia em 1897, se atribui como objetivo "a criação na Palestina, para o povo judeu, de um lar garantido pelo direito público" (Laurens, 1998, p. 57). O termo "lar" foi preferido ao de "Estado", assim como "direito público" substituiu "direito internacional público", para agradar as autoridades otomanas, que Herzl está convencido de que vão aderir a seus pontos de vista. O congresso se desenrola em alemão, mas com traduções garantidas em inglês, russo e hebraico. Um dos três observadores cristãos, ao lado dos 204 delegados judeus, é o Reverendo Anglicano Willian Hechler, autor em 1893 do panfleto *The restoration of the jews to Palestine according to the prophecy* [A restauração dos judeus na Palestina conforme as profecias]. Herzl saúda nessa ocasião a presença daqueles a quem chama de os "sionistas cristãos" (Steele, 2022).

O fato é que Herzl tem uma real necessidade do apoio dos evangélicos anglo-saxões para impor sua própria visão sionista no mundo judaico. Personalidade voluntarista e carismática, ele é alvo das críticas cruzadas das autoridades religiosas, pois suspeitam que ele seja ateu, dos judeus assimilados, que o acusam de encorajar o antissemitismo, e dos Amantes de Sião, que o criticam por ocultar seu trabalho pioneiro. Além do mais, faltam a Herzl principalmente os contatos com as fortunas judaicas, indispensáveis para financiar sua empreitada e seduzir Constantinopla. Por essa razão, Herzl é bastante sensível à confiança cega que Hechler lhe testemunha desde o primeiro encontro em 1896, em Viena, onde o reverendo é o capelão da embaixada britânica. Já na sua segunda entrevista, Hechler desdobra diante de Herzl um mapa militar da Palestina, grande como a sala, e lhe indica a futura localização do Terceiro Templo, com o seguinte comentário: "Estamos preparando o terreno para o senhor" (Merkley, 1998, p. 17). Muito bem relacionado na corte alemã, onde foi o preceptor de um dos príncipes, Hechler acompanha Herzl até a residência do grão-duque de Bade, tio do *kaiser*, Guilherme II, não deixando de insistir nessa ocasião sobre "o cumprimento iminente das profecias" (Merkley, 1998, p. 22).

O Império Alemão alimenta, então, as melhores relações com o Império Otomano, que aprecia a falta de ambições coloniais de Berlim, bem como sua assistência técnica e militar. A turnê de Guilherme II em Constantinopla, Damasco e Jerusalém, em 1898, é no mínimo suntuosa. Ao ponto de uma parte das muralhas da Cidade Santa ser derrubada para que o soberano alemão pudesse ali penetrar de carruagem. Herzl espera muito da audiência que Hechler lhe arranjou em Jerusalém, mas Guilherme II insiste, com a delegação sionista, no imperativo de "respeitar escrupulosamente a soberania do sultão" (Merkley, 1998, p. 32). O desapontamento de Herzl é ainda mais forte para Hechler, pois está persuadido da "entrada, graças ao movimento sionista, na idade messiânica de Israel" (Merkley, 1998, p. 15).

A partir de então, Herzl decide investir em Londres, onde se desenrola em 1900 o IV Congresso Sionista, depois de três sessões ocorridas na Basileia. Ele abre os trabalhos com uma homenagem vibrante à "grande e livre Inglaterra, a Inglaterra cujo olhar abarca os mares" e de onde "a ideia sionista tomará um novo e poderoso impulso" (Laurens, 1998, p. 69).

Essa aposta no Reino Unido ocorre quando a população judaica local, até então estimada em 80 mil pessoas, está dobrando com a chegada maciça dos judeus fugindo das perseguições no Império Russo. Mas essa comunidade judaica, quer seja assimilada ou refugiada, pouco se interessa, na melhor das hipóteses, pela mensagem sionista. Israel Zangwill, escritor britânico e sionista militante, embora proclamando em 1901 que "a Palestina é uma terra sem povo para um povo sem terra" (Garfinkle, 1991, p. 540), endurecendo, assim, a formulação feita por Shaftesbury meio século antes, encontra bem pouco eco em seus compatriotas judeus. Em contrapartida, Herzl pode contar com o filossemitismo bíblico de Arthur Balfour, primeiro-ministro, e com o zelo colonizador de Joseph Chamberlain, secretário de Estado nas Colônias, estes dois dirigentes conservadores que dividem a mesma preocupação de conter a onda de imigração judaica em seu país. Um plano de assentamento judaico no nordeste da Península do Sinai, em torno do Oásis de El-Arich, é elaborado em 1902. O Egito está então sob a autoridade de fato da Grã-Bretanha, que respeita formalmente sua soberania. Mas a impossibilidade de garantir o abastecimento de água nessa região largamente desértica resulta no abandono do plano.

Herzl limita-se então a defender, diante do Congresso Sionista novamente realizado na Basileia, em 1903, a perspectiva de um assentamento judaico no leste do Protetorado Britânico de Uganda, na verdade nos altos platôs do Quênia atual. Embora reconhecendo que se trata de uma "colonização tapa-buraco" e de "uma medida de urgência" diante da continuação dos *pogroms*, Herzl adjura os delegados a aprovar esse "Projeto Uganda". Ele é apoiado por Eliezer Ben-Yehuda, o grande modernizador do hebraico, para quem o povo e a língua devem triunfar sobre a terra. Herzl obtém os votos de 295 congressistas contra 178, sem, no entanto, desarmar a oposição interna, decidida a afastar qualquer alternativa ao assentamento que não seja na Palestina. Os evangélicos anglo-saxões que até então olhavam o sionismo com boa-vontade, em nome do cumprimento das profecias, se sentem no mínimo desencorajados pelo Projeto Uganda. Somente Hechler mantém sua fé intacta. Ele é um dos raros fiéis admitidos em 1904 à cabeceira de Herzl, esgotado por suas campanhas incessantes e vencido por uma pneumonia. Os dois amigos prometem retornar juntos a Jerusalém. Na manhã seguinte, Herzl morre.

A Segunda "Aliá"

Cabe a David Wolffsohn assumir a sucessão de Herzl à frente do movimento sionista e superar o choque do desaparecimento do visionário do "Estado dos judeus". Como em sua juventude tinha afinidades com os Amantes de Sião, os pioneiros da Primeira *Aliá*, Wolffsohn possui a legitimidade indispensável para a organização de uma Segunda *Aliá*, mais bem estruturada do que a anterior e marcada pela orientação progressista de seus imigrantes. Ele que havia acompanhado Herzl em suas campanhas diplomáticas, principalmente quando do encontro com Guilherme II em Jerusalém, é bastante forte para enterrar definitivamente o Projeto Uganda, concentrando novamente as energias sionistas no assentamento definitivo na Palestina. É com esse espírito que Wolffsohn preside o Fundo Nacional Judaico, mais conhecido sob as iniciais KKL em hebraico, encarregado da aquisição de terras na Palestina, um processo sublimado sob a denominação de "redenção da terra". Essa expressão entra em ressonância com o registro evangélico em que a salvação dos fiéis depende realmente da "redenção" da Terra Prometida.

O movimento sionista agora se coloca como equivalente "palestino" dos nacionalismos europeus do século XIX, mobilizado em torno de um povo, o povo judeu, com sua língua nacional, o hebraico moderno, em "sua" terra, em hebraico *Eretz Israel*, a "terra de Israel". Israel Levi – o futuro grande rabino da França, visitando em 1908 a colônia de Zikhron Yaacov, apadrinhada por Oliphant um quarto de século antes – felicita-se de ver ali "verdadeiramente colonos judeus de carne e osso, que trabalham a terra, montam a cavalo e conduzem charretes", ao passo que "todas as crianças falam hebraico com uma facilidade perfeita; eles são limpos, bem cuidados e têm ar inteligente" (Laurens, 1998, p. 115). No ano seguinte, Tel Aviv, a "Colina da Primavera", é fundada como bairro judeu autônomo do Porto de Jafa, com ambição de se tornar uma municipalidade de pleno exercício. É também em 1909 que os sionistas organizam na Palestina sua primeira milícia, *Hashomer*, "o guardião".

Os evangélicos anglo-saxões, que a Primeira *Aliá* havia enchido de esperança sobre a iminência profética, são pegos de surpresa pela dimensão socializante da Segunda *Aliá*. Também se preocupam com o fato de que essa *Aliá* só diz respeito a uma ínfima parte da emigração judaica da Europa oriental (dos 1,6 milhão de judeus a deixar a Europa oriental de 1901 a 1914, apenas 2% foram para a Palestina, onde a maioria deles não permanece, ao passo que 90% se instalam nos Estados Unidos e no Canadá) (Bensoussan, 2002, p. 191). Mas o abandono do Projeto Uganda os tranquiliza quanto ao objetivo agora demonstrado pelos sionistas de uma colonização de *Eretz Israel*. E aderem à visão desses novos imigrantes judeus suficientemente convencidos de seu direito para qualificar como "estrangeiros" os habitantes árabes da Palestina (Segev, 2019, p. 78). Além do mais, o espetacular renascimento do hebraico na Terra Santa encoraja suas perspectivas escatológicas.

A formidável difusão das teses de Darby confere então ao credo evangélico uma potência inigualada. Com efeito, em 1909, o ano da fundação de Tel Aviv e da Hashomer, é publicada a *The Scofield reference Bible* [Bíblia de estudo Scofield], cujo comentador, Cyrus Scofield, incorpora a interpretação dispensacionalista ao conteúdo do próprio livro santo. O inelutável retorno do povo judeu à terra de Israel é agora colocado como um ato de fé por Scofield, muito orgulhoso de usar o nome do imperador persa que organizou, dois milênios e meio antes, o precedente "retorno". Scofield contribui também com *The fundamentals*, panfletos impressos aos milhões de exemplares, de 1910 a 1915, cujo título faz eco aos "fundamentais" enunciados em 1878 pela Conferência de Niágara sobre a Bíblia. O cenário está plantado para que a exaltação restauracionista se traduza em apoio ativo à colonização judaica na Palestina.

A caminho da Declaração Balfour

A Primeira Guerra Mundial e seus horrores alimentam, a partir de agosto de 1914, as angústias apocalípticas dos fundamentalistas cristãos. Segundo eles, o Império Otomano, ao se colocar ao lado da Alemanha e da Áustria-Hungria, revela seu desprezo pela "civilização". Quanto ao movimento sionista, seu berço germânico se encontra marginalizado e mesmo excluído pelas hostilidades. Haïm Weizmann, vice-presidente da Federação Sionista do Reino Unido, tem desde então toda a liberdade para ligar o destino de seu movimento ao da Inglaterra em guerra. Quatro meses após o início do conflito, esse brilhante químico é recebido por Arthur Balfour, ex-primeiro-ministro conservador, que ele já havia encontrado no passado. Ele lhe expõe "como a Palestina e a formação de uma nação judaica do interior, por seus próprios meios e suas próprias tradições, estabeleceriam um estatuto para os judeus", para que eles deixem de ser "o mais explorado e o mais incompreendido dos povos" (Laurens, 1998, p. 198).

Weizmann toma todo o cuidado de limitar suas abordagens ao Partido Conservador. Lloyd George, primeiro-ministro liberal, o encaminha para um dos membros de seu governo, Herbert Samuel, o primeiro da história britânica a ser um judeu praticante. Weizmann descobre em Samuel um sionista tão discreto quanto ardoroso, que pensa que "a realização dos sonhos sionistas é possível" e que "o Templo poderia ser reconstruído a fim de simbolizar a unidade judaica, evidentemente numa arquitetura moderna" (Laurens, 1998, p. 197). Aliás, Samuel faz circular dentro do governo, de janeiro a março de 1915, um memorando defendendo que Londres anexe uma Palestina que em seguida será oferecida aos sionistas para ali estabelecer um Estado judeu independente. Samuel afirma que essa iniciativa garantiria à Grã-Bretanha o apoio da diáspora judaica no mundo inteiro, e principalmente nos Estados Unidos, ainda neutros no conflito em andamento.

Longe de conquistar Lloyd George e seu gabinete para seus pontos de vista, Samuel é mantido afastado da correspondência secreta que o alto-comissário britânico no Cairo mantém, desde o verão de 1915, com o Xerife

Hussein de Meca. Como contrapartida a uma sublevação árabe contra a dominação otomana, Londres se compromete em garantir o estabelecimento de um Reino Árabe nos territórios assim libertados, tendo Damasco como capital. Foi nesse contexto que se desencadeou em junho de 1916 uma "revolta árabe" que, sob a direção do Emir Faisal, um dos filhos do Xerife Hussein, toma rapidamente o controle do Hejaz, ou seja, o litoral ocidental da Península Arábica. Mas os insurretos árabes ignoram tudo sobre a partilha do Oriente Médio que Mark Sykes e François Georges-Picot negociaram, também secretamente, em nome da Grã-Bretanha e da França, um mês antes. Esses "acordos Sykes-Picot" atribuem o norte do Oriente Médio à França e o sul ao Reino Unido, seguindo uma linha que corresponde à fronteira entre a Síria e a Jordânia atual. Entretanto, esses acordos excluem dessa partilha a Palestina, que seria internacionalizada, uma vez que Londres não encontrou uma fórmula melhor para neutralizar as veleidades de Paris de "proteger" os lugares santos cristãos de Jerusalém, Nazaré e Belém.

Nos Estados Unidos, o Presidente Democrata Woodrow Wilson, eleito em 1912 e reeleito quatro anos mais tarde, alimenta a mais profunda desconfiança em relação a essa diplomacia secreta, que ele estima responsável pelo desencadeamento do conflito mundial. Filho de um pastor presbiteriano da Geórgia, ele está muito impregnado pela doutrina restauracionista. É certamente por isso que privilegia interlocutores sionistas no seio da comunidade judaica, ainda que a Federação Sionista reúna em 1914 apenas 15 mil dos 3 milhões de judeus americanos (Oren, 2007, p. 353). Wilson acaba nomeando para a Suprema Corte, em 1916, o presidente dessa Federação, Louis Brandeis, que deixa formalmente a organização sionista, sem, no entanto, deixar de estimulá-la. E, em vez de se voltar para seus correligionários, propõe ao Reverendo Blackstone redigir uma nova carta aberta ao presidente, seguindo o modelo daquela de 1891. Blackstone, que agora se proclama "sionista" (Oren, 2007, p. 280), aceita com entusiasmo, coletando o acordo de inúmeras personalidades, entre as quais dois predecessores republicanos de Wilson, Willian Taft e Theodore Roosevelt. Para este, "nenhuma paz tem valor" sem que "os judeus recebam o controle da Palestina" (Oren, 2007, p. 359).

O paradoxo é que Brandeis não demora a acalmar os ardores de Blackstone, preferindo seu trabalho de influência na Casa Branca a um apelo à opinião pública. Além disso, Brandeis mantém uma relação regular com Weizmann, cujo ativismo acaba de levá-lo à direção da Federação Sionista da Grã-Bretanha. Nessa Federação, Lloyd George dirige desde 1916 um gabinete de coalizão onde Balfour ocupa a pasta das Relações Exteriores. O primeiro-ministro, aliviado por ter obtido, em abril de 1917, a entrada dos Estados Unidos na guerra, despacha de imediato Balfour a Washington. O chefe da diplomacia britânica acredita que pode levar a Casa Branca a se interessar por uma forma de administração da Palestina. Mas a recusa de Wilson de afiançar tais arranjos é tanto mais categórica porque os Estados Unidos declararam guerra somente contra a Alemanha, e não contra o Império Otomano. Brandeis encoraja Balfour a dar uma declaração pública de apoio ao projeto sionista à qual, segundo ele, "a grande massa da opinião cristã deste país" seria sensível. Ao que Balfour responde que ele também é um "sionista" (Oren, 2007, p. 361).

Desde julho de 1917, as autoridades britânicas pedem aos responsáveis sionistas a elaboração do projeto dessa declaração, que por sua vez é corrigida por eles. Ao longo das diferentes versões, os sionistas conseguem que o termo "raça" judaica seja substituído pelo de "povo", mas fracassam em obter o princípio de uma "restauração" judaica na Palestina e devem se contentar com um simples "estabelecimento". Dentro do gabinete de Lloyd George, quem estigmatiza o projeto como antissemita é Edwin Montagu, o único oponente declarado ao texto e também o único ministro judeu. Ele concorda finalmente com uma formulação garantindo "os direitos e o estatuto políticos de que os judeus dispõem em qualquer outro país" que não a Palestina. Em contrapartida, as convicções evangélicas de sete dos dez ministros, entre eles Balfour, desempenham um papel determinante na adoção do texto (Lewis, 2010, p. 333).

Com a Declaração Balfour, publicada em novembro de 1917, o governo britânico "considera favoravelmente o estabelecimento de um lar nacional para o povo judeu na Palestina e empregará todos os seus esforços para facilitar a realização desse objetivo, deixando claro que nada será feito que possa atentar contra os direitos civis e religiosos das comunidades não judaicas existentes na Palestina" (Laurens, 1998, p. 216-217). Weizmann estima que os encorajamentos americanos, transmitidos por Brandeis, fizeram a balança pender definitivamente em favor dessa declaração. Aliás, os telegramas de agradecimentos afluem à Casa Branca (Oren, 2007, p. 363). Vinte anos depois de sua fundação, o movimento sionista registra sua primeira vitória histórica e ele a deve menos à mobilização da diáspora judaica do que à de cristãos que se declaram agora sionistas. Brandeis qualifica, aliás, Blackstone como "pai do sionismo" (Moorhead, 2010, p. 796).

Jerusalém como capital

Enquanto os judeus só constituem um décimo da população da Palestina, a Declaração Balfour reconhece somente a legitimidade de aspirações nacionais deles e somente a deles. Quanto aos 90% de árabes-palestinos, eles são reduzidos a meras "comunidades não judaicas", definidas negativamente, sem que sua identidade nacional e árabe seja nem mesmo mencionada. No máximo lhes concedem "direitos civis e religiosos" sobre sua própria terra. É chocante a continuidade entre essa negação e a afirmação de Shaftesbury, já em 1854, sobre "um país sem nação para uma nação sem país". Os sionistas cristãos nunca consideraram que a Palestina estivesse literalmente vazia de habitantes, mas eles reservam apenas à colonização judaica o direito de construir ali uma nação.

A publicação da Declaração Balfour coincide com a revelação, pela revolução bolchevique, do teor dos Acordos Sykes-Picot. O choque é grande para Faisal e seus combatentes da revolta árabe, que, no entanto, expulsaram o exército otomano para o norte da Transjordânia, no mesmo momento em que as tropas britânicas do General Allenby patinam às portas da Palestina. Somente depois da Declaração Balfour é que Allenby consegue romper a defesa otomana de Gaza e lançar sua campanha vitoriosa da Palestina. Em dezembro de 1917, o general britânico entra a cavalo na cidade velha de Jerusalém pela mesma porta aberta, duas décadas antes, em honra do imperador alemão. Ali ele proclama a lei marcial, sob a autoridade exclusiva de sua administração militar, de um "território inimigo ocupado".

Thomas Edward Lawrence, coronel do serviço de inteligência britânico destacado para Faisal, assiste à cerimônia, e o futuro "Lawrence da Arábia" descreve a consternação do representante francês diante dessa tomada de poder (Lawrence, 1986, p. 464).

Londres encontrou o meio, ao colocar a Palestina sob administração militar, de não honrar nesse estágio nenhuma das promessas contraditórias feitas à revolta árabe, à França e ao movimento sionista. Um tanto desapontado, Weizmann assume a liderança de uma Comissão Sionista que visa ao cumprimento da Declaração Balfour, significativamente traduzida por "Promessa de Balfour" em árabe. Weizmann, intervindo, em abril de 1918, diante dos notáveis árabes de Jerusalém, insiste no caráter obrigatório dessa declaração/promessa em favor de uma "restituição de um lar nacional" e mesmo de sua "restauração": "Não viemos à Palestina, mas a ela voltamos" (Laurens, 1998, p. 236-237). Em seu retorno a Londres, ele se queixa amargamente com Balfour porque na Palestina, "à frente da administração, vemos funcionários britânicos esclarecidos e honestos, mas o resto da máquina administrativa foi deixada intacta, todos os cargos são ocupados por empregados árabes". A conclusão de Weizmann soa como uma advertência: "O estado atual das coisas conduz inevitavelmente à criação de uma Palestina árabe, como se existisse um povo árabe na Palestina" (Laurens, 1998, p. 241).

É essa emergência de um "povo árabe da Palestina" que o movimento sionista está determinado a combater obstinadamente, com o apoio de seus partidários anglo-saxões. Para tanto, Weizmann pretende neutralizar Faisal, que ele encontra em junho de 1918, enquanto a revolta árabe ainda não se apoderou de Damasco, sede de seu futuro Reino Árabe. Como contrapartida das garantias árabes à colonização judaica na Palestina, Weizmann se compromete a obter o apoio dos Estados Unidos ao Reino Árabe. Faisal consciente das pretensões da França na Síria desde os Acordos Sykes-Picot, acolhe favoravelmente as propostas de Weizmann. Os dois homens se encontram em janeiro de 1919 em Londres, onde Faisal, tanto aconselhado quanto manipulado por Lawrence, assina com Weizmann um acordo autorizando "a imigração judaica na Palestina em grande escala"

(Laurens, 1998, p. 253). Trata-se de uma concessão importante, ainda que Faisal condicione a implementação do acordo ao pleno reconhecimento do Reino Árabe pela Conferência de Paz.

Graças às manobras de Weizmann, o movimento sionista chega a essa Conferência de Paris em posição de força. Diante dos diplomatas franceses, Balfour é extremamente enfático ao expressar sua adesão ao sionismo cristão julgando "interessante assistir à reconstituição do Reino de Jerusalém" (Laurens, 1999, p. 444). Além disso, o fim do conflito mundial é julgado propício para o lançamento de uma Terceira *Aliá*, com uma onda de imigração judaica para a Palestina de uma amplitude sem precedentes. Por fim, a visão sionista do "retorno" a *Eretz Israel* é fortalecida pelo estatuto de capital conferido a Jerusalém pelas autoridades britânicas na Palestina. É preciso remontar aos cruzados e ao seu "reino latino", de 1099 a 1183, para encontrar esse mesmo estatuto de capital, ao passo que Acre, Nablus, Jafa ou mesmo Gaza, todas bem mais povoadas do que a Cidade Santa, conseguiram ocupar um papel político mais eminente do que ela sob os diferentes regimes muçulmanos. Essa centralidade de Jerusalém, imposta de cima para baixo pelo imperialismo britânico, corresponde à projeção sionista de uma terra de Israel regenerada pela imigração judaica e governada a partir da Cidade Santa.

O mandato britânico

O tratado de paz concluído em Versalhes em junho de 1919 estabelece uma Sociedade das Nações (SDN), da qual o Presidente Wilson acabou sendo um entusiasta defensor. O pacto da SDN prevê o estabelecimento de "mandatos" sobre "certas comunidades, que outrora pertenciam ao Império Otomano e atingiram um grau de desenvolvimento tão grande que sua existência como nação independente pode ser reconhecido provisoriamente" (Laurens, 1998, p. 274). Wilson confrontado por uma onda isolacionista na opinião americana, fracassa, no entanto, em obter o acordo do Senado sobre a adesão à SDN. Os Estados Unidos estarão então ausentes dessa organização, deixando o caminho aberto para as ambições imperiais da França e da Grã-Bretanha. Em abril de 1920, a Conferência de San Remo atribui à Grã-Bretanha dois mandatos: um sobre a Palestina e outro sobre o Iraque. Quanto à França, ela obtém um mandato sobre a Síria e, com parte do território, molda, uma vez o Reino Árabe de Damasco esmagado, dois meses mais tarde, o "Grande Líbano". O Primeiro-ministro Lloyd George, que se vangloria de ter memorizado a geografia da Palestina bíblica antes da do Reino Unido (Segev, 2019, p. 260-261), apresenta suas referências religiosas para obter da França o traçado da fronteira sírio-palestina mais favorável ao projeto sionista.

O primeiro alto-comissário britânico na Palestina mandatária é Herbert Samuel, ex-ministro judeu, que desde 1915 pressionava Lloyd George a anexar a Palestina para implantar ali um lar sionista. Weizmann declara diante do Congresso Sionista de outubro de 1921, o primeiro em oito anos, que "foi a nosso pedido e apoiado por nossa autoridade moral, que Samuel aceitou um posto de extrema responsabilidade" (Laurens, 1998, p. 317). Foi igualmente em 1915 que Weizmann conquistou, em razão das utilizações militares de sua síntese da acetona, a confiança de Winston Churchill, então Ministro da Marinha, antes de ser, de 1917 a 1919, Ministro do Armamento. Ao se tornar ministro das Colônias em 1921, Churchill insiste, durante uma visita a Jerusalém, em plantar uma árvore sobre o Monte Scopus, local da futura Universidade Hebraica, declarando então: "Meu coração está repleto de simpatia pelo sionismo. O estabelecimento de um lar nacional para o povo judeu na Palestina será uma bênção para o mundo todo" (Pollock, 2021).

Churchill decide reorganizar a região do Oriente Médio sob mandato da Grã-Bretanha instalando no trono do Iraque o mesmo Faisal que o exército francês expulsou de Damasco; suprimindo do mandato da Palestina a Transjordânia, ou seja, a margem oriental do Jordão, que se tornou um Estado tampão entre a Palestina e o Iraque, confiado a um irmão de Faisal, Abdalla; e consagrando a legitimidade do projeto sionista com a inscrição da Declaração Balfour na própria Carta do mandato britânico sobre a Palestina. Essa inscrição, que irá conferir à declaração unilateral de 1917 um estatuto em direito internacional, desperta virulentas oposições na Palestina ou no exterior. A Federação Sionista nos Estados Unidos decide então mobilizar seus intermediários cristãos no Congresso, pelo menos para calar a oposição ao mandato expressa na comunidade judaica, principalmente pelo rabinato ortodoxo. A resolução Lodge-Fish, do nome de seus dois padrinhos no Senado e na Câmara dos Representantes, retoma o mesmo texto da Declaração Balfour contentando-se em substituir "governo britânico" por "Estados Unidos". Vários senadores que em 1920 tinham vetado a entrada de seu país na SDN votam desta vez para que a mesma SDN garanta os interesses sionistas. A resolução é amplamente adotada em junho de 1922, antes de adquirir força de lei sob a assinatura do Presidente Harding.

É em julho de 1922 que a SDN aprova os termos do mandato britânico sobre a Palestina; não apenas a Declaração Balfour é integralmente incorporada, mas está explicitamente claro que "essa declaração comporta o reconhecimento dos laços históricos do povo judeu com a Palestina e das razões da reconstituição de seu lar nacional nesse país" (Laurens, 1998, p. 327). Trata-se da segunda vitória histórica do movimento fundado por Herzl, vitória obtida, como a primeira, graças ao apoio dos políticos cristãos conquistados à causa sionista. Contudo, essa vitória coloca desde o início o mandato britânico num impasse: não existe "povo palestino" cuja ascensão à independência Londres acompanharia, como é o caso nos outros mandatos da SDN, mas um povo judeu cujas aspirações nacionais são as únicas reconhecidas, apesar de seu caráter muito minoritário. Sendo assim, a negação do direito dos árabes da Palestina à autodeterminação deixa, a longo prazo, apenas a alternativa entre um Estado binacional, de um lado, e a partição entre um Estado judeu e um Estado árabe, de outro.

A inevitável escalada

O mandato britânico sobre a Palestina, assim como definido em 1922, só pode, portanto, alimentar uma situação de conflito latente ou aberto, fadada a se prolongar durante um quarto de século, sem resultar numa independência negociada como a do Iraque, que já em 1932 se emancipa da tutela de Londres. Na Palestina, ao contrário, as autoridades britânicas, fundamentalmente favoráveis ao sionismo, são, no entanto, compelidas a moderar a colonização judaica para evitar que a maioria árabe se insurja. Esse delicado jogo de equilíbrio imperial leva inevitavelmente cada um dos dois campos antagonistas a acusar a potência mandatária de condenável complacência para com o campo adverso, num aumento das tensões que será estudado ao longo dos próximos capítulos. O essencial, neste momento, é enfatizar o quanto a impregnação bíblica da maioria dos tomadores de decisão anglo-saxões alimenta uma profunda simpatia pelas teses sionistas. Essa impregnação é acompanhada, nos Estados Unidos, pela determinação de fechar as portas do país à imigração, o que contribui no dinamismo da Quarta *Aliá*, lançada em 1924.

Esse sionismo cristão de inspiração bíblica é ainda mais mobilizado quando eclode na Palestina a grave crise de 1928-1929 sobre a questão do acesso dos judeus ao Muro Ocidental (ou "Muro das Lamentações"), único vestígio do Segundo Templo de Jerusalém, destruído pelos romanos no ano 70. Esse Muro, em hebraico *Kotel*, agora central na piedade judaica, é uma parte do recinto sobre o qual se assenta desde o século VII a Esplanada das Mesquitas, terceiro lugar santo do Islã depois de Meca e de Medina, com, em seu centro, o Domo da Rocha (ou Mesquita de Omar) e, ao sul, a Mesquita Al-Aqsa, mencionada no Alcorão. A Esplanada das Mesquitas é chamada em árabe de o "nobre santuário" (*Al-Haram al-Sharif*), mas em inglês de o "Monte do Templo" (*Temple Mount*). Essa adesão espontânea à toponímia judaica em vez da muçulmana é ainda mais surpreendente porque a designação factual, em língua francesa, de uma "Esplanada das Mesquitas" nunca encontra seu lugar no registro anglófono.

Foi em 1852 que o Império Otomano definiu um *status quo* dos lugares santos de Jerusalém para, entre outras, solucionar as querelas entre as diferentes Igrejas em torno do Santo Sepulcro e neutralizar, assim, as ingerências das potências europeias, a França pretendendo "proteger" os católicos locais, e a Rússia, os ortodoxos. Esse *status quo* entra no direito internacional com sua oficialização pelo Tratado de Paris, que, em 1856, liquida a Guerra da Crimeia. A Grã-Bretanha, ao assumir o mandato da SDN sobre a Palestina, compromete-se a respeitá-lo. Mas esse *status quo* não concede aos fiéis judeus senão um estreito espaço para rezar diante do *Kotel*, ao pé do qual se estende o Bairro dos Magrebinos, estabelecido desde a Idade Média (Lemire, 2021, p. 104-106). A celebração do *Yom Kippur*, em setembro de 1928, suscita os primeiros incidentes, ainda limitados, mas a comemoração da destruição do Templo, em agosto de 1929, degenera em tumultos comunitários que se espalham para além da Cidade Santa.

Embora os tumultos tenham causado tantas mortes, cerca de 130, em cada comunidade (Laurens, 2002, p. 179), a comoção é imensa na opinião pública ocidental, que assimila as violências aos *pogroms* antissemitas. A comissão criada pelo governo trabalhista de Ramsay MacDonald para investigar tais tumultos conclui, em março de 1930, que, "na maioria dos casos, eles tomaram a forma de um ataque furioso dos árabes contra os judeus, acompanhado de uma destruição selvagem da propriedade judaica" (Laurens, 1998, p. 414). Mas o Livro Branco publicado sete meses depois pelo Ministro das Colônias sobre as razões estruturais da crise conclui que, "se a imigração judaica tem como resultado privar a população árabe dos meios de trabalho que lhe garantem o ganha pão", então "a potência mandatária tem o dever de reduzir e, se necessário, de suspender a imigração" (Laurens, 1998, p. 430). Essa sugestão provoca um vigoroso protesto de Weizmann.

O contra-ataque mobiliza os simpatizantes cristãos da causa sionista, entre os quais Arthur Henderson, um antigo pastor metodista que se tornou Ministro Trabalhista das Relações Exteriores (Anderson, 2002, p. 69-70). Henderson obtém, em fevereiro de 1931, uma carta de seu primeiro-ministro que enterra o Livro Branco e reafirma "a obrigação de facilitar a imigração judaica e de encorajar os judeus a se estabelecer de maneira permanente" (Laurens, 1998, p. 433) na Palestina. Weizmann propõe ao Congresso Sionista, que se reúne em julho na Basileia, aceitar essa carta de MacDonald como novo "quadro de cooperação" com a potência mandatária (Laurens, 1998, p. 438). Mas é derrotado, num contexto de crescente escalada antibritânica, ao passo que os delegados vindos dos Estados Unidos decidem relançar sua campanha de opinião. É nesse espírito que Brandeis reúne, em dezembro, uma assembleia de políticos americanos, com o ex-diretor da administração municipal de Cleveland recomendando então priorizar "os cristãos criados nas Escrituras, cuja ligação sentimental e emocional com a Terra Santa predispõe favoravelmente à causa sionista" (Anderson, 2002, p. 76).

O American Palestine Committee é fundado no mês seguinte com o apoio do Presidente Republicano Herbert Hoover e a participação de seu Vice-presidente Charles Curtis, um dos padrinhos no Senado, em 1922, da resolução Lodge-Fish, pela qual os Estados Unidos endossam os termos e o engajamento da Declaração Balfour. Esse comitê defende "o cumprimento da esperança milenar de uma reunião do povo judeu com a terra de sua antiga herança, uma esperança conforme as profecias da Bíblia" (Anderson, 2002, p. 76). A aposta eleitoreira desse comitê é arruinada pela fragorosa derrota da "chapa" Hoover-Curtis à eleição presidencial de novembro de 1932. Com efeito, Franklin Roosevelt vence com uma larga maioria, inclusive nos Estados do *Bible Belt*, "cinturão da Bíblia", composto de uma quinzena de Estados sulistas com importante população evangélica. É verdade que o candidato democrata é eleito com seu programa de saída da desastrosa recessão em que o país está mergulhado há três anos, depois de uma campanha da qual os desafios internacionais estiveram ausentes.

A ascensão de Adolf Hitler ao poder em Berlim, em janeiro de 1933, suscita uma imigração judaica sem precedentes para a Palestina, favorecida pelo acordo de transferência concluído em agosto seguinte entre o movimento sionista e as autoridades nazistas. A Alemanha sequestra os bens dos emigrantes judeus, que são compensados em mercadorias alemãs importadas na Palestina. O movimento sionista torna-se, assim, a única organização política judaica autorizada na Alemanha nazista que consegue, por sua vez, contornar as campanhas de boicote internacional (Laurens, 2019). Esse acordo, em vigor durante seis anos, ou seja, até a Segunda Guerra Mundial, permite a chegada de pelo menos 53 mil judeus à Palestina. Mas é o fechamento persistente dos Estados Unidos à imigração judaica que explica a maioria das partidas em direção à Palestina.

Quer essa imigração seja uma escolha por convicção quer por consenso, ela abala a relação de força demográfica na Palestina, onde a proporção da população judaica passa de um décimo, em 1917, a um terço, em 1936. Essa pressão demográfica é o fator determinante do desencadeamento da Grande Revolta Árabe, com uma greve geral de seis meses da população árabe, de abril a outubro de 1936. Em seguida, passa a haver uma guerrilha de baixa intensidade nos campos palestinos. Londres compreende que a repressão não poderá sozinha dar conta da sublevação. Razão da publicação, em julho de 1937, do Plano Peel, do nome do presidente da nova Comissão Real para a Palestina. A constatação de fracasso de 15 anos de mandato britânico é evidente: "O mandato não pode ser leal e plenamente executado a menos que, de uma maneira ou de outra, consigamos apaziguar o antagonismo nacional existente entre árabes e judeus. Mas foi o mandato que criou esse antagonismo e que o mantém vivo" (Laurens, 1998, p. 485).

É por isso que o Plano Peel preconiza a partição entre um Estado judeu, cobrindo todo o norte da Palestina bem como a faixa costeira de Haifa a Tel Aviv, e um Estado árabe, anexado à Transjordânia*. Jerusalém e Belém, religadas ao Mediterrâneo por um corredor, bem como o enclave de Nazaré, permaneceriam sob um mandato internacional em que "a Declaração Balfour não seria aplicada" (Laurens, 1998, p. 487). Na época, cerca de mil judeus residem no território que seria atribuído ao Estado árabe, porém mais de 200 mil árabes habitam no território do futuro Estado judeu, por isso a forte probabilidade de uma "troca" de populações (Laurens, 1998, p. 487), na verdade uma transferência afetando somente os árabes, cujas modalidades não são especificadas. Enquanto o movimento sionista emite um acordo acompanhado de inúmeras reservas, os dirigentes árabes rejeitam categoricamente essa partição, o que relança a insurreição em toda a Palestina.

Orde Wingate é, desde setembro de 1936, oficial de inteligência em Jerusalém. Ele herdou de seu pai, que exerce a mesma função na Índia, a fervorosa convicção de que sua salvação pessoal depende do "retorno" do povo de Israel à "sua" terra. Aliás, ele não esconde nem suas simpatias sionistas, nem sua admiração pela figura bíblica de Gedeão, que o Livro dos Juízes exalta como grande vencedor dos madianitas, uma tribo árabe da Transjordânia. Wingate está convencido de que a milícia de proteção dos assentamentos judaicos, denominada em hebraico *Haganá* (defesa), deve passar à ofensiva diante do retorno da guerrilha árabe. Em abril de 1938, a *Haganá* conta com 21 mil voluntários, incluindo 4 mil mulheres (Segev,

---

* *Cf.* mapa 4.

2019, p. 276), o que constitui uma força substancial diante da dezena de milhares de insurretos árabes. Além disso, o grau de mobilização miliciana da comunidade judaica, com um combatente para vinte habitantes, é muito mais elevado do que na população árabe, em que é da ordem de 1%. O enquadramento e o armamento pelo exército britânico vão, assim, permitir aos combatentes sionistas ultrapassar uma etapa decisiva em sua estruturação.

Wingate é encarregado, em julho de 1938, de constituir e de comandar os Special Night Squads (SNS, Esquadrões Noturnos Especiais) amalgamando milicianos da *Haganá*, pagos pelo movimento sionista, às unidades britânicas de contrainsurreição. Ele instala simbolicamente o comando de seus esquadrões em Ein Harod, onde Gedeão teria reunido suas tropas às vésperas da batalha decisiva contra os madianitas. Os SNS, operando muitas vezes à noite e mascarados, infligem duros golpes aos militantes árabes, ao passo que os auxiliares sionistas, entre os quais Moshe Dayan, futuro Ministro da Defesa de Israel, e Yigal Allon, futuro vice-primeiro-ministro, adquirem ali uma experiência preciosa. O General Montgomery, nomeado, em novembro de 1938, para o comando das tropas britânicas na Palestina, ordena liquidar fisicamente a guerrilha árabe (Shlaim, 2009, p. 20). Só depois de a sublevação ter sido esmagada, em maio de 1939, é que Wingate foi chamado de volta para a Grã-Bretanha, embora suspeite que seus superiores o transferiram da Palestina muito mais em razão de seu engajamento ideológico do que operacional com a *Haganá* (Cohn-Sherbok, 2006, p. 130).

Com efeito, o momento não é mais propício à contrarrevolução. Nesse mesmo mês de maio de 1939, Londres publica um novo Livro Branco que prevê o estabelecimento de um "Estado palestino independente" num prazo de dez anos. A partição desse Estado é abandonada em proveito da outra parte da alternativa imposta pelo mandato: um Estado binacional onde árabes e judeus "devem aprender a praticar a tolerância, a boa-vontade e a colaboração mútua" (Laurens, 1998, p. 530). O teto da imigração judaica é estabelecido em 75 mil pessoas no decorrer dos próximos cinco anos, o que suscita um intenso protesto dentro do movimento sionista. Churchill, já com muitas críticas ao Primeiro-ministro Neville Chamberlain e à sua política de "apaziguamento" em relação a Hitler, denuncia uma "ruptura e um repúdio da Declaração Balfour" (Laurens, 1998, p. 579). Quanto aos dirigentes árabes, eles proclamam que "o futuro da Palestina não depende de um Livro Branco ou Preto, e sim da vontade do povo árabe" (Laurens, 1998, p. 534). O impacto dessa dupla recusa é, no entanto, limitado, pois a eclosão da Segunda Guerra Mundial, em setembro de 1939, provoca a proclamação da lei marcial e o congelamento da situação na Palestina.

A *commonwealth* judaica

Por conseguinte, o movimento sionista decide contar mais do que nunca com os Estados Unidos para que a Grã-Bretanha ceda sobre a imigração judaica na Palestina. David Ben Gurion, um dos pioneiros da Segunda *Aliá*, instalado na Palestina desde 1906, conhece bem os Estados Unidos, pois percorreu esse país de 1915 a 1918 para ali defender a causa sionista. Desde 1935, ele se tornou, como chefe da Agência Judaica, o dirigente da comunidade judaica da Palestina. Em março de 1940, ele ordena que os responsáveis sionistas conduzam uma campanha antibritânica nos Estados Unidos com os seguintes *slogans*: "A Inglaterra rompeu seus engajamentos com o povo judeu, os ingleses são nossos inimigos na Palestina, a Inglaterra está tramando contra o povo judeu" (Laurens, 1998, p. 565). Ben Gurion insiste que "a Palestina é uma questão de vida ou de morte para o povo judeu" (Laurens, 1998, p. 566). Como está amargamente decepcionado porque a substituição de Chamberlain por Churchill na liderança do governo britânico, em maio de 1940, nada mudou na política mandatária na Palestina, ele viaja até a Filadélfia, em janeiro de 1941, para discursar perante os responsáveis sionistas nos Estados Unidos: "O Livro Branco deve ser destruído assim como Hitler deve ser destruído, porque é obra de Hitler, é o resultado do apaziguamento do antigo governo britânico" (Laurens, 1998, p. 576).

É também para os Estados Unidos que se volta Zeev Jabotinsky, líder da dissidência dita "revisionista", que em 1935 se afastou do sionismo majoritário, acusado de ser demasiado conciliador tanto com os árabes quanto com os britânicos. Jabotinsky havia organizado em 1917-1918 a Legião Judaica, recrutada até na Palestina dentro do exército britânico. Ao chegar em março de 1940 a Nova York, ele propõe então criar um exército judaico, dedicado tanto a combater o nazismo como a estabelecer, no momento certo, um Estado judeu na Palestina. Jabotinsky está acompanhado de seu secretário e confidente, Benzion Netanyahu, responsável pela organização material dessa intensa turnê. Jabotinsky é fulminado por um ataque cardíaco em agosto de 1940, no decorrer de uma visita a um campo da juventude de seu partido, no norte de Nova York. Netanyahu o sucede no comando da ala revisionista do sionismo internacional, cuja ação está centrada nos Estados Unidos. Ao contrário dos sionistas majoritários, cuja mobilização envolve muito mais os democratas de Roosevelt, Netanyahu desenvolve sua relação com os republicanos americanos (Filiu, 2019, p. 29).

A entrada dos Estados Unidos na guerra, em dezembro de 1941, confere um novo estímulo à campanha americana de Ben Gurion. Em maio de 1942, ele convence os delegados sionistas, vindos de toda parte dos Estados Unidos, a adotarem o programa de Biltmore, do nome do hotel novaiorquino onde se realizam os trabalhos. Depois de dirigir "uma mensagem de esperança e de encorajamento a nossos camaradas judeus dos guetos e dos campos de concentração da Europa dominada por Hitler", os congressistas se consagram a seu objetivo prioritário: a abertura das "portas da Palestina" a uma imigração sem entraves, e isso na perspectiva da constituição da Palestina como "*commonwealth* judaica integrada às estruturas do novo mundo democrático" (Laurens, 1998, p. 578-580). O termo *commonwealth* é intraduzível, pois forjado para um público anglófono. Mas de todo modo não passa de um eufemismo para designar um Estado judeu, ao qual as revelações sobre a extensão do extermínio dos judeus da Europa conferem uma urgência trágica. É com o mesmo voluntarismo que é relançado o American Palestine Committee, cujas atividades tinham sido interrompidas durante os dois primeiros mandatos de Roosevelt. Em pouco tempo esse comitê consegue reivindicar uma forte presença no Congresso, com 67 dos 96 senadores e 143 dos 435 representantes (Merkley, 1998, p. 132). A maioria desses eleitos não procura cortejar o "voto judaico" em sua circunscrição, mas sim os votos dos simpatizantes cristãos da causa sionista. Aliás, um Conselho Cristão para a Palestina é estabelecido com esse objetivo em dezembro de 1942.

Roosevelt se mostra pouco receptivo a toda essa agitação. Suas preferências vão para uma forma de *trusteeship* (tutela) sobre a Palestina garantida por representantes dos três monoteísmos, em conformidade com sua vocação de Terra Santa. Quando solicitada a esse respeito, a diplomacia americana propõe à Casa Branca, em outubro de 1943, que a Palestina seja administrada por uma comissão composta de três cristãos, dois muçulmanos e um judeu, este sendo alternadamente sionista, não sionista e antissionista. Nos antípodas de tais considerações, as plataformas dos partidos Republicano e Democrata para as eleições de 1944 defendem em termos similares tanto "a abertura da Palestina sem restrição à imigração e à colonização judaicas" quanto "o estabelecimento de uma *commonwealth* judaica livre e democrática" (Anderson, 2002, p. 80). Roosevelt escolhe como vice-candidato para a eleição presidencial de 1944 um senador do Missouri, Harry Truman, puro produto da máquina democrática desse Estado sulista, mas também da impregnação literalista do *Bible Belt* (Radoshi, 2009, p. 47). Leitor assíduo das Escrituras e batista praticante, Truman reconhece de bom grado aos judeus "um direito histórico e legítimo sobre a Palestina" (Anderson, 2002, p. 88). Claro que ele é membro do American Palestine Committee e tinha, desde 1939, qualificado o Livro Branco de "capitulação em relação ao Eixo" (Bickerton, 1968, p. 188).

O *best-seller Palestine land of promise* [Palestina, terra de promessa], impregnado de referências bíblicas, é então muito popular nos meios democratas. Seu autor é um especialista da conservação dos solos, Walter Lowdermilk, que a administração Roosevelt enviou ao exterior com a missão de conduzir estudos comparativos. Mas é sua estada de 1939 na Palestina que muda a vida de Lowdermilk, agora um ardoroso convertido ao sionismo cristão. O agrônomo passa a considerar a Declaração Balfour como "a carta de uma cruzada mundial" para "a transformação da Palestina numa pátria judaica" (Lowdermilk, 1945, p. 9), pois "os judeus se mostraram capazes da tarefa hercúlea de reerguer a Terra Santa por tanto tempo negligenciada" (Lowdermilk, 1945, p. 13), ao passo que "a decadência da Palestina atingiu o mais baixo grau durante os 400 anos de ocupação turca" (Lowdermilk, 1945, p. 51). Aliás, "a população árabe mais próspera se encontra nas regiões onde a atividade judaica é exercida numa escala maior" (Lowdermilk, 1945, p. 107), e isso a despeito dos "jovens mortos pelos terroristas árabes" (Lowdermilk, 1945, p. 89). A defesa de Lowdermilk é tão bem argumentada que Roosevelt, às vésperas da Conferência de Yalta com Stálin, em fevereiro de 1945, encontra tempo para conversar com seus colaboradores a esse respeito (Radoshi, 2009, p. 23).

Um Ciro americano

A morte de Roosevelt, em abril de 1945, abre para Truman as portas do poder supremo. O movimento sionista e seus aliados cristãos nos Estados Unidos incentivam uma enorme pressão sobre a Grã-Bretanha, muito dependente da ajuda americana para sua reconstrução. Já no mês de agosto, Truman pede publicamente à Grã-Bretanha que autorize a imigração para a Palestina de 100 mil sobreviventes judeus do nazismo. Constitui-se uma comissão anglo-americana que, em seu relatório entregue em maio de 1946, endossa a exigência de uma concessão imediata de 100 mil vistos para a imigração judaica. A Palestina é então sacudida por uma onda de terrorismo antibritânico para a qual contribuem a *Haganá* bem como os grupos mais radicais. No entanto, Truman se declara, em outubro de 1946, favorável ao estabelecimento de um "Estado judeu viável numa parte conveniente da Palestina" (Oren, 2007, p. 488). Mas ele recusa o princípio e mesmo o envio de forças americanas para contribuir com a manutenção da ordem na Palestina. Em janeiro de 1947, o Reino Unido anuncia a evacuação das mulheres e das crianças britânicas da Palestina. Submetido às novas pressões de Washington, Truman decide pouco depois transferir a questão da Palestina para a ONU, que substituiu, dois anos antes, a SDN.

A comissão da ONU, composta de dez Estados, recomenda por unanimidade, em julho de 1947, o fim do mandato britânico e a independência da Palestina, onde a população árabe continua sendo de dois terços. Sete Estados se pronunciam a favor da partição entre um Estado judeu e um Estado árabe, com um estatuto internacional para Jerusalém*. Três outros

* *Cf.* mapa 5.

defendem a fórmula de uma federação de dois Estados, um judeu e outro árabe, tendo Jerusalém como capital. A direção sionista apoia o plano de partilha, que atribui mais da metade da Palestina ao Estado judeu, plano rejeitado pela parte árabe, que se inquieta com o destino da importante minoria árabe num eventual Estado judeu. Apenas o plano de partilha é submetido, em novembro de 1947, ao voto da Assembleia Geral da ONU. Stálin se engaja a favor da partição, pois vê no imperialismo britânico e na "reação árabe" os principais adversários à expansão comunista no Oriente Médio. A União Soviética dispõe, com a Ucrânia e a Bielorrússia, de três assentos na ONU.

Embora Truman, em março de 1947, tenha enunciado uma doutrina de combate na Guerra Fria contra o bloco soviético, ele não hesita em se juntar a Stálin no apoio à partição da Palestina. O presidente americano também não leva em conta a oposição do Departamento de Estado, preocupado com a eclosão de um conflito generalizado, e do Pentágono, que estima em 200 mil soldados o contingente necessário para impor a partição (Oren, 2007, p. 491). Os Estados Unidos não apenas votam o plano de partilha, como pressionam pelo menos dois Estados, a Libéria e as Filipinas, que oscilam da oposição ao apoio (Radoshi, 2009, p. 272). Tais manobras nada mudam no resultado final, em que o plano é aprovado por 33 votos contra 13. A Grã-Bretanha, que anuncia o fim de seu mandato em 15 de maio de 1948, prefere se abster, assim como nove outros estados. Desde o dia seguinte ao voto, 29 de novembro de 1947, dessa resolução 181 da Assembleia Geral da ONU, uma guerra civil entre judeus e árabes dilacera a Palestina, onde as milícias sionistas se esforçam para garantir a continuidade territorial entre seus diferentes assentamentos. Os Estados Unidos editam um embargo sobre as entregas de armas ao Oriente Próximo para não alimentar o conflito. O saldo depois de cinco meses de enfrentamentos é de cerca de 3 mil mortos em cada campo.

A aproximação do final do mandato britânico é marcada por uma intensificação dos combates, com o deslocamento de centenas de milhares de civis árabes. Como 15 de maio de 1948 cai num sábado, Ben Gurion decide proclamar o Estado de Israel na véspera, para não infringir o *shabat*. É logo depois dessa proclamação que Truman anuncia o reconhecimento *de facto* do novo Estado de Israel. Como no voto do plano de partição, o presidente americano foi contra a opinião da maior parte de sua administração (Radoshi, 2009, p. 338). O conflito se internacionaliza com a intervenção de cinco exércitos árabes, que sofrem com suas divisões diante de um exército agora israelense, formidavelmente motivado. Cada ofensiva israelense é acompanhada de um novo fluxo de refugiados árabes. Em 1º de dezembro, é criada uma Agência das Nações Unidas para a Assistência aos Refugiados da Palestina, cuja metade do orçamento é financiada pelos Estados Unidos, colocando no comando o embaixador americano no Cairo. Dez dias mais tarde, a Assembleia Geral da ONU vota a resolução 194, que oferece aos refugiados palestinos a escolha entre o repatriamento e a indenização, uma alternativa apresentada pela parte árabe como um "direito ao retorno".

Em 7 de janeiro de 1949, o cessar-fogo entre Israel e o Egito coloca um fim ao primeiro conflito árabe-israelense. O término das hostilidades e a ocorrência, em 24 de janeiro, de eleições gerais em Israel criam, para Truman, as condições de um reconhecimento desta vez *de jure* de Israel, efetivo em 31 de janeiro. A ONU apadrinha, durante as semanas seguintes, a negociação de quatro armistícios separados entre Israel e, sucessivamente, Egito, Líbano, Jordânia e Síria. Mas trata-se de uma simples suspensão das hostilidades, e não de acordos de paz. Em 11 de maio de 1949, o presidente americano recebe o grande rabino de Israel que o compara a Ciro, o imperador persa que emancipou os judeus e permitiu a edificação do Segundo Templo. É com lágrimas nos olhos que Truman ouve seu hóspede afirmar que "o Senhor lhe deu a missão de ajudar o povo eleito", e isso quando o futuro chefe de Estado ainda estava "no ventre de sua mãe" (Radoshi, 2009, p. 345). No plano diplomático, os Estados Unidos são um dos três Estados-membro da Comissão de Conciliação sobre a Palestina que, em nome da ONU, convidam Israel e os Estados árabes a negociar uma autêntica solução de paz em Lausanne. Após meses de discussões infrutíferas, essa conferência termina, em 15 de setembro, num fracasso.

A administração Truman pressiona a Assembleia Geral da ONU a substituir, em 8 de dezembro de 1949, o mecanismo existente de assistência aos refugiados palestinos por uma Agência das Nações Unidas de Assistência e de Trabalho, designada sob sua sigla em inglês de Unrwa. Os refugiados, que desapareceram dessa sigla, estão, portanto, fadados a "trabalhar" na perspectiva de um exílio permanente, apesar da resolução consagrando um ano antes seu direito ao retorno. A mesma Assembleia Geral da ONU vota, no dia seguinte, a favor de um regime internacional na cidade de Jerusalém, conforme ao plano de partilha da Palestina em 1947, no momento em que a parte ocidental da Cidade Santa é integrada a Israel e que a parte oriental é anexada pela Jordânia. Ben Gurion responde transferindo para Jerusalém ocidental a sede do governo israelense, bem como o *Knesset* e a maioria dos ministérios.

A questão da Palestina se acomoda então numa situação de nem guerra, nem paz, cujos transbordamentos os Estados Unidos tentam constantemente conter. Em maio de 1952, as autoridades israelenses oferecem ao presidente americano "o dom da imortalidade" dando o nome de Kfar Truman (Vilarejo Truman) a uma cooperativa agrícola bem próxima do único aeroporto internacional do país (Merkley, 1998, p. 191). Cooperativa que foi construída sobre as ruínas do vilarejo palestino de Beit Nabala, abandonado por seus quase 2 mil habitantes às vésperas da proclamação do Estado de Israel e destruído em setembro de 1948. A ocasião de uma solução definitiva do conflito árabe-israelense foi realmente perdida em Lausanne, mas o presidente americano prefere doravante, em uníssono com a grande maioria de seus compatriotas, admirar as espetaculares realizações do jovem Estado judeu.

Em seu discurso de partida da Casa Branca, em janeiro de 1953, Truman confessa "sonhar" que "Israel volte a ser o país de leite e de mel que era no tempo de Josué" (Benson, 1994). Recebido pouco depois num seminário rabínico de Nova York, o ex-presidente, felicitado por ter "ajudado a criar o Estado de Israel", replica sem hesitar: "O que querem dizer com 'ajudar a criar'? Eu sou Ciro! Eu sou Ciro!" (Benson, 1994). Esse tipo de comparação, encorajado quatro anos antes pelo grande rabino de Israel, confirma a importância da impregnação bíblica de Truman em seu apoio determinante ao projeto sionista. Clark Clifford, seu conselheiro político na Casa Branca, se confessa impressionado com as citações do Antigo Testamento com as quais Truman embelezava toda discussão sobre o Oriente Médio (Radoshi,

2009, p. 344). Para Clifford, aliás, a continuação da política de Roosevelt teria tornado "as condições de nascimento de Israel infinitamente mais precárias" (Holbrooke, 2008).

As cruzadas de Bill Graham

Foi em abril de 1942, no Missouri, já um feudo de Truman, a fundação da Associação Nacional dos Evangélicos, como contribuição moral ao esforço de guerra dos Estados Unidos. Mas só no outono de 1949 é que se impõe a figura emblemática de um pregador de 30 anos, Billy Graham. Ele organiza então em Los Angeles a primeira de suas "cruzadas", uma série de encontros de massa em que discursa para a multidão, com a Bíblia na mão, convocando-a a encontrar Cristo. Esse movimento de evangelização dos adultos adquire tal amplitude que Graham é recebido, em julho de 1950, por Truman na Casa Branca. Mas o presidente se ofende porque Graham revela para a imprensa detalhes de sua conversa privada e de sua prece conjunta. Mas o espalhafatoso pregador estabelece uma relação de duradoura confiança com o sucessor republicano de Truman, o General Dwight Eisenhower, bem como com seu vice-presidente, Richard Nixon.

Graham convence Eisenhower a participar, logo após sua posse, em fevereiro de 1953, de um "café da manhã nacional de oração" (*National Prayer Breakfast*) com membros do Congresso num hotel de Washington. Essa iniciativa tornou-se depois uma instituição, assim como a menção "Confiamos em Deus" (*In God we trust*) que figura doravante nas notas de dólar. É a época da mobilização anticomunista que tem como pano de fundo o conflito na Coreia, e Graham não teme assimilar a União Soviética e a China ao Anticristo (Ben Barka, 2007, p. 50). É essa prioridade absoluta dada à Guerra Fria que explica a severidade da reação de Eisenhower quando, em outubro de 1956, Israel, França e Grã-Bretanha lançam uma ofensiva conjunta contra o Egito de Gamal Abdel Nasser, arauto do nacionalismo árabe. O presidente americano, furioso porque essa crise facilita o esmagamento pelo Exército Vermelho da sublevação húngara, pressiona Israel a se retirar rapidamente da Península Egípcia do Sinai e da Faixa de Gaza. Esta será a única vez em que os Estados Unidos obtêm de Israel uma retirada incondicional de territórios árabes ocupados. Quanto a Graham, ele visita Israel em março de 1960 para uma série de pregações diante de um público cristão em Haifa, Jafa e Nazaré, antes de ser recebido por Golda Meir, a Ministra das Relações Exteriores.

Nas eleições presidenciais de novembro de 1960, a vitória de John Kennedy, democrata e católico, contra Nixon, enfraquece a influência de Graham na Casa Branca. Mas o vice-presidente, Lyndon Johnson, que três anos depois sucede Kennedy, este assassinado, é nitidamente mais aberto ao ativismo evangélico. Graham, com suas pregações televisionadas para dezenas de milhões de espectadores, inventa então o "televangelismo", enquanto suas "cruzadas" continuam atraindo um público considerável. Johnson torna-se, em novembro de 1965, em seu feudo texano de Houston, o primeiro presidente a assistir a uma dessas cruzadas. Ele se distingue nitidamente da neutralidade exibida por seus predecessores em relação ao Oriente Médio ao autorizar a venda de blindados para Israel. Mas essa ruptura resulta menos de convicções religiosas do que de uma identificação muito texana com Israel, pois os árabes são assimilados aos mexicanos, cujas multidões tinham, em 1836, vencido a resistência desesperada do Forte Álamo (Oren, 2007, p. 523).

Em 23 de maio de 1967, Nasser anuncia o bloqueio do Porto Israelense de Eilat, que, no entanto, dez anos antes ele se comprometera a manter aberto, durante a retirada israelense do Sinai sob a pressão americana. Em 30 de maio, o Rei Hussein e Nasser assinam no Cairo um acordo colocando o exército jordaniano sob o comando egípcio. Como a Síria já tinha concluído um pacto militar com o Egito, o cerco árabe de Israel parece finalizado e é para quebrá-lo que Israel lança, em 5 de junho, uma ofensiva-relâmpago contra a Síria. No final dessa Guerra dos Seis Dias, Israel se apodera de Jerusalém Oriental, da Cisjordânia e de Gaza, bem como do Sinai egípcio e do Golã sírio.

A angústia de um "novo Holocausto" (Naor, 2003, p. 133), que agitava a opinião americana às vésperas do conflito, dá lugar à celebração do triunfo israelense, que culmina na velha cidade de Jerusalém. Sob o pretexto de "unificação administrativa" da Cidade Santa, o setor oriental de Jerusalém é de fato anexado. Os evangélicos americanos estão galvanizados por essa "restauração" no mesmo lugar dos dois antigos templos e veem nisso, duas décadas depois do estabelecimento de um Estado judeu, um novo sinal do cumprimento das profecias (Oren, 2007, p. 527). Além do mais, a edição publicada em 1967 da *The Scofield reference Bible* confirma que o "arrebatamento" dos fiéis depende da "restauração" de Israel no conjunto de "sua" terra, ligando, assim, a salvação dos evangélicos americanos à preservação das recentes conquistas territoriais (Goldman, 2009, p. 157).

Em setembro de 1967, a Cúpula Árabe, reunida em Cartum, mantém os três "nãos" a Israel: *não* à paz com Israel, *não* ao reconhecimento de Israel e *não* às negociações com Israel. Essa retórica extremista, pela qual Nasser tenta apagar a humilhação da Guerra dos Seis Dias, serve naturalmente aos falcões israelenses. Dois meses depois, o Conselho de Segurança da ONU adota sua resolução 242, que prescreve, em sua versão francesa, a "retirada" israelense "dos territórios ocupados durante o recente conflito". Mas os diplomatas americanos zelaram para que a versão inglesa fosse mais vaga e só considerasse a retirada "de territórios ocupados" (*from occupied territories*) (Laurens, 2011, p. 80-82). Como o francês e o inglês são as duas línguas de trabalho da ONU, as duas versões são válidas em direito internacional. Além do mais, a questão palestina só é evocada, e desta vez nas duas línguas, na perspectiva de uma "justa solução do problema dos refugiados" (Laurens, 2011, p. 80-82), e não de um povo com legítimas aspirações nacionais. A resistência palestina se organiza, no entanto, em torno dos fedains, combatentes conduzidos por Yasser Arafat, que acabam tomando o controle da Organização de Libertação da Palestina (OLP), até então submissa a Nasser.

A eleição de Nixon, em novembro de 1968, coloca um amigo íntimo de Graham na Casa Branca. O novo presidente americano não hesita em utilizar o televangelismo como mensageiro oficial para os dirigentes estrangeiros. É o que ocorre, em março de 1969, com Golda Meir, agora primeira-ministra de Israel (Gibbs; Duffy, 2007, p. 192). Graham, sempre na vanguarda da comunicação de massa, decide então produzir um filme, *His land* [A terra dele], exaltando a legitimidade bíblica do Estado hebreu e a ressonância profética de suas vitórias militares. Filmado em Israel no verão de 1969, o filme abre com a invocação da profecia de Ezequiel sobre os "ossos secos de Israel", que já havia inspirado em 1844 o Reverendo Bush. Depois uma melodia cativante celebra os judeus "em retorno à pátria de seus pais, Israel sua cidadela, Israel seu lar" (Hummel, 2018, p. 1.133). O filme é apresentado em Jerusalém, em abril de 1970, diante de todo o governo israelense. Meir, "visivelmente emocionada", expressa a Graham e ao diretor "inúmeros agradecimentos por ter apresentado nossa terra tal qual ela é" (Hummel, 2018, p. 1140). *His land* é difundido nos Estados Unidos pelas redes evangélicas com seu voluntarismo habitual.

No final do café da manhã nacional de oração de fevereiro de 1972, Nixon e Graham têm, no entanto, uma conversa que revela a que ponto seu apoio a Israel pode ser manchado de antissemitismo. Nixon não perdoou a seus compatriotas judeus o fato de que menos de um décimo deles tenham votado nele em 1968 (Oren, 2007, p. 529). Para o presidente, "os melhores judeus são os judeus israelenses". Ao que Graham acrescenta protestando contra o "estrangulamento" (*stranglehold*) da mídia pelos judeus americanos: "Eles vivem atrás de mim e são gentis comigo porque sabem da minha amizade com Israel. Mas não sabem nada do que penso realmente sobre o que fazem ao país". Nixon pede a seu confidente: "Você não deve deixá-los saber" (Pollock, 2003, p. 128-129). Essa conversa, gravada por Nixon e revelada 30 anos depois, provocará um verdadeiro choque, que as desculpas públicas de Graham terão dificuldade em apaziguar. No entanto, basta voltar aos fundamentos teológicos do sionismo cristão para mensurar a ausência de qualquer simpatia doutrinária em relação aos judeus como tais, apenas sua inscrição no desejo divino os torna dignos de apoio, e isso unicamente na Terra Santa.

O resultado da posição central de Graham no evangelismo americano é que Igrejas dissidentes podem se constituir com base numa urgência profética ainda mais exaltada. É o caso da Worldwide Church of God [Igreja Mundial de Deus], de Herbert Armstrong, que anunciou já em junho de 1967 a construção do Terceiro Templo em Jerusalém (Armstrong, 1967, p. 1). Armstrong, fascinado pela arqueologia bíblica, estabelece em dezembro de 1968 uma parceria com a Universidade Hebraica de Jerusalém para escavações próximas ao Muro das Lamentações. Em agosto de 1969, um evangélico australiano, Denis Rohan, inspirado pelas profecias de Armstrong (Goldman, 2009, p. 305), coloca fogo no púlpito, que data do século XII, da Mesquita Al-Aqsa. A parte nordeste do edifício é afetada, apesar da rápida intervenção dos bombeiros israelenses. Rohan assume ter desejado destruir o terceiro lugar sagrado do Islã para dar lugar ao novo Templo judaico (Rabinovich, 2019). Internado durante cinco anos num estabelecimento psiquiátrico em Israel, ele é em seguida transferido para o mesmo tipo de instituição na Austrália. Quanto a Armstrong, ele nega qualquer relação de sua Igreja com Rohan e continua desenvolvendo suas escavações em Jerusalém, de um modo mais apologético do que científico.

Em 6 de outubro de 1973, o Egito e a Síria lançam uma ofensiva coordenada contra Israel a fim de recuperar seus territórios ocupados há seis anos. Graham exerce sobre Nixon uma importante influência favorável a uma ponte aérea de ajuda militar em benefício de Israel (Pollock, 2003, p. 130). Essa ponte aérea permite a Israel retomar a iniciativa e, depois de 18 dias de violentos combates, ameaçar Damasco enquanto cerca o exército egípcio no Sinai. Nixon envia ao Oriente Médio seu Ministro das Relações Exteriores, Henry Kissinger, que, após incansáveis manobras, consegue concluir dois acordos de desengajamento: um entre Israel e o Egito, em janeiro de 1974, o outro entre Israel e a Síria, quatro meses mais tarde. Essa "diplomacia dos pequenos passos" apoia-se nas garantias contraditórias dadas por Kissinger a Israel, para o qual essa retirada parcial tem a vocação de ser definitiva, e aos beligerantes árabes, que nela veem, ao contrário, o começo de uma evacuação total (Laurens, 2011, p. 494). A suspensão das hostilidades sob a égide dos Estados Unidos inaugura uma era de *Pax americana* que exclui a União Soviética da solução do conflito, apesar de seu engajamento militar ao lado do campo árabe.

Esse sucesso diplomático é, no entanto, secundário para Nixon, enredado nas revelações do Watergate, que sua paixão compulsiva pelas gravações privadas vai tornar devastadora. Em agosto de 1974, o presidente americano apresenta sua renúncia, deixando a Casa Branca para Gerald Ford. Ainda que Graham não estivesse de forma alguma implicado nesse escândalo, a queda do presidente do qual era muito próximo acaba comprometendo sua influência política. Quanto a Kissinger, ele permanece no governo Ford como chefe de uma diplomacia americana que ao convidar Arafat para falar perante a Assembleia Geral da ONU em novembro de 1974 se coloca numa situação ambígua. Somente em setembro de 1975 é que Kissinger obtém a assinatura de um novo acordo de desengajamento entre Israel e o Egito. Mas Ford deve conceder ao governo israelense de Yitzhak Rabin, além de uma ajuda militar sem precedentes, um compromisso de não tratar com a OLP enquanto esta não tiver reconhecido a resolução 242 da ONU.

A Maioria Moral

O enfraquecimento relativo de Billy Graham favorece a emergência de uma nova geração de pregadores evangélicos tão carismáticos quanto ambiciosos. Jerry Falwell, cuja primeira das inúmeras peregrinações a Israel remonta a 1968, considera o dia da proclamação do Estado de Israel como o mais importante desde a ascensão de Jesus ao Céu (Spector, 2009, p. 27). Quanto a Pat Robertson, ele tem em 1974, no Monte das Oliveiras, no território ocupado de Jerusalém Oriental, a revelação de que devia consagrar seu ministério ao apoio de Israel (Spector, 2009, p. 152). Falwell e Robertson são batistas, assim como Jimmy Carter, eleito em novembro de 1976 para a presidência dos Estados Unidos. Embora Carter seja um leitor assíduo da Bíblia, ele a consulta em sua tradução conhecida como "do Rei James", a *King James Version*, e não na edição "de estudo" de Scofield, que eleva as teses dispensacionalistas à posição de dogma. O novo chefe de Estado não apenas não compartilha de nenhuma dessas divagações escatológicas, como também está convencido de que a missão que lhe cabe é de reconciliar "os filhos de Abraão", ou seja, os judeus e os árabes.

Essa visão presidencial de uma paz negociada se situa nos antípodas do apoio incondicional dos evangélicos a Israel e à integridade de "sua" terra. Sua campanha contra Carter vai conduzi-los a uma aliança estratégica com a direita israelense, aliança cujo aprofundamento mudou desde então a face do Oriente Médio. Os planos da Casa Branca para uma mediação árabe-

-israelense são, com efeito, abalados pelo fim de três décadas de governo trabalhista em Israel, quando as eleições de maio de 1977 levam ao poder o Likud de Menahem Begin. O ex-chefe da milícia revisionista encarna a herança de Jabotinsky em toda a sua intransigência, recusando categoricamente qualquer concessão sobre *Eretz Israel*, impropriamente traduzido por "grande Israel", uma vez que inclui os territórios ocupados em 1967 de Jerusalém Oriental, da Cisjordânia e de Gaza. Suas relações com Carter são logo marcadas pela desconfiança e pelas tensões. Enquanto o presidente americano cogita publicamente uma "pátria" (*homeland*) para os palestinos, Falwell e seus amigos respondem proclamando sua "crença evangélica numa Terra Prometida ao povo judeu" e sua oposição a "qualquer tentativa de extrair da pátria judaica outra entidade nacional ou política" (Publicidade, 1977).

Begin convida Falwell e três outros líderes evangélicos para visitar oficialmente Israel em 1978. O governo do Likud desenvolve com mais frequência estadas, organizadas para fins de propaganda, dos fundamentalistas americanos, aos quais seus anfitriões israelenses enaltecem "o cumprimento das profecias bíblicas" (Let the, 1980). Falwell também visita o Egito, cujo presidente, Anuar Sadat, ousou, seis meses antes, pronunciar um discurso de paz diante do *Knesset*, o Parlamento israelense. Mas Begin insiste em recusar qualquer reconhecimento do nacionalismo palestino e se inquieta com as pressões americanas nesse sentido. A partir de então, Falwell prefere insistir no Egito sobre a necessidade de abrir o país à evangelização, enquanto pede aos Estados Unidos para não exercer uma "pressão inútil" sobre Israel (Carenen, 2012, p. 182). Os 13 dias da Cúpula Tripartite entre Carter, Begin e Sadat na residência presidencial de Camp David, em setembro de 1978, terminam, depois de laboriosas conversas, com dois textos, um projeto de tratado de paz entre Israel e o Egito, de um lado, e um acordo-quadro sobre a questão palestina, de outro. Esse segundo acordo permanece letra morta, uma vez que a Jordânia se recusa a participar dele, já que os Estados Unidos excluíram a associação da OLP. Em contrapartida, o primeiro tratado de paz árabe-israelense é assinado, sob os auspícios de Carter, entre Begin e Sadat na Casa Branca, em março de 1979.

O primeiro-ministro israelense certamente consentiu em se retirar do território egípcio do Sinai, neutralizando, assim, o mais poderoso dos países árabes e afastando a ameaça de um cerco de Israel por seus vizinhos. Ele preservou sobretudo o domínio israelense sobre os territórios palestinos conquistados em 1967, inclusive na "Judeia e Samaria", designação oficial da Cisjordânia, destinada à colonização. Essa obstrução é apoiada incondicionalmente por Falwell, para quem é indiscutível que a Judeia e a Samaria devem fazer parte de Israel" (Goldman, 2009, p. 295). Em junho de 1979, Falwell lança em Dallas a Maioria Moral (*Moral Majority*), um potente movimento evangélico cujos quatro pilares são a oposição ao aborto, a defesa da família tradicional, o anticomunismo militante e, ardorosamente defendido por Robertson, o apoio incondicional a Israel. O fato de esse apoio ter se tornado uma prioridade existencial para a corrente evangélica diz muito sobre a radicalização dessa influência em seu apoio ao Likud, agora identificado como a única direção legítima de Israel.

Quanto a Begin, ele usa duras palavras para fustigar o "terrorismo" palestino. Ele inaugura em Jerusalém, em julho de 1979, a primeira Conferência sobre o "terrorismo internacional" do Instituto Jonathan, que carrega o nome de Jonathan Netanyahu, um oficial israelense que morreu, três anos antes, durante a operação de libertação dos reféns detidos no aeroporto de Entebe, em Uganda. Benzion Netanyahu, pai de Jonathan, foi colaborador de Jabotinsky até a morte deste em 1940, e a bandeira do herói defunto é retomada pelo seu irmão, Benyamin Netanyahu, uma estrela ascendente do Likud que defende uma "aliança antiterrorista de todas as democracias ocidentais" (Netanyahu, 1981), incluindo naturalmente Israel. A presença de George Herbert Bush, diretor da CIA até a eleição de Carter, é notada nesse colóquio da família Netanyahu.

O Presidente Carter, na esperança de retomar a questão palestina em seu movimento de paz, faz votar pelos Estados Unidos, no Conselho de Segurança da ONU, em março de 1980, a resolução 465, que pede o desmantelamento das colônias israelenses nos territórios ocupados em 1967, inclusive em Jerusalém Oriental. A Maioria Moral protesta vigorosamente, em resposta a Begin, que, em visita a Washington no mês seguinte, nada cede ao presidente americano. Uma delegação evangélica conduzida por Falwell encontra então Begin e "proclama que a Terra de Israel compreende a Judeia e a Samaria como partes integrantes do patrimônio judaico, tendo

Jerusalém como capital indivisível" (Carenen, 2012, p. 190). Em julho, o governo israelense consegue adotar, com 65 votos dos 120, uma "lei fundamental" com valor constitucional, a respeito de Jerusalém, capital de Israel "una e indivisível". O Conselho de Segurança da ONU condena esse golpe de força por meio da resolução 476, adotada graças à abstenção dos Estados Unidos. Carter vê então sua candidatura a um novo mandato enfraquecida pelo engajamento dos evangélicos em favor de seu rival republicano, Ronald Reagan.

Em setembro de 1980, uma "embaixada cristã internacional em Jerusalém" é inaugurada, na presença de um ministro israelense, nas instalações da antiga embaixada do Chile, transferida para Tel Aviv em protesto contra a lei votada dois meses antes. Essa iniciativa evangélica ocorre na véspera da Festa Judaica de Sucot, associada ao mesmo tempo à consagração do Primeiro Templo por Salomão e ao lançamento do canteiro de obras do Segundo Templo. O registro dispensacionalista que alimenta essa mobilização é encorajado, com pleno conhecimento de causa, pelas autoridades israelenses. Dois meses depois, Begin vai a Nova York para entregar, por ocasião do centenário de Jabotinsky, um prêmio com seu nome aos apoios indefectíveis de Israel, entre os quais Graham e Falwell. É nessa época que a expressão "sionistas cristãos" se populariza nos Estados Unidos (Goldman, 2009, p. 167). O engajamento desses fundamentalistas a favor de Israel é ainda mais intenso porque eles interpretam literalmente a promessa de Deus a Abraão: "Abençoarei os que te abençoarem e amaldiçoarei os que te amaldiçoarem" (Gênesis 12,3). Para que a América continue a ser abençoada por Deus, ela deve, segundo eles, abençoar Israel em palavras e em atos.

A "Nova Guerra Fria"

A aposta de Begin e da Maioria Moral é coroada de sucesso, em janeiro de 1981, com a entrada de Reagan na Casa Branca e Bush como vice-presidente. O novo chefe de Estado abraça as teses dispensacionalistas a ponto de mencionar publicamente, e em várias ocasiões, sua crença na iminência da Batalha do Armagedom (Cohn-Sherbok, 2006). Esse pessimismo escatológico alimenta sua retomada da Guerra Fria, com o objetivo declarado de aniquilar desta vez a União Soviética, qualificada, diante de um auditório evangélico, como "Império do Mal" (Dhombres, 1983). Nessa visão, Israel é transfigurado em bastião avançado do "Bem" ocidental, a OLP, a Síria ou o Iraque sendo reduzidos a meras marionetes do Kremlin. Em junho de 1981, Begin ordena, sem consultar Washington, um audacioso ataque aéreo contra o Iraque, onde as instalações nucleares de Osirak são bombardeadas. Ele chama Falwell para apresentar essa destruição da "Babilônia" nuclear em termos bíblicos (Carenen, 2012, p. 199). O líder da Maioria Moral obtém bons resultados em sua mobilização para amortecer as reações a essa demonstração de força nos Estados Unidos.

E, uma vez mais, Begin não hesita em colocar Reagan diante do fato consumado ao decidir, em junho de 1982, invadir o Líbano. Ele pretende destruir o Estado dentro do Estado ali constituído pela OLP, estigmatizada como um amontoado de "terroristas" a soldo de Moscou e "sedentos de sangue" (Filiu, 2005, p. 101). O cerco de Beirute Ocidental, onde a OLP resiste obstinadamente aos ataques israelenses, estende-se por quase três meses. François Mitterrand, que em março de 1982 foi o primeiro presidente francês a visitar Israel, pressiona Reagan a conceder uma forma de reconhecimento para a OLP em troca de sua retirada do Líbano. Mas o presidente americano consente apenas numa evacuação, sob proteção da França e dos Estados Unidos, de Arafat e de milhares de seus combatentes, apoiando-se num cessar-fogo com Israel. Logo após essa evacuação, a Casa Branca anuncia, em 1º de setembro de 1982, um "Plano Reagan" para a paz árabe-israelense, plano que exclui tanto a OLP quanto o próprio princípio de um Estado palestino.

Pouco depois, os contingentes americano e depois francês deixam Beirute Ocidental, permitindo que Israel se apodere do antigo bastião da OLP, numa violação do cessar-fogo. Os campos palestinos de Sabra e de Chatila se encontram à mercê das milícias cristãs, aliadas de Israel, que neles massacram de 800 a 3 mil civis, de acordo com as estimativas, entre 16 e 18 de setembro de 1982 (Laurens, 2015, p. 52). A revelação dessa carnificina provoca, em 25 de setembro em Tel Aviv, uma imensa manifestação de protesto que questiona Begin e seu Ministro da Defesa, Ariel Sharon. Mas Falwell continua considerando os israelenses como "heróis" e "libertadores" acolhidos no Líbano "como os americanos na França durante a Segunda Guerra Mundial". No máximo ele admite que "alguém fez uma besteira" (*goofed*) em "alguma esfera" (Falwell, 1982). Em Israel, a polêmica não diminui, obrigando Sharon a deixar a Defesa em fevereiro de 1983, e Begin, esgotado, a pedir demissão seis meses mais tarde.

A invasão do Líbano, com as imagens dos intensos bombardeios de Beirute, e depois dos massacres de civis palestinos, desferiu um golpe sem precedentes na imagem de Israel nos Estados Unidos. O mal-estar assim semeado, entre outros, no seio da comunidade judaica, contrasta com o apoio irrestrito que os evangélicos continuam dando a Israel. Essas correntes de opinião pública são atentamente estudadas por Tom Dine, diretor desde 1980 do Aipac, sigla inglesa do Comitê de Ação Política Americano-Israelense. O Aipac funcionava até então como os outros comitês de ação política, cuja atividade oficial de lóbis em Washington promove as relações dos Estados Unidos com este ou aquele país. Mas Dine ambiciona tornar o Aipac tão poderoso quanto a NRA (National Rifle Association), o lóbi das armas de fogo que impediu, até hoje, qualquer restrição significativa à sua venda nos Estados Unidos. Para tanto, Dine identifica, em cada circunscrição do território americano, os intermediários capazes de pressionar o eleito local. O que implica ir muito além de um eventual voto judaico e mobilizar, em contrapartida, a base evangélica. É assim que o lóbi pró-israelense torna-se cada vez menos representativo dos judeus americanos e cada vez mais próximo dos sionistas cristãos, que estão por todo o país, muito além do *Bible Belt*.

Yitzhak Shamir, que sucede Begin em 1983 à frente do governo israelense, havia se afastado, em 1940, da milícia revisionista do mesmo Begin, considerado como moderado demais. Ou seja, seu extremismo encanta os evangélicos americanos, que dão como encerrada a Guerra do Líbano, ainda que a ocupação israelense se prolongue até 2000. A Maioria Moral conduz uma ardorosa campanha em favor de Reagan, reeleito em novembro de 1984 para um segundo mandato. Benyamin Netanyahu agora embaixador de Israel na ONU, desenvolve suas redes nos meios fundamentalistas, participando dos cafés da manhã de prece por Israel organizados nos moldes dos *Prayer Breakfasts* que Graham lançara em 1953. O continuísmo do governo Reagan em relação a Israel é tal que mesmo a Intifada (a sublevação) dos territórios palestinos ocupados, a partir de dezembro de 1987, não resulta em nenhuma iniciativa americana. A desastrosa candidatura de Robertson à indicação republicana é que vai, em 1988, desestruturar a Maioria Moral e provocar seu declínio. Falwell concede, com efeito, um apoio determinante ao ex-vice-presidente, Bush, que entra na Casa Branca em janeiro de 1989.

A corrida ao processo de paz

George H. Bush nunca se sentiu tentado pelas divagações apocalípticas de Reagan. Está tão decidido quanto ele a derrubar a União Soviética, mas no contexto de um grande projeto imperial em que a hegemonia americana seria enfim incontestável. Israel ocupa um lugar essencial nesse projeto, ao contrário dos palestinos, apesar do engajamento já claro da OLP em favor da solução de dois Estados. Os Estados Unidos, considerando que suas condições de 1975 estavam preenchidas, abriram evidentemente um diálogo com a OLP, mas somente no nível de seu embaixador em Túnis, uma vez que a sede central palestina se encontra ali desde sua evacuação de Beirute. E mesmo esse diálogo muito restrito é suspenso em junho de 1990, sem ter registrado nenhum avanço nas relações americano-palestinas. Dois meses depois, o apoio de Arafat à ocupação iraquiana do Kwait completa a desqualificação da OLP aos olhos do governo Bush.

Os Estados Unidos conduzem, em janeiro de 1991, uma coalizão de libertação do Kwait que consegue, no mês seguinte, expulsar as tropas iraquianas e restaurar a soberania do emirado. Bush pretende, depois dessa estrondosa vitória, lançar no Oriente Médio as bases de uma "nova ordem mundial" pós-soviética. Por esse motivo é que ele apadrinha o início em Madri, em outubro, de um processo de paz árabe-israelense. Shamir só aceita participar dessa conferência com a Síria, a Jordânia e o Líbano se a OLP for excluída. Desde então, a diplomacia americana se dedicou à formação de uma delegação jordaniana-palestina que, sempre para se conformar às imposições de Israel, não inclui nem os refugiados palestinos (para evitar qualquer menção ao direito do retorno) nem os residentes de Jerusalém Ocidental (anexada por Israel, de fato em 1967, de direito desde 1980).

Não é comum que um beligerante imponha a seu adversário a composição de sua própria delegação às negociações, ainda mais com a cumplicidade ativa do mediador autoproclamado.

De fato, o "processo" é mais importante para a Casa Branca do que a "paz" propriamente dita, pois ele garante, numa lógica imperial, que todas as partes competirão para ganhar os favores do grande arquiteto da *Pax americana*. Após dois dias, a Conferência de Madri é encerrada sem avanço concreto, as negociações sobre os diferentes "tópicos" (*tracks*) devendo continuar em Washington. Os negociadores americanos devem, contudo, reconhecer o fracasso de sua fórmula jordaniano-palestina e aceitar que os israelenses discutam separadamente com os jordanianos de um lado, e os palestinos do outro. Esses ajustes parecem bem modestos diante da continuação da Intifada, conduzida abertamente em nome da OLP, e da emergência em Israel de um "campo da paz" disposto a uma solução negociada.

Rabin, ao obter a maioria nas eleições israelenses de junho de 1992, espera inverter a tendência favorável há 15 anos ao Likud. Seu governo de maioria trabalhista logo abre, pelo intermédio da Noruega, um canal secreto de discussões com a OLP. Quanto a Bush, ele não consegue se reeleger, em novembro, contra Bill Clinton, que centrou sua campanha no estado da economia americana. O novo presidente democrata mantém, aliás, os responsáveis pelo processo de paz árabe-israelense desde a Conferência de Madri. Surpreende-se, no entanto, ao descobrir, em agosto de 1993, a existência dos acordos concluídos entre Israel e a OLP em Oslo. Mas logo recupera o crédito por esses acordos ao acolher no mês seguinte, na Casa Branca, Rabin e Arafat para a cerimônia de assinatura deles. O primeiro texto corresponde ao reconhecimento mútuo entre Israel e a OLP, ao passo que o segundo prevê o estabelecimento de uma Autoridade Palestina (AP) sobre os territórios evacuados por Israel, primeiramente Gaza e Jericó. Clinton confere à cerimônia de assinatura, ocorrida em Washington no dia 13 de setembro de 1993, uma dimensão bíblica: "Os filhos de Abraão, os filhos de Isaac e de Ismael embarcaram juntos para uma viagem difícil. Juntos, hoje, desejamos-lhes *shalom*, *salam*, paz.

Essa encenação surpreende o lóbi pró-israelense, e Dine deixa a direção do AIPAC ao constatar o fracasso. Quanto à corrente evangélica, ela julga intolerável considerar a amputação da "Terra de Israel" em benefício dos "terroristas" da OLP, e *a fortiori* conceder uma ajuda financeira a uma AP presidida por Arafat. O embaixador de Israel em Washington é obrigado a intervir junto aos inúmeros parlamentares para que pelo menos uma parte dessa ajuda, essencial para a conduta do processo de paz, seja destinada a AP (Mearsheimer; Walt, 2007, p. 141). Ele sempre tem de lembrar que é realmente o governo israelense que está pedindo esse voto. É que a recusa evangélica entra em ressonância com a campanha conduzida em Israel pelo novo chefe do Likud, Netanyahu, cujas afinidades com os sionistas cristãos são antigas e alimentadas. Netanyahu não apenas promete, em caso de vitória do Likud, anular os Acordos de Oslo, como também participa, em março de 1994, no norte de Tel Aviv, de uma marcha simbólica de enterro do "assassino do sionismo", como Rabin é agora chamado (Filiu, 2019, p. 64).

É então que Robertson decide relançar a rede que ele havia em vão mobilizado, em 1998, para obter a indicação republicana. Sua Coalisão Cristã torna-se uma poderosa máquina de combate contra o governo Clinton, cuja suposta complacência para com os "terroristas" palestinos é criticada. Ela contribui, durante as eleições de meio de mandato de novembro de 1994, para que o controle das duas câmaras do Congresso seja assumido pelo Partido Republicano, e isso pela primeira vez desde a eleição de Eisenhower em 1952. Mas ali onde Falwell galvanizava sua Maioria Moral para dissuadir Carter de pressionar Begin, Robertson lança sua Coalisão Cristã contra, ao mesmo tempo, Clinton e Rabin. A radicalização evangélica transformou o lóbi pró-israelense em lóbi pró-Likud (Spector, 2009, p. 141), enquanto uma maioria da comunidade judaica permanece mais favorável aos democratas americanos e aos trabalhistas israelenses.

Em 28 de setembro de 1995, Rabin e Arafat assinam em Washington, sob os auspícios de Clinton, os acordos chamados de "Oslo II", embora dessa vez eles tenham sido concluídos graças à mediação americana. O território da Cisjordânia, do qual Jerusalém Oriental permanece excluída, é dividido da seguinte forma: 3% de zona A (apenas sob o controle da AP), 24% de zona B (de administração palestina e de segurança israelense) e 73% de zona C (sob a autoridade exclusiva de Israel). Apesar das concessões tão limitadas, o primeiro-ministro é alvo de ataques virulentos em Israel. Eles culminam, uma semana mais tarde, numa manifestação em Jerusalém em que apelos ao assassinato de Rabin são entoados, na presença de Netanyahu (Filiu, 2019, p. 65-66). Nos Estados Unidos, a Coalisão Cristã, em uníssono com o Likud, acusa o primeiro-ministro israelense de querer dividir Jerusalém em benefício da OLP, mas Oslo II não trata de Jerusalém, e as negociações sobre a Cidade Santa só serão abertas, no mais tardar, em 1999. Por sua vez, Rabin denuncia os grupos "que pressionam o Congresso Americano contra as políticas do governo de Israel democraticamente eleito" (Enderlin, 2023, p. 250).

Em 13 de outubro de 1995, o senador republicano Bob Dole apresenta uma proposição de lei, *Jerusalem Embassy Act*, inspirada pela Coalisão Cristã, reconhecendo Jerusalém como capital de Israel e prevendo a transferência da embaixada americana para lá no mais tardar em 1999. Em 24 de outubro, o texto dessa lei é votado por 93 dos 100 senadores (entre os quais Joe Biden, um dos raros eleitos católicos a se proclamar sionista, e John McCain, um dos "falcões" republicanos mais militantes) e por 374 dos 435 representantes. No dia seguinte, uma cerimônia é organizada no Capitólio para celebrar "o aniversário de 3 mil anos da presença judaica em Jerusalém desde a entrada do Rei Davi". A amplitude desse voto ilustra como a mobilização evangélica conseguiu impor seus temas de campanha no centro do debate parlamentar. A Clinton resta apenas se recusar a promulgar esse *Jerusalem Embassy Act*, que será então proposto a cada seis meses para a assinatura do presidente em exercício.

Depois de uma manifestação pela paz em Tel Aviv, em 4 de novembro de 1995, Rabin é assassinado a queima-roupa por Yigal Amir, um partidário fanático da colonização na Cisjordânia. Robertson dirá mais tarde que Amir deve ter sido o instrumento de Deus, pois "Deus disse: 'Esta é minha terra', e, quando um primeiro-ministro de Israel decide dividi-la e abandoná-la, Deus diz: 'Não, ela é minha'" (Robertson, 2006). John Hagee, um fundamentalista texano que desde 1981 promove as "noites de homenagem a Israel", inclusive verá em Amir um "acelerador da profecia bíblica" (Hagee, 1999, p. 33). Por ora, a onda de comoção suscitada por esse assassinato obriga os sionistas cristãos a um apropriado comedimento público. Netanyahu mantém uma atitude mais discreta, antes de se lançar numa campanha desenfreada contra Shimon Peres, sucessor trabalhista de Rabin. Em maio de 1996, enquanto Clinton apostou tudo em Peres na primeira eleição de voto direto de um chefe de governo israelense, é Netanyahu que vence de forma apertada, com 30 mil votos de vantagem.

Embora Clinton tenha sido reeleito para a Casa Branca, em novembro de 1996, contra Dole, padrinho republicano do Jerusalem Embassy Act, o ativismo evangélico limita a capacidade do novo presidente americano de pressionar Netanyahu, determinado a sabotar os Acordos de Oslo, já que não pode revogá-los. As negociações israelense-palestinas afundam em intermináveis negociações sobre a aplicação prática dos textos já assinados. Netanyahu se limita a conceder, em janeiro de 1997, um acordo de partilha do Hebron, muito favorável às poucas centenas de colonos judeus estabelecidos no coração dessa cidade palestina. Sempre que a Casa Branca convida o primeiro-ministro israelense a fim de desbloquear o processo de paz, manifestações evangélicas são organizadas em Washington para apoiá-lo em sua obstrução (Spector, 2009, p. 148). O desempenho de Netanyahu à frente do governo israelense é, contudo, tão contestado que, em maio de 1999, o trabalhista Ehud Barak é eleito com 56,1% dos votos.

Clinton crê, de forma equivocada, que Barak é um novo Rabin, mas a coalisão governamental em Israel é frágil e o próprio primeiro-ministro é muito mais unilateralista, partidário dos fatos consumados, do que um negociador da têmpera de Rabin. Ainda assim, o presidente americano convida Barak e Arafat a Camp David, em julho de 2000, repetindo a Cúpula Tripartite de 1978 entre Carter, Begin e Sadat, que havia resultado no primeiro tratado de paz árabe-israelense. No entanto, as negociações, mal preparadas, não avançam, sobretudo sobre a questão de Jerusalém. Clinton propõe então que a Esplanada das Mesquitas, reservada ao culto muçulmano desde a ocupação de 1967, seja agora dividida entre os muçulmanos e os judeus, os quais disporiam de um "lugar de prece" específico no "Monte do Templo". Não apenas o *status quo* que prevalece há três décadas seria questionado, como também a soberania de Israel, pelo menos "residual", seria reconhecida sobre o espaço sagrado, no entanto território ilegalmente ocupado em direito internacional (Enderlin, 2023, p. 329).

De todo modo, os evangélicos preveniram que "Jerusalém está destinada ao reino do próprio Jesus após seu retorno" e que "os palestinos não têm papel algum quanto a isso" (Ice, 2009). Em setembro de 2000, a visita provocativa de Sharon à Esplanada das Mesquitas provoca tumultos que, apesar de uma repressão sangrenta, se estendem de Jerusalém até a Cisjordânia e Gaza. É o início da Segunda Intifada, chamada de "Al-Aqsa", em razão de sua defesa declarada do terceiro lugar santo do Islã. Ao contrário da Intifada pacifista de 1987-1993, a sublevação palestina recorre muito rapidamente às armas e depois aos atentados suicidas, ao passo que a repressão israelense pretende ser tão dissuasiva quanto brutal e não poupa nem mesmo os árabes de Israel. Essa escalada fragiliza Arafat, confrontado pelas estratégias dos islamistas do Hamas, mas também Barak, varrido por Sharon nas eleições de fevereiro de 2001.

A guerra global contra o terror

George Walker Bush é, ao contrário de seu pai, um *born again*, um evangélico "renascido" em Jesus, em quem ele vê não apenas o filho de Deus, como também seu "filósofo preferido" (Rosin, 1999). Na eleição disputadíssima de 2000, a cada dez de seus eleitores quatro são evangélicos (Ben Barka, 2007, p. 110), ao passo que seu rival democrata, Al Gore, conta com 80% do voto judaico (Ben Barka, 2007, p. 286). O fosso aumenta assim entre os sionistas cristãos, mais e mais alinhados com o Likud, e seus compatriotas judeus, que, no mínimo, têm reservas em relação a Sharon, sempre associado aos massacres de Sabra e de Chatila. Franklin Graham, filho de Billy Graham, abençoa a cerimônia de posse de George W. Bush na Casa Branca e se torna seu conselheiro espiritual. Mas são os atentados de 11 de setembro de 2001, com a morte de cerca de 3 mil pessoas em Nova York e em Washington, que dão uma legitimidade máxima à retórica evangélica. Com efeito, no dia 16 de setembro o presidente anuncia, durante uma conferência de imprensa na Casa Branca, o início de uma "cruzada" em represália, antes de matizar suas propostas e de defender a "guerra global contra o terror".

Um pudor que seus aliados fundamentalistas não terão. Falwell declara que "Muhammad era um terrorista", Robertson que "os muçulmanos são piores do que os nazistas" e Graham que "o Islã é uma religião iníqua e maléfica" (Ben Barka, 2007, p. 173). Todos esses pregadores afirmam que seu Deus é realmente o de Israel, e não o do Islã, na perspectiva do enfrentamento escatológico contra o Anticristo. Eles popularizam o jogo de palavras segundo o qual o "*Bible Belt* é o cinto de segurança (*seat belt*) de Israel" (Spector, 2009, p. 225). Quanto a Sharon, ele envolve prontamente Israel na "guerra global contra o terror" assimilando publicamente Arafat a Bin Laden, chefe dos terroristas do 11 de setembro (*L'Orient-le Jour*, 2001; *The Guardian*, 2001). O dirigente da OLP decreta, no entanto, em dezembro de 2001, a interdição do braço militar do Hamas, condenando os atentados em Israel como "um atentado ao interesse supremo da nação" palestina (Filiu, 2012, p. 278).

Em 29 de março de 2002, Sharon decide, após um atentado suicida do Hamas em plena Páscoa judaica, reocupar a Cisjordânia, confinando Arafat na presidência da AP em Ramala. Falwell, Hagee e outros quatro pregadores evangélicos dirigem, em 10 de abril, uma carta aberta a Bush pedindo que ele dê a Sharon o "tempo necessário" para "eliminar as células e a infraestrutura terroristas da Cisjordânia" (Spector, 2009, p. 226). Cinco dias depois, 100 mil partidários cristãos e judeus do Likud se manifestam em Washington, sob uma onda de bandeiras americanas e israelenses, para ouvir, entre outros, o Ex-primeiro-ministro Netanyahu estigmatizar Arafat como um "Bin Laden com uma boa comunicação" (Spector, 2009, p. 226).

Os sionistas cristãos colhem o fruto dessa mobilização em junho de 2002, quando Bush subordina o advento de um Estado palestino à expulsão de Arafat e à conclusão de um acordo de segurança com Israel: "Quando os palestinos tiverem novos líderes, novas instituições e novos arranjos de segurança com seus vizinhos, os Estados Unidos apoiarão a criação de um Estado palestino cujas fronteiras e certas dimensões de soberania serão provisórias, até que sejam determinadas como parte de uma solução final no Oriente Médio" (Bush, 2002). Essa linha dura é fortalecida pela prioridade dada pelos neoconservadores do governo Bush à deposição da ditadura iraquiana. Segundo eles, a queda de Saddam Hussein acabará arrastando a de outros autocratas árabes, os novos regimes democráticos sendo espontaneamente levados a concluir uma paz duradoura com Israel, que por ora é a única democracia no Oriente Médio. Numa visão tão ideológica, é inútil, e mesmo contraprodutivo, dedicar-se até esse momento a um processo de paz árabe-israelense.

A invasão americana do Iraque, em março de 2003, é qualificada por Graham como "oportunidade para Cristo" (Ben Barka, 2007, p. 176). Mas, tão logo Bagdá conquistada e o ditador deposto, os Estados Unidos são confrontados com uma insurreição multiforme, primeiro nas regiões sunitas, e depois, em abril de 2004, no sul xiita. Sharon já iniciou a construção, na Cisjordânia ocupada, de um muro de separação proibindo o acesso ao território palestino, até que, em outubro de 2004, Arafat, ainda em Ramala, seja vencido pela doença. Pouco depois, Bush é reeleito para um segundo mandato, levado por uma campanha cujo diretor, Ralph Reed, por muito tempo auxiliou Robertson à frente da Coalisão Cristã. O desaparecimento de Arafat abre a sucessão para Mahmoud Abbas, primeiramente à frente da OLP e depois na presidência da AP, para a qual foi eleito em janeiro de 2005 com 62,5% dos votos.

Oponente declarado da militarização da Intifada, Abbas é o interlocutor designado para sair do ciclo de violências que, desde 2000, causou a morte de cerca de mil israelenses e três vezes mais de palestinos. No entanto, Sharon recusa qualquer negociação com Abbas, pois teme que essa negociação possa relançar a dinâmica de um processo de paz e a perspectiva de um Estado palestino. Para enterrar essa perspectiva, ele decide unilateralmente pela retirada, em setembro de 2005, da Faixa de Gaza. Netanyahu, Ministro das Finanças no governo Sharon, pede demissão de forma espalhafatosa para protestar contra a evacuação de 8 mil colonos israelenses de Gaza. No entanto, a retirada de Gaza ocorre sem incidentes, mas é apresentada pelo Hamas como uma vitória de sua "resistência islâmica". Em janeiro de 2006, Sharon, vítima de um acidente vascular cerebral, entra em coma, antes que os islamistas do Hamas ganhem a maioria dos assentos nas eleições legislativas palestinas.

Robertson, que havia apoiado Netanyahu em sua campanha contra a retirada de Gaza, atribui o coma de Sharon a um castigo divino por ter ousado "dividir a terra de Deus" (Robertson, 2006). Essa afirmação provoca uma onda de protestos em Israel, bem como nos Estados Unidos, obrigando Robertson a apresentar suas desculpas públicas. O escândalo ilustra de maneira clara a dinâmica de radicalização que tanto a retórica quanto a mobilização dos sionistas cristãos carregam, estigmatizando primeiro os "inimigos de Israel" mais ou menos assimilados ao Anticristo, e depois os cristãos que não apoiariam o suficiente Israel, em seguida os judeus que não seriam pró-israelenses o suficiente, por fim os israelenses que ousariam desafiar os desígnios divinos. Netanyahu, o único a realmente tirar vantagem dessa polarização, recupera a direção de um Likud unido contra a "traição" de Sharon, que jamais sairá do coma.

Contudo, a última manobra de Sharon se revela boa, com o bloqueio e o cerco da Faixa de Gaza, regularmente entregue a campanhas de bombardeio, bem menos onerosas para o exército israelense do que uma ocupação direta. Bush agora só leva em conta a Cisjordânia, feudo do Presidente Abbas e de sua AP, que o Hamas expulsa de Gaza em junho de 2007. A conferência que Bush promove em Anápolis, cinco meses mais tarde, não traz nenhum avanço significativo. A ajuda internacional prometida a Abbas só agrava o antagonismo entre a AP da Cisjordânia e o Hamas de Gaza. Quanto aos dirigentes israelenses, certos de que a questão palestina permanecerá por muito tempo paralisada, eles procuram sobretudo, a partir de Anápolis, desenvolver suas relações, nessa fase oficiosas, com as petromonarquias do Golfo.

O descrédito de Robertson em 2006 e a morte de Falwell no ano seguinte deixam o campo livre para John Hagee, animador desde 1981 das "noites de homenagem a Israel", para se impor entre os sionistas cristãos. Em sua igreja texana de San Antonio, enfeitada com bandeiras americanas e israelenses, os fiéis podem rezar diante de uma réplica do Muro das Lamentações ou diante de uma menorá gigante, candelabro de sete braços associado ao Templo de Jerusalém. Doze tapeçarias evocam, no santuário, cada uma das tribos de Israel, entre as quais o Reverendo Bush tinha, desde 1844, repartido a Terra Prometida. Hagee lança em 2006 seus Cristãos Unidos por

Israel (Cufi, para Christians United for Israel), com um sucesso em breve fulgurante, apesar da polêmica suscitada por sua interpretação das profecias de Jeremias sobre os "pescadores" e os "caçadores" de judeus. De fato, Hagee considera que Herzl e os "pescadores" sionistas tentaram reunir na Terra Prometida os judeus cujas reticências só puderam ser vencidas pela perseguição de Hitler e de seus "caçadores" (Lucas, 2022, p. 159). Essa interpretação ilustra uma vez mais o antissemitismo pelo menos latente dos sionistas cristãos, para os quais os judeus e seus inimigos são apenas os instrumentos de um desígnio divino. Hagee é tão diabólico que o candidato McCain recusa seu apoio na campanha presidencial de 2008. De todo modo, é Barack Obama que vence com ampla margem, com o eleitorado judaico votando, uma vez mais, 80% no campo democrata (Oren, 2016, p. 43).

Com "Bibi" contra Barack

Obama se instala na Casa Branca, em janeiro de 2009, com a firme intenção de colocar um fim à "guerra global contra o terror" e de apaziguar as relações entre os Estados Unidos e o mundo árabe-muçulmano. Em breve ele deve contar com o retorno de Netanyahu, após dez anos, à frente do governo israelense. Ao longo de sua relativa travessia do deserto, o líder do Likud foi, durante pelo menos três anos, ministro do gabinete Sharon. Acima de tudo, ele se opôs a qualquer intenção de negociação com a parte palestina, chegando a ponto de criticar a retirada, no entanto, unilateral da Faixa de Gaza. Aquele que seus partidários chamam de "Bibi" com uma afeição repleta de respeito também visitou frequentemente os Estados Unidos, cultivando as redes evangélicas com as quais mantém ligações há um quarto de século. Aliás, Netanyahu garantiu com seus encorajamentos o lançamento por Hagee, em 2006, da Cufi, a organização mais militante do sionismo cristão (Hasson, 2012).

Como Netanyahu havia fingido, diante de Clinton, aderir em 1996 aos Acordos de Oslo para melhor sabotá-los, ele concede a Obama, em junho de 2009, uma adesão formal à solução de dois Estados, endossada pela OLP desde 1988. Mas "Bibi" acrescenta a essa adesão tardia a exigência prévia do reconhecimento do caráter judeu do Estado de Israel por um eventual Estado palestino. Esse tipo de exigência jamais fora emitido anteriormente por Israel, nem durante as negociações que levaram aos tratados de paz com o Egito, em 1979, e com a Jordânia, em 1994, e tampouco durante os longos anos do "processo de paz" com a OLP. Abbas se inquieta com as ameaças que essa exigência inédita impõe ao estatuto dos cidadãos árabes de Israel. Contudo, Obama se felicita por esse avanço relativo e obtém, em novembro de 2009, uma moratória de dez meses sobre a colonização na Cisjordânia, moratória que exclui, no entanto, Jerusalém Oriental e possibilita a expansão dos assentamentos existentes.

Em setembro de 2010, no final desse "congelamento" amplamente ilusório, Netanyahu lamenta publicamente o fato de Obama não ter obtido um gesto equivalente de Abbas. O primeiro-ministro israelense está sobretudo furioso porque o presidente americano evoca, na tribuna da ONU, seu desejo de ver em breve ali a admissão do Estado palestino. A relação de força oscila entre os dois dirigentes durante as eleições parlamentares de novembro de 2010, com a onda populista do Tea Party. Os democratas, que antes detinham uma grande maioria em ambas as câmaras, perdem o controle da Câmara dos Representantes e têm apenas 51 dos 100 senadores. As figuras emblemáticas do Tea Party no Congresso estão muito marcadas por sua ligação evangélica com Israel, a exemplo da representante Michele Bachmann (Michele, 2010), que se diz "honrada por ocupar um cargo em que [ela] pode ajudar Israel".

Quando Netanyahu visita Washington em maio de 2011, a tensão palpável durante sua entrevista com Obama contrasta com os aplausos que lhe reservam as duas câmaras do Congresso reunidas em sua homenagem (Oren, 2016, p. 221-227). Embora os Estados Unidos suspendam seu financiamento da Unesco seis meses depois, sancionada por ter admitido a Palestina como Estado-membro, seria necessário muito mais para frear a campanha multiforme que os sionistas cristãos conduzem contra Obama. Por isso Bachmann acusa Obama de ter "escolhido estender a mão aos muçulmanos e não a Israel" (Walker, 2012), e depois de ser "o pior presidente do ponto de vista da segurança de Israel" (Michele, 2012), antes de denunciar uma "profunda infiltração em todos os setores do governo" (Lisee, 2022) pela Irmandade Muçulmana. Essa acusação, desprovida de qualquer fundamento, é ainda mais grave porque o Hamas representa a ramificação palestina da Irmandade Muçulmana. Hagee, que fustiga Obama com a mesma agressividade, compara, em contrapartida, Netanyahu a Moisés e a Davi em março de 2012, durante uma reunião da Cufi em Jerusalém, na qual o primeiro-ministro israelense é ovacionado (Hasson, 2012).

Obama, reeleito para um segundo mandato em novembro de 2012 sempre com uma maioria esmagadora do voto judaico, resolve abandonar a questão palestina para se concentrar, no Oriente Médio, no controle negociado do programa nuclear do Irã. Netanyahu só pode se alegrar em ver a atenção da Casa Branca se voltar da Cisjordânia para o Irã, ainda que ele denuncie a ameaça nuclear da República Islâmica em termos apocalípticos (Filiu, 2019, p. 137). Essa perspectiva alimenta uma nova escalada verbal dos sionistas cristãos. Bachmann acusa alguns de seus compatriotas judeus de ter "vendido Israel" (Congresswoman, 2014), e Hagee ataca Obama como "um dos presidentes mais antissemitas da história dos Estados Unidos", causando uma grande indignação que o leva a substituir "antissemita" por "anti-israelense" (Hagee, 2014). A assinatura pelos Estados Unidos, pela França, pelo Reino Unido, pela China, pela Rússia e pela União Europeia, em julho de 2015, de um acordo com o Irã sobre a questão nuclear desencadeia uma nova campanha de difamação. Pouco importa aos intermediários evangélicos de Netanyahu que Obama aumente, em setembro de 2016, a ajuda militar dos Estados Unidos a Israel a um nível recorde de 3,8 bilhões de dólares por ano durante dez anos. Eles só sonham em ver seu campeão, Donald Trump, entrar na Casa Branca, sonho que se torna realidade em janeiro de 2017.

O novo Balfour

A adesão dos fundamentalistas a Trump é ainda mais desconcertante porque o novo presidente não é conhecido por sua prática religiosa ou pelas virtudes familiares. No entanto, tiveram um peso enorme nas primárias republicanas, em que eles representam mais da metade do eleitorado, e depois na eleição presidencial de novembro de 2016 pela qual foram responsáveis por quase metade do voto republicano. O apoio incondicional de Trump a Netanyahu e seu compromisso de transferir a embaixada dos Estados Unidos em Israel para Jerusalém lhe garantiram esse apoio decisivo da base evangélica. O sionismo cristão se tornou realmente o principal aliado do Likud nos Estados Unidos, com Trump obtendo 81% do voto evangélico branco, mas apenas 25% do voto judaico (Martinez; Smith, 2016) (a pequena minoria de evangélicos afro-americanos ou hispânicos estando mais tentada pelo voto democrata e menos interessada pelo apoio a Israel). Quanto ao vice-presidente, o ardoroso evangélico Mike Pence, ele proclama que "[sua] paixão por Israel decorre de [sua] fé cristã" (Pence, 2017). Apenas os judeus ortodoxos, muito minoritários no seio do judaísmo americano, apresentam o mesmo engajamento por Trump que os evangélicos (Rose, 2020), o vínculo bíblico com Israel tendo nos dois casos precedência sobre outras considerações. Aliás, a proporção de evangélicos brancos (82%) que acreditam que Israel é um dom de Deus ao povo judeu é duas vezes maior do que a de judeus (40%) (Lucas, 2022).

É o televangelista texano Robert Jeffress, segundo o qual "tudo começa e tudo acaba em Israel"[1], que pronuncia, em janeiro de 2017, o sermão do culto de posse de Trump na Casa Branca. Menos de um mês depois, o novo presidente dá as boas-vindas a Netanyahu com uma cordialidade e consideração que contrastam com as tensões da era Obama. O novo presidente americano recusa se pronunciar em favor da solução de dois Estados e se limita a recomendar "mostrar moderação por um tempo" sobre a colonização (AFP, 2017). Ele promove a "conselheiro especial" seu genro Jared Kushner, judeu ortodoxo cuja família é muito próxima de Netanyahu. E nomeia como embaixador em Israel seu advogado David Friedman, segundo o qual "os israelenses têm tantos direitos, se não mais, do que os palestinos de se estabelecerem na Judeia e na Samaria" (Donald, 2016).

1. Título de um dos programas mais populares de Jeffress em sua programação de rádio e televisão "Pathway to Victory" (Caminho para a vitória).

Em 6 de dezembro de 2017, Trump anuncia na Casa Branca seu reconhecimento de Jerusalém como capital de Israel, no contexto de uma "nova abordagem do conflito entre Israel e os palestinos". Tecnicamente, o presidente se contenta em suprimir a derrogação suspensiva (*waiver*) que todos os seus predecessores haviam oposto ao Jerusalem Embassy Act desde 1995. Ainda que ele cite Truman e seu reconhecimento de Israel em 1948, é como um eco à Declaração Balfour que ressoa, um século mais tarde, o forte gesto de Trump. Nenhum dos dois textos menciona o termo "árabe" e eles negam, tanto um como o outro, as aspirações nacionais do povo palestino, aspirações legitimadas apenas para o povo judeu, livre para se atribuir unilateralmente o conjunto de Jerusalém como capital. Ali onde Balfour não reconhecia senão os "direitos civis e religiosos das comunidades não judaicas existentes na Palestina", Trump não reconhece senão aos palestinos a liberdade de culto em Jerusalém, liberdade que lhe parece, de todo modo, garantida pelo Estado de Israel.

Em 8 de maio de 2018, Trump decide retirar os Estados Unidos do acordo internacional sobre o programa nuclear iraniano. Seis dias depois, ele envia seu genro, sua filha e o Secretário do Tesouro para a inauguração, na presença de Netanyahu, da nova embaixada dos Estados Unidos em Jerusalém. Trump também escolheu dois de seus leais evangélicos, Hagee e Jeffress, para pronunciar a bênção e o sermão do evento. O primeiro-ministro israelense não se ofende, apesar das polêmicas sobre o antissemitismo de Hagee e também de Jeffress, que em 2010 dissera que "ninguém pode ser salvo sendo judeu" (Santus, 2018). Nesse 14 de maio de 2018, Jeffress agradece a Deus por ter dado aos Estados Unidos um "presidente que está do lado certo da História e sobretudo que está do seu lado correto, ó Deus, quando se trata de Israel" (Allen, 2018). Trump já é então celebrado como um "Novo Ciro" entre os sionistas cristãos (Mandeville, 2018). A cerimônia coincide com o 70º aniversário da proclamação do Estado de Israel, e, portanto, com seu reconhecimento por Truman, o anterior pretendente ao título de Ciro. Dezenas de manifestantes palestinos são mortos nesse dia na Faixa de Gaza pelo exército israelense, que desse modo pretende prevenir os riscos de "infiltração".

Trump continua sua campanha metódica de fatos consumados que beneficiam Netanyahu. Em setembro de 2018, ele suspende todo financiamento americano para a Unrwa, a agência encarregada dos refugiados palestinos, cuja supressão pura e simples ele defende. Em março de 2019, ele reconhece a soberania de Israel sobre as Colinas Sírias de Golã, território ocupado desde 1967, embora Israel estivesse preparado para devolver 99% desse território a Damasco em 2000 (Filiu, 2007, p. 253-254). Netanyahu saúda esse gesto dando, três meses mais tarde, o nome de Trump a uma colônia israelense de Golã, assim como Ben Gurion havia oferecido o "Vilarejo Truman" ao pioneiro do reconhecimento de Israel. O embaixador Friedman provoca, então, embaraço ao afirmar o direito de Israel a anexar pelo menos uma parte das colônias da Cisjordânia e depois ao se opor ao desmantelamento "inumano" dos assentamentos israelenses (Aren, 2019).

Esta campanha culmina, em janeiro de 2020, com "o acordo do século" assinado na Casa Branca entre Trump e Netanyahu, baseado no "plano de paz" preparado por Kushner*. Nesse acordo, Israel vê reconhecido seu direito de anexar o Vale do Jordão e as colônias da Cisjordânia se o lado palestino, que não está presente em Washington, se recusar a aceitar o Estado remanescente e desmilitarizado que lhe for concedido, sem nenhuma continuidade territorial, sobre uma porção da Cisjordânia. A capital desse Estado só poderia estar situada para além do muro que cerca a "Grande Jerusalém" sob soberania exclusiva de Israel. Algumas zonas desérticas poderiam ser cedidas por Israel para acolher na "Palestina" centenas de milhares de cidadãos árabes de Israel. Quanto à Faixa de Gaza, um corredor poderia ligá-la à Cisjordânia "palestina", desde que o Hamas deponha as armas sob supervisão internacional. Para financiar a rede complexa de túneis e de rotas de desvio prevista por esse plano, os Estados Unidos recorreriam à generosidade dos financiadores do Golfo e da União Europeia.

Depois de décadas de mediação americana mais ou menos enviesada no conflito árabe-israelense, Trump inventa a exigência imposta unilateral, elaborada em estreita coordenação com Netanyahu, à qual Abbas é inti-

---

* *Cf.* mapa 10.

mado a assinar. O paradoxo é que basta ao presidente palestino, ainda que enfraquecido, recusar categoricamente esse "plano" para que a mecânica americano-israelense se paralise. Pois, mesmo com uma esmagadora relação de força desfavorável, os palestinos conservam o privilégio máximo de decidir se ratificam ou não sua despossessão. E é essa hesitação americana diante de um bloqueio palestino, evidentemente imprevisto, que convence os Emirados Árabes Unidos a negociar seu próprio tratado de paz com Israel. Ao contrário de uma frequente ilusão de ótica, Trump não está no comando da dinâmica de normalização que ele designa como Acordos de Abraão, retomando a referência bíblica tão cara a Carter. Com efeito, os Estados Unidos são meras "testemunhas", e não mediadores, dos acordos assinados por Israel, a partir de setembro de 2020, com sucessivamente os Emirados Árabes Unidos, o Barein, o Sudão e o Marrocos, acordos que omitem a questão palestina.

Candidato à reeleição em novembro de 2020, Trump teme que seus gestos sem precedentes em favor de Israel tampouco o tornem popular entre os judeus americanos. Ainda que saiba que tais gestos respondem sobretudo às expectativas dos sionistas cristãos, ele acusa seus compatriotas judeus de "não gostar o suficiente de Israel", uma vez que "o Estado judeu nunca teve um amigo tão bom na Casa Branca" (Ziri, 2019). Seu apelo do ano-novo judaico aos líderes das comunidades, dois meses antes da eleição presidencial, transforma-se numa diatribe eleitoreira sobre o "grande perigo" que Israel correria se Biden ganhasse (Hoffman, 2020). Essa agitação não consegue inverter a tendência, com apenas 21% do voto judaico favorável a Trump, ou seja, uma proporção menor do que em 2016 (Election, 2020). O presidente se recusa a admitir a derrota diante de Biden e lança, em 6 de janeiro de 2021, seus partidários contra o Capitólio. Os excessos antissemitas que marcam essa sublevação fracassada (Sarna, 2021) degradam ainda mais a imagem de Trump.

Quanto a Netanyahu, ele aposta nos intermediários evangélicos que ele já cultiva em todo o mundo para que o exemplo americano seja seguido em Jerusalém. Mas os dirigentes do Paraguai e da Austrália, depois de Jerusalém ser reconhecida como capital de Israel, são desautorizados por seus sucessores antes de terem tido tempo de transferir sua embaixada. Mesmo o presidente brasileiro Jair Bolsonaro, apesar dos encorajamentos de sua base evangélica, recua diante desse fato consumado. Os Estados Unidos medem seu isolamento internacional pelo fato de que apenas a Guatemala e Honduras transferiram suas embaixadas para Jerusalém. No entanto, Biden se recusa a repatriar a embaixada dos Estados Unidos para Tel Aviv. Ele também mantém o fechamento do consulado americano, que, em Jerusalém Oriental, servia como escritório de representação para os palestinos. A única diferença entre Biden e seu antecessor é a retomada do financiamento da Unrwa. Os violentos ataques de Trump, precisamente por causa de sua brutalidade, conseguiram impor uma nova realidade no terreno.

* * *

Abordar pelo sionismo cristão os conflitos da Palestina lança uma luz crua sobre eles. Os fundamentalistas anglo-saxões, não contentes em desconsiderar a população árabe, sacralizam, até torná-lo irreversível, o processo que visa excluir essa população de sua própria terra. O sionismo cristão pode, assim, se orgulhar de sucessos históricos que causariam inveja a muitas ideologias do século passado. Mas essas vitórias retumbantes resultam paradoxalmente da ausência de qualquer responsabilidade concreta dessa corrente sobre a Terra Santa. Os sionistas cristãos, que desempenharam um papel determinante na sequência que levou à Declaração Balfour, depois perderam o interesse na gestão política do mandato britânico sobre a Palestina. Eles prosperam então nos Estados Unidos, um país que nunca assumirá uma autoridade direta sobre esse território e se recusará sistematicamente a enviar uma força de intervenção.

Esse absolutismo bíblico vai transformar gradualmente o sionismo cristão numa máquina de guerra contra todos os processos de paz. É Jimmy Carter, um batista fervoroso, que deve ser derrubado, pois ousou invocar sua fé para tentar reconciliar israelenses e árabes. É Yitzhak Rabin, um general respeitado, que é preciso abater, pois ousou justificar, em nome da segurança de Israel, e não da simples justiça, um compromisso territorial com os palestinos. Sob essa perspectiva, é significativo o fato de o Congresso Americano votar, com uma esmagadora maioria, o Jerusalem Embassy Act apenas dez dias antes do assassinato de Rabin. A campanha implacável dos sionistas cristãos contra os Acordos de Oslo contribui para transformar o lóbi pró-Israel num lóbi pró-Likud, mas também pró-republicano, aumentando, assim, o fosso com a comunidade judaica nos Estados Unidos.

Depois que Truman reconheceu Israel, Ben-Gurion dera apenas uma atenção marginal ao sionismo cristão. Por outro lado, Begin e, mais ainda, Netanyahu investem constantemente numa parceria multifacetada com apoios também incondicionais. Nenhum desses primeiros-ministros alimenta, no entanto, seu combate antipalestino com uma convicção religiosa. É por oportunismo que eles constroem uma relação tão próxima com os evangélicos americanos, um oportunismo comparável ao de Trump em sua corrida à Casa Branca e depois em sua tentativa de reeleição. Os aliados israelenses dos sionistas cristãos não têm ilusões sobre o destino atribuído pelos fundamentalistas americanos ao povo judeu, dois terços dos quais estão destinados a ser exterminados no final dos tempos, e o terço restante devendo sua sobrevivência apenas à conversão a Jesus. Eles também toleram as explosões antissemitas deste ou daquele pregador evangélico, desde que seu apoio à colonização israelense dos territórios palestinos permaneça inabalável. Essa plasticidade decorre da capacidade histórica do movimento sionista de alimentar dentro de suas fileiras algumas correntes contraditórias, uma tolerância da qual os mais combativos muitas vezes acabam se beneficiando.

2
Um pluralismo de combate

> Se, verdadeiramente e de boa-fé, queremos alcançar nossos fins na terra de nossos ancestrais, não podemos nos ocultar de que estamos indo para uma guerra difícil que exige ser cuidadosamente preparada.
>
> *Ahad Haam*, 1891
> (Charbit, 1998, p. 395)

O movimento sionista, por muito tempo minoritário, e mesmo muito minoritário, num mundo judaico, só conseguiu se desenvolver acolhendo em seu seio tendências de inspiração contraditória. É o voluntarismo desse movimento, e os sucessos históricos que ele registra, em 1917 e 1922, graças ao apoio do Reino Unido, que lhe permitem alcançar, a partir de 1936, o marco de um terço da população judaica na Palestina. A relação se inverte então entre o centro palestino da mobilização sionista, convencido do caráter inelutável do confronto com a população árabe, e sua direção formal em diáspora, cujos discursos brandos visam, sobretudo, apaziguar a opinião pública internacional. Ben Gurion, apesar de suas relações tumultuadas com os dissidentes revisionistas, conta com o reforço de suas milícias até que ele proclame, em 1948, a independência de Israel, Weizmann recebendo apenas a presidência de honra do novo Estado. Quanto à dominação trabalhista ao longo dos 30 primeiros anos de Israel, ela está fundada na marginalização dos revisionistas, cuja revanche é bastante brutal em 1977.

É o início de uma deriva direitista, cuja tendência de longa duração é inegável, apesar das fórmulas de "união nacional" mais ou menos capengas. Os palestinos são reduzidos a ser apenas "árabes de *Eretz Israel*", e torna-se legítimo buscar esmagar os "terroristas" da OLP até em Beirute. Apenas a perspectiva pacifista de Rabin consegue em 1992 suspender essa deriva. Mas seu assassinato, três anos mais tarde, beneficia principalmente Netanyahu, que foi, no entanto, o principal instigador da campanha de ódio contra o signatário israelense dos Acordos de Oslo. Criou-se, assim, um precedente, em que a escalada antipalestina e a recusa das concessões territoriais se revelam tanto mais proveitosas porque o peso dos colonos aumenta inexoravelmente no eleitorado israelense. O pluralismo de combate, já tão característico dos pioneiros sionistas em sua batalha pelo Estado judeu, consolida desde então em Israel uma implacável relação de força favorável à anexação insidiosa dos territórios palestinos.

Um pai fundador muito contestado

Theodor Herzl é hoje apresentado como o "pai fundador" do sionismo, em razão da publicação de seu *Estado dos judeus* em 1896, da organização do primeiro Congresso Sionista na Basileia em 1897 e dos cinco outros congressos que ele presidiu até sua morte em 1904. Enterrado em Viena, seus despojos são transferidos em 1949 para a parte já israelense de Jerusalém onde um Monte Herzl, estabelecido em sua memória, acolhe os túmulos dos "Grandes da Nação", bem como o cemitério militar nacional. A Palestina conheceu, no entanto, desde 1882, uma primeira onda de imigração judaica, já designada sob o nome de *Aliá*. Mas essa campanha pioneira dos Amantes de Sião, qualificada *a posteriori* de pré-sionista ou proto-sionista (Bensoussan, 2002, p. 96), permanece limitada devido à sua dependência dos mecenas europeus e ao fracasso dos assentamentos agrícolas. Três quartos dessa vanguarda abandonam a Palestina (Bensoussan, 2002, p. 118), às vezes pelos Estados Unidos, destino privilegiado pela esmagadora maioria dos judeus que fogem então das perseguições czaristas. Esse é o caso de Naftali Imber, o autor do futuro hino de Israel.

Herzl também não inventou o termo "sionismo", este criado em 1890 por Nathan Birnbaum, autor austríaco do livro sobre *O renascimento nacional do povo judeu em seu país como uma solução para a questão judaica*

(Bensoussan, 2002, p. 118). Quanto ao nacionalista Asher Guinzburg, nascido na periferia de Kiev, ele é o primeiro de uma longa série a hebraizar seu nome para Ahad Haam, "Um do Povo", para animar a sociedade secreta dos Filhos de Moisés dentro do próprio Amantes de Sião na Palestina. No barco que o leva, em 1891, de Jafa a Odessa, ele escreve "*Emet me Eretz Israel*" [A verdade da *Eretz* Israel], longe dos clichês em voga sobre a Terra Santa: "Temos o hábito de acreditar, no exterior, que a Palestina é uma terra quase que totalmente desolada, um deserto não cultivado, um campo não explorado, onde qualquer um desejoso de comprar terrenos poderia ir e adquirir o que bem entendesse. Na realidade, ela não é assim: sobre toda essa terra, é difícil de encontrar um campo de terra arável não semeada" (Charbit, 1998, p. 394).

Haam é de uma rara lucidez sobre a atitude da população local: "Os árabes, principalmente os das cidades, veem e compreendem o sentido de nossas ações e de nossas aspirações na Palestina; mas se calam. Fingem nada saber porque, por ora, não veem nenhum perigo para seu futuro". Contudo, "o dia em que a presença de nosso povo tomar uma dimensão que usurpa, pouco ou muito, as posições dos autóctones, não será de bom grado que nos cederão seu lugar". Haam conclui com essa advertência premonitória: "Se, verdadeiramente e de boa-fé, queremos alcançar nossos objetivos na terra de nossos ancestrais, não devemos nos esquecer de que vamos para uma guerra difícil que exige ser cuidadosamente preparada" e com "boas armas" (Charbit, 1998, p. 395).

Herzl, ao contrário de Haam, pouco se preocupa com a situação e a opinião da população da Palestina, que ele visita apenas uma vez, em 1898, para se encontrar com o imperador alemão em Jerusalém. Quando um ano antes lança o movimento sionista, ele deve sobretudo vencer a oposição tenaz dos judeus assimilados a um projeto que não pode, segundo eles, senão atiçar o antissemitismo. É a recusa do Conselho dos Rabinos da Alemanha, apoiado pela comunidade judaica de Munique, que obriga Herzl a organizar na Suíça o congresso de lançamento de seu movimento, inicialmente previso em Munique. Os rabinos alemães argumentam sua recusa em dois tempos. Primeiro, "as aspirações dos pretensos sionistas em estabelecer um

Estado nacional na Palestina contradizem as promessas messiânicas do judaísmo". Em seguida, "o judaísmo obriga seus fiéis a servirem à pátria à qual eles pertencem com uma devoção incondicional" (Brenner, 2003, p. 49).

Os ataques contra o messianismo profano, e, portanto, ímpio, do sionismo são particularmente virulentos na Palestina, dentro do *Ishuv*, termo hebraico para designar "o estabelecimento" judaico na Palestina. Essa população está, antes da Primeira *Aliá*, concentrada nas cidades santas de Jerusalém, Safed, Tiberíades e Hebron. Nelas, a maioria dos homens adultos se consagra ao estudo dos textos sagrados nos seminários rabínicos. Por isso eles dependem para sua subsistência da *haluka*, ou seja, da caridade coletada na diáspora para lhes ser redistribuída. Em 1867, a comunidade asquenaze, até então submetida à hierarquia sefardita, obtém o reconhecimento de sua autonomia pelas autoridades otomanas, e isso graças à interseção de notáveis muçulmanos de Jerusalém (Campos, 2010, p. 18). A esse "Velho *Ishuv*", centrado na prática religiosa e nas cidades do interior, os pioneiros sionistas opõem seu "Novo *Ishuv*", fundado no trabalho da terra e voltado para o Mediterrâneo.

Herzl, consciente da virulenta contestação do sionismo no mundo judaico, esforça-se para descrever seu projeto palestino com cores mais atraentes. Além de sua infatigável atividade de propagandista, ele publica em 1902 um romance de antecipação, *Altneuland* [Novo país antigo], cujo herói descobre naquele ano em Jafa "a miséria matizada do Oriente: turcos miseráveis, árabes sujos, judeus temerosos, todos vivem na preguiça, na indigência, sem esperança". Na estrada para Jerusalém, ele vê apenas "uma planície arenosa e pantanosa, magros campos queimados pelo sol, vilarejos com aspecto sombrio, povoados de árabes com cara de bandidos" (Herzl, 2004, p. 159). Herzl não teme forçar a mão para descrever, depois de 20 anos de colonização sionista, uma Palestina regenerada em verdadeiro "jardim do Éden" (Herzl, 2004, p. 251), cuja "terra florida" (Herzl, 2004, p. 215) seria consagrada pelo "Templo reconstruído de Jerusalém" (Herzl, 2004, p. 326).

Haam, muito crítico desde o primeiro Congresso da Basileia, ridiculariza a utopia de Herzl de uma Palestina onde os ricos judeus falariam o alemão e os pobres o ídiche (Bensoussan, 2002, p. 133). Ele recrimina o autor de *O Estado dos judeus* por não promover o suficiente um Estado autenticamente judeu. Editor de um jornal mensal em hebraico publicado em Berlim e depois na Cracóvia, ele se vale de um "sionismo cultural" perante o "sionismo político" de Herzl que se baseia numa aposta diplomática envolvendo as potências europeias. Depois de anos de abordagens infrutíferas, diretas ou indiretas, com o sultão otomano, Herzl acaba até mesmo propondo um assentamento judaico no oeste do atual Quênia. Esse Projeto Uganda polariza dessa vez o movimento sionista entre os "práticos", fundamentalmente ligados apenas à Palestina, e os "territorialistas", abertos a qualquer opção viável de colonização judaica.

O sionismo "sintético"

A morte de Herzl, em 1904, permite ao movimento sionista superar tais contradições sob a direção de David Wolffsohn. O Projeto Uganda é definitivamente abandonado e, com ele, a alternativa territorialista. A Segunda *Aliá*, sobretudo composta de imigrantes russos, é acompanhada de uma difusão do hebraico moderno entre os novos pioneiros. A oposição entre sionismo cultural e político diminui de intensidade à medida que se desenvolve o Novo *Ishuv*. Haim Weizmann, um exilado russo de Manchester, se assume, no Congresso Sionista de 1907, como defensor de um "sionismo sintético" reconciliando "trabalho prático e trabalho político" como na "escavação de um túnel" em que os trabalhadores ativos em cada extremidade "se encontram no meio" (Charbit, 1998, p. 187). Mas Weizmann o critica diante dos congressistas: "Os governos só o escutarão quando virem que você tem capacidade de manter a Palestina" (Charbit, 1998, p. 186).

As profundas divergências entre as diferentes correntes sionistas são, assim, sublimadas numa mobilização voluntarista sobre a terra da Palestina, que na verdade se trata de "manter". A síntese militante de Weizmann é apenas a primeira das inúmeras fórmulas de consenso "palestino" no interior da família sionista. Essa síntese se estende até mesmo a Abraão Kook, um puro produto da ortodoxia hassídica, que em 1904 se torna rabino de Jafa. Nessa cidade, ele pronuncia o elogio fúnebre de Herzl comparando-o com o "Messias, filho de José", que abre o caminho ao Messias divino, o novo Davi (Goldman, 2009, p. 274). Pregando em hebraico aos colonos do Novo *Ishuv*, Kook traz sua caução religiosa ao projeto sionista perante os rabinos do Velho *Ishuv*. Ele está convencido de que a espiritualidade inerente à "terra de Israel" triunfará finalmente sobre os preconceitos laicos que dominam entre os pioneiros sionistas (Goldman, 2009, p. 274). Quanto ao Rabino Isaac Reines, é a partir do Leste Europeu que ele anima a facção Mizrahi (oriental) como componente religiosa, muito minoritária, do movimento sionista. Assim como Kook, ele argumenta que uma dinâmica profana de retorno a *Eretz Israel* só pode libertar os "judeus ímpios" de seu exílio espiritual (Bensoussan, 2002, p. 232).

As duas grandes figuras dos Trabalhadores de Sião (*Poale Zion*), movimento fundado na Palestina em 1906, são David Grün e Isaac Shymshelevitch, nomes tão logo hebraizados em Ben Gurion para o primeiro, e Ben Zvi para o segundo. Os "dois Ben", assim como familiarmente designados, são, com efeito, partidários militantes do hebraico em relação ao ídiche, dominante na Primeira *Aliá*. O abandono do patrônimo vale como um ato de fé num renascimento simbólico na "terra de Israel", um rito de passagem destinado a se tornar sistemático. Se Ben Zvi significa modestamente o "filho do cervo", já Ben Gurion se afirma como o "filho do leão", retomando o nome de um dignitário judeu de Jerusalém durante o cerco do ano 70 feito pelos romanos. Os dois camaradas apoiam a orientação socializante da Segunda *Aliá*, Ben Zvi participando da criação, em 1909, da primeira milícia sionista: *Hashomer*. Pouco importa que a demissão dos seguranças até então árabes dos assentamentos judaicos desperte uma série de incidentes, o importante é que os judeus agora só dependem deles mesmos para garantir sua própria segurança.

De fato, o socialismo dos dois Ben é um socialismo nacional, que exclui os árabes de sua organização (Sternehell, 2004, p. 165) e concede uma prioridade absoluta à conquista territorial, sublimada em "redenção da terra", sobre a luta de classes. O estabelecimento, em 1909, do primeiro *kibutz*, uma cooperativa judaica de um novo tipo, responde assim ao desafio do emprego de uma mão de obra árabe barata nas fazendas que, no entanto, já são propriedades sionistas (Sternehell, 2004, p. 70-72), ao passo que os novos imigrantes se sentem mais atraídos a se estabelecer na cidade, com a fundação, ainda em 1909, de Tel Aviv. Mais tarde, Ben Gurion afirmará continuamente que 90% da Segunda *Aliá* não fora engendrada na Palestina (Sternehell, 2004, p. 160), uma proporção evidentemente exagerada, a fim de acentuar o elitismo pioneiro de seu próprio partido. Em contrapartida, ele tem certeza de que uma campanha sionista está sendo organizada no Iêmen, para ali recrutar na comunidade judaica, numa base mais contratual do que ideológica, trabalhadores agrícolas para mitigar as deserções da Segunda *Aliá* (Segev, 2019, p. 118); quanto a Ben Zvi, desde 1913 ele não alimenta nenhuma ilusão sobre "a oposição geral entre o povoamento judaico novo na Palestina e o povoamento árabe antigo" (Charbit, 1998, p. 389).

Quando da eclosão, em 1914, da Primeira Guerra Mundial, os dois Ben colocam-se a serviço das autoridades otomanas, que recusam essa oferta (Segev, 2019, p. 104), antes de expulsá-los da Palestina, em 1915, junto com milhares de outros judeus estrangeiros. Exilados nos Estados Unidos, eles publicam em ídiche *Eretz Israel, o passado e o presente*, uma ambiciosa reescrita sionista da história da Palestina, cujos camponeses seriam somente os descendentes de judeus que, contra tudo e contra todos, estão ligados à sua terra[2]. Em 1916, Ben Gurion faz o prefácio de um livro dedicado aos seguranças judeus mortos na Palestina em confrontos com os árabes, pois "o sangue deles desperta nosso passado, inspira nosso presente e, sobretudo, estimula nosso futuro" (Bensoussan, 2002, p. 413). Mais tarde, ele se projeta no pós-guerra e na derrota, para ele inelutável, do Império Otomano: "A Conferência de Paz ouvirá nossa justa reivindicação e aceitará nossa demanda; seu consentimento será inscrito nos documentos das alianças e dos tratados entre os Estados; e a Palestina voltará a ser o apanágio do povo judeu" (Charbit, 1998, p. 181). Foi realmente para dar provas de lealdade, na perspectiva dessa Conferência de Paz, que os dois Ben, antes dispostos a se comprometer com o lado otomano, se unem ao projeto de uma Legião Judaica sob a bandeira britânica. No entanto, esse projeto é proposto por

---

2. Publicado em 1918 em ídiche em Nova York pelo comitê Poale Zion pela Palestina, o livro só será traduzido para o hebraico e publicado em Israel em 1979.

um intransigente inimigo do marxismo, Zeev Jabotinsky, ao mesmo tempo liberal e romântico, que sonha em ser um Garibaldi sionista.

O ativismo de Weizmann é determinante na adoção por Londres, em novembro de 1917, da Declaração Balfour, a despeito da oposição do único ministro judeu, Edwin Montagu. O Rabino Kook não hesita em "abençoar" o governo britânico por ter "sido o instrumento de Deus no cumprimento de sua promessa de nosso retorno à terra de Israel" (Goldman, 2009, p. 276). A Legião Judaica conta com apenas 5 mil combatentes, um terço originário da Palestina, um segundo terço dos Estados Unidos e um terceiro da Grã-Bretanha. Embora essa legião só participe tardiamente dos combates na Palestina, ela se destaca, em setembro de 1918, no decorrer da travessia do Jordão pelas tropas aliadas que expulsam o exército otomano para a Síria. Jabotinsky, então à frente das unidades judaicas, conquista então uma popularidade incontestável tanto no *Ishuv* como na diáspora.

O fim do conflito mundial permite o lançamento de uma Terceira *Aliá*, que também acentua a dimensão socializante da anterior, bem como a pressão sobre as terras nos campos palestinos. Em abril de 1920, as tensões com a população árabe degeneram em tumultos em Jerusalém, que resultam numa dezena de mortos, tanto judeus quanto árabes. Logo depois uma votação é organizada no *Ishuv* a fim de designar uma Assembleia dos Representantes (*Asefat ha-Nivharim*), em que os trabalhistas vencem. A prisão pelas autoridades britânicas de Jabotinsky por incitação à violência e sua condenação a 15 anos de prisão resultam numa campanha em seu favor de todos os grupos sionistas. Ele é libertado depois de algumas semanas pelo alto-comissário Herber Samuel, cuja administração civil sucede ao aparelho militar que administrava até então esse "território inimigo ocupado". Não apenas Samuel é um sionista convicto, mas seu filho Edwin combateu na Legião Judaica.

Os Trabalhadores de Sião se dividem então entre os defensores majoritários de uma organização exclusivamente judaica, liderados por Ben Gurion, e os partidários da Internacional Comunista, dirigida a partir de Moscou pelos bolcheviques. Ben Gurion torna-se, assim, o primeiro-secretário geral de um sindicato reservado de fato aos judeus, o *Histadrut* (federação), que cria sua própria milícia, a *Haganá* (defesa), muito mais poderosa do que a *Hashomer* (a *Haganá* se encarrega assim de assassinar um policial árabe acusado de ter contribuído com os ataques antijudaicos em Jafa em 1921 (Segev, 2019, p. 189). Embora Ben Zvi participe da fundação das duas organizações, ele permanece à sombra de seu antigo companheiro de militância e de exílio. As atividades desenvolvidas pelo *Histadrut* vão muito além do campo sindical, numa perspectiva de constituição de uma contrassociedade judaica na Palestina, com a filiação de metade dos assalariados judeus a partir de1922 (aumentando para 70% em 1926) (Jourdin, 2021, p. 63). É a consagração do "trabalho dos hebreus" (*avoda ivrit*), encarnado pela figura conquistadora do "pioneiro" (*haloutz*), diante dos árabes cuja incapacidade de se constituir como classe operária relativizaria os direitos sobre a Palestina. Os dissidentes comunistas, para quem a luta de classes deve resultar numa mobilização judaico-árabe, são marginalizados justamente por recusarem o sionismo (Bensoussan, 2002, p. 385).

Quanto às autoridades britânicas, elas concluem a estruturação religiosa de seu mandato sobre a Palestina designando dois importantes rabinos, um para o rito asquenaze, outro para o rito sefardita. Abraão Kook, já um importante rabino de Jerusalém, foi nomeado para o primeiro cargo, o segundo cabendo a Jacob Meir, um nativo de Jerusalém há muito engajado no renascimento e na difusão do hebraico. Com a nomeação de Meir, O Velho *Ishuv*, marcado pelo patrimônio sefardita, aceita se fundir definitivamente com o Novo, ainda mais que a imigração judaica na Palestina permanece amplamente asquenaze. Quanto a Kook, ele enuncia os princípios mesmos do sionismo religioso ao afirmar, em 1920, que "o judeu não pode ser, na terra de exílio, tão devotado e fiel a seu pensamento, suas ideias, seus valores, seu imaginário, como o é quando vive em *Eretz Israel*" (Charbit, 1998, p. 494). No ano seguinte, ele funda em Israel a Torá Cohanim, um instituto onde os sacerdotes do futuro Templo, os *cohanim* (plural de *Cohen*), estudam para exercer no momento apropriado seu sacerdócio (Goldman, 2009, p. 278). Ao longo dos 15 anos após a morte de Herzl, as diferentes facetas do sionismo conseguiram, assim, desenvolver sua originalidade sem questionar a unidade fundamental do movimento.

O desafio revisionista

Os grupos sionistas criaram coletivamente os meios para tirar o melhor partido do mandato britânico, que, em 1922, integra a Declaração Balfour em sua Carta aprovada pela SDN. Esse reconhecimento da legitimidade apenas do nacionalismo judaico na Palestina constitui tamanha vitória para a direção sionista que ela concede de bom grado a exclusão da Transjordânia do campo de aplicação do mandato. Mas Jabotinsky defende ferrenhamente o direito da colonização judaica de se estender sobre as duas margens do Jordão. Ele exalta o assentamento de 40 mil imigrantes judeus por ano, durante 25 anos, só na Palestina, ou seja, 50 a 60 mil incluindo a Transjordânia (Laqueur, 1972, p. 319). Pois sua obsessão é submergir demograficamente a maioria árabe da população e empurrá-la metodicamente para além de um "muro de ferro" que garanta a segurança de um Estado agora incontestavelmente judeu.

Jabotinsky conceitualiza em 1923 esse *Muro de Ferro*, pouco depois de ter pedido demissão do executivo sionista, que ele acusa de ser duplamente "hipócrita", ao mesmo tempo em suas ofertas de conciliação com a maioria árabe e em sua recusa de proclamar seu objetivo final: "Os partidários do compromisso em nossas fileiras estimam que os árabes são bastante tolos para serem enganados com uma apresentação insípida de nossos objetivos", ao passo que os "árabes da Palestina" combaterão os sionistas "enquanto tiverem uma pequeníssima esperança de impedir a transformação da Palestina em *Eretz Israel*". A alternativa colocada por Jabotinsky tem o mérito da clareza: "A colonização sionista, mesmo a mais limitada, deve ser ou suspensa, ou seguida em detrimento da população local". A conclusão é amarga: "O único meio de chegar a um acordo no futuro é abandonar qualquer ideia de acordo no presente" (Filiu, 2007, p. 22-23).

Com base nisso, Jabotinsky organiza, na Palestina e na diáspora, sua União Sionista Revisionista, pretendendo com essa "revisão" reconduzir o sionismo aos fundamentos de Herzl. A leitura do *Muro de Ferro* ressoa muito mais como um eco à advertência de Haam, em 1891, sobre a "difícil guerra" a ser travada contra os árabes da Palestina. Mas Haam se marginalizou ao se recusar, depois da Basileia, a participar dos Congressos Sionistas e ao se estabelecer em Tel Aviv onde morre cinco anos depois, relativamente isolado. Jabotinsky é, ao contrário, objeto de um verdadeiro culto entre seus partidários revisionistas, sobretudo dentro do seu Movimento da Juventude, o *Betar*, fundado em Riga e muito ativo na Polônia, mas que recruta também entre os sefarditas da diáspora e da Palestina, negligenciados pelo movimento trabalhista. Segundo o hino do *Betar*, "o Jordão tem duas margens/uma nos pertence e a outra também" (Dieckhoff, 1993, p. 336).

Quando Jabotinsky mobiliza a base revisionista na perspectiva de um "muro de ferro" atrás do qual entrincheirar a maioria árabe, Ben Gurion utiliza a mesma expressão, mas para designar uma "muralha de ferro" árabe a ser demolida para incentivar a colonização judaica: "A ocasião de reconquistar a terra de Israel está escapando de nossas mãos. O principal problema a ser resolvido é o pouco entusiasmo dos judeus em cumprir sua *Aliá*". O trabalhista acrescenta: "Somos homens a caminho da reconquista de sua terra. Diante de nós se ergue uma muralha de ferro, e devemos derrubá-la" (Sternhell, 2004, p. 49). Recusando a alternativa marxista entre ditadura da burguesia e ditadura do proletariado, Ben Gurion defende a "ditadura do povo hebreu" (Sternhell, 2004, p. 212).

O voluntarismo de Ben Gurion é fortalecido pelo fechamento dos Estados Unidos à imigração e o lançamento, em 1924, da Quarta *Aliá*, que conduz rapidamente à duplicação da população de Tel Aviv. Pouco importa ao líder trabalhista que o modelo pioneiro do *kibutz* permaneça marginal, pois para ele o essencial é o impulso dado por essa nova onda de imigrantes ao trabalho de corroer a "muralha" árabe. Quanto aos revisionistas, eles se revelam mais bem assentados na diáspora do que no seio do *Ishuv*, onde só obtêm 7% nas eleições de 1925. De todo modo, o dinamismo dessa nova *Aliá* é tal que, em 1927, o número de publicações em hebraico ultrapassa na Palestina o dos jornais difundidos nessa língua na diáspora (Bensoussan, 2002, p. 346). Ben Gurion continua apostando na consolidação pela imigração de uma nova relação de força demográfica, sobretudo diante da maioria árabe na Palestina, mas também diante da diáspora, em que o militantismo sionista deve pouco a pouco subordinar sua ação às prioridades do *Ishuv*.

O principal alvo de Jabotinsky não é, então, Ben Gurion, mas sim Weizmann. Com efeito, o inspirador da Declaração Balfour decide abrir aos não sionistas as portas da Agência Judaica, fundada em agosto de 1929, que ele dirige. Esse gesto audacioso responde às demandas dos sionistas americanos, que sabem que estão isolados dentro da comunidade judaica. Na própria Palestina, as autoridades britânicas consideram a Agência Judaica como a representante institucional do *Ishuv* e lhe atribuem, todo ano, um volume global de cartas de imigração. Em seguida, a Agência reparte essas cartas entre os diferentes grupos, inclusive o Agudat Israel (união de Israel), o braço político dos ultraortodoxos, que se recusa a se declarar sionista, apesar de seu assentamento na Palestina desde 1912. Tais arranjos provocam o furor impotente de Jabotinsky, que a Grã-Bretanha proíbe de entrar na Palestina, obrigando-o a residir na Europa. Com efeito, em 1929 ele é acusado de ter, como em 1920, incitado tumultos que degeneram entre judeus e árabes.

Essa escalada da violência na Palestina faz o jogo dos revisionistas, menos dentro do *Ishuv*, onde eles devem se contentar com um sexto dos votos nas eleições de janeiro de 1931, do que na diáspora, com seis meses depois um quarto dos assentos no Congresso Sionista da Basileia. Jabotinsky pretende então suplantar Weizmann apresentando publicamente a questão do "objetivo final" do movimento sionista. Seus partidários afirmam que podem criar "uma maioria judaica nas duas margens do Jordão com uma maioria no Congresso" (Laqueur, 1972, p. 496). O contra-ataque é conduzido por Ben Gurion e por Haim Arlosoroff, artesão da ampliação da base trabalhista em um Mapai, acrônimo hebraico do Partido dos Trabalhadores da Terra de Israel. Weizmann, em minoria, cede o lugar a um de seus próximos, Nahum Sokolov, mas a nova direção sionista exclui os revisionistas e nomeia Arlosoroff diretor político da Agência Judaica, confiando-lhe, assim, o cargo das relações exteriores do *Ishuv*.

É nessa função que Arlosoroff negocia com a Alemanha nazista, em junho de 1933, um acordo de transferência dos judeus alemães para a Palestina. Jabotinsky critica tais negociações com o regime hitlerista. Arlosoroff, pouco depois de seu retorno de Berlim, é assassinado na praia de Tel Aviv. O assassinato suscita uma imensa comoção dentro do *Ishuv*, com dezenas de milhares de participantes nos funerais. A polícia prende um suspeito, Abba Ahimeir, que havia publicado, cinco anos antes, suas *Crônicas de Um Fascista* e nunca escondera seu fascínio pelo regime de Mussolini na imprensa revisionista (Dieckhoff, 1993, p. 271). Ahimeir anima, então, um grupelho entusiasmado inspirado em alguns sicários, que, durante a revolta antirromana do século I, assassinavam seus oponentes judeus. Jabotinsky mesmo julgando em privado "compreensíveis e legítimas" as "tendências maximalistas em nosso movimento" (Laqueur, 1972, p. 365), distancia-se do suspeito. Nem por isso deixa de fazer campanha a favor de Ahimeir, logo absolvido das acusações de assassinato.

O assassinato de Arlosoroff desencadeia inúmeros incidentes entre o *Betar* e a juventude trabalhista. Os revisionistas decidem, em 1934, estabelecer seu próprio sindicato, concorrente do *Histadrut*, que acusa seus rivais de fazer o jogo dos patrões. Como a Agência Judaica se recusa a conceder cartas de imigração ao *Betar*, os revisionistas revidam boicotando o Fundo Nacional Judaico (KKL) e criando seu próprio fundo, Tel Hai ("Colina da Vida"). Em resposta a Jabotinsky, que nega qualquer lugar à luta de classes no sionismo, Ben Gurion o compara a Hitler (Laqueur, 1972, p. 368). A ruptura é consumada em agosto de 1935 em Lucerna, quando o Congresso Sionista, com uma maioria de delegados trabalhistas, recoloca Weizmann à frente do movimento, Ben Gurion ficando com a direção da Agência Judaica. No mês seguinte, Jabotinsky preside, em Viena, o congresso fundador de sua Nova Organização Sionista, que se instala em Londres.

O terrorismo antiárabe

O cisma revisionista é raramente analisado como o sintoma de uma crise crescente do *Ishuv*, em razão dos 12 anos de polêmicas mais e mais virulentas que o precedem. Mas a onda de imigração judaica, consecutiva ao advento do regime nazista na Alemanha, eleva então a quase um terço a proporção da população judaica na Palestina, um resultado inesperado na época da proclamação da Declaração Balfour. Quanto à polarização entre trabalhistas e revisionistas, longe de enfraquecer o *Ishuv* diante da Grande Revolta Árabe que eclode em abril de 1936, ela vai alimentar uma dinâmica de escalada e de militarização do movimento sionista, dinâmica determinante na derrota final da sublevação palestina. Além disso, o exílio europeu de Jabotinsky durante todo esse período crucial acentua a autonomia operacional dos milicianos revisionistas e de seus comandantes.

A Greve Geral da população árabe, de abril a outubro de 1936, tem como principal objetivo levar as autoridades britânicas a reconhecerem a ameaça agora percebida como existencial da imigração judaica. Essa greve geral tem, no entanto, como consequência paradoxal consolidar o *Ishuv* como contrassociedade judaica, em conformidade com a visão de Ben Gurion de um sindicato judaico e de partidos judaicos se apoiando numa economia judaica, dissociada de seu entorno árabe. O *Histadrut* conta agora com 100 mil membros, apoiados por 2.500 permanentes (Sternhell, 2004, p. 633). É por isso que o executivo sionista aprova o princípio do Plano Peel, que, em julho de 1937, prevê pela primeira vez a divisão da Palestina entre um Estado judeu e um Estado árabe*. Mas Jabotinsky se manifesta de forma violenta contra um plano que, segundo ele, concede apenas 4% de *Eretz Israel* ao Estado judeu, uma vez que o líder revisionista continua incluindo a vasta Transjordânia em seus cálculos (Filiu, 2007, p. 27).

Ben Gurion impôs à *Haganá* uma política de "moderação" (*havlagah*) diante da sublevação árabe, na esperança de ganhar, assim, os favores dos dirigentes britânicos. Essa linha é contestada por uma milícia puramente revisionista, que, após complexas recomposições, emerge em abril de 1937 sob o nome de Organização Militar Nacional (*Irgun Zvai Leumi*). Essa milícia é geralmente designada apenas sob o termo *Irgun* ou, mais raramente, por seu acrônimo hebraico de *Etzel*. Ela anuncia, em novembro de 1937, a "ruptura da moderação", assassinando num mesmo dia dez civis árabes em vários atentados coordenados. Em abril de 1938, Shlomo Ben Yossef, um militante ucraniano do *Betar* que acaba de imigrar ilegalmente para a Palestina, participa do ataque a um ônibus árabe. Ainda que esse atentado não faça vítimas, a justiça britânica decide dar um exemplo e condena Ben Yossef à morte. Ele é enforcado na prisão de Acre em junho de 1938.

---

* *Cf.* mapa 4.

Jabotinsky faz uma vibrante homenagem a Ben Yossef numa reunião revisionista em Varsóvia, na qual ele defende "o fim da renúncia sistemática a nossos direitos" (Charbit, 1998, p. 592). Mas o *Irgun*, temendo a represália do exército britânico, decide se "vingar" então na população árabe, muito mais vulnerável. Em julho e agosto de 1938, uma campanha de atentados cegos causa mais de uma centena de mortos árabes, com verdadeiras carnificinas nos mercados de Haifa, de Jerusalém e de Jafa. A *Haganá* está tanto mais escandalizada por essa onda de terror porque acaba de integrar uma parte de seus milicianos aos comandos britânicos dos *Special Night Squads*, liderados pelo sionista convicto Wingate. Confrontada com o risco de perder tal oportunidade, a *Haganá* pressiona o *Irgun* para obter uma suspensão dos atentados antiárabes. Um acordo que prevê uma negociação prévia entre as duas milícias antes de qualquer operação de "represálias" é finalmente concluído (Enderlin, 2008, p. 44).

Jabotinsky pode contar com a lealdade do líder do *Irgun*, David Raziel. Mas é contestado durante o Congresso Mundial do *Betar*, em setembro de 1938 em Varsóvia. É Menahem Begin, jovem líder do *Betar* polonês, que se insurge em nome da prioridade absoluta a ser dada, segundo ele, à luta armada. Jabotinsky toma os congressistas como testemunhas: "Se vocês pensam que não há outro caminho além do proposto por Begin e vão utilizar as armas, vocês estão se suicidando" (Enderlin, 2008, p. 44). A trégua é respeitada até a publicação por Londres, em 17 de maio de 1939, de um Livro Branco sobre a Palestina que limita severamente a imigração judaica. E uma vez mais o *Irgun* decide "se vingar" dos britânicos atacando os árabes. Em 29 de maio, uma bomba mata cinco pessoas num cinema árabe de Jerusalém, enquanto um vilarejo árabe, não distante de Haifa, é atacado e brevemente ocupado pelos milicianos revisionistas.

A bandeira do *Irgun* é então içada nesse vilarejo palestino onde dez civis são mortos, entre eles quatro mulheres. Jabotinsky reage com as seguintes instruções para o *Irgun*: "A opinião pública, judaica e não judaica, está a favor da retaliação pelo tempo que não tiverem a impressão de que as mulheres estão sendo alvo. Em situações de defesa, é impossível diferenciar os sexos, mas, durante os ataques, é preciso evitar qualquer ação que possa dar essa impressão". O líder revisionista considera que os civis de sexo masculino continuam sendo um alvo legítimo e não tem intenção alguma de proibir os atentados nos mercados. Por isso ele esclarece: "É preciso espalhar advertências em árabe explicando que, nas circunstâncias atuais, os homens não deveriam enviar suas mulheres ao mercado, e sim irem no lugar delas" (Enderlin, 2008, p. 48).

A Segunda Guerra Mundial

Desde a invasão da Polônia, em setembro de 1939, Jabotinsky se alia publicamente à resistência das democracias contra o Eixo Germano-italiano. Ele começa então a percorrer o mundo para criar um exército judaico que, seguindo o modelo da Legião Judaica de 1917-1918, combateria no campo antifascista. Ele morre em agosto de 1940 no decorrer de uma dessas suas viagens de mobilização, no norte de Nova York, e deixa a direção da internacional revisionista para Benzion Netanyahu, pai do futuro primeiro-ministro israelense. Ainda em agosto de 1940, o *Irgun*, que agora colabora com o mandato britânico, está enfraquecido pela dissidência dos partidários de uma aliança com as potências fascistas contra Londres. A cisão é conduzida por Abraão Stern, de onde o nome de "Grupo Stern" dado pela polícia britânica ao *Lehi*, o acrônimo hebraico dos "combatentes pela liberdade de Israel". Stern se apresenta como o líder de um "renascimento", pois "Israel conquistou sua terra pela espada" (Enderlin, 2008, p. 67) em nome de um "direito absoluto que jamais expirou e jamais expirará" (Enderlin, 2008, p. 68). Stern atribui ao *Lehi* a perspectiva da construção do "Terceiro Templo como símbolo de uma nova era de redenção total" (Enderlin, 2008, p. 69).

Ben Gurion continua sua campanha contra o Livro Branco, enquanto a *Haganá* organiza um braço clandestino, o *Mossad* (o instituto), encarregado da imigração ilegal para a Palestina, "a *Aliá* B" (*Alyah Beth*). Mas o líder trabalhista considera também que o engajamento antifascista deve prevalecer; por isso, em abril de 1941, a organização, dentro da *Haganá*, de "companhias de choque", designadas por seu acrônimo hebraico como *Palmach* e destinadas a combater sob a bandeira britânica. Além disso, uma boa parte dessas tropas de elite já passou pelos comandos antiárabes de

Wingate (Laqueur, 1972, p. 330). É o caso de Moshe Dayan, que participa, em junho de 1941, da ofensiva da Grã-Bretanha e da França livre para expulsar o regime de Vichy da Síria e do Líbano. Ferido por bala no sul do Líbano, Dayan perde o olho esquerdo, claro que nem imagina que se tornará o caolho mais famoso da história de Israel.

Quanto ao *Irgun*, é no Iraque que ele contribui com a ofensiva britânica contra o regime pró-nazista de Bagdá. Raziel é morto, em abril de 1941, num bombardeio alemão, deixando a direção da milícia para seu adjunto, Jacob Meridor, que deixa o Iraque para retornar à Palestina. Os serviços de segurança do mandato, certos da colaboração da *Haganá* e do *Irgun*, podem se concentrar no *Lehi*. Em fevereiro de 1942, eles capturam Stern em seu esconderijo de Tel Aviv e o eliminam afirmando que tentara fugir. O golpe é severo para o *Lehi*, onde o culto do líder e fundador era fervoroso. A organização entra em relativa inatividade, sob uma direção tripartite em que Yitzhak Shamir controla as atividades militares. Esses extremistas aparecem tão enfraquecidos que a *Haganá* se compromete a poupá-los desde que o *Lehi* se abstenha de qualquer propaganda nas fileiras trabalhistas.

A preocupação de Ben Gurion, envolvido em sua campanha por uma *commonwealth* judaica, é vê-la então comprometida pelo ativismo do *Irgun*. Com efeito, Begin assumiu a direção da milícia revisionista após um ano de encarceramento no *Gulag*, de onde foi libertado por meio de um acordo entre a União Soviética e o governo polonês no exílio. O novo líder do *Irgun*, que já em 1938 defendia uma linha ultramilitarista diante de Jabotinsky, declara, em janeiro de 1944, a "guerra até a vitória" contra a administração britânica, que entrega nossos irmãos a Hitler" (Enderlin, 2008, p. 140). A milícia revisionista dedica os meses seguintes a uma audaciosa série de ataques contra os alvos britânicos na Palestina. Por duas vezes em outubro de 1944, Ben Gurion encarrega Moshe Sneh, seu adjunto à frente da *Haganá*, de se encontrar secretamente com Begin e de exigir que ele pare com os ataques: "Existe a possibilidade de que os ingleses nos proponham uma solução que talvez não seja a ideal, mas que ainda assim nos garantirá a independência, a imigração, a colonização. Com suas operações, você coloca em risco essa possibilidade" (Enderlin, 2008, p. 169). Embora Begin reconheça Ben Gurion como chefe do *Ishuv*, ele recusa o princípio mesmo da partilha de *Eretz Israel* que os trabalhistas esperam obter de Londres.

A campanha antibritânica

Em novembro de 1944, o *Lehi*, que tentou sem sucesso eliminar o Alto Comissariado britânico na Palestina, realiza um golpe espetacular ao matar, no Cairo, Lorde Moyne, o representante da Grã-Bretanha, com estatuto de ministro, no Oriente Médio. Os dois assassinos são capturados. Weizmann afirma a Churchill que "o judaísmo da Palestina fará todo o possível para extirpar o mal de seu seio" (Enderlin, 2008, p. 173). Ben Gurion declara diante do congresso do *Histadrut* que "essas gangues não compreendem nenhuma linguagem humana", pois "só compreendem a força" (Enderlin, 2008, p. 174). Ele ratifica sua decisão de colaborar com a polícia britânica na caça aos militantes de *Lehi*, mas também do *Irgun*. Begin decide não revidar, pois "não haverá guerra dos judeus contra os judeus neste país" (Enderlin, 2008, p. 177). De fato, a repressão da ala extremista permanece relativamente limitada.

A vitória trabalhista nas eleições britânicas de julho de 1945 é celebrada no seio do *Ishuv*, que tanto apostara em vão em Churchill. Mas Londres persiste em manter as restrições do Livro Branco à imigração judaica na Palestina, apesar das pressões americanas em favor da entrega imediata de 100 mil *visas*. Ben Gurion também pode contar com o apoio da França, onde a *Haganá* estabeleceu seu quartel-general europeu, com base numa identificação com a luta sionista de uma grande parte da nova classe política oriunda da resistência antinazista. Na Palestina, o *Lehi* se impôs como mediador entre a *Haganá*, que se oferece para integrar os grupos rivais, e o *Irgun*, que só aceita uma mera coordenação. É assim que nasce o Movimento de Resistência Hebraico (MRH), que ataca, em 1º de novembro de 1945, as estradas de ferro em 200 pontos da Palestina. É apenas a primeira das 50 operações que, em oito meses, mataram dez militares britânicos.

Isso foi demais para Londres, que em 29 de junho de 1946 ordena a detenção de quase 3 mil militantes e responsáveis sionistas, com buscas nos escritórios da Agência Judaica. O MRH decide revidar atacando, em

Jerusalém, a sede da administração britânica, situada no Hotel King David. Weizmann, que ignora a iminência desse atentado mas teme o pior de uma escalada com a Grã-Bretanha, pressiona Sneh, representante da *Haganá* dentro do MRH, a "renunciar às [suas] operações" (Enderlin, 2008, p. 69). Sneh fracassa em convencer Begin a abandonar o ataque do King David, que é realizado em 19 de julho e reivindicado pelo *Irgun*. O saldo de 91 mortos (28 britânicos, 17 judeus e 41 árabes) resulta na suspensão do MRH. Mas o *Irgun* prossegue com seus atentados tanto na Palestina como no exterior, realizando em 1º de novembro o ataque a bomba da embaixada britânica em Roma.

É de maneira simbólica que o movimento sionista realiza em dezembro de 1949, na Basileia, seu primeiro congresso desde 1939, portanto desde a Solução Final. O congresso ratifica o objetivo de uma *commonwealth*, na realidade de um Estado judeu, que Ben Gurion havia enunciado desde 1942 em Nova York. Weizmann, que se esforça inutilmente para refrear os ardores antibritânicos e antiárabes dos delegados, deve abandonar a presidência do movimento, que ele detinha há três décadas, com uma única interrupção de 1931 a 1935. Em respeito ao inspirador da Declaração Balfour, a presidência sionista permanece vaga. Esse congresso marca ao mesmo tempo a consagração de Ben Gurion e a reintegração dos dissidentes revisionistas. Não apenas o terrorismo do *Irgun* não causou a ele nenhum dano aos olhos dos militantes sionistas, como seu ativismo lhe permite agora ocupar uma posição de destaque na inevitável batalha pelo Estado judeu.

A alavanca extremista

Embora os Estados Unidos e a União Soviética travem uma queda de braço numa Guerra Fria com vocação planetária, ambos votam, em novembro de 1947, em favor do plano de partilha da Palestina pela ONU*. A direção sionista celebra tamanha vitória histórica, que, no entanto, o *Irgun* e o *Lehi* criticam como uma "nova Munique" (Laurens, 2007, p. 35), pois recusam qualquer partilha de um *Eretz Israel* que eles estendem para

* *Cf.* mapa 5.

as duas margens do Jordão. Mas Ben Gurion está determinado a conservar o reforço das milícias extremistas, pois concede uma prioridade absoluta à continuidade territorial entre os diferentes enclaves sionistas, na perspectiva de um Estado judeu que, mesmo segundo o plano da ONU, contaria ainda com 45% de população árabe. Além disso, o apoio sionista ao plano de partilha permite transferir à parte árabe a inteira responsabilidade por um conflito já inevitável.

As violências eclodem já na manhã seguinte ao voto da ONU e degeneram rapidamente numa guerra civil judaico-árabe, com 204 judeus e 208 árabes mortos durante o primeiro mês desse conflito (Laurens, 2007, p. 47). A *Haganá* se mantém firme à sua doutrina de "defesa agressiva", com represálias maciças contra os autores árabes, ou supostos inspiradores, dos ataques antijudaicos. O *Irgun* e o *Lehi* não hesitam em tomar a iniciativa de operações sangrentas contra alvos árabes, mas também britânicos. Em 22 de fevereiro de 1948, um comando composto de desertores britânicos e de militantes árabes explode três caminhões no principal mercado judaico de Jerusalém, matando 58 pessoas. O *Irgun* revida com o assassinato de nove soldados britânicos e o *Lehi* com a explosão, em 29 de fevereiro, de um trem britânico, matando 28 soldados. O alto-comissário exige de Ben Gurion uma colaboração total na eliminação do *Lehi*, mas o chefe da *Haganá* se recusa a qualquer gesto nesse sentido antes da proclamação de um Estado judeu (Laurens, 2007, p. 50). Embora os combatentes do *Irgun* e do *Lehi* sejam apenas 2 mil, se comparados aos efetivos dez vezes maiores da *Haganá* (Laurens, 2007, p. 69), Ben Gurion não pensa em se privar de sua ajuda nessa batalha que ele considera existencial.

As autoridades britânicas estimam em 671 judeus e 841 árabes, na maioria civis nos dois campos, o número de mortos durante os três primeiros meses de 1948 (Laurens, 2007, p. 67). Mas a batalha por Jerusalém já está encarniçada. O *Irgun* e o *Lehi* se apoderam, em 9 de abril, a oeste de Jerusalém, do vilarejo de Deir Yassine, defendido apenas pela população local. Os dissidentes vitoriosos anunciam ter matado 254 árabes, a maioria dos prisioneiros, entre os quais mulheres e crianças, tendo sido executados. A Agência Judaica envia ao Rei Abdala da Transjordânia, com quem ela negocia secretamente a partilha efetiva da Palestina, uma mensagem condenando "esse ato brutal e bárbaro" (Laurens, 2007, p. 75) do *Irgun*. O saldo do massacre é na realidade bem inferior, o *Irgun* tendo anunciado duas vezes mais perdas árabes para semear o pânico nas localidades circunvizinhas.

Essa estratégia do terror beneficia a *Haganá*, que obtém a evacuação da população árabe de Tiberíades, depois de Acre e de Haifa. Mas é o *Irgun* que desencadeia, em 25 de abril de 1948, o assalto contra o enclave árabe de Jafa. A defesa local colapsa, provocando o êxodo de uma parte dos habitantes. O exército britânico movimenta-se contra o *Irgun*, que se retira em 30 de abril, após a mediação da Agência Judaica entre os dissidentes sionistas e as autoridades do mandato. Este tem apenas mais duas semanas antes de expirar. Em 14 de maio, Ben Gurion proclama, de Tel Aviv, o Estado de Israel, não sem invocar o Holocausto, pois "o Holocausto nazista, que aniquilou milhões de judeus da Europa, demonstra mais uma vez a urgência de reconstituir o Estado judeu" (Laurens, 2007, p. 101). O novo governo provisório cria muito rapidamente as Forças de Defesa de Israel, designadas sob seu acrônimo hebraico como *Tsahal* e construídas em torno da *Haganá*. O *Irgun* e o *Lehi*, pressionados a se integrarem, fingem obedecer, mas priorizam a continuação dos combates em Jerusalém para preservar a autonomia de suas unidades na Cidade Santa.

É que o fim do mandato marca também o ponto de mudança da guerra judaico-árabe na Palestina para a primeira guerra árabe-israelense, com intervenção dos exércitos egípcio, transjordaniano, sírio, iraquiano e libanês. Quanto aos judeus da Palestina mandatária, eles se tornam agora "israelenses", reservando o termo "palestinos" apenas aos habitantes árabes desse território, cada vez mais impelidos ao êxodo. A ONU, confrontada pela crise mais importante de sua jovem história, apenas três anos após sua fundação, envia como "mediador" Folke Bernadotte. Esse diplomata sueco contribuiu, nas últimas semanas do regime hitlerista, para a evacuação de cerca de 20 mil prisioneiros e deportados, entre os quais mais de 6 mil judeus. Ele consegue, em 11 de junho de 1948, impor uma trégua aos beligerantes, com base nas linhas de frente. O exército israelense controla, assim, a Galileia, que estava ligada ao Estado árabe no plano de partição, enquanto o exército egípcio se apodera do Neguev, atribuído ao Estado judeu no mesmo plano.

No exterior, o *Irgun* continua estimulando poderosas redes de apoio, principalmente na França, onde, em nome da solidariedade com o jovem Estado de Israel, os dissidentes sionistas obtêm um importante carregamento de armamento, embarcado em Sète a bordo do *L'Altalena*. Esse navio, batizado com um dos pseudônimos de Jabotinsky, começa sua viagem no mesmo dia em que entra em vigor a trégua árabe-israelense. Ben Gurion exige de Begin que o armamento seja mandado para a *Tsahal*. Mas o *Irgun* começa a desembarcá-lo, na noite de 20 de junho, não longe de Tel Aviv. Yigal Allon, líder do *Palmach*, ordena o bombardeio do navio, enquanto Yitzhak Rabin, comandando a unidade no local, abre fogo contra os milicianos revisionistas. Treze combatentes do *Irgun* são mortos contra três soldados israelenses. Begin, chocado, anuncia a dissolução do *Irgun*.

Quanto ao *Lehi*, ele se recusa a desarmar-se. Durante os dez dias de retomada das hostilidades, de 8 a 18 de julho, o antigo Grupo Stern espera alcançar a Esplanada das Mesquitas em Jerusalém para destruir esse lugar santo do Islã e preparar, assim, o advento do Terceiro Templo (Laurens, 2007, p. 146). Mas o exército israelense não consegue penetrar na velha cidade, firmemente defendida pelo exército transjordaniano. Bernadotte negocia uma segunda trégua, que ele acompanha com uma proposição de solução baseada na desmilitarização de Jerusalém e numa partição integrando a Transjordânia ao futuro Estado árabe. Ele quer sobretudo um retorno rápido de pelo menos uma parte dos refugiados árabes de Jafa e de Haifa. Isso é demais para o *Lehi*, que decide eliminar o mediador da ONU no decorrer de uma reunião da qual Shamir participa (Enderlin, 2008, p. 314).

Em 17 de setembro de 1948, Bernadotte é assassinado em Jerusalém por um comando cujos quatro membros usam uniformes do exército israelense. Ben Gurion decreta a interdição do *Lehi* como "organização terrorista", num cenário de prisões de militantes e de simpatizantes. Contudo, ele se beneficia com esse golpe terrível assim dado aos esforços da ONU em favor de uma solução duradoura, esforços que poderiam ter comprometido, na mesa de negociações, os ganhos inesperados da *Tsahal*. Em 7 de janeiro de 1949, o primeiro conflito árabe-israelense termina, mas o estado de guerra continua prevalecendo entre Israel e seus quatro vizinhos árabes, com a ONU se contentando com apadrinhar uma série de cessar-fogo. Esses armistícios deixam pendente a questão dos mais de 750 mil refugiados palestinos que foram forçados a deixar suas casas, antes e depois da proclamação do Estado de Israel.

As primeiras eleições no *Knesset*, o Parlamento unicameral de Israel, ocorrem em 25 de janeiro de 1949, no contexto de uma circunscrição única e de uma proporcional muito vantajosa para os grupos minoritários. No entanto, Begin e seu partido, Herut (liberdade), só conseguem 11,5% dos votos e 14 dos 120 deputados. Para o Partido dos Combatentes, agora a fachada legal do *Lehi*, a derrota é amarga, com apenas um único eleito com 1,2% dos votos. Os dois únicos acusados pelo assassinato de Bernadotte são condenados, duas semanas depois, a respectivamente dez e oito anos de prisão. Mas são libertados pouco depois no contexto de uma anistia geral. Uma das primeiras decisões do Estado de Israel, assim que suas instituições foram consagradas por um voto democrático, é, portanto, garantir a impunidade dos assassinos do primeiro mediador para a paz com os árabes.

Como Ben Gurion havia anunciado em março de 1948 ao Alto Comissariado britânico, ele esperou a fundação de Israel e logo em seguida desmantelou as milícias dissidentes. Mas somente a afronta do *Altalena* foi resolvida com sangue, ao passo que a imunidade é garantida aos carniceiros de Deir Yassine e aos assassinos de Bernadotte. E é o sufrágio universal, e não uma decisão de justiça, que consagra a marginalização institucional da corrente revisionista. Começa então, para esses minoritários do sionismo combatente, uma longa travessia do deserto, marcada pela sua exclusão da história oficial, e isso por mais de uma geração de desilusão.

A hegemonia trabalhista

A consagração de seu governo pelas eleições de janeiro de 1949 permite a Ben Gurion iniciar o processo de legitimação de Israel sobre os 77% do território da Palestina mandatária, com sua admissão pela ONU e seu reconhecimento *de jure* por parte de Estados que, como os Estados Unidos, até então só tinham reconhecido Israel *de facto*. Nesse *Knesset* de 120 membros, o primeiro-ministro disporia de uma maioria de esquerda ao unir, a seus 46 eleitos trabalhistas do Mapai, os 15 deputados marxistas do Mapam. Mas Ben Gurion prefere lançar o Mapam na oposição e governar com uma coalizão de quatro partidos religiosos, que vai dos pioneiros sionistas do Mizrahi aos ultraortodoxos do Agudat Israel. É para satisfazê-los que ele concede a dispensa do serviço militar aos estudantes dos seminários talmúdicos. De maneira geral, Ben Gurion, apesar de suas convicções socializantes, privilegia o apaziguamento com a esfera religiosa e, assim como evitou proclamar Israel durante o *shabat*, ele também evita iniciar um debate constitucional sobre o lugar do judaísmo no Estado, o que só acabaria polarizando a sociedade.

Sendo assim, Israel é fundado como um Estado sem constituição, o que confere um valor eminente à declaração de independência de 14 de maio de 1948, que "concede plena e total igualdade social e política a todos os seus cidadãos sem distinção de raça, de credo e de sexo" (Laurens, 2007, p. 673). Além disso, essa declaração fundadora garante aos "habitantes árabes do país da Palestina" que eles "desfrutarão do mesmo direito de cidadania plena e total dos judeus e que serão representados, como lhes é devido, em todos os órgãos e instituições" (Laurens, 2007, p. 674). A realidade é que a população árabe, estimada num quinto da do novo Estado, é representada apenas pelos dois deputados da Lista Democrática de Nazaré, a única grande cidade do país exclusivamente árabe. Essa Lista, liderada por um antigo colaborador árabe da *Haganá*, é fortemente apoiada pela administração trabalhista, que a associa à maioria governamental e a destaca como ilustração da tolerância israelense. Em contrapartida, o Partido Comunista foi proibido de fazer campanha eleitoral nas zonas árabes, simplesmente porque ele é o único grupo judaico-árabe em Israel (só em 1955 o Mapam admitirá membros árabes).

O primeiro-ministro, também detentor da pasta da Defesa, se cerca de veteranos progressistas que, como ele, emigraram para a Palestina no início do século, durante a Segunda *Aliá*, e já ocuparam um papel de direção na Agência Judaica. Moshe Shertok/Sharett, diretor político da Agência, encarregado de suas relações exteriores, torna-se Ministro das Relações Exteriores. Do mesmo modo, Yaakov Dori dirigia a *Haganá* antes de se tornar o primeiro chefe de estado-maior da *Tsahal.* A Terceira *Aliá* está igualmente bem representada dentro do governo israelense, com Golda Meyerson/ Meir no Ministério do Trabalho, Dov Yossef na Agricultura e Zalman Shazar na Educação, mas é um sabra, ou seja, um judeu nascido na Palestina, Israel Shiloah, que assume a direção do *Mossad*, serviço de inteligência, nascido do braço clandestino da Agência Judaica, encarregada da imigração ilegal. Por fim, Ben Gurion atribui a Weizmann uma "presidência do Estado" em grande parte honorífica, cujas prerrogativas só seriam definidas 15 anos mais tarde, numa "lei fundamental" com valor constitucional.

O *Knesset* adota unanimemente, em julho de 1950, uma "lei do retorno" que confere a todo judeu o direito de efetuar sua *Aliá* em Israel, a única exceção é para as pessoas que representam "um perigo para a saúde pública ou para a segurança do Estado" (Laurens, 2007, p. 750). Dois anos depois, a lei sobre a nacionalidade concede automaticamente a cidadania israelense a qualquer imigrante admitido sob a lei do retorno, em relação aos árabes ela só a concede àqueles que possam provar seu estatuto de residente no contexto do mandato. Quanto à lei sobre os "bens dos ausentes", adotada desde março de 1950, ela formaliza a transferência, para instituições sionistas, das propriedades dos árabes "ausentes" desde o plano de partilha da Palestina pela ONU. Essa transferência maciça de propriedade permite a integração voluntarista de uma onda também maciça de imigração, que dobra a população israelense em três anos. Esse voluntarismo de Estado é, por sua vez, apoiado pelo Partido Trabalhista, do qual um a cada dez israelenses é membro em 1951 (Jourdin, 2021, p. 130).

Essa nação judaica armada, sempre em guerra com seus vizinhos árabes, apoia-se num serviço militar de 30 meses para os homens e de 18 meses para as mulheres. Esse alistamento, poderoso fator de integração para os novos imigrantes, exclui os árabes israelenses não no texto da lei, mas nas instruções do Ministério da Defesa.

O "direito" ao alistamento é concedido num segundo tempo aos drusos, as autoridades israelenses dividindo a população árabe entre muçulmanos, cristãos, drusos e beduínos, estes podendo igualmente ser convocados, mas de forma individual. Fora das cidades "mistas" de Haifa, Jafa, Acre e Lod, a população árabe está concentrada na Galileia e no Neguev, onde as leis de urgência do mandato britânico permanecem em vigor, com severos controles dos deslocamentos. A administração militar, muito intervencionista no cotidiano, também sabe como fazer essas zonas árabes votarem "bem" em favor do partido no poder (Laurens, 2007, p. 257).

Ben Gurion propõe na ONU, como contribuição definitiva de Israel à solução da questão dos "refugiados da Palestina", a admissão de 100 mil desses refugiados, ou seja, menos de um a cada sete, como contrapartida da anexação israelense da Faixa de Gaza. Essa proposta, uma vez que Israel tem a pretensão de uma nova expansão, é naturalmente considerada inadmissível, conduzindo à suspensão *sine die* da conferência da ONU sobre a Palestina, em setembro de 1949. O "direito ao retorno" editado por Israel em favor de seus imigrantes judeus se opõe agora ao "direito ao retorno" ratificado pela ONU, em dezembro de 1948, em favor dos refugiados palestinos. Para os dirigentes israelenses, a implementação do primeiro desses direitos ao retorno baseia-se na rejeição categórica do segundo, apresentado como uma ameaça existencial.

A esse respeito, prevalece em Israel um amplo consenso, bem além do Partido Trabalhista. Ele conduz o jovem Estado a tratar de maneira impiedosa as "infiltrações", sistematicamente qualificadas de "terroristas", de refugiados palestinos que retornam para suas terras. Somente o *kibutz* de Erez, no norte da Faixa de Gaza, mata 13 "árabes" durante os seis primeiros meses de 1950 (Filiu, 2012, p. 92). É uma verdadeira guerra das fronteiras que se desenrola silenciosamente, em consequência direta da rejeição israelense do "retorno" palestino. Os governos árabes padecem essas hostilidades muito mais do que as organizam, quer seja na Cisjordânia, anexada à Jordânia, quer na Faixa de Gaza, sob administração egípcia. A doutrina israelense da "defesa agressiva", herdada da *Haganá*, conduz, no entanto, a represálias ao mesmo tempo indiscriminadas e desproporcionais, sobretudo depois da constituição secreta da Unidade 101. Confiada por Moshe Dayan, chefe das operações no estado-maior, ao jovem oficial Ariel Sharon, essa unidade realiza seu primeiro ataque, em agosto de 1953, contra um campo de refugiados palestinos da Faixa de Gaza, com pelo menos 20 civis mortos (Filiu, 2012, p. 97). Dois meses depois, Sharon e sua Unidade 101 são responsáveis, na Cisjordânia, pela morte de 69 habitantes do vilarejo de Qiybia, cuja casas são destruídas com explosivos.

São necessários mais dois anos de um ciclo de "infiltrações" e de represálias para que Nasser, que havia se tornado o dirigente inconteste do Egito e o paladino do nacionalismo árabe, lance em agosto de 1955 e abril de 1956, a partir de Gaza, duas ofensivas de fedains contra Israel. Esses combatentes palestinos, preparados e apoiados pelo serviço de inteligência egípcio, são a cada ofensiva responsáveis pela morte de uma dezena de israelenses, a maioria civis. Embora a resposta israelense também seja mortífera, Ben Gurion está determinado a ir além das represálias e esmagar o ninho dos fedains que Gaza se tornou para ele. É com esse imperativo que ele conclui contra o Egito, em outubro de 1956, um pacto secreto com a Grã-Bretanha e a França, desejosas de se vingar, uma, da nacionalização do Canal de Suez, a outra, do apoio do Cairo à insurreição argelina.

A *Tsahal*, da qual Dayan é chefe do estado-maior, se apodera rapidamente, em novembro de 1956, da Faixa de Gaza e da Península do Sinai, ao passo que os contingentes britânicos e franceses humilham o exército egípcio na zona do canal. Mas o Presidente Eisenhower, furioso com esse ataque neocolonial, salva Nasser da derrota e obtém a interrupção da ofensiva tripartite, e depois a retirada incondicional dos invasores. As tropas israelenses são obrigadas a evacuar a Faixa de Gaza em março de 1957, depois de quatro meses de uma ocupação muito sangrenta. Com efeito, cerca de mil de palestinos foram mortos, para uma população do território avaliada em 300 mil habitantes (Filiu, 2012, p. 119). Ben Gurion está convencido de que essa carnificina freará o ativismo dos fedains, ao passo que Golda Meir, Ministra das Relações Exteriores, se inquieta com o retorno de Gaza à autoridade do Egito.

A aposta do "pai fundador" de Israel num apaziguamento duradouro da frente sul se revela vitoriosa. A partir de então, Ben Gurion demonstra pouco interesse em aventuras militares, preferindo-lhes a aquisição metódica de armas nucleares da França. A calma que prevalece nas linhas de armistício favorece a vitória estrondosa do Mapai nas eleições legislativas de novembro de 1959, com 47 assentos. Seu novo governo dispõe de uma maioria esmagadora de 86 eleitos de um total de 120, entre os quais 12 deputados para o Mafdal, acrônimo hebraico do "Partido Nacional Religioso". Herdeiro do sionismo religioso do Mizrahi, esse grupo traz um apoio constante a Ben Gurion, que lhe atribui o Ministério do Interior e o dos Assuntos Sociais. Em consequência, a elite trabalhista, no comando do país, concede a seus aliados ortodoxos preciosas redes de clientela. Em contrapartida, ainda que a coalizão inclua os cinco deputados árabes, por sua vez divididos em três satélites do Partido Trabalhista, está fora de questão confiar uma pasta do governo a um árabe israelense.

Begin, que obtém somente 17 assentos para seu partido, Herut, com apenas um terço do número de votos obtidos pelos trabalhistas, critica sem sucesso o controle do Mapai e a estatização de uma parte da economia. Embora corteje os novos imigrantes, em grande parte sefarditas, seu partido permanece tão asquenaze quanto a esquerda no poder. Quanto às suas defesas inflamadas dos "direitos históricos do povo de Israel sobre a totalidade de sua pátria ancestral, inclusive a Cisjordânia" (Laurens, 2007, p. 588), elas encontram muito pouco eco entre seus compatriotas. De fato, não é a oposição revisionista mas a rivalidade interna do Mapai que provoca, em junho de 1963, a demissão do setuagenário Ben Gurion, em benefício de Levi Eshkol, ministro trabalhista das Finanças desde 1952. É o fim de uma era, uma vez que Ben Gurion dirigiu o governo israelense desde 1948, salvo durante o período do gabinete Sharett em 1954-1955.

A exemplo de seu ilustre antecessor, Eshkol ocupa tanto o Ministério do Interior quanto a pasta da Defesa. Ele concede, contudo, uma autonomia inédita ao estado-maior, comandado pelo General Isaac Rabin. E é com este que ele negocia com sucesso uma ajuda militar dos Estados Unidos que acaba com a neutralidade manifestada até então por Washington. Por outro lado, Eshkol autoriza, em julho de 1964, a transferência dos despojos de Jabotinsky dos Estados Unidos, onde ele fora enterrado em 1940, um gesto de reconciliação simbólica ao qual Ben Gurion sempre se opusera. O caixão do líder revisionista, carregado por Begin entre outros, é enterrado entre os "Grandes da Nação" no Monte Herzl, em Jerusalém, na presença do presidente israelense e de vários ministros.

Eshkol enfrenta agora a ação de corrosão exercida por Ben Gurion, que sonha com retornar ao poder. Mas o primeiro-ministro mantém habilmente seu controle sobre o Mapai, grande vencedor das eleições em janeiro de 1966, ao passo que Ben Gurion, à frente de uma dissidência trabalhista, vai para oposição. A coalizão governamental continua incluindo os sionistas religiosos do Mafdal, aos quais mais uma vez são atribuídos o Ministério do Interior e o dos Assuntos Sociais. Eshkol decide acabar com o regime militar que desde a independência prevalecia nas zonas árabes de Israel. A lei marcial é suspensa, e com ela as restrições de deslocamento, a polícia assumindo as mesmas competências que no resto do país.

O aumento das tensões na primavera de 1967 provoca uma agitação crescente entre os generais israelenses, que pressionam Eshkol a fazer um ataque preventivo contra Nasser. Em 30 de maio, o acordo que coloca o exército jordaniano sob o comando egípcio precipita a decisão. Em 1º de junho, Eshkol forma um governo de união nacional em que Dayan, chefe do estado-maior da campanha vitoriosa de 1956, torna-se Ministro da Defesa. Begin e um representante de Ben Gurion integram igualmente o gabinete como ministros sem pasta. Em 5 de junho, Israel lança a ofensiva fulgurante da Guerra do Seis Dias, concluída com a ocupação de Jerusalém Oriental, da Cisjordânia e de Gaza, bem como da Península Egípcia do Sinai e das Colinas Sírias de Golã.

As sombras de um triunfo

Dayan é quem recebe a maior parte da glória dessa proeza militar, bem mais do que o Primeiro-ministro Eshkol ou do que Rabin, chefe do estado-maior. Mas é também Dayan que impede que os fanáticos do exército, liderados pelo capelão militar Shlomo Goren, explodam o Domo do Rochedo, a fim de restaurar em seu lugar o Terceiro Templo (Goldman, 2009, p. 281-282). Em contrapartida, o Bairro dos Magrebinos, que se estende ao pé do Muro das Lamentações, é destruído em algumas horas em 11 de junho de 1967 (Lemire, 2021, p. 233-242). O *status quo* sobre os lugares santos, editado um século antes pelo Império Otomano, é assim completado por um novo *status quo*, imposto pela ocupação israelense, em que os judeus rezam diante do Muro (*Kotel*), a Esplanada das Mesquitas sendo reservada aos muçulmanos. Essa mesma lógica de fato consumado provoca, sob a desculpa de unificação "administrativa" da municipalidade de Jerusalém, a anexação de fato do setor oriental da Cidade Santa, até então sob soberania jordaniana.

Dayan ordena apagar as marcas visíveis da "linha verde", como a linha de armistício árabe-israelense de 1949 é comumente designada. Sua aposta é que a circulação facilitada dos palestinos fora dos territórios recentemente ocupados deve dissolver seu nacionalismo no mercado de trabalho israelense, então com uma necessidade gritante dessa mão de obra de baixo custo. Ainda que esse apagamento da linha verde não tenha, fora de Jerusalém Oriental, pretensões anexionistas, ele simplesmente encoraja os defensores de uma extensão do território israelense ao conjunto de *Eretz Israel*. Desde setembro de 1967, o primeiro-ministro autoriza uma delegação liderada pelo Rabino Hanan Porat a "retornar" a Kfar Etzion, um *kibutz* que havia sucumbido na véspera da proclamação de Israel, em 1948 (Zertal; Eldar, 2013, p. 43). Porat, que na época tinha quatro anos, ambiciona, no entanto, restaurar o Bloco de Sião (*Gush Etzion*) do qual a antiga colônia era o centro, ao sul de Belém.

Em abril de 1968, é a vez do Rabino Moshe Levinger se instalar num hotel no centro de Hebron com a pretensão de celebrar ali a Páscoa judaica. Mas Levinger e seu grupo não abandonam mais seu novo assentamento, com o objetivo já manifestado de restaurar o bairro judaico que existia até as revoltas de 1929. Com efeito, eles são os discípulos do Rabino Zvi Yehuda Kook, que vê a intervenção de Deus na restauração, em 1967, das fronteiras bíblicas de *Eretz Israel*, ele cujo pai considerava, 50 anos antes, o governo britânico como "o instrumento de Deus" com a Declaração Balfour. Para o Rabino Zvi Yehuda Kool, os palestinos são "estrangeiros vivendo em nossas terras", a Cisjordânia e a Faixa de Gaza tendo sido "libertadas" em 1967 (Goldman, 2009, p. 280). Embora esses fanáticos sejam ultraminoritários, eles se beneficiam das rivalidades dentro do governo para impor seu fato consumado.

Dayan, reconhecido por seu triunfo na Guerra dos Seis Dias, é então o homem mais popular de Israel, mas a velha guarda trabalhista prefere Allon, seu antigo camarada dos Special Night Squads. O cargo de vice-primeiro-ministro é sob medida para Allon, que se torna, em julho de 1968, o adjunto de Eshkol, precedendo Dayan na ordem protocolar do governo. Enquanto o Ministro da Defesa é favorável a uma simples ocupação, Allon exalta "os atos de colonização" como "uma das armas de nosso movimento de renascimento nacional" (Zertal; Eldar, 2013, p. 55). Em dezembro, ele consegue aprovar o projeto de uma colônia judaica dominando Hebron assim como o Alto Nazaré havia sido fundado em 1956 para dominar com sua população judaica a cidade árabe mais povoada da Galileia. O que vai se tornar Kyriat Arba deve supostamente desviar os colonos do assentamento no centro de Hebron.

Com a morte de Eshkol, fulminado por uma crise cardíaca em fevereiro de 1969, o Partido Trabalhista, dividido entre os defensores de Dayan e de Allon, se une a Golda Meir, que havia dirigido a diplomacia israelense de 1956 a 1966. No mesmo momento, Yasser Arafat e seus fedains assumem o controle da OLP, transformando esse instrumento da diplomacia egípcia em movimento de resistência de tipo terceiro-mundista. Quando questionada a esse respeito em junho de 1969, a primeira-ministra israelense afirma que "nunca houve algo parecido com os palestinos", pois "não é como se houvesse um povo palestino na Palestina se considerando como um povo palestino, e nós tivéssemos chegado para expulsá-los e tomar seu país. Eles não existiam" (Meir, 1969). Antes da "dama de ferro" de Israel, nunca a negação do nacionalismo palestino fora expressa com tamanha franqueza. Meir, que é perfeitamente fluente em inglês, repetirá insistentemente essa sua convicção: "Não há nada parecido com um povo palestino distinto" (Meir, 1970), e "nunca houve nada parecido com uma nação palestina" (Meir, 1972).

No entanto, o exército israelense enfrenta, na Faixa de Gaza, uma guerrilha palestina de baixa intensidade. Os fedains dispõem de um sólido enraizamento local, que lhes permite compensar o apoio limitado de Arafat, concentrado no estabelecimento da OLP no Líbano e na Jordânia, e a ausência de uma retaguarda árabe, uma vez que a Península Egípcia do

Sinai também estava ocupada. Em janeiro de 1971, Dayan dá carta branca a Sharon, já responsável, duas décadas antes, pelos sangrentos ataques nesse território palestino. O ambicioso general não se contenta em eliminar uma centena de "terroristas" em alguns meses, ele desloca dezenas de milhares de civis, às vezes expulsos para o Egito, a fim de traçar com tratores de esteira os eixos de penetração dos blindados israelenses nos campos de refugiados (Filiu, 2012, p. 156-157). A brutalidade de tais métodos desarticula a insurreição, mas não consegue sufocá-la completamente.

Em outubro de 1973, a ofensiva conjunta do Egito de Anuar Sadat e da Síria de Hafez al-Assad pega o exército israelense de surpresa, com uma contraofensiva ainda mais potente porque é apoiada por uma ponte aérea americana. Mas Golda Meir nunca se recuperará dessa Guerra do *Yom Kippur*. Em junho de 1974, ela entrega a direção do governo a Rabin, chefe do estado-maior da Guerra dos Seis Dias, que nomeia Shimon Peres como Ministro da Defesa. Assim que o gabinete foi formado, ele foi confrontado com uma tentativa de assentamento de uma colônia selvagem [sem o aval das autoridades israelenses] no sul de Nablus. A iniciativa vem do Bloco da Fé (*Gush Emunim*), que reúne, sob a autoridade do Rabino Kool, os colonos já engajados no Bloco de Sião, em torno de Porat, e em Hebron, com Levinger. Sharon, que acabara de entrar na reserva, junta-se aos colonos, que logo se dispersam, uma vez que Rabin se recusa a "dobrar o Estado" a "todos os caprichos de algumas dezenas de pessoas" (Zertal; Eldar, 2013, p. 63).

Embora os colonos continuem ultraminoritários, eles podem uma vez mais usar as divisões internas dos trabalhistas, apostando nas aspirações de Peres para suplantar Rabin, como antes as de Allon para eclipsar Dayan. Em abril de 1975, o Ministro da Defesa deixa o Bloco da Fé assentar no norte de Ramala a colônia de Ofra, que leva o nome de uma cidade transferida do Reino da Samaria ao da Judeia em 145 a.C. Para esses messiânicos, esse fato consumado é simplesmente a oficialização do nome "Judeia e Samaria" como agora é chamada a Cisjordânia ocupada. Alguns meses mais tarde, os colonos se estabelecem perto de Nablus, em Sebastia, no local exato da Samaria, a capital epônima desse reino judaico. Uma vez que o golpe foi tolerado, Rabin hesita diante da perspectiva de mobilizar milhares de soldados para desalojar os colonos.

Pois o primeiro-ministro sabe que sua maioria parlamentar está à mercê do Mafdal, sionistas religiosos cada vez mais sensíveis à retórica bíblica dos colonos. Além disso, Rabin designou Sharon como conselheiro militar, esperando, assim, neutralizar o impetuoso herói de Gaza e sobretudo da Guerra do *Yom Kippur*. A complacência de Sharon fortalece a de Peres, para quem o Bloco da Fé representa "bons cidadãos e bons colonos" (Zertal; Eldar, 2013, p. 81). Mas Rabin considera que esse grupo "ameaça a democracia no Estado de Israel" (Zertal; Eldar, 2013, p. 81), o que não o impede de ceder. Para Haim Zadok, Ministro da Justiça, o caso constitui o equivalente da crise do *Altalena*, mas com a grande diferença de que Rabin, que ousara atirar para quebrar a afronta revisionista em 1948 (Zertal; Eldar, 2013, p. 80), desta vez recua diante dos extremistas.

A referência a *Altalena* é ainda mais mordaz porque, em junho de 1975, Rabin aceita entregar 20 fedains palestinos ao Egito em troca dos despojos dos dois assassinos de Lorde Moyne. Esses militantes do *Lehi* haviam sido executados em 1945 pelas autoridades britânicas e enterrados no Cairo. Na ocasião, Ben Gurion não economizara nas palavras duras para fustigar essas "gangues" cujo "flagelo era preciso extirpar" (Enderlin, 2008, p. 174-176). Ele chegara até a oferecer a colaboração da *Haganá* à polícia britânica para perseguir o *Lehi*. Trinta anos mais tarde, os caixões dos dois terroristas são enterrados no Sinai com honras militares. Shamir, um dos ex-chefes militares do *Lehi*, assiste à cerimônia como deputado do partido de Begin, ao qual ele se unira seis anos antes, depois de uma década dentro do *Mossad*.

Não é, contudo, a confissão de fraqueza de Rabin diante dos colonos que vai selar o destino de seu governo, mas a revelação de que ele detém milhares de dólares numa conta nos Estados Unidos. O primeiro-ministro, que abrira essa conta como embaixador em Washington, deveria tê-la fechado ao retornar a Israel, o que o leva, em abril de 1977, a apresentar sua demissão. Uma combinação de orgulho e de integridade lhe impede, com efeito, de alegar boa-fé nessa infração afinal bem pequena. Peres, primeiro-ministro interino, acredita que chegou sua vez, sem avaliar que a direita revisionista, em avanço constante ao longo das últimas eleições, tem enfim sua chance de encerrar três décadas de hegemonia trabalhista.

A revanche revisionista

Begin havia, desde 1973, integrado seu partido revisionista, o Herut, a uma formação conservadora mais ampla, o Likud (consolidação). Nas eleições legislativas de maio de 1977, o Likud consegue 43 dos 120 assentos do *Knesset* contra 32 dos trabalhistas de Peres. Além disso, os sionistas religiosos do Mafdal rompem sua aliança histórica com os trabalhistas para entregar seus 12 assentos ao Likud, aos quais se somam os quatro assentos dos ultraortodoxos do Agudat Israel. Begin, asquenaze como Peres, no entanto se beneficiou da mobilização populista do eleitorado sefardita contra "a elite" trabalhista, que era, em sua maioria, originária da Europa Oriental. Por fim, ele se beneficia com a adesão de Dayan, recompensado com a pasta das Relações Exteriores, e de Sharon, que, como Ministro da Agricultura, coloca sua administração a serviço dos colonos. De maneira geral, o Bloco da Fé é encorajado, às vezes com a ajuda do exército, a multiplicar os fatos consumados nos territórios ocupados.

Com efeito, o ex-chefe do *Irgun* abandonou a reivindicação revisionista sobre a margem oriental do Jordão, mas para sustentar melhor sua recusa de qualquer concessão territorial em *Eretz Israel*. Desde sua primeira visita oficial aos Estados Unidos, em julho de 1977, ele sabe que pode contar muito mais com os sionistas cristãos, determinados a derrotar o Presidente Carter, do que com as comunidades judaicas habituadas a tratar com os dirigentes trabalhistas, com quem as afinidades são inúmeras e antigas. O primeiro-ministro israelense, assim que retorna de Washington, legaliza os assentamentos até então tolerados na Cisjordânia, ao passo que a diplomacia americana os denuncia como "obstáculos para a paz" (Laurens, 2011, p. 614). Ele não modifica nada dessa linha dura, mesmo quando Sadat toma a audaciosa inciativa, em novembro de 1977, de defender a paz diante do *Knesset*. Enquanto o presidente egípcio evoca inúmeras vezes os palestinos e seus direitos em seu discurso, Begin menciona uma única vez os "árabes de *Eretz Israel*" (Laurens, 2011, p. 634-635).

Contudo, Carter julga que as condições estão reunidas para lançar, sob sua proteção, uma negociação entre Israel e o Egito. Arafat evoca sua capacidade de destruição ao ordenar, em março de 1978, uma infiltração de fedains em Israel, que acaba num banho de sangue, com 38 civis mortos, dos quais 13 crianças. Begin vê nesse fato a confirmação de que um "Estado palestino seria um perigo mortal para nossa nação e nosso povo" (UPI, 1978). Ele chega a acusar a OLP de ter como "objetivo assassinar o que resta de sobreviventes do Holocausto" (Laurens, 2011, p. 653). Ele lança as tropas israelenses contra o sul do Líbano, enquanto manda bombardear as posições palestinas em Beirute. O saldo de uma semana de combates é de cerca de mil civis mortos no Líbano para cerca de vinte soldados israelenses e algumas dezenas de fedains palestinos (Laurens, 2011, p. 656). Carter obtém a retirada da *Tsahal* do Líbano ainda mais rápido do que Eisenhower havia obtido em 1957 a retirada israelense do Sinai e de Gaza. Isso se deve ao fato de o presidente americano querer preservar a todo custo as chances de um processo de paz israelense-egípcio, do qual a OLP, para ele, excluiu-se em razão de seu ativismo terrorista.

A Cúpula para a qual Carter convida Begin e Sadat, durante 13 dias em setembro de 1978 em Camp David, consagra de fato o princípio da troca da terra (árabe) contra a paz (com Israel), mas unicamente entre o Egito e Israel. Com efeito, Begin, negociador tão duro quanto eficaz, consente na retirada israelense do Sinai e no desmantelamento das colônias do nordeste dessa península somente em troca da continuação da ocupação e da colonização dos territórios palestinos. Ele só admite o princípio de uma autonomia local das pessoas (*self-governing autonomy*), sem questionamento do controle israelense da terra (Laurens, 2011, p. 681). Mas mesmo esse tópico palestino dos Acordos de Camp David permanece letra morta, pois a Jordânia se recusa a participar da manobra. Tudo o que resta, portanto, é apenas um tratado de paz israelense-egípcio que, duramente negociado até o final, é assinado em Washington em março de 1979.

Begin considera que foi até o limite extremo das concessões permitidas por sua ideologia revisionista e se recusa a fazer qualquer gesto quanto à questão palestina. Esse endurecimento acarreta, em outubro de 1979, a saída de Dayan, as Relações Exteriores sendo confiadas a Shamir, que, no entanto, se abstivera durante o voto sobre o tratado de paz com o Egito.

Após as eleições legislativas de junho de 1981, Begin estende sua maioria governamental ao partido de extrema-direita Tehiya (renovação), muito ligado ao Bloco da Fé e categoricamente contrário aos Acordos de Camp David. A polarização comunitária do voto se acentua com mais de dois terços do voto sefardita em favor do Likud e mais dos dois terços do voto asquenaze em favor dos trabalhistas (Laurens, 2011, p. 773). Sharon recupera o Ministério da Defesa, enquanto duas semanas de combates com a OLP no Líbano, em julho de 1981, provocam a morte de mais de 450 palestinos e libaneses, contra seis mortos israelenses (Laurens, 2011, p. 775). Um cessar-fogo é concluído sob a égide dos Estados Unidos de Ronald Reagan, que, abstendo-se de qualquer contato direto com a OLP, lidam com ela por intermédio do governo libanês.

Em abril de 1982, a fase final da retirada israelense do Sinai, conforme os Acordos de Camp David, é acompanhada do desmantelamento da colônia de Yamit, a mais importante em território egípcio. Essa evacuação pelo exército israelense é vivida como um trauma pelo Bloco da Fé. Begin e Sharon ressaltam para Reagan e sua administração esse recuo infligido aos colonos. Agora tranquilizados pela neutralização, com o Egito, do principal exército árabe, eles têm as mãos livres para invadir em junho de 1982 o Líbano com o objetivo não só de esmagar a OLP, como também de impor um governo disposto a concluir uma paz, e mesmo uma aliança com Israel. Mas Arafat se mantém firme em seu feudo sitiado de Beirute Ocidental e escapa das inúmeras tentativas de Sharon de eliminá-lo (Filiu, 2005, p. 133-134). A França e os Estados Unidos supervisionam, no final de agosto, a evacuação do chefe da OLP e dos milhares de seus combatentes (Laurens, 2015, p. 54), Arafat e seu estado-maior se instalam na Tunísia. O saldo de três meses de hostilidades é avaliado em cerca de 20 mil mortos no Líbano, civis em sua esmagadora maioria.

Bachir Gemayel, eleito presidente libanês, é um aliado de longa data de Israel. Mas, em setembro de 1982, ele morre num atentado tramado em Damasco, algo que só se saberá anos mais tarde. Por ora, o exército israelense ocupa Beirute Ocidental, violando os compromissos com Washington e Paris, arrastando com isso os milicianos cristãos que lhe são afiliados. São esses milicianos que realizam a carnificina nos campos de refugiados palestinos de Sabra e Chatila, com pelo menos 800 civis mortos, e até 3 mil segundo algumas fontes. A descoberta desse massacre choca a opinião internacional e suscita um protesto maciço mesmo em Israel. Begin responde que "cristãos assassinam muçulmanos, e os não judeus (*goyim*) acusam os judeus" (Laurens, 2015, p. 57). Mas seu governo é obrigado a constituir uma Comissão de Investigação, liderada pelo presidente da Suprema Corte. As conclusões, entregues em fevereiro de 1983, excluem qualquer responsabilidade direta de Israel, embora destacando a responsabilidade pessoal de Sharon e de seu chefe de estado-maior, o General Rafael Eytan. No mesmo momento, uma manifestação pacifista em Jerusalém é atacada com granada por um extremista de direita, que mata o Professor Emil Grunzweig, filho de uma sobrevivente de Auschwitz.

Sharon deve abandonar a Defesa, mesmo permanecendo sem pasta no governo. Eytan deixa o exército para se juntar ao partido Tehiya, onde suas declarações sobre tratar os palestinos na Cisjordânia como "baratas drogadas no fundo de uma garrafa" (Joffe, 2004) o tornam muito popular. Begin, esgotado com essa crise, pede demissão em agosto de 1983, deixando a direção do governo para Shamir, submetido à pressão de Sharon dentro do próprio Likud. No entanto, a direita revisionista não tem do que se envergonhar em seu processo de anexação desenfreada da Cisjordânia, uma vez que uma centena de colônias foram ali criadas em seus seis anos de poder, ou seja, cinco vezes mais do que durante a década anterior de governos trabalhistas (Zertal; Eldar, 2013). Mas as eleições de julho de 1984 são marcadas por um avanço da extrema-direita, com cinco assentos para o Tehiya e a entrada no Parlamento do Rabino Meir Kahane, cujo programa abertamente racista prevê limitar os direitos dos árabes israelenses, e até criminalizar as relações sexuais entre judeus e árabes (Kahane, 1985). Quanto ao campo religioso, ele obtém 13 assentos, dos quais quatro para o Shas, uma dissidência sefardita do Agudat Israel.

Embora obtendo 45 assentos, contra 41 no Likud, é impossível para os trabalhistas reunirem uma maioria governamental. Mas Peres, disposto a tudo para finalmente estar à frente de um governo, conclui com Shamir um acordo de união nacional e de "alternância" (*rotatzia*) de uma duração de 50 meses. Peres torna-se primeiro-ministro, com Shamir nas Relações Exteriores durante os 25 primeiros meses, os dois líderes invertendo em seguida os papéis durante um período equivalente. Quanto a Rabin, ele fica com a pasta da Defesa ao longo de toda a duração desse arranjo de conveniência, que consagra a revanche revisionista, diluindo a especificidade trabalhista num consenso securitário muito marcado pelo Likud.

Em abril de 1984, as autoridades israelenses anunciam o desmantelamento de uma "organização terrorista judaica", responsável há cinco anos por uma série de atentados sangrentos contra civis palestinos, bem como por um projeto de explosão do Domo do Rochedo, na perspectiva, uma vez mais, de construir o Terceiro Templo. Um dos 25 acusados recorre ao exemplo de "Shamir, Begin e seus camaradas, que saíram em defesa de seu povo e de sua pátria nas décadas de 1930 e 1940" (Zertal; Eldar, 2013, p. 119). O processo revela a extensão das cumplicidades desses terroristas dentro das colônias, principalmente em Hebron. As penas, pronunciadas em julho de 1985, são, no entanto, relativamente clementes, menos para os três acusados de assassinato com premeditação, condenados à prisão perpétua. Um ano após esse veredito, apenas sete condenados ainda estão na prisão. Em julho de 1987, o Primeiro-ministro Shamir se pronuncia sem sucesso em favor do perdão. Mas a pena perpétua é transformada em sentença de dez anos, permitindo a libertação antecipada dos últimos "terroristas judeus" ainda encarcerados.

Claro que essa tolerância em relação aos colonos mais extremistas não abrange evidentemente a OLP e seus militantes. Em outubro de 1985, a aviação israelense bombardeia a sede da central palestina na periferia de Túnis, matando 73 pessoas, sendo 12 tunisianos. Arafat, alvo desse ataque sem precedentes, sai ileso, mas o golpe dado à Tunísia, o primeiro país árabe a ter defendido, desde 1965, a negociação com Israel, é severo. Em agosto de 1986, o *Knesset* vota uma lei que pune qualquer contato com a OLP com uma pena de até três anos de prisão. Em dezembro de 1987, a Intifada, literalmente a "sublevação", da população palestina dos territórios ocupados há 20 anos é duramente reprimida, apesar da recusa da luta armada por essa "revolução das pedras". Rabin não tem escrúpulos para endossar uma política da "mão de ferro", misturando tiros de bala reais nos manifestantes, sanções coletivas e prisões de milhares. Em abril de 1988, é Abu Jihad, número dois da OLP, que é morto por um comando israelense que desembarcou no norte de Túnis. Esse assassinato acarreta o reinício da sublevação palestina.

Durante as eleições israelenses de novembro de 1988, o saldo da repressão da Intifada chega a 430 mortos palestinos, dos quais 277 por balas, uma parte dessas vítimas tendo sido morta por colonos (Laurens, 2015, p. 231). O Likud, com 40 membros eleitos, está um assento à frente dos trabalhistas, os partidos religiosos obtendo 18 deputados e a extrema direita sete (uma modificação da lei eleitoral impediu que Kahane se candidatasse por causa de seu "racismo" reivindicado). O impasse político se confirma em Israel, com o peso equivalente dos dois grandes partidos e a fragmentação dos outros grupos. Pouco depois, em Argel, o Conselho Nacional Palestino, ou seja, o Parlamento da OLP, aceita, com 254 votos contra 46, a resolução 242 do Conselho de Segurança da ONU e renuncia a "qualquer ação armada fora dos territórios ocupados e contra pessoas inocentes". O Estado da Palestina é proclamado com base num "regime parlamentar democrático" e no contexto de uma "constituição que garante o primado da lei e a independência da justiça" (Filiu, 2005, p. 262).

A Casa Branca, onde o Presidente Reagan prepara a transição com George H. Bush, exige mais esclarecimentos de Arafat e, depois de serem obtidos em dezembro de 1988, decide abrir um diálogo com a OLP. Enquanto uma grande parte da opinião israelense se pronuncia em favor desse gesto (Filiu, 2005, p. 265), os trabalhistas se aliam a um novo governo de união nacional, mas desta vez claramente dirigido por Shamir. O chefe do Likud se limita a propor, em abril de 1989, eleições "livres e democráticas" na Cisjordânia e em Gaza, resultando numa fase intermediária de autonomia, antes das discussões sobre um "estatuto final" excluindo qualquer perspectiva estatal. Esse plano de Shamir tem clara inspiração no tópico palestino dos acordos israelense-egípcios de Camp David, já letra morta em 1979. No mês seguinte, Arafat, convidado pelo Presidente Mitterrand em

Paris, anuncia, então, que a Carta da OLP, que defende a destruição de Israel, está "caduca". Shamir deplora a "visita do chefe das organizações de assassinos à França", e as Relações Exteriores israelenses se recusam até mesmo a receber o relatório das entrevistas franco-palestinas (Filiu, 2005, p. 279).

Embora o diálogo entre os Estados Unidos e a OLP ocorra apenas no nível do embaixador americano em Túnis, o governo Bush se esforça para iniciar negociações israelense-palestinas com base no princípio da troca da "terra contra a paz", base do tratado de Camp David entre Israel e o Egito. Shamir se opõe obstinadamente a isso, num cenário de continuação da Intifada e de sua repressão. Os trabalhistas, mais e mais inquietos com essa paralisia, apresentam uma moção de censura que, pela primeira vez na história de Israel, provoca a queda do gabinete de união nacional. Mas a manobra se volta contra eles, uma vez que, depois de longas semanas de tratativas, um novo governo Shamir é formado com uma maioria de ministros contrários, em 1979, aos Acordos de Camp David e favoráveis, em 1982, à Guerra do Líbano. Eytan, chefe do estado-maior questionado nos massacres de Sabra e Chatila, torna-se Ministro da Agricultura, posto-chave no apoio aos colonos. Não apenas a extrema-direita do partido Tehiya entra no governo, como também a ela se junta Rehavam Zeevi, ex-chefe militar da Cisjordânia, partidário da "transferência", ou seja, da expulsão da população palestina para fora dos territórios ocupados.

A formação desse governo Shamir coincide, em junho de 1990, com a suspensão do diálogo entre os Estados Unidos e a OLP. O saldo de seis anos de parceria com os trabalhistas se revela muito favorável ao chefe do Likud. Não apenas o número de colonos passou, entre 1985 e 1990, de 46 para 81 mil, como o jugo da "união nacional" impediu ao governo responder às aberturas palestinas, apesar de uma nítida tendência nesse sentido na opinião pública israelense. Além disso, a colaboração bipartidária favoreceu a escalada da extrema-direita, enquanto os partidos progressistas estão cada vez mais identificados com a minoria árabe. Mas agora Shamir tem as mãos livres para defender sua visão de uma "autonomia" dos habitantes, e não dos territórios, da Cisjordânia e de Gaza. Embora aceite, depois de uma longa queda de braço com o governo Bush, participar da Conferência de Paz de Madri em outubro de 1991, ele impõe cláusulas abusivas à representação palestina, incorporada à delegação jordaniana e distinta da OLP.

Durante seu discurso em Madri, Shamir celebra "o elo indissolúvel" do povo judeu "com a terra de Israel há quase 4 mil anos". Em contrapartida, ele evoca a Palestina apenas três vezes, uma para o "terrorismo palestino" e duas para os "árabe-palestinos" a quem a autonomia é oferecida. Ele afirma que "centenas de milhares de árabes que viviam na Palestina sob mandato foram encorajados por seus dirigentes a deixar seus lares", ao passo que, nos países árabes, "uma onda de opressão, de expropriação e de expulsão causou o êxodo em massa de cerca de 800 mil judeus" (Shamir, 1991). Ele nega que o conflito árabe-israelense seja de natureza territorial, atribuindo-o exclusivamente à recusa árabe em aceitar a própria existência de Israel. Shamir escolheu para acompanhá-lo a Madri não o Ministro das Relações Exteriores e sim seu adjunto, Benyamin Netanyahu, que multiplica os comunicados para a imprensa sobre a "hostilidade fundamental" das delegações árabes em relação a Israel (Filiu, 2019, p. 50).

A Conferência de Madri se conclui após dois dias, sem nenhum resultado concreto, antes que negociações bilaterais sejam abertas, sob a égide dos Estados Unidos, entre Israel e cada uma das delegações árabes. Essas negociações logo se paralisam, ainda que o mediador americano seja forçado a encarar os fatos e a distinguir os tópicos jordanianos e palestinos do diálogo com Israel. De todo modo, a prioridade de Shamir não se concentra nesse processo, mas na onda de imigração dos judeus soviéticos, que, durante os dois últimos anos da União Soviética, são 185 mil a chegar a Israel em 1990, e 148 mil em 1991. Sharon, Ministro da Habitação e da Construção, se mobiliza com a mesma energia tanto para acolher seus novos compatriotas quanto para expandir a colonização.

Os colonos, agradecidos a Sharon por esse apoio, consideram que graças a ele "não existe colina onde não tenhamos subido" (Zertal; Eldar, 2013, p. 148). O elogio é tanto mais vivo porque essas "colinas" da Cisjordânia são essenciais para a dominação da população palestina que reside aos pés delas. Aliás, Shamir lança sua campanha eleitoral, em janeiro de 1992, numa colônia ultraortodoxa, proclamando que "as colônias judaicas como a sua são permanentes, e mesmo eternas" (Laurens, 2015, p. 327). Essa promessa permite a Shamir vencer as primárias do Likud contra Sharon. Dentro do Partido Trabalhista, é Rabin que impõe contra Peres sua imagem, a um só tempo tranquilizadora e marcial, de "Senhor Segurança" (Laurens, 2015, p. 344). As eleições legislativas de junho de 1992, que colocam Shamir contra Rabin, opõem claramente duas visões de Israel e de seu futuro, num contexto de marasmo econômico agravado pelas tensões com os Estados Unidos e pela continuação da Intifada.

O primeiro entreato

A vitória trabalhista é fulgurante, com 44 assentos contra 32 do Likud. Shamir se retira da vida política e deixa a direção do partido para Netanyahu, o ambicioso representante da nova geração conservadora. Quanto a Rabin, ele tem a capacidade de constituir um governo com os 12 eleitos do Meretz (energia), ao mesmo tempo pacifistas e progressistas, e os cinco deputados árabes. Mas ele prefere governar com "uma maioria judaica" e se volta para os ultraortodoxos sefarditas do Shas, com seis deputados. Rabin oferece a Aryeh Deri, chefe do Shas, manter a pasta do Interior que ele já detinha nos gabinetes anteriores de Shamir. O governo, assim constituído em torno de três partidos (Trabalhista, Meretz e Shas), é muito mais coerente do que as coalizões anteriores, com uma maioria parlamentar de 62 deputados, podendo atingir 67 com o reforço dos eleitos árabes.

Rabin se situa ainda publicamente na perspectiva de uma autonomia palestina, mas não exclui mais concessões territoriais, exceto no Vale do Jordão. Ele se inquieta em ver a mediação americana se paralisar, sobretudo depois da eleição, em novembro de 1992, de Bill Clinton, cujo desinteresse pelas questões internacionais é notório. O primeiro-ministro vai desde então operar em dois tempos: em dezembro de 1992, ele desfere um grande golpe contra os islamistas palestinos ao expulsar 415 deles de Gaza e da Cisjordânia para o Líbano, apesar das condenações internacionais, inclusive de Washington; em janeiro de 1993, ele obtém a revogação da lei de 1986 criminalizando os contatos com a OLP, o que permite a abertura na Noruega de um canal secreto de diálogo com a central palestina.

Rabin considera que Israel deve negociar como se não houvesse terrorismo, mas também combater o terrorismo como se não houvesse negociação. As prisões israelenses contam então com 12 mil detentos palestinos, ao passo que a circulação entre o norte da Cisjordânia, em torno de Jenin, e o sul, em torno de Hebron, está praticamente proibida, assim como o acesso a Jerusalém Oriental e a Gaza (Laurens, 2015, p. 370). A opinião pública israelense é cada vez mais favorável a uma retirada de Gaza, mas negociada com uma força palestina que evitaria a emergência de um enclave terrorista. A mediação norueguesa consegue que Arafat aceite limitar a esse estágio sua futura autonomia na Faixa de Gaza e em Jericó. O chefe da OLP, querendo concluir, não exige nenhum engajamento israelense sobre a colonização. Serão dois Acordos de Oslo, um quanto ao reconhecimento mútuo entre Israel e a OLP, outro quanto ao estabelecimento de uma "autoridade palestina" sobre os territórios evacuados por Israel, e isso durante um período transitório de cinco anos, depois do qual as questões de Jerusalém, das fronteiras, das colônias e dos refugiados serão tratadas.

Em 30 de agosto de 1993, o governo israelense aprova esses acordos, que Rabin defende diante do *Knesset* destacando a ausência de qualquer concessão sobre Jerusalém, sobre a colonização e sobre a segurança, sempre nas mãos de Israel. O que não impede Netanyahu de comparar esses acordos ao retrocesso, em Munique em 1938, das democracias europeias perante Hitler (Laurens, 2015, p. 393). Em 13 de setembro de 1993, os acordos são assinados por Rabin e Arafat em Washington, na presença de Clinton. Uma vez passada a euforia da assinatura, as discussões sobre o início da retirada israelense de Gaza e de Jericó são duras e complexas, a direção exilada da OLP revelando a extensão de sua ignorância acerca da realidade em questão. Em 25 de fevereiro de 1994, um discípulo do Rabino Kahane massacra 29 palestinos, antes de ser linchado na Mesquita do Túmulo dos Patriarcas de Hebron, um lugar de culto compartilhado entre judeus e muçulmanos. O assassino é celebrado como um "mártir" pela ala dura dos colonos, mas considerado como um "criminoso solitário" pela justiça israelense (Zertal; Eldar, 2013, p. 158). Rabin, que poderia ter se aproveitado do choque causado por essa matança para evacuar os colonos do centro de

Hebron, mantém sua recusa de desmantelar qualquer assentamento durante a fase transitória.

Em abril de 1994, Rabin faz um balanço dos seis anos e meio da Intifada perante o *Knesset*, estimando que 2.156 palestinos haviam morrido para um total de 219 israelenses. Ele relembra que "a dominação permanente de um povo estrangeiro que não nos quer tem um preço" (Laurens, 2015, p. 411). No mês seguinte, os eleitos da direita e da extrema-direita deixam, no entanto, o Parlamento para não caucionar, nem mesmo com sua presença, a aprovação do acordo Gaza-Jericó, assinado por Rabin e Arafat no Cairo. Em julho, o retorno do chefe da OLP a Gaza, onde é acolhido por um mar de partidários, é seguido pela assinatura de uma declaração de paz entre Israel e a Jordânia, concluída em outubro com um tratado segundo as regras, como convém. O voluntarismo de Rabin sobre o tópico jordaniano decorre da ausência de contencioso territorial entre as duas partes, as discussões mais difíceis sendo apenas a da divisão das águas.

As negociações com a OLP são bem mais tensas e complexas, resultando, em 28 de setembro de 1995, na assinatura por Rabin e Arafat, em Washington, das 400 páginas de Oslo II, que transferem um quarto da Cisjordânia para uma administração palestina. A campanha de Netanyahu contra esses acordos é tanto mais virulenta porque é amplificada por seus intermediários sionistas cristãos nos Estados Unidos. Apelos ao assassinato de Rabin ecoam durante um encontro que o Likud organiza em 5 de outubro em Jerusalém, quando Oslo II é aprovado no *Knesset* com 61 votos contra 59. Rabin, renegado pelo Shas, perdeu sua "maioria judaica", uma vez que esse voto só foi conseguido com o apoio dos deputados árabes. O primeiro-ministro é caricaturado como SS ou como fedaim por seus detratores, para os quais essas duas ameaças existenciais têm o mesmo valor. No entanto, ele consegue mobilizar 100 mil pessoas em 4 de novembro em Tel Aviv, em defesa do seu programa de paz. Mas é assassinado no final da manifestação por um partidário fanático da colonização judaica.

A comoção é imensa, Peres sucedendo a Rabin à frente do governo israelense. Netanyahu teme pagar caro por seus ataques contra o primeiro-ministro assassinado, mas, depois de um período de comedimento, ele retoma suas críticas implacáveis contra o próprio princípio das discussões com a OLP. Ele aposta em seus talentos de comunicador na primeira eleição de um chefe de governo de Israel com voto universal direto. A onda de atentados suicidas do Hamas que atinge Israel em fevereiro e março de 1996 serve evidentemente à sua propaganda. Pode contar ainda com o apoio de Sharon, que lhe traz o apoio tanto dos partidos ultraortodoxos quanto da grande maioria do eleitorado de língua russa (Filiu, 2019, p. 69). Quanto ao Likud, ele integra em sua lista eleitoral a extrema-direita de Eytan e dos dissidentes sefarditas. Por fim, Netanyahu tira partido da fibra nacionalista apresentando-se como um intratável defensor de Israel diante de eventuais pressões americanas. E dessa forma ele vence as eleições, com uma margem apertada, em maio de 1996. Essa eleição marca o fim do primeiro entreato trabalhista e, com ele, do período mais promissor do processo de paz israelense-palestino.

O segundo entreato

Embora Netanyahu tenha vencido no voto direto, o Likud só obtém 32 assentos, contra 34 dos trabalhistas. O processo de construção de uma maioria parlamentar é dos mais trabalhosos, com um alinhamento final de seis partidos, bem mais heterogêneo do que os três partidos do gabinete de Rabin. Mas essa mesma fragilidade torna-se um trunfo maior para o primeiro-ministro em sua queda de braço com o governo Clinton. Em vez de invalidar os Acordos de Oslo, Netanyahu dedica-se a sabotar sua implantação, renegociando tudo o que é possível dos arranjos anteriores, para em seguida submeter sua aplicação às negociações suplementares sobre as modalidades práticas. A cada momento decisivo, ele enfatiza o risco de deserção parlamentar, e, portanto, de queda de seu governo, para neutralizar os pedidos americanos e adiar a hora das concessões.

Assim sendo, o acordo sobre Hebron, concluído em janeiro de 1997, é apresentado por Netanyahu e pelos mediadores americanos como uma importante concessão, em razão do dogma revisionista sobre a integridade de *Eretz Israel*. A realidade é que Arafat, que obtivera a retirada israelense de todas as outras cidades grandes da Cisjordânia, aceita que a aglomeração de

Hebron seja dividida em um setor H1, onde 115 mil palestinos viverão então sob administração palestina, e um setor H2, onde 35 mil palestinos continuarão sob a ocupação israelense, devido à presença em seu interior de menos de um milhão de colonos. E, ainda que Netanyahu tenha enfatizado a fragilidade de sua coalisão para negociar da melhor maneira possível esse acordo, este só é aprovado no *Knesset* com os votos dos trabalhistas e dos árabes, uma parte da direita e da extrema-direita votando contra ou se recusando a participar da votação.

Tão logo o acordo de Hebron assinado e ratificado, Netanyahu vai a Washington, em fevereiro de 1997, para anunciar a construção de uma nova colônia judaica, Har Homa, com 6.500 alojamentos, entre Jerusalém e Belém. E afirma ter sido pressionado a esse gesto pelos deputados que, em grande parte, votaram contra a divisão de Hebron. O governo Clinton deplora essa demonstração de força, mas emite seu veto, no Conselho de Segurança da ONU, a um projeto de resolução evocando a ilegalidade da colonização na Cisjordânia, projeto, portanto, rejeitado, apesar do voto positivo dos outros 14 membros. O início da construção de Har Homa, em março, acarreta naturalmente incidentes com os palestinos, dos quais Netanyahu exige a escolha entre "o terror e a paz" (Laurens, 2015, p. 600). Arafat, determinado a provar sua boa vontade, autoriza negociações muito discretas, sob a égide da CIA, ao final das quais os palestinos se engajam, em dezembro, a cooperar plenamente com os israelenses na prevenção e na repressão do terrorismo. Enquanto esse acordo prevê um mínimo de reciprocidade, Netanyahu insiste que os engajamentos palestinos devem ser unilaterais.

O ano de 1988 é dedicado a uma trabalhosa negociação sobre a proporção do território da Cisjordânia que será evacuada no contexto da próxima reorganização israelense. Arafat pede 30%, mas aceita de bom grado a oferta de 13% que é feita pelo mediador americano. Netanyahu recusa-se a aceitar e usa como argumento a exigência de Sharon, agora Ministro das Relações Exteriores, de uma retirada inferior ou igual a 9%. Nos Estados Unidos, a pressão dos apoiadores evangélicos do Likud é tal que o governo Clinton deve apresentar suas "sugestões" da maneira mais neutra, diante de Netanyahu, que aos brados pede um "ultimato". No mês de outubro, o presidente americano se vê obrigado a reunir Netanyahu e Arafat em sua residência de Wye River, a leste de Washington, para arrancar enfim um acordo sobre os 13%. Os colonos israelenses acusam o primeiro-ministro de "traição" (Laurens, 2015, p. 654) e pressionam seus intermediários no *Knesset* a apresentar uma moção de censura, rejeitada graças aos votos trabalhistas.

Essa agitação parlamentar, longe de prejudicar Netanyahu, o fortalece em sua queda de braço com Clinton e lhe permite, em nome da estabilidade de seu governo, congelar a aplicação do acordo recém-concluído em Wye River. Ainda que o presidente americano visite, em dezembro de 1998, Netanyahu em Jerusalém e Arafat em Gaza, nada parece conseguir desbloquear a situação. Até mesmo a Cúpula Tripartite que acontece por sua iniciativa em Erez, o posto de controle israelense na entrada da Faixa de Gaza, é marcada pela ladainha de queixas expressas pelo primeiro-ministro israelense contra o chefe da OLP, do qual Sharon se recusa a apertar a mão. Pouco depois, o *Knesset* vota sua própria dissolução, suspendendo *sine die* a aplicação de Wye River. A diplomacia americana, apesar de toda a sua potência e do engajamento da Casa Branca, não consegue avançar.

Netanyahu, vencedor com 82% dos votos da primária dentro do Likud, está seguro de sua base partidária. Mas seu eleitorado de 1996 se divide entre os ultraortodoxos que questionam a judeidade dos imigrantes vindos da Rússia e estes que reivindicam seu secularismo. Além disso, Barak, seu concorrente trabalhista, lapida sua imagem de militante mais condecorado da história israelense, pois participou em 1973, no Líbano, e em 1988, na Tunísia, do assassinato de dirigentes da OLP. Barak exclui publicamente qualquer divisão de Jerusalém, qualquer retorno dos refugiados palestinos e qualquer presença militar que não seja a israelense a oeste do Jordão. Ele que havia declarado em 1996 se sentir "mais próximo dos colonos do que da esquerda" (Zertal; Eldar, 2013, p. 202) se pronuncia pela preservação da "maioria das colônias da Judeia e da Samaria" (Laurens, 2015, p. 676). Esse discurso marcial resulta em 56,1% dos votos nas eleições de maio de 1999, mas a fragmentação do *Knesset* em 15 partidos o leva a constituir um governo de coalisão entre sete grupos diferentes. Quanto a Sharon, ele assume o controle do Likud e se torna o líder da oposição parlamentar.

Como Netanyahu antes dele, Barak enfatiza a fragilidade de sua base parlamentar para adiar a aplicação de Wye River. Além disso, ele prioriza a conclusão de um acordo de paz com a Síria, da qual depende a retirada israelense do sul do Líbano, ocupado desde 1982. Mas ele deixa Clinton sozinho diante de Assad durante a Cúpula Sírio-Americana de Genebra, em março de 2000. Mal preparado, esse encontro fracassa por causa da exigência do ditador sírio de um acesso ao Lago de Tiberíades, ao passo que Israel aceita a retirada de 99% das Colinas de Golã, ocupadas desde 1967 (Filiu, 2007, p. 253-254). Barak retalia decidindo a retirada unilateral das tropas palestinas no Líbano, o que reforça os islamistas palestinos e sua celebração da "resistência islâmica" do Hezbollah. Esse unilateralismo faz também o jogo dos responsáveis cada vez mais numerosos, em Israel, de privilegiar o fato consumado securitário sobre a negociação com os palestinos.

Clinton, depois do vexame de Assad em Genebra, espera ao menos salvar o processo de paz israelense-palestino que ele herdara quando chegou à Casa Branca, em 1993.

Com a aproximação do fim de seu segundo mandato, ele reúne, em 11 de julho de 2000, Barak e Arafat em Camp David para uma cúpula que se pretende histórica. O chefe da OLP reluta em ir, convencido de que será o culpado óbvio em caso de fracasso das negociações. Quanto ao primeiro-ministro israelense, ele vê sua maioria parlamentar derreter, com a desaprovação do Shas, e conta com os resultados, positivos ou negativos, de Camp David para reconstituí-la. Confrontada com parceiros tão reticentes, a mediação americana precisaria ser muito firme, mas ela abandona rapidamente seu projeto inicial para se concentrar no diálogo entre Clinton e Barak. O presidente americano vai então transmitir as proposições israelenses, apresentadas como "americanas", a um Arafat mais e mais desconfiado.

Com efeito, o primeiro-ministro israelense se mantém firme em sua exigência, herdada do Plano Allon*, de uma anexação do Vale do Jordão, o que privaria o futuro Estado palestino de qualquer acesso direto à Jordânia. Evidentemente, ele consente, em 18 de julho, em transferir para o controle

---

* *Cf.* mapa 7.

palestino os bairros árabes da velha cidade de Jerusalém, a fim de consolidar melhor a anexação por Israel das localidades árabes limítrofes. A oferta israelense é então de um Estado palestino, naturalmente desmilitarizado, sobre 86% da Cisjordânia, da qual seriam evacuados imediatamente apenas 77%. Os blocos de colônias fariam parte dos 13% do território palestino anexado por Israel, com arranjos a serem feitos sobre o 1% restante. Como Barak insistiu sobre o caráter não negociável de suas propostas, sua falta de diálogo com Arafat leva as negociações a um impasse. Além disso, a sugestão americana de uma divisão da Esplanada das Mesquitas de Jerusalém, onde o culto judaico poderia ser autorizado, deixa a delegação palestina transtornada.

Ao contrário de Rabin, que havia concluído os Acordos de Oslo diretamente com a OLP, Barak se abriga constantemente atrás da mediação americana, e isso a despeito do precedente do fracasso da Cúpula Clinton-Assad. Ele pressiona a Casa Branca a dirigir um ultimato a Arafat, obrigado a aceitar as propostas formalmente "americanas", mas de fato israelenses. A parte palestina consente, em 21 de julho, numa anexação israelense de 2,5% da Cisjordânia, onde vive um terço dos colonos. Mas ela continua a insistir no princípio das compensações territoriais. A delegação israelense altera, em 23 de julho, suas proposições apresentadas como americanas. Agora ela só consente em relações administrativas entre os bairros árabes da velha cidade de Jerusalém e a capital palestina que estaria situada no Bairro de Abou Dis, para além dos limites municipais de Jerusalém ainda "unificada" sob o controle israelense. Em 25 de julho, Clinton, Barak e Arafat não fazem mais do que constatar o fracasso coletivo, apesar das "negociações sem precedentes, tanto em sua extensão quanto em seus detalhes" (Laurens, 2015, p. 760).

Apesar desse sério revés, as negociações entre israelenses e palestinos continuam nas semanas seguintes. Mas Barak oferece a Sharon a constituição de um governo de união nacional destinado à elaboração de uma constituição, de uma lei sobre o casamento civil e de um ensino moderno até nas escolas religiosas. Nessa perspectiva laica, inédita desde 1948, o primeiro-ministro aparece, contudo, menos como um dirigente visionário do que como um político disposto a todas as alianças para permanecer no poder. Aliás, é para neutralizar um eventual retorno de Netanyahu à frente do Likud que, em setembro de 2000, Barak autoriza Sharon e eleitos de seu partido a irem até a Esplanada das Mesquitas de Jerusalém. Essa visita provocativa marca o desencadeamento, em protesto, da Intifada de Al-Aqsa, impregnada de fervor islâmico e marcada pelo recurso das diferentes facções aos atentados suicidas.

Barak, convencido de poder esmagar a sublevação, adota uma linha muito dura, com 13 mortos entre os árabes israelenses desde os primeiros dias dessa Segunda Intifada. Num mês, 200 palestinos são mortos, um terço deles tendo menos de 17 anos (Vescovi, 2021, p. 255). O líder trabalhista, convencido de que sua estatura de chefe de guerra lhe será útil na próxima eleição, apresenta sua demissão em dezembro, abrindo caminho para uma eleição do primeiro-ministro, dois meses mais tarde, mas sem dissolução do *Knesset*. Essa perspectiva, juntamente com a aproximação da ascensão de George W. Bush à Casa Branca, deu novo ímpeto à mediação americana, com a apresentação de "parâmetros Clinton" para um acordo final, desta vez aceito pelas duas partes. Barak acentua, no entanto, seu perfil marcial e oficializa a tese de uma ausência de parceiro palestino para a paz. Mas essa aposta, longe de favorecer o chefe do governo, faz o jogo de Sharon, eleito em fevereiro de 2001 com 62,4% dos votos.

Guerra à Palestina

O novo primeiro-ministro, apoiado por essa base eleitoral, está determinado a desta vez levar a cabo a ofensiva contra a OLP que ele tivera de suspender, duas décadas antes, durante o cerco de Beirute Ocidental. Claro que não se trata mais de eliminar Arafat fisicamente, e sim de marginalizá-lo a fim de infligir uma derrota histórica ao nacionalismo palestino. Para tanto, Israel deve desferir golpes tão terríveis ao campo adversário que este será forçado a aceitar uma forma de capitulação. Sharon nem sequer busca uma reedição segundo as regras, como convém, e sim o estabelecimento unilateral de uma relação de força que tornará a vitória israelense irreversível. Como durante sua campanha de 1971 contra a guerrilha palestina em Gaza, ele vai metodicamente reconfigurar o espaço palestino para submetê-lo de maneira implacável à dominação israelense.

A única coisa que Sharon precisa fazer é exagerar negativamente a narrativa de Barak para transformar Arafat num inimigo irredutível, dedicado à destruição de Israel, cuja máscara teria caído, primeiro em Camp David, depois ao desencadear a Segunda Intifada. Esse discurso atinge em cheio uma opinião pública israelense traumatizada pelos atentados suicidas, que constata que o processo de paz, longe de melhorar a segurança, a degradou. Pouco importa que a opinião pública palestina tenha o mesmo tipo de raciocínio, queixando-se de uma degradação de suas condições de vida e de um recrudescimento da colonização desde os Acordos de Oslo, uma vez que o número de colonos na Cisjordânia passou de 110 mil em 1993 para 190 mil em 2000 (Israeli, 2007). A lógica de guerra alimenta a ilusão trágica de um jogo de soma zero entre os dois povos, em que os interesses israelenses só parecem mais garantidos por um enfraquecimento, e até por um rebaixamento, da parte palestina.

Sharon não tem dificuldade em garantir uma maioria esmagadora de 94 deputados (de 120) para um governo de união nacional composto de 26 ministros. Sua coalisão de nove partidos, entre os quais três grupos religiosos, vai dos trabalhistas de Peres, agora vice-primeiro-ministro, à extrema-direita de Zeevi. Esse ardoroso partidário da "transferência" dos palestinos pretende, como Ministro do Turismo, desenvolver estadas organizadas dos evangélicos americanos. Na oposição permanecem apenas os partidários progressistas e árabes da continuação do processo de paz. Enquanto Rabin se comprometia a combater o terrorismo e ao mesmo tempo negociava, e vice-versa, Sharon exige o término de qualquer violência antes de retomar qualquer discussão com a parte palestina. A prioridade absoluta dada pelo primeiro-ministro ao esmagamento da Intifada se traduz, então, em uma sensível escalada.

Em maio de 2001, a aviação israelense ataca os alvos da Autoridade Palestina na Cisjordânia e em Gaza, em represália a um atentado suicida reivindicado, no entanto, pelo Hamas. Em junho, o exército israelense é autorizado a atirar dentro de uma "zona-tampão" de um quilômetro de extensão no interior da Faixa de Gaza, por sua vez cercada por uma barreira equipada com um material de teledetecção diurna e noturna. Em julho, o gabinete de segurança israelense aprova uma lista de 26 palestinos a serem assassinados. Em agosto, Abu Ali Mustafá, chefe da Frente Popular de Libertação da Palestina (FPLP), uma facção da OLP contrária aos Acordos de Oslo, que voltara para a Cisjordânia dois anos antes com base num acordo entre Arafat e Barak, é morto num ataque com mísseis sobre seu escritório de Ramala. É a primeira vez que um dirigente civil, e não militar, de uma facção palestina, é eliminado dessa forma na Cisjordânia. A FPLP se vinga, dois meses mais tarde, assassinando, num hotel de Jerusalém, Zeevi, que acabara de abandonar um governo que a seu ver ainda era moderado demais.

Os atentados de 11 de setembro de 2001 em Nova York e em Washington causam o desencadeamento da "guerra contra o terror" pelo Presidente Bush. Sharon assimila publicamente Arafat a Bin Laden a fim de justificar sua própria intransigência para com o chefe da OLP. Os blindados israelenses impedem Arafat de sair de Ramala, até mesmo para assistir à missa de Natal em Belém. Em março de 2002, Sharon lança a operação Rempart de reocupação da Cisjordânia. Arafat, sitiado na presidência de Ramala, organiza o julgamento do comando da FPLP responsável pelo assassinato de Zeevi, os quatro membros sendo condenados a 18 anos de prisão. Mas Sharon exige que os assassinos lhe sejam entregues, enquanto sangrentos combates ocorrem em Belém, Jenin ou Nablus. O exército israelense poderia então ter desmantelado o conjunto da AP, mas prefere se concentrar nas redes militantes da OLP e de suas diferentes facções. No mesmo ímpeto, têm início as obras de um muro de separação ao longo da linha verde de 1949, e mesmo para além desta, o que permite a Israel continuar a se apoderar pouco a pouco da Cisjordânia.

As eleições de janeiro de 2003 são um triunfo para Sharon, cujo Likud consegue duas vezes mais assentos do que os trabalhistas, demonstrando, assim, que a união nacional sempre beneficia mais a direita do que a esquerda. O primeiro-ministro, que não precisa mais se apresentar ao voto universal direto, compõe uma coalisão mais compacta de quatro partidos, em que os centristas do Shinui ocupam o lugar dos trabalhistas; esse grupo laico se mostra satisfeito com a ida dos partidos ultraortodoxos para a oposição. Sharon confia a pasta das Finanças a Netanyahu, que lança um vasto programa de privatização e é hostil em relação ao *Histadrut*, último vestígio sindical da hegemonia trabalhista, acusando-o de ser "um grupo de gângsters e de hipócritas" (Filiu, 2019, p. 77). Por outro lado, Sharon convence a Casa Branca a obter a criação de um novo cargo de primeiro-ministro da AP, o que permitiria afastar definitivamente Arafat, sempre sitiado em sua presidência de Ramala.

Mahmoud Abbas, um dos negociadores dos Acordos de Oslo, torna-se, em março de 2003, o primeiro chefe do governo palestino. Seus apelos à desmilitarização da Intifada e à interrupção das violências, lançados em nome da OLP, são categoricamente rejeitados pelo Hamas. Em contrapartida, Sharon se encontra com ele em duas ocasiões, mas sem lhe conceder nada que pudesse justificar uma linha de moderação tão ostensiva. Abbas se demite ao fim de seis meses, deixando o exército israelense se concentrar nos mais altos dirigentes dos islamistas palestinos. Em março de 2004, o Xeique Ahmed Yassine, chefe e fundador do Hamas, é morto, além de três seguranças e quatro transeuntes, num bombardeio dito "direcionado". No mês seguinte, é seu sucessor, Abdelaziz Rantissi, que é eliminado num mesmo tipo de ataque. O Hamas decide então manter em segredo o nome de seu chefe em Gaza. Em outubro, Arafat, muito debilitado por dois anos e meio de cerco, é deslocado de Ramala para a França, depois de um apelo a Jacques Chirac feito por Sharon, pois este teme o impacto do falecimento em território palestino de seu inimigo visceral. O chefe da OLP morre pouco depois num hospital da periferia parisiense, antes que seus despojos sejam transferidos para o Cairo e depois enterrados em Ramala.

Sharon pode se considerar vencedor da Segunda Intifada, agora que os chefes históricos da OLP e também do Hamas desapareceram. O muro de separação, apesar de sua condenação pelo Tribunal Penal Internacional, em julho de 2004, continua isolando as colônias israelenses fora do território palestino. Em quatro anos de insurreição (Israeli, 2007), o número de colonos na Cisjordânia continuou aumentando e passou de 190 para 235 mil, com 11 colonos eleitos para o *Knesset* em 2003 (Zertal; Eldar, 2013, p. 268). O saldo das hostilidades se eleva, no final de 2004, a mais de 3 mil mortos do lado palestino contra menos de mil para os israelenses, dos quais um terço de soldados[3], ou seja, uma relação de um para três entre perdas israelenses e palestinas. O primeiro-ministro é defensor de um unilateralismo de combate, criando fatos consumados para melhor garantir a segurança de Israel. E para ele agora é o momento, embora não seja um ideólogo revisionista, de empurrar os palestinos para trás de um "muro de ferro", não apenas na Cisjordânia, mas também em Gaza.

O anúncio de Sharon, em maio de 2005, de uma próxima retirada israelense de Gaza provoca tumulto no seio de sua maioria governamental. O primeiro-ministro ressalta, contudo, que a evacuação dos cerca de 8 mil colonos permitirá desengajar os soldados mobilizados, num ambiente fundamentalmente hostil, para ocupar um quarto desse enclave palestino. Ele que, como Ministro da Defesa, já havia supervisionado em 1982 a evacuação dos colonos do nordeste do Sinai lembra que a inclusão de Gaza no *Eretz Israel* está longe de ser um consenso. Ele insiste sobretudo que Israel se livrará, assim, do controle de 40% da população dos territórios ocupados em 1967 e que essa retirada, longe de abrir caminho para um Estado palestino, arruinará essa sua perspectiva. Aliás, o serviço de inteligência israelense trabalha com o cenário da emergência, ao final de um ano, de dois enclaves concorrentes, um controlado pelo Hamas em Gaza, o outro pela AP na Cisjordânia (Filiu, 2012, p. 304).

Para Sharon, está fora de questão negociar essa retirada com Abbas, no entanto eleito à presidência da AP, em janeiro de 2005, com 62,5% dos votos. O exército israelense se dedica, ao longo dos meses que antecedem essa retirada, a perpetrar os mais severos golpes contra as diferentes milícias palestinas. Em agosto, apenas a metade dos colonos de Gaza permanece no lugar, uma partida voluntária sendo a condição indispensável para uma indenização integral. A eles se juntaram milhares de colonos da Cisjordânia que se opõem inutilmente à evacuação programada. Apenas um caso de insubordinação foi registrado nas fileiras da *Tsahal* no decorrer da operação que acontece sem incidente notável (Filiu, 2012, p. 301). A operação é com-

---

3. A ONG israelense B'Tselem apresenta os números, de 2000 a 2004, de 3.169 mortos palestinos e 945 mortos israelenses, entre os quais 304 soldados.

pletada pelo desmantelamento, no norte da Cisjordânia, de quatro postos avançados instalados ilegalmente pela ala mais dura dos colonos. Enquanto Abbas tenta sem sucesso, em setembro, atribuir a si o crédito da retirada de Gaza, é o Hamas que celebra ruidosamente a "vitória" de sua "resistência islâmica" (Filiu, 2012, p. 302). Somente em novembro é que Israel e a AP vão enfim negociar, sob a égide dos Estados Unidos, um acordo técnico sobre as modalidades de acesso à Faixa de Gaza, que os bombardeios da *Tsahal*, ordenados então sob o significativo nome de "eterno recomeço", isolam cada vez mais do resto do mundo.

A reconfiguração feita por Sharon do espaço israelense-palestino, ou seja, Israel se livrando de Gaza para controlar melhor a Cisjordânia, é acompanhada então de uma audaciosa recomposição do cenário político israelense. Com efeito, o primeiro-ministro estabelece, em novembro de 2005, um novo partido, o Kadima (para frente), cujo nome faz eco a um *slogan* da primeira geração sionista. Esse grupo amalgama os dissidentes trabalhistas, liderados por Shimon Peres, à maioria dos eleitos do Likud favoráveis à retirada de Gaza, sendo que a minoria permanece sob a liderança de Netanyahu. A aposta de Sharon é que Israel, livre segundo ele do engajamento palestino, pode agora ser governado pela centro-direita. Mas o chefe do governo, fulminado por um acidente vascular cerebral em janeiro de 2006, mergulha num coma irreversível e não verá jamais a conclusão de sua grande obra.

Ehud Olmert, ex-prefeito de Jerusalém, assume a liderança do Kadima, que obtém 29 assentos nas eleições legislativas de março de 2006, contra 19 dos trabalhistas e 12 do Likud. O percentual eleitoral, que passou de 1% em 1949 para 1,5% em 1992, foi elevado para 2% a fim de conter a fragmentação parlamentar. Olmert forma uma coalisão, com 67 deputados, com o Kadima, o Shas, os trabalhistas (Barak tornando-se Ministro da Defesa) e um efêmero Partido dos Aposentados, que só participará dessa eleição e obtém a criação de uma pasta própria. A vitória do Hamas nas eleições legislativas palestinas logo conduzirá a uma guerra latente entre os milicianos islamistas e os partidários da AP em Gaza, que Israel submete a um bloqueio a partir de junho de 2006. Um ano depois, ocorre a ruptura entre

Gaza, de onde a AP é expulsa pelo Hamas, e a Cisjordânia, onde a zona A permanece sob a autoridade de Abbas. As incursões israelenses, ao neutralizar os rivais palestinos de Abbas, preservam seu controle sobre a parte da Cisjordânia atribuída à AP pelos Acordos de Oslo*.

A conferência que o Presidente Bush reúne em Anápolis, em novembro de 2007, embora não registre nenhuma retomada do processo de paz, favorece as negociações posteriores entre Olmert e Abbas. Mas estas são interrompidas pelo próprio fato de que o presidente da AP, em conflito aberto com o Hamas, não pode se comprometer em nome de todos os palestinos. Quanto a Olmert, muito enfraquecido pelas denúncias de corrupção, estas o levam, em setembro de 2008, a se demitir da direção do Kadima, conservando, no entanto, a do governo. Sem dúvida, ele espera restabelecer seu crédito ao desencadear, em 27 de dezembro de 2008, uma vasta ofensiva contra Gaza que mata, em 23 dias, entre 1.166 e 1.417 palestinos. O primeiro saldo, dado pelo governo israelense, inclui 709 "terroristas do Hamas", enquanto o segundo, de fontes palestinas, só menciona 236 combatentes. Por outro lado, é incontestável que as perdas israelenses se limitam a 13 mortos, dos quais quatro soldados mortos por "fogo amigo" e três civis (Filiu, 2012, p. 330). A relação entre perdas israelenses e palestinas passou de um para três durante a Segunda Intifada a um para 100, fortalecendo a estratégia de Sharon sobre a retirada de Gaza. Ainda assim, é um mísero consolo para Olmert que, derrotado por Netanyahu nas eleições de março de 2009, é julgado por corrupção. Depois de um processo complexo, o ex-primeiro-ministro ficará preso em 2016 por um período de 16 meses.

O grande refundador

Nas eleições de março de 2009, o Likud passa de 12 a 27 assentos, mas não consegue superar os 28 assentos do Kadima. É, no entanto, Netanyahu o responsável por reunir uma maioria parlamentar de cinco partidos, com um total de 74 deputados. A adesão dos 13 eleitos trabalhistas de Barak revela, para além das ambições de seu líder, uma vontade de romper com

---

* *Cf.* mapa 8.

a dinâmica centrista do Kadima. O chefe do Likud também conta com o apoio dos 15 deputados do Israel Beytenou (Israel, nosso lar), um grupo criado por Avigdor Lieberman, seu diretor de gabinete de 1996 a 1997, que atrai a maior parte do eleitorado de língua russa. Mas Netanyahu só consolida sua confortável maioria ligando-se aos 19 eleitos dos partidos religiosos. Barak fica com a pasta da Defesa, Lieberman com a das Relações Exteriores, e Eli Yishai, líder ultraortodoxo do Shas, com a do Interior, todos os três com a função de vice-primeiro-ministro.

O primeiro-ministro, dez anos depois de ter perdido a direção do governo, estabelece os elementos de sua manutenção no poder durante os 12 anos seguintes. Em primeiro lugar, ele dedica uma meticulosa atenção a seu controle interno do Likud, no qual qualquer crítica é sufocada, ao agitar o espantalho da marginalização do partido de 2006 a 2009. Depois de o Likud sair vitorioso nas futuras eleições, o mais importante para Netanyahu será forjar uma aliança com os partidos ultraortodoxos, continuando a manter seus privilégios, quer se trate das diversas subvenções quer da dispensa do serviço militar. O chefe do Likud está sempre fortalecendo o controle desses *haredim* (tementes a Deus) sobre o grande rabinato, apesar de sua definição estreita do judaísmo que exclui uma parte da diáspora, sobretudo nos Estados Unidos. Pouco importa para Netanyahu, que decidiu apostar no apoio incondicional dos sionistas cristãos, organicamente ligados ao Partido Republicano, e não numa comunidade judaica majoritariamente favorável ao Partido Democrata.

Essa combinação é tanto mais eficaz, em Israel e no cenário internacional, porque a atribuição de pastas privilegiadas a figuras dispostas a ir mais longe permite a Netanyahu se colocar, a um custo mínimo, como personalidade "moderada" e responsável. Portanto, às vésperas da visita do Papa Bento XVI a Israel, em maio de 2009, Eli Yishai se recusa a isentar de expropriação as propriedades do Vaticano na Terra Santa, um contencioso que deveria enfim ser solucionado depois de 16 anos de negociações. Quanto a Lieberman, ele impõe uma tonalidade muito pouco diplomática às Relações Exteriores que ele dirige até 2015, com um intervalo de um ano de investigações por corrupção das quais ele sai inocentado. Desde seu primeiro encontro, "muito tenso" (Dombey, 2009), com sua homóloga americana Hillary Clinton, em junho de 2009, ele a recrimina de querer, em nome da solução de dois Estados, estabelecer "um novo Estado falido no Oriente Médio" (Oren, 2019). Como reside num assentamento do Bloco de Sião, ao sul de Belém, ele rejeita o próprio princípio da suspensão da colonização que o governo Obama então impõe. E, quando Lieberman adere, com muito mais reticências do que Netanyahu, à perspectiva de um eventual Estado palestino, ele o faz para defender a "transferência" para esse Estado de uma boa parte de seus compatriotas árabes, cuja nacionalidade israelense ele planeja retirar.

Netanyahu sai vitorioso, em novembro de 2010, de sua queda de braço com Obama, em razão da onda conservadora das eleições americanas de meio do mandato. O presidente democrata, reconduzido à Casa Branca dois anos mais tarde, abandonou qualquer veleidade de contribuir seriamente para a solução do conflito israelense-palestino, preferindo se concentrar na questão do programa nuclear iraniano. Essa questão provoca vários confrontos públicos entre Obama e Netanyahu, mas deixa este de mãos livres para intensificar sua retórica antipalestina e intensificar a colonização. Nas eleições de janeiro de 2013, Lieberman inclui seu grupo numa lista conjunta com o Likud, que, após uma campanha muito marcada à direita, conquista 31 assentos. Essa estratégia beneficia também o Lar Nacional, liderado por um antigo colaborador de Netanyahu, Naftali Bennet, que se tornou chefe do Yesha, conselho representativo das colônias. Os 12 assentos desse partido ilustram o peso crescente dos colonos, cujo número é estimado em 540 mil, ou seja, 7% da população israelense, dos quais 340 mil na Cisjordânia e 200 mil em Jerusalém Oriental (A Look, 2013). Bennett consegue de Netanyahu acumular as pastas da Economia, dos Assuntos Religiosos e da Diáspora, bem como a administração governamental de Jerusalém, primordial para os colonos.

O novo gabinete de Netanyahu inclui também dissidentes do Kadima, desferindo, assim, um golpe fatal ao partido lançado por Sharon e Olmert, e os centristas do Yair Lapid, que substituem os trabalhistas como garantia "liberal" do Likud. Os dois anos desse governo representam a única exceção na aliança privilegiada de Netanyahu com os ultraortodoxos. Depois das eleições de março de 2015, o chefe do Likud confia o Ministério da Economia, e depois o do Interior, a Aryeh Deri, fundador do Shas que retornou à liderança desse grupo ultraortodoxo depois de complexas dificuldades judiciais. A coalisão governamental reúne, em torno do Likud, o Lar Nacional e os dois partidos ultraortodoxos (um sefardita, o outro asquenaze), bem como a garantia "moderada" de uma formação conduzida por um ex-ministro de Netanyahu. Mas, de uma votação à outra, apesar da elevação do limite de representatividade para aceder ao *Knesset* (passou de 2% em 2006 a 3,25% em 2015), o centro de gravidade da maioria governamental se desloca inexoravelmente para a extrema-direita.

Com efeito, a campanha eleitoral foi marcada por declarações incendiárias de Netanyahu contra seus compatriotas árabes (Filiu, 2019, p. 93), com Lieberman inclusive ameaçando "decapitar a machadada" aqueles que fossem desleais (Filiu, 2019, p. 94). Bennett, agora Ministro da Educação, exige que um "muro de dissuasão" permita "atirar para matar os terroristas antes que possam causar mal a inocentes", insistindo que os "terroristas não merecem um Estado" (Baruch, 2015). Ele se apresenta como fiador de uma "identidade judaica" que seria fragilizada pelos casamentos mistos, excluindo dos programas escolares um romance hebraico sobre a ligação entre uma israelense judia e um palestino (Filiu, 2019, p. 98-99). Mir Regev, leal a Netanyahu e responsável pelo Ministério da Cultura, subordina a outorga das subvenções aos artistas israelenses à apresentação na Cisjordânia de seus espetáculos e exposições, uma exigência até então inédita (Demoulin, 2017, p. 139).

Lieberman, antes ausente do novo governo, a ele retorna pela porta da frente, em maio de 2016, ficando com a pasta da Defesa, apesar de não ter experiência militar. Dois meses depois, ele compara a Hitler o poeta Mahmoud Darwich, que renunciara à sua nacionalidade israelense para se unir à OLP e redigir, em 1988, a proclamação em Argel do Estado da Palestina (Glanz, 2016). Em dezembro de 2017, quando algumas localidades árabes de Israel se manifestam contra o reconhecimento por Trump de Jerusalém como capital de Israel, Lieberman pede para "boicotar" essas populações, julgadas "indesejáveis", pois elas "não fazem parte de Israel e devem fazer parte da Autoridade Palestina" (Khoury, 2017). Em abril de 2018, ele justifica a sangrenta repressão das manifestações civis de Gaza afirmando que "não há inocentes em Gaza", pois, segundo ele, "todos recebem um salário do Hamas (No innocent, 2018).

Netanyahu deixa de bom grado Bennett e Lieberman desempenharem o papel de causadores de problemas, uma vez que esses comentários provocativos ampliam, em contraste, sua estatura de homem de Estado. Pois o chefe do Likud está determinado a refundar Israel em bases bem diferentes daquelas estabelecidas por Ben Gurion em 1948. O primeiro chefe do governo israelense, no poder durante 13 anos, insistiu na dimensão a um só tempo judaica e democrática do novo Estado, ainda que uma boa parte da minoria árabe tenha ali vivido até 1966 sob administração militar. Mas o árabe era a língua oficial assim como o hebraico, ao passo que o serviço militar, primeiro reservado apenas aos judeus, foi logo estendido aos drusos, os outros árabes só podendo se alistar no exército de forma voluntária. Aliás, os defensores pacifistas da solução de dois Estados fazem dela a condição necessária para preservar o caráter judaico e democrático de Israel, uma vez que a absorção democrática das populações atualmente ocupadas questionaria o caráter judaico do Estado, ao passo que uma anexação mais ou menos explícita dos territórios palestinos comprometeria seu caráter democrático.

O 70º aniversário de Israel oferece a Netanyahu a aura memorial dessa refundação do Estado. As "marchas do retorno", lançadas em março de 2018 na Faixa de Gaza para comemorar os 70 anos da despossessão palestina, são reprimidas de forma muito dura a partir do território israelense, com mais de uma centena de manifestantes mortos em algumas semanas. Essa repressão em nada compromete a celebração, em maio, da instalação em Jerusalém da embaixada dos Estados Unidos, uma cerimônia abençoada pelos amigos evangélicos do primeiro-ministro israelense. Em julho, ele leva o *Knesset* a adotar, apesar de uma estreita maioria de 62 votos dos 120, uma "lei fundamental" com valor constitucional sobre "Israel como Estado-nação do povo judeu". Essa lei, que rebaixa o árabe a um mero "estatuto especial", reserva apenas ao povo judeu o direito à autodeterminação em

Israel, definido como seu "lar nacional", segundo os mesmos termos da Declaração Balfour. É por isso que esse "Estado considera o desenvolvimento do assentamento judaico como uma causa nacional e agirá para encorajar e promover seu estabelecimento e sua consolidação" (Texto da, 2018).

Em agosto de 2018, a minoria árabe, estimada em um quinto da população israelense, mobiliza-se contra um texto qualificado de "racista". Primeiro são os milhares de drusos que vão para Tel Aviv, queixando-se de terem se tornado "cidadãos de segunda classe", apesar de sua "lealdade ilimitada ao Estado" (Des dizaines, 2018). Depois se manifestam os outros árabes, apoiados pelos progressistas judeus que entoam "igualdade" em árabe e em hebraico (En Israel, 2018). Mas esses protestos encontram pouco eco na população judaica, o que fortalece Netanyahu em seu voluntarismo refundador. Ele multiplica os ataques contra a justiça, a imprensa e até a polícia, cuja independência refrearia a soberania do povo, assim como expressa pelo voto universal. Esse populismo de tipo "iliberal" (Smolar, 2018) é tanto mais agressivo porque o primeiro-ministro deve enfrentar a revelação de vários escândalos, cada um resultando num processo jurídico específico.

O avanço supremacista

Quando Netanyahu lidera o Likud nas eleições de abril de 2019, ele já se aproxima do recorde de longevidade de Ben Gurion à frente do governo de Israel, mas está realmente decidido a se agarrar ao poder, mesmo que seja pela imunidade concedida a um primeiro-ministro em exercício. Desse modo, ele convence seus aliados de extrema-direita do Lar Judaico e do Tkuma (ressurreição) a concluir um pacto eleitoral com o Força Judaica, grupo inspirado pelo Rabino Kahane, a fim de que juntos ultrapassem o limite de 3,25% dos votos indispensáveis para aceder ao *Knesset*. Kahane, único eleito de seu partido em 1984, expressava-se geralmente diante de um hemiciclo vazio de tanto que suas teses racistas revoltavam seus colegas parlamentares, que, aliás, excluíram esse grupo da competição eleitoral em 1988. Três décadas mais tarde, Netanyahu não hesita em quebrar esse tabu, permitindo a esse pacto tripartite eleger cinco deputados. Ele até oferece o Ministério dos Transportes a Bezalel Smotrich, partidário de um Estado teocrático no conjunto da "terra de Israel" onde os palestinos, quer tenham ou não a cidadania israelense, teriam apenas a escolha entre partir e permanecer sem direito de voto (Imbert, 2018).

Com 25 assentos, o Likud empata com a coalisão centrista Azul e Branco, do ex-chefe do estado-maior Benny Gantz, coalisão cujo nome se refere às cores da bandeira israelense para seduzir o eleitorado de direita. Assim como seu rival, Netanyahu não consegue constituir uma maioria parlamentar, mas continua à frente de um governo oficialmente encarregado de administrar os assuntos do dia a dia. O que não impede que esse gabinete lance em 2019 o maior número de construções nas colônias em cinco anos, com um total de cerca de 650 mil colonos, dos quais 430 mil na Cisjordânia e 220 mil em Jerusalém Oriental (Report, 2020). Na verdade, esse governo se prolonga, uma vez que as eleições de 2019 não são mais conclusivas do que as de abril. Netanyahu continua a afagar os colonos nomeando, em novembro, Bennett para a Defesa, pouco antes de ele próprio ser investigado por fraude, corrupção e abuso de confiança.

Como o primeiro-ministro há mais tempo no poder da história de Israel, Netanyahu valoriza, durante a campanha para a eleição de março de 2020, sua cumplicidade com Trump, com quem acaba de assinar um "acordo do século" que supostamente resolveria de uma vez por todas a questão palestina*. Embora esse acordo permaneça letra morta, Netanyahu ainda se mantém no poder, desta vez à frente de um governo de união nacional que Gantz deve dirigir num segundo tempo, de acordo com a fórmula de alternância já testada pelo Likud e os trabalhistas de 1984 a 1988. Gantz poderia ter constituído um governo minoritário garantido pelo apoio, sem participação no gabinete, dos partidos árabes, mas a direita do Azul e Branco se opôs de forma categórica a um acordo com os "apoiadores do terror" (Blue and, 2020). Claro que esse ostracismo contra representantes da minoria árabe faz o jogo do chefe do Likud, que se encarrega de incluir os dois partidos ultraortodoxos na coalisão, contando uma vez mais com Deri na pasta do Interior.

---

* *Cf.* mapa 10.

Netanyahu não tem intenção alguma de respeitar seu acordo com Gantz, que ele atraiu para a armadilha dessa união nacional para melhor corroer os fundamentos do Azul e Branco. O primeiro-ministro, uma vez esgotada a dinâmica internacional do "acordo do século", tenta se aproveitar dos Acordos de Abraão, que normalizam, em setembro de 2020, as relações de Israel com os Emirados Árabes Unidos e o Bahrein. Mas Mohammed Ben Zayed, dirigente dos Emirados, recusa-se a receber Netanyahu em Abu Dhabi ou a visitá-lo em Israel, para não ligar o destino do tratado de paz ao do primeiro-ministro. O partido Azul e Branco realmente se desagrega, provocando a queda do governo e a ocorrência de novas eleições em março de 2021. Elas são marcadas pela vitória relativa do Likud, que ficou em primeiro lugar com 30 assentos, o colapso do Azul e Branco, relegado a sete assentos, e o esfacelamento da Lista Comum dos partidos árabes, da qual se destacam os islamistas, com quatro assentos. Quanto ao bloco supremacista, com sete assentos, ele conta agora com um discípulo declarado do Rabino Kahane, Itamar Ben Gvir, condenado em 2007 por incitação ao ódio e apoio a uma organização terrorista (Imbert, 2022).

Como não pode se apresentar como um pacificador, Netanyahu assume em maio de 2021 o papel do senhor da guerra. Com efeito, alguns incidentes em Jerusalém Oriental acabam em enfrentamentos com o Hamas em Gaza e em confrontos na Cisjordânia, bem como, pela primeira vez, em tumultos intercomunitários inclusive em Israel (tanto nas cidades "mistas" de Lod e de Acre quanto, entre outras, em Tel Aviv). O saldo de uma semana de combates nos territórios palestinos se eleva em Gaza a 256 mortos (sendo metade de civis) e na Cisjordânia a 27 mortos (Ocha, 2021), para 12 israelenses mortos (Imbert, 2021). Mas são os poucos mortos, tanto judeus quanto árabes, nos tumultos em Israel que mais chocam a opinião pública, com a minoria árabe celebrando uma "sublevação da dignidade", ao passo que uma parte crescente da maioria judaica julga agora a coexistência impossível. Esses tumultos marcam, no interior mesmo de Israel, uma ruptura comparável à causada em 2000 pela Segunda Intifada, que havia fortalecido a tese da impossibilidade de negociar a paz com palestinos acusados de trabalhar para a destruição de Israel. Desta vez, não é a "solução de dois

Estados" que sai desacreditada dessa crise, mas a possibilidade de conciliar o caráter judaico e democrático de Israel.

A crise de maio de 2021, em razão de sua extensão progressiva ao conjunto do território da Palestina histórica, provoca um esforço de união nacional em Israel. Esse esforço é acompanhado de uma vontade inédita de sair enfim de um impasse político do qual Netanyahu é ao mesmo tempo a causa e a consequência. Por essa razão, emerge, em junho, a improvável coalisão constituída por Bennett, cujo partido só obteve, no entanto, quatro assentos. Essa aliança, que vai da extrema-direita à extrema-esquerda, apoia-se num novo acordo de alternância, desta vez com os centristas do Lapid, que recuperam a direção do governo ao final de um ano. O gabinete exclui os partidos ultraortodoxos, mas pode contar com o voto dos islamistas árabes, ainda que não participem do governo. Esse apoio, mesmo indireto, de um grupo árabe, provoca o furor dos supremacistas, designados sob o termo *hardalim*, um amálgama entre os *haredim* ultraortodoxos e os *leumim* do nacionalismo religioso. Smotrich insulta os deputados árabes em pleno *Knesset*, em outubro de 2021, acusando-os de estarem ali "por engano. Foi um erro Ben Gurion não ter terminado o trabalho e não os ter expulsado em 1948" (Imbert, 2023).

De todo modo, o paradoxal acordo do gabinete de Bennett não pode perdurar no poder tendo apenas como único motor a hostilidade compartilhada a Netanyahu. Uma nova dissolução do *Knesset* abre o caminho, em novembro de 2022, à quinta eleição em três anos e meio. O Likud lidera, com 32 assentos, seguido dos 24 deputados centristas do Lapid. Contudo, a surpresa vem do fato de os supremacistas tornarem-se, com 14 eleitos, o terceiro partido no *Knesset*. Enquanto os *hardalim* representam apenas 2% da população judaica de Israel (Mahla, 2023, p. 153), seu grupo se beneficia com o choque dos tumultos entre os judeus e os árabes ocorridos em abril de 2021 e com a desaprovação dos "comprometimentos" de Bennett com parlamentares árabes. Netanyahu não demora a constituir uma coalisão entre o Likud, os dois partidos ultraortodoxos e os supremacistas, para os quais ele abre o campo das atribuições próprias ao poder. Smotrich, na pasta das Finanças, é igualmente Ministro Delegado para a Defesa, enquanto

Ben Gvir, Ministro da Segurança Nacional, recebe a tarefa de constituir e de dirigir uma "guarda nacional" independente da hierarquia policial. Para tanto, ele se apoia em grupos de militantes ultranacionalistas, assentados nas cidades mistas de Israel para melhor "judaizá-las", com o reforço dos colonos vindos da Cisjordânia.

Não são, no entanto, as múltiplas provocações e as declarações racistas dos dois ministros supremacistas que suscitam o mais vasto movimento de protesto da história de Israel, e sim o projeto de "reforma" da justiça que visa neutralizar a Suprema Corte e ameaça a independência do conjunto dos juízes. De janeiro a março de 2023, dezenas, e mesmo centenas de milhares, de manifestantes vão às ruas para denunciar a deriva autoritária e o "golpe judiciário" (Riftin; Rosenberg 2023) de Netanyahu. Prevalecendo-se da declaração fundadora de 1948, alguns defendem até uma "Segunda Guerra de Independência" (Israeli, 2023). Contudo, eles insistem, nas passeatas, em censurar as referências árabes, e *a fortiori* as bandeiras palestinas porque elas estariam fazendo o jogo do governo. Essa interiorização da propaganda oficial leva a minoria árabe, no entanto o principal alvo da extrema-direita, a desaparecer nessa onda de contestação democrática. De fato, a proporção de judeus israelenses que estimam merecer direitos superiores aos de seus compatriotas árabes passou de um quarto em 2018 para a metade em 2022 (Israel Democracy Institute, 2023), uma consequência direta dos confrontos entre judeus e árabes de maio de 2021.

Netanyahu consegue, assim, manter a estrutura refundada de seu "Estado-nação do povo judeu". Claro que a insurreição dos reservistas e a mobilização dos veteranos, e depois a desaprovação de seu Ministro da Defesa, Yoav Gallant, o levam a "suspender" seu projeto, mas não a retirá-lo. Desde julho de 2023, o primeiro-ministro faz votar uma restrição dos poderes da Suprema Corte, até então garantidos por uma lei fundamental com valor constitucional, pois está determinado a concluir sua reforma do poder judiciário. Quanto a Smotrich, ele chega a afirmar, em março de 2023, que "os palestinos não existem, porque o povo palestino não existe". Considerando que sua família, assentada há muito tempo em Jerusalém, representa os "verdadeiros palestinos", ele acusa os árabes "de inventar um povo fictício sobre a terra de Israel e de reivindicar direitos fictícios sobre a terra de Israel, apenas para combater o movimento sionista" (Smotrich, 2023). Diante dos protestos suscitados por tais declarações, o ministro supremacista lembra, a justo título, que não fez mais do que retomar o raciocínio de Golda Meir exposto meio século antes. Essas declarações contribuem para alimentar um clima de violência sem precedentes em Jerusalém Oriental e na Cisjordânia: nos seis primeiros meses de 2023, a ONU enumera uma média diária de três "incidentes" em que colonos agrediram palestinos e/ou destruíram seus bens (AFP, 2023).

A escalada antipalestina não é alimentada somente pela extrema-direita, mas também pelos políticos de segundo escalão do Likud que tentam se sobressair com proposições provocativas. De tal forma que, em junho de 2023, um mero deputado do partido de Netanyahu, Amit Halevi, rompe com o constante engajamento do primeiro-ministro em respeitar o *status quo* sobre a Esplanada das Mesquitas de Jerusalém. Ele propõe dividir esse espaço entre um terço para os fiéis muçulmanos, que conservariam a Mesquita Al-Aqsa, e dois terços para os judeus, que se instalariam sobre o Domo da Rocha, local segundo eles da instalação dos dois primeiros Templos. Essa proporção de um para dois terços corresponde à relação de distribuição do Túmulo dos Patriarcas, em Hebron, onde, após o massacre de 29 palestinos por um colono israelense, em 1994, o lugar foi dividido entre muçulmanos e judeus, com entrada separada para cada culto. De fato, o número de judeus que rezam no Monte do Templo passou de 5 mil em 2009 para 50 mil em 2022, uma dinâmica de fato consumado que o próprio Ben Gvir encorajou desde sua entrada no governo. Mas o interesse de Halevi, que só tem assento no *Knesset* como substituto de um ministro em exercício, é se tornar conhecido para conquistar uma posição elegível na lista do Likud nas próximas eleições.

Jamais o desafio de um Estado israelense tanto judeu quanto democrático foi colocado com tal acuidade. Rabin, o glorioso veterano de todas as guerras de Israel, caiu como mártir de um processo de paz que ele nunca quis impor a seus compatriotas, alimentando, assim, entre os extremistas mais violentos, um sentimento de impunidade que lhe custou a vida. Rabin também é o arauto assassinado do Estado judeu e democrático, que segundo ele só poderia ser salvo por meio de uma reconciliação histórica com os palestinos. Com efeito, ou a dimensão judaica de Israel estava fadada a se dissolver diante da demografia palestina, no contexto de um Estado de direito que garante a igualdade de todos os seus cidadãos; ou a ambição democrática do Estado judeu estava fadada a capitular diante da dominação tenazmente imposta a milhões de palestinos, excluídos da cidadania. Três décadas depois do assassinato de Rabin, sua triste predição ocorre todos os dias diante de nossos olhos. E o feudo supremacista de onde seu assassino emergiu tornou-se um poderoso partido no cenário político. O que mostra a inutilidade de uma campanha contra os desvios iliberais de Israel que não concedesse uma prioridade absoluta à retirada negociada dos territórios ainda ocupados.

* * *

"Antes, seus jovens lhes traziam a paz com o arado/ Hoje, eles a trazem com as armas" (Bensoussan, 2002, p. 834). Foi em 1937 que Nathan Alterman compôs esse *Canto das brigadas*, que muito rapidamente se tornou popular dentro do *Ishuv*. A redenção da terra de Israel passa, então, menos pela valorização dessa terra do que pelas armas destinadas a conquistá-la, pois a maior parte da Palestina permanece habitada por uma população árabe que nela vive há muitas gerações e mesmo séculos. Em 1944, Hannah Arendt, vivendo há três anos nos Estados Unidos, para onde fugiu das perseguições nazistas, acusa os trabalhistas à frente do *Ishuv* de "apoiar sem ambiguidade reivindicações não apenas nacionais, mas até chauvinistas, não contra os inimigos do povo judeu, mas contra seus amigos potenciais e seus atuais vizinhos" (Bensoussan, 2002, p. 415). O engajamento militarista dos pioneiros sionistas alimenta desde então uma mística do povo judeu em armas, povo que resiste, com efeito, à coalisão dos exércitos árabes durante a "Guerra de Independência" de 1948.

A angústia existencial de ser engolido pelo inimigo árabe renasce em 1967, ainda que seja mais fantasiosa do que fundamentada. O triunfo da Guerra dos Seis Dias estimula a dimensão messiânica da dinâmica sionista, para além dos círculos religiosos, dando origem à convicção amplamente difundida de que as armas de Israel apenas restauraram os "direitos" históricos do povo judeu. As mesmas causas produzindo os mesmos efeitos, a negação do nacionalismo árabe na Palestina mandatária torna-se a negação das aspirações nacionais do povo palestino, reduzido por Begin, em 1977, a serem apenas "árabes de *Eretz Israel*". Um discurso menos caricatural tem dificuldade de se impor, uma vez que o sistema de votação, profundamente democrático, alimenta a fragmentação do cenário político e, portanto, a tentação de ir mais longe. Rabin avalia, a partir de 1993, o quanto em Israel é mais fácil mobilizar para a guerra do que para a paz, uma vez que esta em relação àquela representa uma estratégia de longo prazo, ao passo que aquela implica apenas contar com suas próprias forças, com um objetivo de vitória em curto prazo.

O assassinato de Rabin, em 1995, não provoca nenhum exame de consciência sério em Israel, o que encoraja naturalmente a escalada extremista. Essa deriva à direita só é interrompida por Sharon em 2005, com sua recomposição do cenário político para o centro em torno do Kadima. Por sua vez, essa recomposição está assentada na militarização do controle do conjunto de *Eretz Israel*, com o cerco do enclave de Gaza onde, sobre o 1% do território da Palestina mandatária, está concentrado um terço da população árabe. Netanyahu, ao retornar ao poder em 2009, coloca um fim ao entreato centrista e leva o núcleo de sua maioria cada vez mais para a direita. As diatribes antipalestinas, longe de desacreditar seus autores, de Lieberman a Bennett, permitem que eles ocupem o centro do palco, com Bennett conseguindo inclusive destronar seu mentor por 18 meses, de 2021 a 2022. Netanyahu, para seu segundo retorno ao poder, apoia-se nos supremacistas, para os quais a retirada de Gaza foi um trauma fundador. Como se o pluralismo de combate facilitasse em Israel, de Begin em 1977 a Ben Gvir em 2022, a revanche das minorias extremistas contra seus rivais históricos, tudo em nome de uma hostilidade desenfreada contra os palestinos.

3
Uma estratégia de fatos consumados

> O Reino de Davi era bem menor, sob Salomão ele se torna um império. Quem sabe [...] o primeiro passo seja o mais difícil.
>
> *Haim Weizmann*, 1937
> (Laurens, 2002, p. 651)

Apoiado na intensidade estratégica do sionismo cristão e fortalecido por um pluralismo de combate que legitima todas as escaladas, o projeto sionista pode também se alimentar de uma estratégia, tão hábil quanto eficaz, de fatos consumados. É pouco provável que a Grã-Bretanha tivesse dado, em 1917, seu apoio à empreitada sionista na Palestina se soubesse que tal empreitada resultaria, três décadas depois, num Estado judeu purgado de sua população árabe e em guerra com todos os seus vizinhos. Na mesma perspectiva, os partidários do "Davi" israelense diante dos "Golias" árabes em 1967 teriam certamente ficado transtornados ao saber que, meio século depois, Israel continuaria a impor sua lei a milhões de palestinos e a colonizar seus territórios. A força dessa estratégia gradualista não reside, no entanto, num improvável maquiavelismo, e sim na realidade de um pragmatismo militante que, toda vez, transforma uma experiência conjuntural num ganho irreversível, sem necessariamente solucionar a questão do objetivo final. E os dirigentes israelenses estão sempre livres para valorizar sua relativa moderação diante dos extremistas em seu próprio país e do absolutismo escatológico dos sionistas cristãos.

Uma Palestina definida pelo mandato

Enquanto a Primeira *Aliá* dos Amantes de Sião, vindos da Ucrânia a partir de 1882, tem como único objetivo a Palestina otomana, a fundação do movimento sionista, 15 anos depois, conduz paradoxalmente a embaralhar as linhas. Theodor Herzl chega inclusive, em 1903, a propor ao Congresso Sionista um Projeto Uganda de colonização alternativa no leste do atual Quênia. A corrente "territorialista" está disposta a agarrar qualquer oportunidade de assentamento de massa, enquanto o "sionismo prático" concede uma prioridade absoluta ao assentamento em *Eretz Israel*. O território palestino assim designado não tem unidade administrativa no sistema otomano, onde está dividido entre os *sanjacos* [subdivisão das grandes províncias no antigo Império Otomano] de Acre e de Nablus, dependentes da divisão administrativa de Beirute, e a circunscrição (*mutassarrifiya*) de Jerusalém, diretamente administrada por Constantinopla (circunscrição chamada de "Al-Qodas", designação árabe de Jerusalém, ou "Palestina" nos arquivos imperiais (Lemire, 2012, p. 7). Essa divisão em três entidades visa, do ponto de vista otomano, limitar apenas à Cidade Santa as ingerências contínuas dos cônsules europeus e assim limitar seu impacto sobre o resto da Palestina (Schölch, 1993, p. 14). Quanto à fronteira traçada em 1906 entre o Egito, sob ocupação britânica desde 1882, e o Império Otomano, ela envolve duas circunscrições ligadas à Sublime Porta, a de Jerusalém, que inclui Gaza e a cidade fronteiriça de Rafa, de um lado, e a de Kerak na Transjordânia, que recobre a parte desértica do Neguev que vai do sul do Mar Morto ao Porto de Aqaba (Rogan, 2002, p. 55), de outro.

Tudo muda com a Declaração Balfour de novembro de 1917 e o apoio então dado pela Grã-Bretanha ao "estabelecimento de um lar nacional para o povo judeu na Palestina". O movimento sionista começa a partir de então a se mobilizar para que o território considerado como palestino seja o mais vasto possível para elevar ao máximo as possibilidades de colonização judaica. Contudo, é essencial ressaltar que não se trata, para Weizmann e sua organização, de traçar fronteiras de uma futura entidade judaica, e sim de estender para mais longe o espaço de aplicação da Declaração Balfour. Em janeiro de 1919, em Londres, o dirigente sionista conclui com Faisal, que acaba de estabelecer seu "Reino Árabe" em Damasco, um acordo que ratifica a colonização judaica numa Palestina cujas fronteiras ainda devem ser definidas. Ainda que Faisal condicione esse acordo ao reconhecimento de sua própria soberania sobre as províncias árabes do Império Otomano, Weizmann consegue desse modo cogitar uma conciliação entre o projeto sionista e as aspirações árabes.

É nessa posição de força que o movimento sionista aborda, em fevereiro de 1919, a Conferência de Paz que, em Paris e depois em sua periferia, deve pôr um fim à Primeira Guerra Mundial, até então suspensa por uma série de armistícios. Weizmann reivindica uma imigração de 70 a 80 mil judeus por ano para um território da Palestina de mais de 40 mil quilômetros, estendendo-se ao norte até Sídon (mas sem incluí-la), ao nordeste sobre as Colinas de Golã, a leste, na Transjordânia, até a linha da estrada de ferro de Amã a Maan (mas sem incluir essas duas cidades) e ao sul para além da fronteira egípcio-otomana*. Weizmann descarta nessa fase um "governo propriamente judeu", mas acrescenta: "Quando essa nacionalidade formar a maior parte da população, terá então chegado a hora de exigir o governo desse país" (Laurens, 1998, p. 264). No ritmo considerado pela direção sionista, essa maioria demográfica poderá ser alcançada numa dezena de anos. Quanto à vontade de Weizmann de desenvolver na Palestina "uma vida judaica tão hebraica quanto a vida na Inglaterra é inglesa" (Laurens, 1998, p. 264), ela não poderia se limitar apenas ao renascimento cultural em hebraico.

As exigências maximalistas do movimento sionista, apoiado por Londres, vão logo se chocar contra a invocação por Paris dos Acordos Sykes-Picot, secretamente concluídos com a Grã-Bretanha em 1916. Claro que os diplomatas franceses não esperam mais que a Palestina seja internacionalizada, conforme a esses acordos, mas insistem no respeito à linha de divisão então definida entre a zona atribuída à França, ao norte, e aquela que cabe ao Reino Unido, ao sul. A queda de braço entre as duas potências imperiais se refere agora à delimitação dos "mandatos" que elas pretendem receber da SDN. O Primeiro-ministro Lloyd George evoca, em setembro de 1919, a referência bíblica de uma Palestina "desde Dã até Berseba" (McTague, 1982,

* *Cf.* mapa 2.

p. 101-102), Berseba estando claramente situada no Neguev, ao passo que a localização de Dã na Alta Galileia, e mesmo no Monte Hermon, é mais aleatória. Em seguida, Londres assume então as reivindicações sionistas sobre os recursos hídricos do Litani, no sul do Líbano, e das Colinas de Golã, verdadeiro reservatório de água natural.

As negociações franco-britânicas são tão conflituosas que a questão das fronteiras entre os futuros mandatos sobre a Síria e sobre a Palestina nem sequer são resolvidas na Conferência de San Remo, em abril de 1920, concordando, no entanto, em atribuir o primeiro mandato à França e o segundo à Inglaterra. Seis meses depois, as negociações ainda estão num impasse, e Weizmann pressiona o ministro britânico das Relações Exteriores a manter o sul do Líbano e Golã na "jurisdição da Palestina" (McTague, 1982, p. 107), insistindo na importância crucial dessas duas regiões para os projetos sionistas de valorização agrícola. Mas Lloyd George decide, enfim, em dezembro de 1920, "não apoiar as reivindicações dos sionistas a uma expansão territorial fora da Palestina histórica" (McTague, 1982, p. 108). A convenção franco-britânica então assinada define as fronteiras entre os mandatos francês sobre a Síria, de um lado, e o mandato britânico sobre a Palestina, de outro. Este se estende, pelo Dedo da Galileia, até o assentamento sionista de Metulla, agora identificado à cidade bíblica Dã.

Uma vez definidas as fronteiras do norte da Palestina, Londres fixa suas fronteiras orientais (estabelecendo um mandato específico sobre a Transjordânia, situada a leste do Jordão e do Mar Morto) e as fronteiras meridionais (confirmando com o Egito, agora independente, o traçado de 1906). O território palestino assim delimitado se estende sobre quase 26 mil km^2, ou seja, sensivelmente menos do que os 40 mil reivindicados por Weizmann em 1919. Mas o essencial para o movimento sionista é a integração, em julho de 1922, da Declaração Balfour à própria Carta do mandato confiado pela SDN à Grã-Bretanha sobre a Palestina. Somente a minoria revisionista contesta essa vitória histórica, Jabotinsky afirmando que o povo judeu perdeu, com a Transjordânia, 80% da "terra de Israel". Não é a última vez que a direção sionista consolidará metodicamente uma conquista irreversível enquanto é acusada de uma condenável fraqueza pelo critério extremista.

A "questão oculta"

Por um longo tempo o movimento sionista dedica apenas uma atenção muito secundária à população árabe da Palestina. O que faz parte de uma ignorância mais geral das realidades humanas e físicas de uma terra largamente fantasiada, bem como da convicção dos benefícios de uma colonização com a qual os autóctones só poderão afinal ser agradecidos. Yitzhak Epstein, pedagogo do renascimento do hebraico que desde 1886 está estabelecido na Palestina, rompe com esse consenso-padrão ao recriminar os sionistas, durante o Congresso de 1905, de terem "completamente ignorado" a "questão de nossa atitude em relação aos árabes". Para ele, isso é ainda mais grave porque a "solução correta" a essa "questão oculta" (La question, 1972, p. 209) representa "a condição mesma da realização de nossas esperanças nacionais" (Charbit, 1998, p. 337). A crítica de Epstein provoca uma gritaria nas fileiras sionistas, principalmente por parte de Zeev Smilansky, um dos militantes da Primeira *Aliá*. Segundo ele, "uma grande parte dos camponeses só se estabeleceu em nosso país no século passado; quanto aos outros, eles seriam, segundo as provas trazidas pelos pesquisadores, os descendentes dos judeus da Antiguidade" (Charbit, 1998, p. 354). Portanto, nada justificaria poupar a população árabe da Palestina, seja em razão de seu assentamento relativamente recente, seja em razão de suas raízes judaicas muito hipotéticas que a levariam a aderir ao projeto sionista quando chegasse a hora.

Os pioneiros socializantes da Segunda *Aliá* excluem os operários árabes de suas organizações, sem se preocuparem com o fato de a despossessão da terra resultar então numa despossessão do trabalho. Arthur Ruppin, mandatado pelo Congresso Sionista de 1907 para supervisar em Jafa a imigração judaica, propõe, quatro anos mais tarde, uma vasta transferência de camponeses palestinos despossuídos para o centro e o norte da Síria (Laqueur, 1972, p. 229). A direção sionista rejeita esse plano, pois teme que ele agrave, em vez de apaziguar, as apreensões árabes contra o sionismo. Em 1913, é a vez de Richard Lichtheim, um dos representantes sionistas em Constantinopla, alertar: "Os árabes são e permanecerão nossos adversários naturais", pois "eles querem um governo estruturado, impostos legítimos e a independência política" (Laqueur, 1972, p. 231). Em 1917, Harry Sacher, um próximo de Weizmann, que faz campanha no *Manchester Guardian* pela Declaração Balfour, compartilha seus temores com um próximo: "Embora todos nossos cálculos políticos estejam a nosso favor, os árabes se tornarão nosso problema mais sério. Não quero que tratemos os árabes na Palestina como os poloneses tratam os judeus" (Laqueur, 1972, p. 236).

Os dirigentes sionistas, dedicados a tirar o melhor da Declaração Balfour, continuam, no entanto, a manter um discurso lenitivo sobre a concórdia entre judeus e árabes. Mas Weizmann propõe em 1920, num documento interno, uma estratégia de influência e de divisão destinada a impedir a emergência de um autêntico nacionalismo entre os árabes da Palestina. Além da "provocação à dissensão entre cristãos e muçulmanos", ele sugere estabelecer uma "aliança com os xeiques beduínos do sul da Palestina" (Cohen, 2008, p. 17), bem como com os chefes tribais da Transjordânia, enquanto cultiva a relação já estabelecida com Haydar Tuqan, ex-prefeito de Nablus e deputado em 1912 no Parlamento otomano. É sobretudo pela corrupção que Weizmann pretende desenvolver as redes simpatizantes do sionismo entre os notáveis árabes. O principal artífice dessa política das sombras é Haim Kalvarisky, um Amante de Sião que imigrou já na Primeira *Aliá* e, dentro do *Ishuv*, um dos raros que conhece a língua árabe, e por isso encarregado da compra das terras.

Foram necessários os tumultos de Jerusalém, em abril de 1920 (cinco judeus e quatro árabes mortos), e de Jafa, em maio de 1921 (47 judeus e 48 árabes mortos), para provocar, dentro do movimento sionista, o primeiro verdadeiro debate público sobre a questão árabe. No Congresso Sionista de setembro de 1921, alguns delegados perguntam se o movimento quer a guerra com os árabes, e como resposta é solenemente adotada a proclamação da vontade do povo judeu de "viver com o povo árabe na amizade e no respeito mútuo, e de desenvolver com ele a pátria comum a ambos numa comunidade florescente que garantirá a cada um de seus povos um desenvolvimento nacional sem transtorno" (Laqueur, 1972, p. 242). Uma vez mais, Jabotinsky rompe com a linha majoritária ao reconhecer a intensidade do nacionalismo palestino, mas para melhor combatê-lo até empurrá-lo para trás de um "muro de ferro".

É em novembro de 1925 que a Brit Shalom, "a aliança pela paz", constitui-se para promover uma solução binacional na Palestina. Essa associação com uma centena de membros em Jerusalém é animada pelos pioneiros do assentamento sionista como Ruppin e Kalvarisky, cujos longos anos de tratativas com a população local convenceram da inutilidade de negar o nacionalismo árabe. As posições pacifistas da Brit Shalom são apoiadas e transmitidas por Judah Magnes, chanceler da recente Universidade Hebraica de Jerusalém, e por Martin Buber, filósofo alemão muito respeitado dentro do movimento sionista. Mas essa dimensão acadêmica é logo denunciada como elitista, sobretudo depois dos tumultos de 1929, percebidos como *pogroms*, apesar de cada comunidade ter em torno de 130 mortos. Ben Gurion refuta então as teses da Brit Shalom: "Seria falso dizer que *Eretz Israel* significa a mesma coisa para o povo árabe que para o povo hebreu. Se o conceito binacional considera essa igualdade, é uma contraverdade que rejeita nosso objetivo final" (Laurens, 1998, p. 402).

A Brit Shalom encerra suas atividades em 1933, sem nunca ter conseguido despertar uma corrente de opinião em favor de uma Palestina plenamente judaico-árabe, com igualdade dos direitos para todos os seus habitantes. É também em 1933 que Ben Gurion integra o executivo sionista, onde se empenha para desenvolver de forma metódica as redes de informação entre os árabes da Palestina, bem como na Transjordânia, numa perspectiva de confronto e não de conciliação (Cohen, 2008, p. 38). Quanto a Jabotinsky, depois de ter fracassado em 1931 em pressionar o Congresso Sionista para definir seu "objetivo final", ele adere em 1935 à dissidência aberta, organizando seu movimento revisionista como alternativa ao sionismo majoritário. Ele critica amargamente a direção sionista por não se engajar publicamente em favor de um Estado judeu na Palestina. E, quando, em 1937, a Grã-Bretanha considera pela primeira vez a partição da Palestina, Jabotinsky não economiza nas duras palavras contra a aceitação desse Plano Peel por Weizmann (Filiu, 2019, p. 27-28). Como ainda leva em conta a Transjordânia em seu cálculo da superfície de *Eretz Israel*, ele acusa, com efeito, seus rivais sionistas de se contentarem com apenas 4% dessa "terra de Israel".

A realidade é que o Congresso Sionista, reunido em Zurique em agosto de 1937, evitou confirmar as fronteiras de tal Estado judeu, mas defendeu o princípio mesmo da partição de uma Palestina que ainda é dois terços árabe. O Estado judeu considerado pelo Plano Peel* cobriria, com a Galileia e a planície costeira, a quinta parte da Palestina mandatária e teria uma população judaica de dois terços, ao passo que apenas cerca de mil judeus residiria no território do Estado árabe ligado à Transjordânia. Esse plano teria implicado sérios problemas de implantação, uma vez que se tratava do estabelecimento de um corredor de Jerusalém a Jafa, sob controle britânico, ou do destino da minoria árabe do futuro Estado judeu. Mas, enquanto Jabotinsky condena tão ruidosamente quanto em 1922, a direção sionista registra uma nova vitória histórica, a perspectiva de um Estado judeu na Palestina tomando o lugar de um mero "lar nacional". Como Weizmann comenta: "É o primeiro passo que custa" (Laurens, 2002, p. 651).

Ben Gurion tem uma razão a mais para defender o Plano Peel. A sublevação árabe de abril de 1936, ainda em curso na Palestina, trouxe a "questão oculta" dessa população para o centro da reflexão sionista. E o relatório da Comissão Britânica menciona as "trocas de população" entre a Grécia e a Turquia, em 1922-1924, para evocar o futuro dos 225 mil árabes que residiriam no território do vindouro Estado judeu. Uma vez que não existe troca concebível no caso palestino, pois não há população judaica no território atribuído ao Estado árabe, é de fato a noção de "transferência" que o Plano Peel legitima aos olhos de Ben Gurion. E é nesse sentido que ele se expressa diante do Congresso Sionista de agosto de 1937: "A transferência de população é o que tornará possível um programa intensivo de colonização. É uma sorte que os árabes disponham de vastos territórios desabitados. O poderoso crescimento do povoamento judaico da Palestina nos ajudará, assim, a organizar uma transferência maciça" (Bensoussan, 2002, p. 466). O chefe da Agência Judaica pensa na Transjordânia e mesmo no Iraque. Alguns meses depois, ele é ainda mais direto: "Sou favorável à transferência obrigatória e nisso não vejo nada de imoral" (Morris, 2003, p. 50).

---

* *Cf.* mapa 3.

A guerra pelo Estado judeu

A década 1937-1947 vê o movimento sionista se apropriar do tema do Estado judeu para fazer de um conceito relativamente abstrato um instrumento de mobilização sem precedentes, enquanto uma eventual "transferência" da população árabe só é discutida internamente, ao menos para não perder a simpatia da opinião pública internacional. Yosef Weitz, responsável pela compra das terras no Fundo Nacional Judaico (KKL), considera, já em dezembro de 1940, que, "com exceção talvez de Belém, de Nazaré e da velha cidade de Jerusalém, nem um vilarejo, nem uma tribo deve ser deixada no lugar. E a transferência deve ser realizada pela absorção no Iraque e na Síria, e mesmo na Transjordânia" (Masalha, 1992, p. 132). Um mês depois, Weizmann confidencia ao embaixador soviético em Londres que, "num primeiro tempo", nada menos do que "meio milhão de árabes poderiam ser transferidos da Palestina para o Iraque e para a Transjordânia" (Morris, 2003, p. 52). Em outubro de 1941, Ben Gurion estima que apenas alguns grupos minoritários, drusos ou beduínos, estão dispostos a aceitar uma "transferência" mais ou menos voluntária, ao passo que a massa da população árabe só deixará suas terras sob uma "pressão brutal" (Morris, 2003, p. 52).

A "*commonwealth* judaica" que Ben Gurion designa como objetivo do movimento sionista, em maio de 1942, não passa de um eufemismo para designar esse Estado judeu ao qual as revelações sobre o extermínio dos judeus da Europa conferem uma dimensão de urgência existencial. O programa de Biltmore, que endossa então essa perspectiva, elogia a "página notável na história da colonização" escrita pelo povo judeu, colonização com a qual seus vizinhos árabes se beneficiaram" (Laurens, 1998, p. 579). A campanha pela imigração ilegal na Palestina e os confrontos que ela gera com as forças britânicas permitem que nesse momento não se evoque o inevitável conflito com a maioria árabe da população. Mesmo Begin, quando dirige em setembro de 1944 a "luta pela libertação" do *Irgun*, sente a necessidade de tranquilizar retoricamente seus "vizinhos árabes": "Essa luta não é dirigida contra vocês. Não os vemos como inimigos, desejamos vê-los como bons vizinhos. Não queremos nem os destruir, nem espoliar suas terras sobre a qual vivem. Há, na Palestina, lugar para vocês, seus filhos e os filhos de seus filhos, bem como para milhões de judeus que só podem viver neste país" (Charbit, 1998, p. 600).

É impossível avaliar o grau de sinceridade desse tipo de discurso, também proferido em termos semelhantes dentro da *Haganá*. Contudo, é difícil perceber como a chegada de "milhões de judeus" poderia acontecer pacificamente numa Palestina com dois milhões de habitantes, sendo dois terços de árabes. Somente a prioridade dada à queda de braço com a potência britânica leva a adiar o enfrentamento com a população árabe. Mas o movimento sionista, com todas as suas tendências, para isso se prepara metodicamente, tendo como missão oferecer um santuário aos sobreviventes da Solução Final. Desse modo, em dezembro de 1943 militantes poloneses da esquerda socialista estabelecem, no norte de Gaza, o *Kibutz* Yad Mordechai, em homenagem a Mordechai Anielewicz, um dos heróis da resistência do Gueto de Varsóvia, esmagada alguns meses antes. De forma mais geral, o território palestino vê a multiplicação dos assentamentos fortemente protegidos, todos construídos com base num mesmo modelo, onde algumas dezenas de sionistas muito motivados assumem funções de posto avançado (Filiu, 2012, p. 64).

Em fevereiro de 1947, a Grã-Bretanha transmite oficialmente à ONU a responsabilidade de decidir o destino da Palestina. A proposição árabe de um voto sobre a independência da Palestina é rejeitada em maio pela Assembleia Geral da ONU, que constitui uma Comissão de Investigação. No mês seguinte, Ben Gurion compromete-se com a ONU para que a igualdade dos direitos seja totalmente garantida para a minoria árabe num futuro Estado judeu. Mas, de acordo com a Declaração Balfour, trata-se apenas dos direitos civis e religiosos com, baseado no modelo otomano, cada comunidade tendo jurisdição interna para as questões de casamento, de divórcio e de herança. Essa tolerância formal permite dividir a população árabe entre as diferentes comunidades religiosas, uma prática que os imperialismos sucessivos privilegiaram no Oriente Médio para combater o desafio nacionalista. E é nesse mesmo espírito que Ben Gurion promete então aos ortodoxos do Agudat Israel (além do respeito ao *shabat* e, nos estabelecimentos públicos, às leis da *cashrut*, ou seja, alimentos que um judeu pode consumir e como prepará-los) que as questões familiares permanecerão, no Estado judeu, da alçada apenas dos tribunais rabínicos. Para o chefe da Agência Judaica, trata-se de ganhar a simpatia de uma corrente poderosa na Palestina, bem como na diáspora, embora o Agudat Israel recuse a se considerar sionista.

O voto pela ONU do plano de partilha da Palestina, em novembro de 1947, com o apoio determinante dos Estados Unidos, constitui a quarta vitória histórica do movimento sionista, depois das de 1917, 1922 e 1937. Segundo um esquema já bem utilizado, esse sucesso é contestado pela dissidência revisionista, o que permite à direção sionista valorizar sua relativa moderação. Além disso, a Agência Judaica manteve negociações secretas com o Rei Abdallah da Transjordânia, que se diz disposto a poupar o futuro Estado judeu, com a condição de anexar a seu próprio reino os territórios atribuídos a um Estado árabe pela partilha da ONU (Shlaim, 1988, p. 121). Na guerra entre judeus e árabes que eclode desde a adoção do plano, as milícias sionistas (*Haganá*, *Irgun* e *Lehi*) têm a vantagem da preparação, metódica, e da motivação, extrema. Centenas de localidades árabes concluem acordos de não agressão com a colônia sionista mais próxima.

Durante os três meses após o voto da ONU sobre a partição da Palestina, cerca de 70 mil árabes, de um total de 1,3 milhão, fogem do país (Vidal; Boussois, 2007, p. 68). São sobretudo membros da classe média urbana, por exemplo em Haifa, atribuída ao Estado judeu no plano de partilha, teatro de combates ferozes e já esvaziada de 20 a 30 mil de seus habitantes árabes em meados de março de 1948 (Vidal; Boussois 2007, p. 69). No entanto, os notáveis árabes de Haifa tinham concluído um cessar-fogo com o *Ishuv* nos últimos dias de 1947, mas logo violado em razão de um atentado do *Irgun* (seis árabes mortos), provocando represálias cegas (39 judeus assassinados), as quais foram seguidas do massacre de dezenas de civis árabes, incluindo mulheres e crianças, pela *Haganá* nos vilarejos vizinhos. Esse pesado saldo despertou calorosos debates dentro do *Ishuv*, mas deixa Ben Gurion impávido: "Estamos em guerra e, na guerra, é impossível diferenciar os indivíduos" (Morris, 2003, p. 101-102).

Em janeiro de 1948, durante a batalha pela estrada de Tel Aviv a Jerusalém, é a *Haganá* que expulsa os habitantes dos vilarejos de Sheikh Badr, enquanto o *Irgun* e o *Lehi* aterrorizam as localidades vizinhas de Lifta e Romema. Também é em janeiro de 1948 que os voluntários árabes, comandados por Fawzi al-Qawuqji, começam a se infiltrar na Palestina a partir da Síria. A *Haganá* decide manter o conjunto de suas posições, mesmo isoladas, pois pode contar com a solidez de sua defesa estática, mesmo que isso signifique pesadas perdas durante os comboios de reabastecimento. De acordo com as autoridades britânicas, o saldo das vítimas dos quatro primeiros meses dessa guerra civil é de 959 árabes e de 875 judeus (Laurens, 2002, p. 67).

Em 10 de março de 1948, o estado-maior da *Haganá* adota o Plano Dalet, nome hebraico da letra D. Para Ben Gurion e seus generais, o objetivo é retomar a iniciativa militar dentro da perspectiva do fim, em 15 de maio, do mandato britânico. Esse plano prevê "montar operações contra os centros de populações inimigas localizados no interior ou na proximidade de nosso sistema defensivo a fim de impedir sua utilização como bases por uma força ativa. Essas operações podem ser divididas de acordo com as seguintes categorias:

- Destruição dos vilarejos (atear fogo, explodi-los e colocar minas nos escombros), sobretudo quando se trata de centros de populações difíceis de controlar de modo contínuo.
- Montagem de operações de limpeza e de controle segundo as seguintes diretivas: cercamento do vilarejo, busca no interior. Em caso de resistência, as forças armadas devem ser eliminadas e a população deve ser expulsa para fora das fronteiras do Estado. Depois de esvaziados, os vilarejos devem ser incluídos no sistema de defesa fixa e devem ser, se necessário, fortificados" (Laurens, 1998, p. 653).

A direção sionista considera que a recusa da partilha da Palestina pela parte árabe deixa a definição das "fronteiras do Estado" judeu apenas nas mãos das armas. O Plano Dalet fornece a partir de então o quadro operacional para a "destruição", a "limpeza" e o "controle" das localidades árabes que poderão eventualmente ser "esvaziadas" de sua população. As entregas clandestinas de armamento tchecoslovaco com ordem de Stálin, bem no final de março, permitem a *Haganá* retomar a ofensiva na estrada de

Jerusalém. Em 9 de abril de 1948, o vilarejo de Deir Yassine, que, no entanto, tinha concluído um pacto de não agressão com seus vizinhos judeus, é entregue aos excessos do *Irgun* e do *Lehi*.

Contudo, o massacre, renegado pela *Haganá*, permite precipitar o colapso árabe em Tiberíades, depois na Galileia Oriental, e por fim em Haifa e Acre, e todas as vezes com importantes deslocamentos de população. Em 25 de abril de 1948 é o *Irgun* que lança o ataque a Jafa, onde o exército britânico, depois de ter enfrentado os milicianos de Begin, oferece um pouco de sossego à população local. Esta decide aproveitar as duas últimas semanas de autoridade britânica para fugir sob sua proteção do porto árabe agora cercado por todos os lados. Em 1º de maio, Ben Gurion visita os bairros abandonados pela população árabe de Haifa, "uma visão aterradora e magnífica". Na parte ocidental de Jerusalém, ele "se sente como numa cidade hebraica, não há estrangeiros, 100% de judeus". E deixa claro a seus partidários que "o que aconteceu em Jerusalém e o que aconteceu em Haifa pode acontecer em outras partes do país, se formos firmes" (Segev, 2019, p. 416-418).

Durante a proclamação do Estado de Israel, em 14 de maio de 1948, cerca de 400 mil palestinos já foram forçados ao êxodo, ou seja, mais da metade do número total de refugiados que a *Nakba* causará, como essa "catástrofe" é designada em árabe. O que significa que a expulsão da população nativa, longe de ser um efeito colateral da primeira guerra árabe-israelense, está no centro da conduta das operações pelas milícias sionistas e depois pela *Tsahal*. Aliás, um relatório do serviço de inteligência do recém-criado exército israelense avalia que, em 1º de junho de 1948, 391 mil palestinos "emigraram" (dos quais 239 mil a partir do território atribuído pela ONU ao Estado judeu) e 250 localidades foram "evacuadas", 55% desse êxodo é atribuído às operações da *Haganá* e 15% às operações do *Irgun* e do *Lehi*. Somente 2% das partidas teriam sido causadas por ordens explícitas de expulsão, de iniciativa local, 5% por apelos árabes para fugir e 22% por "medos" e pela "crise de confiança" das populações envolvidas (Morris, 1986, p. 6-11). Mas Ben Gurion evita assinar as ordens de expulsão, o que permite à minoria árabe que permaneceu em Acre ali continuar, uma vez que a autoridade local exige uma instrução escrita para expulsá-la (Morris, 2003, p. 232).

Em julho de 1948, Israel absorveu ainda melhor o choque da intervenção dos exércitos árabes porque a Transjordânia e sua Legião Árabe respeitam seu compromisso de não combater no território atribuído ao Estado judeu pelo plano de partilha da ONU (no entanto, os enfrentamentos continuam intensos em Jerusalém, cujo destino não fora definido por esse plano e cuja cidade velha caiu nas mãos da Legião Árabe). A partir do verão de 1948, o Estado judeu não luta mais por sua sobrevivência, e sim para obter o território mais extenso, e, portanto, mais favorável a uma campanha maciça de imigração judaica. É nessa perspectiva que Lod, a antiga Lida, e suas dezenas de milhares de habitantes, na qual muitos se refugiaram a partir de Jafa, tornam-se um objetivo prioritário para controlar o eixo de Tel Aviv a Jerusalém. A conquista israelense da cidade é acompanhada, em 12 de julho, pelo massacre de pelo menos 250 civis (Morris, 2003, p. 428). No dia seguinte, seus habitantes são expulsos em longas colunas que pretendem tanto desorganizar a defesa da Legião Árabe quanto minar o moral da população palestina.

Rabin, que comanda a operação, lamentará por muito tempo uma "ação tão cruel", pois "não podíamos evitar o uso da força e os disparos para o alto para obrigar as pessoas de Lod a percorrerem os 20 quilômetros que as separavam da Legião Árabe" (Laurens, 1998, p. 144-145). Crianças e idosos morrem ao longo dessa marcha forçada, em que pilhagens e estupros são tão frequentes que Ben Gurion deve difundir virulentos chamados à ordem (Laurens, 1998, p. 145). As fontes palestinas estimam em 1.300 o número de mortos, 800 nos combates por Lod, 500 no decorrer do êxodo (Laurens, 1998, p. 145). De todo modo, está documentado que em 15 de julho o número de cadáveres é ainda tão enorme, tanto nas ruas de Lod quanto nos campos ao redor, que ele cria para as autoridades israelenses um problema de saúde pública, por causa dos riscos de epidemia (Morris, 2003, p. 434). Dezenas de civis árabes são forçados pelos soldados israelenses a enterrar os numerosos despojos, uma operação que leva vários dias[4].

---

4. Essa tragédia está no centro do romance de Elias Khoury (2018) entitulado *Les Enfants du ghetto. Je m'appelle Adam* [As crianças do gueto. Meu nome é Adam].

Contudo, a prática israelense está longe de ser uniforme, uma vez que, no momento da queda de Lod, a conquista da Galileia Ocidental não acarreta um êxodo tão maciço. É verdade que Ben Gurion, muito atento à opinião pública internacional, poupa a cidade cristã de Nazaré, que acolheu a *Tsahal* com bandeiras brancas e onde, para evitar os excessos, nenhum soldado israelense é permitido salvo exceção (Morris, 2003, p. 420). Quanto aos notáveis drusos, eles decidem entregar seus vilarejos aos ocupantes, mesmo simulando uma resistência. O jogo israelense sobre as minorias cristã e drusa a fim de dividir melhor o campo árabe é evidente, mas não implica que todas as localidades muçulmanas são tratadas com a mesma severidade. Algumas execuções sumárias de civis são perpetradas em Illut e Kafr Manda, mas sem expulsão da população, enquanto os habitantes que permaneceram em Ein Mahal se comprometem, durante sua rendição, a proibir o retorno de seus vizinhos "ausentes" (Morris, 2003, p. 422-423).

É a partir desse verão de 1948 que é posto em prática o regime de administração militar das populações palestinas, bem como os procedimentos de sequestro dos bens dos proprietários "ausentes". E os drusos serão recompensados por sua adesão, sendo os únicos árabes israelenses a prestarem, assim como os judeus, o serviço militar obrigatório. Também é desse período que as proibições de qualquer retorno dos refugiados são aplicadas pela força, seja pela detenção dos civis tão logo mandados de volta, seja pela execução dos "infiltrados", geralmente camponeses que vieram cultivar suas terras. É também a partir desse verão de 1948 que as zonas conquistadas são "limpas" mais ou menos metodicamente, com destruição dos imóveis, com explosivos e tratores de esteira, ou com atribuição das habitações esvaziadas aos imigrantes judeus (Morris, 2003, p. 444).

Depois das três primeiras ondas do inverno de 1947-1948, da primavera, e depois do verão de 1948, o êxodo palestino vive sua quarta onda no decorrer do outono seguinte. Em 21 de outubro, Ben Gurion confidencia a um próximo que os "árabes de *Eretz Israel* só têm uma missão a cumprir: fugir" (Morris, 2003, p. 463). Allon, responsável pela frente sul, nunca deixou uma concentração de populações árabes atrás das linhas israelenses após suas campanhas anteriores na Galileia Oriental, em abril, e na

Palestina Central, em julho. Ele é igualmente ágil em sua ofensiva contra o exército egípcio, enquanto a força aérea israelense semeia o pânico entre a população com seus bombardeios e metralhadas. Esse pânico é acentuado pelo massacre de pelo menos uma centena de pessoas, em 29 de outubro, no vilarejo de Dawayima, que, no entanto, se rendeu sem combate (um saldo de 455 mortos, incluindo 170 mulheres e crianças, é relatado) (Vidal e Boussois, 2007, p. 218), ao passo que o cônsul americano em Jerusalém menciona "500 a 1000" mortos (Morris, 2003, p. 469). São as atrocidades cometidas durante essa matança que marcam as mentes, uma testemunha israelense afirmando que crianças tiveram a cabeça destroçada a golpes de bastão (Morris, 2003, p. 470). Os relatos de estupros terminam de semear o terror entre os civis palestinos, que fogem para o enclave ainda controlado pelas tropas egípcias em torno de Gaza. Além disso, o próprio exército israelense escolta centenas de civis para Gaza depois da tomada de Berseba (Morris, 2003, p. 467) e depois de Majdal (Morris, 2003, p. 472), cujo nome logo será mudado para o hebraico Ashkelon.

Uma ofensiva é lançada no mesmo momento na Galileia Central para "limpá-la" dos últimos assentamentos do Exército da Salvação árabe. A condução das operações é evidentemente mais errática do que no sul, pois um bom terço da população é mantido no lugar, seja em razão de sua rendição voluntária, seja em consideração pelas minorias drusa e cristã. Mas, embora o vilarejo católico de Eilabun se renda, ele é palco de atrocidades. E dezenas de civis são massacrados em três vilarejos da fronteira libanesa, conquistados entre 30 de outubro e 2 de novembro de 1948. Um oficial israelense se preocupa com a possibilidade de a ONU relatar os muitos cadáveres deixados sem sepultura (Morris, 2003, p. 482). A inquietação é tão grande que Ben Gurion deve iniciar uma investigação interna, ainda que depois a enterre no decorrer dos processos (Morris, 2003, p. 488-489). Durante as semanas seguintes, o exército israelense dá início à remoção da população árabe das diferentes linhas de frente, numa extensão de vários quilômetros, dentro da perspectiva de um armistício.

É em 7 de janeiro de 1967 que o cessar-fogo entre Israel e o Egito coloca um fim à primeira guerra árabe-israelense. O Estado judeu, a quem o plano de partilha da ONU oferecia 55% da Palestina mandatária, agora já controla 77%*. Essa vitória é ainda mais fragorosa porque as propriedades judaicas representavam apenas 2% das terras palestinas em 1917, por ocasião da Declaração Balfour, e 6% 30 anos depois (Masalha, 1992, p. 14). A população judaica perdeu um pouco mais de 6 mil mortos, contra cerca de 13 mil do lado árabe, ou seja, uma relação de perdas da ordem de 1% num caso como no outro (Laurens, 2007, p. 194). Mas a maioria dos mortos israelenses é de combatentes, ao passo que a maioria dos mortos palestinos é de civis. Quanto a Ben Gurion, ele considera que ainda há "árabes demais" em Israel, apesar da dimensão do êxodo que ele sempre encorajou (Segev, 2019, p. 452).

De fato, a Palestina literalmente desapareceu entre o Estado de Israel, a Jordânia (criada pela anexação da Cisjordânia, inclusive Jerusalém Oriental, à Transjordânia) e, por fim, a Faixa de Gaza sob administração egípcia. O 1,3 milhão de palestinos se divide agora entre 160 mil que permaneceram em Israel (dos quais 25 mil deslocados que tiveram de abandonar suas casas (Cohen, 2010, p. 96), 300 mil habitantes da Cisjordânia e 80 mil da Faixa de Gaza, bem como menos de 750 mil refugiados instalados em Gaza, na Jordânia, no Líbano, na Síria e para além (Filiu, 2021, p. 267). Cerca de 400 localidades palestinas[5] são riscadas do mapa em Israel**, ou destruídas com tratores de esteira ou, para mais da metade delas, seus nomes foram hebraizados e judaizados em seu povoamento (Vidal, 2007, p. 105). É o caso por exemplo da periferia de Givar Shaul, a oeste de Jerusalém, que se ergue sobre as ruínas do vilarejo mártir de Deir Yassine. Apesar dos protestos de Martin Buber a Ben Gurion contra essa segunda morte de Deir Yassine, o primeiro-ministro israelense deixou sua carta sem resposta (Segev, 2019, p. 420).

A emergência dos fedains

Os dirigentes israelenses, que excluíram qualquer possibilidade de retorno dos palestinos durante as hostilidades, estão determinados a manter

* *Cf.* mapa 5.

5. O mapa 6, extraído dos trabalhos de Benny Morris, avalia em 369 o número de localidades assim erradicadas, mesmo que outras listas mostrem números mais elevados, de 383 a 418.

** *Cf.* mapa 6.

essa posição após a assinatura dos armistícios com o Egito, o Líbano, a Jordânia e a Síria. Mas a Assembleia Geral da ONU adota em dezembro de 1948 a resolução 194, que, ao oferecer aos refugiados a alternativa entre indenização e repatriamento, reconhece, segundo a parte árabe, uma forma de "direito ao retorno" para os palestinos expulsos de sua terra. E Israel não pode contestar a validade dessa resolução, cujo valor jurídico é o mesmo que o do plano de partilha da Palestina, também fundamento da legitimidade do Estado judeu. Esse reconhecimento, mesmo indireto, do "direito ao retorno" é na verdade a condição necessária para a admissão de Israel na ONU, em maio de 1949, como "Estado pacífico", depois de voto nesse sentido da Assembleia Geral (Resolução, 1949).

Ben Gurion sabe que Israel deve fazer um gesto em relação a esse documento muito sensível, a fim de consolidar a dinâmica de reconhecimento internacional. Preocupa-se também com a emergência de um foco nacionalista na "Faixa de Gaza", território sob autoridade egípcia onde já se concentra um quarto da população árabe da Palestina mandatária. O plano israelense era conquistar esse enclave e "definir" o destino dessa população baseado no modelo seguido durante a ofensiva do outono de 1948 em todo o sul da Palestina. Mas a combatividade egípcia e as pressões internacionais impediram a realização de tal plano (Filiu, 2012, p. 81-82), e cerca de 200 mil refugiados coabitam com os 80 mil habitantes dessa faixa no território delimitado pela guerra e pelo armistício (a confusão é tanta que Israel acredita que apenas 100 mil refugiados residem em Gaza).

Os Estados Unidos, a França e a Turquia convidam, em nome da ONU, Israel e os Estados árabes para um encontro, em maio de 1949, em Lausanne. Essa Conferência de Paz deveria encerrar o conjunto do conflito árabe-israelense trazendo uma resposta a todas as questões pendentes, sendo a prioridade a questão dos refugiados palestinos. Os Estados árabes concordaram em excluir uma delegação palestina independente. A posição deles é ainda mais frágil porque apoiam suas reivindicações no plano de partilha da ONU, contra o qual eles precisamente desencadearam a guerra em maio de 1948. Em contrapartida, Ben Gurion toma a iniciativa propondo anexar a Faixa de Gaza, mas também reinstalar em Israel inclusive 100 mil refugiados desse território. O primeiro-

-ministro israelense espera, assim, matar dois coelhos com uma só cajadada, liberando Israel de suas obrigações internacionais, de um lado, e eliminando o bastião nacionalista de Gaza, do outro.

Essa proposta é muito malrecebida pela parte árabe, cuja argumentação se baseia no retorno ao plano de partilha, o que exclui naturalmente uma nova anexação. Os Estados Unidos mencionam que uma anexação suplementar só poderia ocorrer no contexto de uma compensação territorial, evidentemente no Neguev. Até em Israel, a oferta de Ben Gurion desperta reações, de tanto que o consenso é sólido em torno da recusa do próprio princípio do retorno dos refugiados. O número de 100 mil refugiados é de fato reduzido a um terço ao longo dos esclarecimentos sucessivos do governo israelense (Laurens, 2007, p. 235), cuja oferta, não negociável, pretende ser uma contribuição definitiva a uma solução também definitiva da questão dos refugiados palestinos. Em tais condições, a Conferência de Lausanne se encerra com um fracasso, em setembro de 1949.

Truman e seu governo, cujo papel foi crucial no voto da partilha da Palestina, em 1947, e no reconhecimento de Israel, em 1948, desta vez colocam todo o seu peso no estabelecimento, em dezembro de 1949, de uma agência específica da ONU para os refugiados palestinos, a Unrwa, cujo mandato não menciona nenhum "direito ao retorno". Quanto ao exército israelense, ele trata todas as "infiltrações", inclusive de camponeses vindo trabalhar as terras das quais foram expulsos, como operações "terroristas". O arbitrário dessa política autoriza vários exageros[6], cuja brutalidade, amplificada pela violência de eventuais represálias, visa fundamentalmente dissuadir as tentativas de retorno. O que é particularmente verdadeiro nas margens da Faixa de Gaza, com uma série de incidentes sangrentos (Filiu, 2012, p. 92-93). Alguns milhares de palestinos "infiltrados" são, assim, mortos durante os primeiros anos do Estado de Israel, sem que seja possível fornecer um número preciso sobre o total de vítimas árabes dessa guerra inconfessada (Cohen, 2010, p. 9).

---

6. O estupro coletivo, seguido do assassinato de uma jovem beduína do Neguev, em agosto de 1949, por uma unidade israelense, revelado em 2003 pelo *Haaretz*, é o tema do romance de Adania Shibli (2020) entitulado *Un détail mineur* [Um detalhe menor].

O governo israelense está, então, ocupado com a tarefa imensa da absorção de uma onda maciça de imigrantes que em três anos resulta na duplicação da população do jovem Estado. Os bens e as terras confiscados dos palestinos "ausentes" são, assim, metodicamente transferidos aos recém-chegados, que ignoram muitas vezes que sua instalação, por si só penosa, baseia-se numa espoliação. Em contrapartida, a dúvida não é admissível para Ben Gurion, que mais tarde declarará a seus ministros: "Se não tivéssemos levado 700 mil judeus sem pensar nisso duas vezes, 700 mil árabes teriam inevitavelmente retornado. Nada poderíamos fazer para impedi-los. Ao levar 700 mil judeus, fechamos o caminho" (Segev, 2019, p. 469). Enquanto a recusa categórica do retorno dos refugiados palestinos é geralmente apresentada como a condição necessária ao acolhimento dos novos imigrantes judeus, o fundador de Israel inverte o raciocínio para fazer desses novos imigrantes uma "barragem" coletiva ao repatriamento dos palestinos expulsos.

Ben Gurion, sempre tão lúcido, teme igualmente desde 1949, como dissemos, que a Faixa de Gaza, com dois terços de refugiados, se torne um ninho ativo do nacionalismo palestino. Mas é somente mais tarde, com a derrubada da monarquia no Cairo, em julho de 1952, e depois com a consolidação do poder pessoal de Nasser, dois anos mais tarde, que os militares egípcios se decidem a apoiar uma forma de guerrilha palestina. Os fedains, assim como são designados os combatentes palestinos, são formados e armados pelo serviço de inteligência egípcio, que os utilizam em duas ocasiões, em agosto de 1955 e em abril de 1956, para campanhas de atentados atrás das linhas israelenses. Para Israel, a ameaça reside menos nos quase 20 mortos, majoritariamente civis, abatidos durante essas duas campanhas, do que no crescente poder inédito desse nacionalismo palestino armado.

No período de 1949 a 1956, o saldo da guerra das fronteiras, conflito de baixa intensidade entre israelenses e palestinos que desafia os armistícios concluídos entre Israel e seus vizinhos árabes, é estimado em 200 civis israelenses mortos para 2.700 a 5.000 palestinos (Cohen, 2021, p. 40-41). Longe de abrandar com o tempo, o conflito parece se agravar com o crescente poder dos fedains de Gaza, a ponto de Ben Gurion denunciar publicamente a "quinta coluna" que substituiria essa ameaça no seio da população árabe de Israel (Cohen, 2021, p. 38). O primeiro-ministro trabalhista já está convencido de que o Egito deve ser duramente atingido e a Faixa de Gaza ocupada para erradicar a ameaça dos fedains. Ele se aproxima da França e da Grã-Bretanha, também determinadas a castigar Nasser, a primeira pelo seu apoio à rebelião argelina, a segunda por causa da nacionalização do Canal de Suez.

Em 24 de outubro de 1956, as delegações francesa, britânica e israelense assinam em Sèvres, na periferia parisiense, um protocolo secreto de ofensiva antiegípcia, com o pretexto de "interposição" da França e do Reino Unido entre as forças israelenses e egípcias no Canal de Suez (Laurens, 2007, p. 486-487). Em 29 de outubro, às 17 horas, o ataque israelense é desencadeado contra o Egito, enquanto um toque de recolher é proclamado nas zonas árabes de Israel. Mas os habitantes do vilarejo de Kfar Qassem, não distante da linha verde de armistício com a Jordânia, ainda estão trabalhando nos campos quando é anunciado esse toque de recolher, sobre o qual não são informados. Os guardas de fronteira, que aplicam de maneira impiedosa as instruções do exército, matam 48 camponeses, incluindo 15 mulheres e 11 crianças. O massacre é ocultado durante vários dias antes de uma Comissão de Investigação ser constituída. Em 1958, um tribunal militar condena dez israelenses, sendo dois oficiais, pelo "assassinato de civis a sangue-frio" (Cohen, 2021, p. 47), mas eles são agraciados no ano seguinte pelo presidente do Estado de Israel, Yitzhak Ben Zvi, pioneiro com Ben Gurion do trabalhismo israelense. Só em 2014 foi que outro presidente israelense, Reuven Rivlin, esteve em Kfar Qassem a fim de condenar o "crime terrível" perpetrado seis décadas antes (Cohen, 2021, p. 48).

Por ora, Israel ocupa, desde 2 de novembro de 1956, a Faixa de Gaza, com o objetivo declarado de liquidar a presença dos fedains. Essa ocupação, que dura quatro meses, é particularmente mortífera, com cerca de mil mortos para 300 mil habitantes, ou seja, a mais elevada proporção de perdas de todas as inúmeras guerras conduzidas até 2023 por Israel em Gaza (Filiu, 2014, p. 53-54). Dois massacres são perpetrados, bem no início da ocupação, em Khan Younes, e depois em Rafa, com listas julgadas "críveis" pela ONU de 275 mortos para a primeira matança e de 111 para a segunda;

as fontes palestinas dão números duas vezes mais elevados (Filiu, 2012, p. 111-114). O território é metodicamente esquadrinhado à procura dos fedains e de seus apoios, por isso o pesado saldo dessa ocupação.

Ben Gurion estima ter atingido seu objetivo quando os Estados Unidos constrangem Israel a evacuar a Faixa de Gaza, em março de 1957. O trauma da ocupação foi tal que a população de Gaza rejeita a perspectiva de uma tutela da ONU e acolhe com fervor o retorno da administração egípcia. Ben Gurion evita, assim, o estabelecimento de um enclave autônomo na fronteira sul de Israel, ao mesmo tempo que conta com Nasser para impedir qualquer tentativa de reconstituição dos fedains. Esse arranjo tácito, fundamentalmente antipalestino, vai durar dez anos. Quanto aos árabes israelenses, Ben Gurion insiste em mantê-los sob uma administração militar, apoiada na lei marcial, alegando razões demográficas: "Sua taxa de mortalidade é a dos judeus e sua taxa de natalidade é sem contracepção" (Segev, 2019, p. 594). Apesar de o fundador de Israel ter deixado a presidência do governo em junho de 1963, seu sucessor, Levi Eshkol, enfrenta a oposição da velha-guarda trabalhista a qualquer enfraquecimento do estatuto de exceção que pesa sobre os árabes de Israel. É por isso que Eshkol espera até dezembro de 1966 para emancipar, enfim, seus compatriotas árabes do regime militar que regia seu cotidiano já há quase duas décadas.

Os planos de Allon

O alvo prioritário de Israel durante a Guerra dos Seis Dias de junho de 1967 é de fato o Egito de Nasser. É num segundo tempo que a entrada em guerra da Jordânia do Rei Hussein provoca a conquista-relâmpago de Jerusalém Oriental e da Cisjordânia. Cerca de 250 mil civis atravessam o Jordão, abandonando, em sua esmagadora maioria, qualquer esperança de retorno (apenas 14 mil serão autorizados a retornar) (Enderlin, 2004, p. 255). Um novo *status quo* é imposto na parte ocupada da Cidade Santa, com a destruição do Bairro dos Magrebinos e a abertura, sobre essas ruínas, de uma esplanada diante do Muro das Lamentações, reservado à piedade judaica, ao passo que a Esplanada das Mesquitas está reservada ao culto muçulmano. A unificação "administrativa" da municipalidade de

Jerusalém equivale a uma anexação de fato de Jerusalém Oriental, cujo território, de menos de 7 km^2 sob autoridade jordaniana, passa a 72 km^2. A parte israelense de Jerusalém, da ordem de 38 km^2, triplica, assim, sua superfície no contexto dessa expansão em território ocupado (Tafakji, 2020, p. 214). Quanto à Cisjordânia, ela é administrada no modo militar do fato consumado, com transferência dos procedimentos ainda em vigor alguns meses antes nas zonas árabes de Israel.

O governo de união nacional de Eshkol, constituído às vésperas do conflito, fala em uníssono sobre a indivisibilidade de Jerusalém. Sobre o destino a ser reservado para a Cisjordânia, ele está, em contrapartida, dividido entre Begin, defensor da intangibilidade das "fronteiras" já restauradas de *Eretz Israel*, e Dayan, favorável a uma ocupação sem colonização. Allon é apenas o Ministro do Trabalho, mas não esconde sua vontade de suceder Eshkol. Ele submete ao gabinete, já em julho de 1967, o esboço inicial de seu "plano" para a Cisjordânia. A fronteira será fixada no Jordão, e Israel anexará as zonas de pouco povoamento árabe, enquanto organiza a autonomia das zonas de forte densidade, em ligação com a Jordânia, à qual esses enclaves poderão ser incorporados (Laurens, 2011, p. 57). Contudo, essa incorporação não é unânime dentro do governo israelense, em que alguns são favoráveis a uma autonomia palestina sob protetorado israelense.

O exército de ocupação estabelece um sistema ao mesmo tempo complexo e metódico de apropriação das terras na Cisjordânia. Ele se apodera primeiro dos 13% de terras de propriedade do Estado que as autoridades jordanianas tinham delimitado, ao longo das duas décadas anteriores, no contexto de uma laboriosa operação de registro cadastral. Mas somente um terço das terras da Cisjordânia tinham efetivamente sido registradas, um processo que Israel suspende para poder agir livremente sobre os dois terços de terras com estatuto ainda discutível. As autoridades de ocupação estendem à Cisjordânia a lei de 1950 sobre os "bens dos ausentes", que lhes permite confiscar as terras deixadas abandonadas pelos proprietários que fugiram em 1967. Por fim, a administração israelense exuma um regulamento otomano de 1858 segundo o qual toda terra que não foi cultivada durante três anos se torna domínio do Estado (Tafakji, 2020, p. 144-146).

Allon foi, em 1948, o general israelense mais metódico na "limpeza" da população árabe das zonas que ele conquistou, na Galileia Oriental, depois na Palestina Central e por fim no sul, contribuindo amplamente para a concentração de refugiados palestinos na Faixa de Gaza. Ele também é próximo dos colonos religiosos, cujo assentamento no Hebron ele facilita, ao passo que a Cisjordânia, território "administrado" e não ocupado, na terminologia israelense, é designada, a partir de dezembro de 1967, pelo nome bíblico de "Judeia e Samaria". As discussões com os notáveis da Cisjordânia sobre uma eventual autonomia se chocam com a recusa israelense de transferir para eles algumas competências significativas, mas também com sua demanda de uma forma de "cobertura" internacional pela Jordânia.

É por isso que o Plano Allon é reformulado em abril de 1968 com o estabelecimento de um corredor entre Ramala e Jericó, ponto de entrada da autoridade jordaniana para controlar os dois enclaves, uma de Jenin a Ramala ao norte, a outra de Belém a Hebron ao sul*. Pois Israel considera anexar um terço da Cisjordânia, em torno de Jerusalém, mas também do Vale do Jordão até a cadeia de colinas que o domina. Essa "opção jordaniana" se inscreve no tempo longo do movimento sionista, desde o primeiro plano de partilha da Palestina, em que a Grã-Bretanha previa, em 1937, a anexação do Estado árabe à Transjordânia, até os arranjos oficiosos com o Rei Abdallah sobre o segundo plano de partilha, em 1947-1948.

Em setembro de 1968, essas propostas são submetidas secretamente, em Londres, ao Rei Hussein por Abba Eban, chefe da diplomacia israelense, acompanhado de Allon. O monarca jordaniano, pego de surpresa pelo mapa que revela a extensão da anexação considerada por Israel, dá a si mesmo o tempo de refletir antes de rejeitar a oferta israelense. Com efeito, ele exige o restabelecimento da soberania da Jordânia sobre o conjunto dos territórios ocupados em 1967, inclusive Jerusalém Oriental, onde se dispõe apenas a "reconhecer o direito de Israel sobre os lugares santos judaicos" (Enderlin, 2004, p. 296). Quanto às modificações a serem feitas na linha de armistício entre Israel e a Jordânia de 1949, ele não as aceita senão com base na reciprocidade e, portanto, nas compensações territoriais.

---

* *Cf.* mapa 7.

O Plano Allon poderia ter sido considerado como enterrado se não tivesse se tornado um instrumento a serviço das ambições de seu autor, que se torna vice-primeiro-ministro em julho de 1968 e é mantido nesse cargo no gabinete de Golda Meir em março de 1969. Além disso, esse plano, uma vez que jamais será oficialmente publicado, permite que Israel alimente as ilusões sobre sua determinação de uma paz duradoura com a Jordânia. A recusa absoluta do Rei Hussein, em setembro de 1968, permaneceu por definição secreta e, dois anos mais tarde, a crise do Setembro Negro, da qual o exército jordaniano sai vitorioso sobre os fedains da OLP, leva Amã a se aproximar de Israel. Em outubro de 1970, é o próprio Allon que discute com o Rei Hussein, no deserto ao sul do Mar Morto, as modalidades de seu "plano". Mas Dayan, intocável Ministro da Defesa, interrompeu rapidamente essas negociações.

Allon continua alimentando na Cisjordânia sua rede de notáveis pró-jordanianos, ferrenhamente opostos à OLP. São essas personalidades que o vice-primeiro-ministro apresenta, em março de 1972, a François Mitterrand, primeiro-secretário do Partido Socialista e "camarada" dos trabalhistas israelenses dentro da Internacional Socialista. A entrevista ocorre no *kibutz* de Allon, às margens do Lago de Tiberíades, e ela contribui para fazer do líder da esquerda francesa o mais caloroso partidário do Plano Allon no exterior: "Uma Cisjordânia desmilitarizada e ligada por Jericó ao Reino de Hussein; postos de fronteiras israelenses ao longo do Jordão; um novo traçado das fronteiras em alguns pontos sensíveis, mas limitados; a soberania jordaniana sobre os lugares santos muçulmanos com acesso por uma estrada extraterritorial" (Filiu, 2005, p. 37). Mitterrand, apesar de sua sagacidade, evidentemente não compreende que o plano de seu anfitrião, longe de considerar alguns ajustes "limitados" de fronteiras, prevê a anexação de um terço da Cisjordânia.

Enquanto Allon aprimora seus roteiros na Cisjordânia, Sharon conduz, na Faixa de Gaza, a repressão de uma insurreição de baixa intensidade, desencadeada desde junho de 1967. A morte do chefe dessa guerrilha, Ziad al-Husseini, um oficial de 28 anos, permite a Sharon, em novembro de 1971, declarar-se vitorioso. O general israelense afirma, contudo, que esse êxito, para ser duradouro, deve ser acompanhado de uma colonização voluntarista desse território, como também de uma liquidação dos campos de refugiados, cujos habitantes seriam realojados nas cidades da Cisjordânia ou da Faixa de Gaza. Sharon propõe inclusive que 20 a 30 mil refugiados sejam instalados em Israel e que um fundo de compensação "liquide com as reivindicações legítimas das famílias árabes refugiadas" (Filiu, 2012, p. 157). Dayan, uma vez mais, se recusa a dar continuidade a essas sugestões.

O Ministro da Defesa, celebrado por seu triunfo de junho de 1967, perde muito de seu prestígio depois da guerra de outubro de 1973. Na verdade, ele foi surpreendido pela ofensiva do Egito e da Síria, ainda que em seguida tenha conduzido a contraofensiva vitoriosa de Israel. Mas em junho de 1974, no governo de Rabin, Dayan é substituído na Defesa por Peres. Essa nova substituição convence o Rei Hussein a multiplicar as reuniões secretas com os novos dirigentes israelenses, na sede do *Mossad* em Tel Aviv, a partir de agosto de 1974. Ele os pressiona para que deem permissão ao exército jordaniano de se posicionar na margem ocidental e ocupada do Jordão, numa extensão de alguns quilômetros. Para justificar esse gesto, ele o compara com os acordos de "separação das forças" que Israel acaba de concluir com o Egito e a Síria em seus territórios ocupados do Sinai e de Golã.

Rabin e Peres descartam contestar o Plano Allon, que garante o controle israelense do Vale do Jordão. O Rei Hussein expõe sem sucesso a ameaça de um aumento do poder da OLP e de Arafat no cenário internacional. De fato, a Cúpula Árabe de Rabat, em outubro de 1974, reconhece a OLP como "único e legítimo representante do povo palestino", uma decisão à qual somente a Jordânia se opôs" (Laurens, 2011, p. 1004). No mês seguinte, Arafat é convidado a se pronunciar diante da Assembleia Geral da ONU. Quando o Rei Hussein encontra, ainda secretamente, Peres em maio de 1975, desta vez no sul do Mar Morto, ele o recrimina amargamente: "Se tivesse aceitado uma separação das forças, eu poderia ter evitado o que aconteceu em Rabat" (Enderlin, 2004, p. 381). Mas os trabalhistas israelenses preferem organizar uma eleição municipal na Cisjordânia, em abril de 1976, na esperança de que surjam personalidades dispostas a colaborar com o regime de ocupação. A manobra tem o efeito contrário, pois são sobretudo os partidários declarados da OLP que são eleitos como prefeitos.

A autonomia segundo Camp David

Begin leva o Likud à vitória em maio de 1977 tendo como plataforma a promessa de "exterminar a OLP" (Shlaim, 1988, p. 240). Não apenas o líder revisionista põe um fim a três décadas de hegemonia trabalhista como também enterra "a opção jordaniana" em razão de sua recusa categórica em ceder à mais ínfima parcela de *Eretz Israel*, cuja ocupação de 1967 teria apenas restaurado as fronteiras legítimas. O ex-chefe do *Irgun* considera que, ao abandonar a Transjordânia em 1922, o sionismo autorizou um sacrifício histórico e que um Estado "palestino" já existe com o reino hachemita da Jordânia. Quando o dirigente egípcio Sadat decide corajosamente ir até Jerusalém, em novembro de 1977, ele defende diante do *Knesset* os direitos dos palestinos, que Begin se limita a chamar de "os árabes de *Eretz Israel*", negando-lhes qualquer aspiração nacional.

As negociações entre Begin e Sadat, apadrinhadas por Carter em Camp David em setembro de 1978, limitam o campo da troca da "terra contra a paz" ao tratado entre Israel e o Egito. Em contrapartida, o primeiro-ministro israelense, que se opõe firmemente a qualquer concessão territorial na Cisjordânia e em Gaza, consegue restringir o acordo-quadro a esse respeito apenas ao estabelecimento de uma autonomia palestina, por um período transitório de cinco anos, ao final do qual o destino dos territórios palestinos seria resolvido no contexto de um tratado de paz entre Israel e a Jordânia. A previsível não adesão do Rei Hussein a um dispositivo negociado em sua ausência faz evidentemente o jogo do chefe do Likud, que já havia obtido de Carter a exclusão da OLP.

Begin tem, assim, a garantia de que a autonomia das pessoas, à qual é favorável na Cisjordânia e em Gaza, pelo menos para poupar Israel dessa gestão cotidiana, não resultará numa autonomia efetiva para os territórios. Quanto ao texto assinado em Camp David, ele prevê que "o Egito, Israel e a Jordânia deverão chegar a um acordo sobre as modalidades de estabelecimento de uma autoridade autônoma eleita para a Cisjordânia e Gaza". O principal para "a segurança de Israel" é que "a autoridade autônoma organizará uma poderosa força de polícia local que contribuirá para garantir essa segurança". Essa polícia, "composta de habitantes da Cisjordânia e de Gaza, permanecerá em 'ligação constante' com 'os responsáveis designados por Israel, pela Jordânia e pelo Egito'" (Laurens, 2011, p. 685-686). Para o dirigente do Likud, esses policiais palestinos só podem ser auxiliares das forças israelenses.

Embora a abstenção jordaniana torne o conjunto do dispositivo bastante teórico, Begin tem o cuidado, antes da votação dos Acordos de Camp David no *Knesset*, de apresentar uma tradução em hebraico que altera profundamente seu significado. Dessa forma, "Cisjordânia e Gaza" tornam-se "Judeia, Samaria e distrito de Gaza", a "resolução do problema palestino em todos os seus aspectos" se transforma em "resolução do problema dos árabes de *Eretz Israel* em todos os seus aspectos" e "a autonomia de autogoverno" não passa de uma "autoridade de autoadministração" (Laurens, 2011, p. 681). Carter até concorda em confirmar por carta que as expressões "palestinos" ou "povo palestino" do acordo podem ser compreendidas por Israel como "árabe-palestinos" (sem a noção de povo) e que a Cisjordânia é realmente "a Judeia e a Samaria" para Israel (Laurens, 2011, p. 690).

A expectativa do presidente americano é de que o chefe do governo israelense interrompa a colonização até o estabelecimento da autonomia dos territórios ocupados. Mas Begin assenta 10 mil novos colonos em 1979, 12.500 em 1980 e 16 mil em 1981 (Laurens, 2011, p. 727). Ele também decide suspender qualquer eleição na Cisjordânia e em Gaza, pois teme que as eleições municipais, como em 1976, sejam favoráveis à OLP. Em consequência de um atentado contra os colonos de Hebron, em maio de 1980, ele ordena a expulsão para o Líbano do prefeito da cidade, bem como do prefeito de uma localidade muito próxima. Dois meses depois, ele consegue que o *Knesset* vote uma "lei fundamental", com valor constitucional, sobre Jerusalém "unida e indivisível" como capital de Israel. O chefe do Likud joga livremente com a carta dos evangélicos americanos que fazem campanha contra Carter e a favor de Reagan.

Assim que Reagan ocupa, em janeiro de 1981, a Casa Branca, Begin pode contar com seu apoio contra os "terroristas" da OLP. Até mesmo a invasão israelense do Líbano, em junho de 1982, é por muito tempo apoiada por Washington, antes que a Casa Branca se junte, em agosto, à iniciativa francesa de expulsar Arafat e os milhares de fedains de Beirute. Mas, quando o presidente americano tenta, em setembro, retomar o processo de paz baseado na "opção jordaniana" de negociações entre Israel e a Jordânia, excluindo a um só tempo a OLP e a perspectiva de um Estado palestino, Begin se opõe obstinadamente. Ele denuncia uma violação dos Acordos de Camp David no pedido americano de uma interrupção da colonização e na inclusão de Jerusalém Oriental para as eleições da autonomia palestina. E insiste que essa autonomia só pode envolver as pessoas, e não os territórios. Begin consegue o apoio do *Knesset* para essa atitude inflexível. É sua última grande batalha diplomática antes de se demitir, esgotado, em agosto de 1983, deixando a direção do governo para Shamir.

O novo primeiro-ministro permanece no poder até julho de 1992, com um intervalo como Ministro das Relações Exteriores, de setembro de 1984 a outubro de 1986, no contexto de um gabinete de união nacional com Peres e Rabin. Os trabalhistas, por um momento tentados pelas negociações com uma delegação jordaniano-palestina, optam por uma fuga para frente militarista bombardeando, em outubro de 1985, a sede da OLP em Túnis. Quanto a Shamir, ele se mantém numa linha tanto mais clara porque ela é de uma firmeza inabalável, diretamente inspirada pelo tópico palestino dos Acordos de Camp David: apenas a autonomia "da Judeia, da Samaria e do distrito de Gaza" é concebível, com base em eleições locais que dão início a um período transitório de cinco anos.

Nem o desencadeamento, em dezembro de 1987, da Intifada, a sublevação da população dos territórios ocupados, nem a renúncia oficial da Jordânia à Cisjordânia, em julho de 1988, levam o primeiro-ministro a mudar de ideia. Ele inclusive associa seu nome, em abril de 1989, a um Plano Shamir de eleições e de autonomia na Cisjordânia e em Gaza. Insiste que esse processo não diz respeito a Jerusalém Oriental e que exclui qualquer negociação com a OLP e qualquer mudança de estatuto "da Judeia, da Samaria e de Gaza" (Enderlin, 2004, p. 556). Shamir persiste em suas posições, apesar da irritação dos Estados Unidos, durante a Conferência de Paz árabe-israelense de Madri, em outubro de 1991. O paradoxo é que a fórmula de autonomia dos territórios ocupados, utilizada de maneira abertamente evasiva por Begin e depois por Shamir, vai se encontrar no centro do processo de paz entre Israel e a OLP, contribuindo amplamente para seu fracasso.

Um processo sem horizonte

Rabin está sinceramente determinado a liquidar o conflito israelense-palestino. Distancia-se de todos os seus predecessores aceitando, em setembro de 1993, reconhecer a OLP como "representante do povo palestino". Este duplo reconhecimento, primeiro do povo palestino, fadado a coabitar sobre a mesma terra que o povo israelense, depois da OLP como representante desse povo, constitui uma ruptura fundamental com o dogma sionista que até então prevalecia. Quanto a Arafat, ele afirma que "a OLP reconhece o direito do Estado de Israel de viver em paz e em segurança" e "renuncia a recorrer ao terrorismo e a qualquer ato de violência". É com base nesses compromissos de Arafat que Rabin decide abrir "negociações com a OLP no decorrer do processo de paz no Oriente Próximo" (Laurens, 1998, p. 1143-1144).

Essa troca de cartas entre Rabin e Arafat, apadrinhada pela diplomacia norueguesa, constitui o primeiro dos dois Acordos de Oslo, o único dos dois a abrir uma página radicalmente nova na história árabe-israelense. O segundo, assinado na Casa Branca por Rabin e Arafat na presença de Clinton, é uma "declaração de princípios sobre os arranjos provisórios de autogoverno" que se inscreve no respeito escrupuloso ao tópico palestino dos Acordos de Camp David. Desse modo, as discussões sobre o estatuto final, quer se trate de Jerusalém, das fronteiras, das colônias ou dos refugiados, são adiadas até o final de um período transitório de cinco anos. Enquanto isso, o "objetivo das negociações israelense-palestinas" é "estabelecer uma Autoridade Palestina de autogoverno transitório" dotada, como no acordo entre Israel e o Egito de 1978, de uma "poderosa força de polícia". As "reorganizações" das forças israelenses "serão feitas gradualmente, à medida que a polícia palestina assumir a ordem pública e a segurança interna" (Laurens, 1998, p. 1134-1137).

Depois de décadas de negação israelense, Rabin aceita a legitimidade do nacionalismo palestino, com quem um acordo histórico de paz pode então ser negociado. Mas o primeiro-ministro israelense evita se pronunciar sobre a forma final desse acordo. Ele jamais menciona o Estado palestino, nem seu corolário, a solução de dois Estados. Consegue que as retiradas progressivas do exército israelense da Cisjordânia e de Gaza sejam qualificadas como meras "reorganizações". E preserva sua liberdade de continuar, durante o período transitório, a encorajar a colonização, à qual é tampouco favorável quanto em 1975, mas que também ainda não está pronto para frear. O cenário está montado para que, depois dos discursos entusiasmados de Washington, o processo de paz torne-se uma mecânica frustrante em que cada "reorganização" israelense só é consentida depois de exaustivas discussões sobre a capacidade relativa da AP de manter seus engajamentos.

Por ora, a prioridade de Rabin é retirar o exército israelense do atoleiro da Faixa de Gaza. Este é seu principal argumento utilizado para justificar perante a opinião pública os acordos com a OLP: "Prefiro que os palestinos se encarreguem do problema da manutenção da ordem em Gaza", afirma, pois "eles governarão com seus próprios métodos e, o que é mais importante, eles dispensarão assim os militares israelenses dessa tarefa" (Filiu, 2012, p. 236). Arafat dedica um esforço enorme para que a primeira retirada israelense não se limite à Faixa de Gaza, mas inclua também uma porção da Cisjordânia, restrita, é verdade, ao Oásis de Jericó. Ali onde a OLP deseja ver na AP o embrião de um futuro Estado, Israel só a considera como uma "poderosa força de polícia", conforme o tópico palestino de Camp David.

Somente em fevereiro de 1994 é que um acordo, assinado no Cairo, formaliza as condições de entrada e de saída da população palestina pelos pontos de passagem fronteiriços formados pelas pontes sobre o Jordão (com a Jordânia) e a cidade de Rafa (com o Egito). A segurança externa permanece exclusivamente nas mãos de Israel, que aplicará "arranjos especiais" às "personalidades de destaque (VIP) que usam a ala palestina", que por sua vez é separada do terminal reservado aos israelenses (Laurens, 2015, p. 432). O princípio de uma *nomenklatura* palestina, cujo tratamento especial por Israel está diretamente ligado a seu grau de cooperação, é pela primeira vez oficializado. Por outro lado, essas negociações oficialmente técnicas revelam que a parte israelense conhece, paradoxalmente, melhor os territórios palestinos cujo destino é discutido por seus interlocutores da OLP. Estes, geralmente exilados de longa data, enfrentam responsáveis, muitas vezes militares, que organizaram ou supervisionaram durante longos anos a ocupação da Cisjordânia e de Gaza. Além disso, os negociadores israelenses dispõem de mapas muito mais precisos e atualizados do que os de seus homólogos palestinos (Tafakji, 2020, p. 83-85).

Somente em maio de 1994 é que o acordo Gaza-Jericó é assinado por Rabin e Arafat, no Cairo, na presença do Presidente Mubarak. Com um calhamaço de 19 páginas de texto e de 400 anexos e mapas, esse acordo é o estabelecimento detalhado da "declaração de princípios" assinada oito meses antes em Washington. Arafat, que se recusa a assinar o mapa do enclave de Jericó, para ele restrito demais, acaba fazendo-o pressionado por Mubarak (Tafakji, 2020, p. 86). O quadro legislativo e regulamentar da ocupação é mantido, uma vez que "as leis e os regulamentos militares efetivos na Faixa de Gaza ou na região de Jericó anteriores a esse acordo continuarão em vigor" (Laurens, 2015, p. 450). Os anexos deixam claro as restrições impostas por Israel à composição, ao armamento e aos deslocamentos da polícia palestina. A assinatura de Gaza-Jericó marca o início do período transitório de cinco anos, que deveria, portanto, terminar em maio de 1999.

Em julho de 1994, Arafat vive um retorno triunfal a Gaza, carregado por uma verdadeira multidão. O chefe da OLP logo multiplica os serviços de segurança, a fim de manter seus engajamentos com a parte israelense, mas também de evitar que um único serviço constitua uma base de poder alternativo. Alguns dias depois da instalação de Arafat em Gaza, a AP é responsável pela morte de um civil palestino, morto sob tortura (Filiu, 2012, p. 244). A brutalidade da polícia palestina não dissuade o exército israelense de continuar a atacar os alvos "terroristas" nos territórios devolvidos a AP. A sequência de novembro de 1994 é a esse respeito esclarecedora: a morte, em Gaza, de um responsável do *Jihad* Islâmico numa explosão atribuída a Israel é seguida por protestos contra Arafat, vaiado durante os funerais, e depois por um atentado suicida do *Jihad* Islâmico em Gaza que mata três reservistas israelenses; a onda de repressão que a AP lança então contra essa organização provoca novas manifestações, que a polícia palestina sufoca num banho de sangue, com 15 mortos por bala.

Rabin defende sempre sua visão de uma autonomia palestina de natureza administrativa e se opõe a qualquer afirmação de soberania da AP durante o período transitório. Defende diante da opinião pública israelense, em janeiro de 1995, a "separação" dos palestinos, que "constituem uma entidade distinta da nossa em todos os níveis, político, religioso e nacional".

Ele afirma que essa "separação não acontecerá ao longo das fronteiras anteriores a 1967, pois o Jordão permanecerá nossa fronteira de segurança e Jerusalém permanecerá unida para sempre" (Laurens, 2015, p. 495-496). Ele insiste para que a próxima "reorganização" na Cisjordânia separe as zonas A, B e C, os 3% da zona A sendo os únicos a depender apenas da AP, os 24% da zona B sendo de administração palestina e de segurança israelense, os 72% da zona C permanecendo sob controle exclusivo de Israel. Arafat descobre tardiamente o mapa israelense, verdadeiro "borrão de tinta" onde os enclaves palestinos se assemelham a uma "sucessão de cantões" (Tafakji, 2020, p. 95). Apesar do caráter limitado das concessões aprovadas durante esse acordo de Oslo II, assinado em Washington em setembro de 1995, Rabin é assassinado por um extremista judeu cinco semanas mais tarde em Tel Aviv. É um golpe terrível ao processo de paz israelense-palestino, que nunca mais se recuperará realmente.

O debate permanece aberto para saber se negociações voluntaristas sobre as questões de fundo não teriam suscitado uma dinâmica mais duradoura do que o adiamento dessas negociações para além de uma fase transitória. Destinado a enraizar a confiança entre os dois povos, esse período de transição, fixado em cinco anos, na verdade tornou-se uma fonte permanente de contenciosos, uma vez que a AP tem amplos poderes repressivos, mas sem a legitimidade atribuída a um Estado, nem mesmo a um esboço de Estado. Quanto aos dividendos da paz, eles parecem discutíveis, e até inatingíveis, tanto para a população israelense confrontada com o recrudescimento dos atentados quanto para a população palestina marcada pela degradação de suas condições de vida, por causa dos repetidos bloqueios baseados na continuação da colonização.

Netanyahu, durante sua primeira experiência como chefe do governo de junho de 1996 a julho de 1999 se dedica sobretudo a desconstruir os Acordos de Oslo e de Oslo II, pois a pressão americana o impede de revogar os textos com os quais o governo Clinton tanto se comprometeu. O resultado é particularmente frustrante e até o acordo sobre Hebron, em fevereiro de 1997, longe de marcar o abandono pelo Likud de suas reivindicações sobre o conjunto de *Eretz Israel*, eterniza o domínio israelense sobre o centro da cidade mais povoada da Cisjordânia, enquanto Ramala, Nablus, Belém e Jenin foram todas evacuadas. Além disso, Netanyahu multiplica os postos avançados, muitas vezes instalados nas Colinas da Cisjordânia, e destinados ou a se tornarem colônias de pleno exercício, ou a se juntarem aos "blocos" de assentamentos.

O primeiro-ministro israelense mobiliza os sionistas cristãos nos Estados Unidos contra Clinton, assim como Begin fizera contra Carter, mas de maneira ainda mais metódica e agressiva. Em novembro de 1998, enquanto Israel deveria operar uma nova retirada, o governo Netanyahu repete que, "nas negociações sobre a Judeia, a Samaria e o distrito de Gaza", "preservará os interesses nacionais vitais do Estado de Israel", o que "inclui as zonas de segurança, as regiões em torno de Jerusalém, as zonas de colonização judaica, os interesses em termos de infraestruturas, os recursos de água e os locais militares e de segurança, as zonas adjacentes às artérias de transporte norte-sul e leste-oeste, e os lugares históricos do povo judeu" (Laurens, 2015, p. 657).

É menos essa sabotagem dos Acordos de Oslo do que o caráter confuso da gestão governamental que conduzem à derrota de Netanyahu em maio de 1999, com apenas 43,9% dos votos em relação a Barak. Os cinco anos de período transitório previstos nos Acordos de Oslo chegam ao fim, e a discussão agora já pode ser sobre o estatuto final. Mas o novo primeiro-ministro trabalhista não fez campanha, ao contrário de Rabin em 1992, com base num programa pacifista. Sua preferência é por um acordo com a Síria, uma perspectiva que se encerra com o fracasso da Cúpula Clinton-Assad em março de 2000 e que leva Barak, dois meses depois, a decretar a retirada unilateral do Líbano após duas décadas de ocupação. O chefe do governo israelense também está tentado a agir unilateralmente em relação ao dossiê palestino, ainda que se disponha mais ou menos de boa-vontade a participar da Cúpula Tripartite com Clinton e Arafat, em julho de 2000, em Camp David.

Porém, é somente depois da eclosão da Segunda Intifada, em setembro de 2000, com a escalada da violência nos dois campos, que Barak vai formular uma autêntica oferta de paz, abandonando suas exigências de anexação do Vale do Jordão. Para tanto, ele é fortemente encorajado pela Casa Branca, que se dedicou consideravelmente a essas negociações da derradeira oportunidade e enuncia, em 23 de dezembro de 2000, os "parâmetros Clinton" de uma solução definitiva: Estado palestino "não militarizado" na Faixa de Gaza e 94-96% da Cisjordânia (mediante compensações territoriais mais modestas, da ordem de 1 a 3% por parte de Israel); Jerusalém, cidade aberta e não dividida, com soberania israelense sobre os bairros judeus de Jerusalém Oriental e soberania palestina sobre os bairros árabes; postos avançados israelenses no Vale do Jordão. Quanto à questão do direito ao retorno dos refugiados palestinos, Clinton oferece a alternativa entre estas duas formulações: ou "as duas partes reconhecem o direito ao retorno dos refugiados palestinos para a Palestina histórica", o que seria conforme à resolução 194, mas inaceitável para Israel; ou "as duas partes reconhecem o direito ao retorno dos refugiados palestinos para sua pátria" (Rod-Larsen; Laiq; Aidan, 2014, p. 461-464), o que limitaria esse retorno ao território do Estado palestino.

Barak e Arafat endossam esses "parâmetros", mas esperam a transferência de poderes entre Clinton e Bush, em 20 de janeiro de 1991, para que as delegações israelense e palestina, reunidas no Porto Egípcio de Taba, no nordeste do Sinai, trabalhem enfim seriamente num acordo definitivo. As duas partes aproximam muito suas posições até limitar, para Israel, os pedidos de anexação em 6% da Cisjordânia e a aceitar, para a OLP, a anexação de 3,1%. Elas concordam em considerar Jerusalém como a capital de seus dois Estados, com divisão da soberania sobre os bairros de Jerusalém Oriental em função de sua população. As duas delegações avançam inclusive sobre a questão do direito ao retorno, Israel propondo acolher de 25 a 40 mil refugiados, sobretudo do Líbano, em troca de uma absorção pela futura Palestina do restante dos futuros repatriados. Israelenses e palestinos se separam, em 27 de janeiro, afirmando que "nunca as duas partes estiveram tão próximas de um acordo", com a "convicção de que os fossos que permanecem podem ser preenchidos com uma retomada das negociações depois das eleições israelenses" (Rod-Larsen; Laiq; Aidan, 2014, p. 814). Mas Barak agora não passa de um primeiro-ministro com tempo contado, pois Sharon o venceu nas eleições de 6 de fevereiro com 62,4% dos votos.

O "Eretz Israel" de Netanyahu

Sharon reconfigura com a guerra, de 2001 a 2005, um *Eretz Israel* onde quer enterrar qualquer perspectiva de Estado palestino. O muro de separação, construído progressivamente na Cisjordânia, serve tanto para prevenir "infiltrações" quanto para devorar ainda mais o território palestino. A reocupação da Cisjordânia, em março de 2002, embora suficientemente brutal para destruir as premissas de uma construção de estrutura estatal, é interrompida antes do colapso generalizado da AP. Sharon, que tentara em vão acabar com a OLP em Beirute 20 anos antes, desta vez não quer a aniquilação de uma estrutura palestina com a qual, é claro, ele se recusa a negociar, mas cuja função supletiva lhe parece essencial para a segurança de Israel. Quanto à retirada unilateral de Gaza, em setembro de 2005, ela permite retirar esse enclave superpovoado da equação demográfica israelense-palestina.

Netanyahu herda essa posição muito favorável quando retorna, em março de 2009, à frente do governo. Apesar de sua oposição à retirada de Gaza, ele acaba se beneficiando desse fato consumado, que se tornou ainda mais favorável para Israel com a ruptura ocorrida em junho de 2007 entre o Hamas, único senhor de Gaza, e a AP, cantonada na Cisjordânia. Pressionado por Obama a se engajar a favor da solução de dois Estados, Netanyahu só a admite, em junho de 2009, acrescentando uma condição até então não mencionada em nenhuma negociação árabe-israelense, e que ele mesmo jamais havia expressado ao longo de seu mandato anterior de primeiro-ministro, de 1996-1999: "Se os palestinos reconhecem Israel como Estado judeu, estamos dispostos a concluir um verdadeiro acordo de paz, um Estado palestino desmilitarizado ao lado do Estado judeu". Netanyahu acrescenta que "Israel precisa de fronteiras sustentáveis, com Jerusalém permanecendo a capital unida de Israel". Aliás, "os colonos não são os inimigos da paz, são nossos irmãos e irmãs". Quanto ao "problema dos refugiados palestinos", ele "deve ser solucionado fora das fronteiras de Israel" (Netanyahu, 2009).

Esse discurso coloca a AP numa situação impossível: se reconhecer Israel como um Estado judeu, ela fragiliza o estatuto dos 20% de árabes israelenses, cuja lealdade já é regularmente questionada, nem que seja pelo fato de não cumprirem o serviço militar (com exceção dos drusos e de certos beduínos); se recusar esse reconhecimento, será fatalmente acusada por Israel de ser a única responsável pelo bloqueio do processo de paz. Abbas tenta não tomar uma decisão, o que agrava o impasse, enquanto Netanyahu, ativamente apoiado pelos sionistas cristãos nos Estados Unidos, já pode enfrentar Obama. Quanto à divisão persistente entre a AP da Cisjordânia e o Hamas de Gaza, ela continua fazendo o jogo do chefe do Likud.

Com efeito, Netanyahu retornou ao poder depois de uma ofensiva particularmente mortífera contra a Faixa de Gaza, em que a relação entre as perdas israelenses e palestinas passou de um a 100, contra um a três durante a Segunda Intifada. O cerco imposto por Israel, em colaboração com o Egito na fronteira do Sinai, permite um controle muito rígido de um enclave entregue ao Hamas, onde um terço da população árabe que ainda vive na Palestina mandatária está concentrado em 1% desse espaço. Além do mais, Netanyahu usa a situação em Gaza como contraponto à sua principal argumentação repetida insistentemente de que uma retirada israelense, longe de favorecer a paz, pode somente encorajar o terrorismo islamista, ainda que "desenraize dezenas de colônias" (Netanyahu, 2009). De todas as fórmulas, o cerco de Gaza ainda continua sendo a mais vantajosa para Netanyahu que oferece ao Hamas, em 2011, a libertação de mais de mil prisioneiros palestinos em troca de um único militar israelense. É nesse contexto que Yahya Sinwar, pioneiro do Islamismo armado em Gaza, encarcerado desde 1988 e condenado a 462 anos de prisão, retorna como herói ao território sitiado, do qual acabará se tornando o chefe inconteste, encarnando a linha mais intransigente do Hamas.

Cabe ao Egito garantir o cessar-fogo em Gaza, na ausência de contatos diretos entre Israel e o Hamas. A derrubada do Presidente Mubarak por uma sublevação popular, em fevereiro de 2011, não compromete esse arranjo, muito pelo contrário: a Irmandade Muçulmana, no poder no Cairo desde junho de 2012, utiliza sua proximidade com o Hamas para que as hostilidades iniciadas em Gaza cinco meses mais tarde só durem uma semana, com um saldo de 166 palestinos mortos (dos quais um terço de combatentes) para seis israelenses (entre os quais dois soldados). Mas o golpe anti-islâmico do General Abdel Fattah Al-Sisi, que toma o poder no Cairo em julho de 2013, provoca tensões sem precedentes com o Hamas. O Egito se abstém então de conter a escalada da violência que, de 8 de julho a 26 de agosto de 2014, devasta a Faixa de Gaza. Netanyahu, prisioneiro de sua própria estratégia, lança uma ofensiva terrestre que arrasa bairros inteiros de Gaza, custando a vida de 68 soldados israelenses. No entanto, ele nunca consegue interromper os lançamentos de foguetes palestinos, que matam seis civis em Israel. Do lado palestino, as perdas ultrapassam 2.100 mortos, incluindo cerca de 500 crianças, ao passo que mais de 100 mil civis têm suas casas destruídas (Filiu, 2014, p. 58). O cessar-fogo, finalmente restabelecido, continua não apresentando nenhuma perspectiva política.

Netanyahu agora está determinado a não mais cometer o erro de uma intervenção terrestre em Gaza. As eleições de março de 2015 o fortalecem à frente de um governo de combate, cujos ministros competem na escalada antipalestina. Mas é realmente contra a minoria árabe de Israel que o primeiro-ministro lança uma ambiciosa obra de refundação do Estado de Israel. Suas bases são sensivelmente diferentes daquelas postas por Ben Gurion em 1948, inclusive conseguir que o *Knesset* vote, em julho de 2018, uma lei fundamental com valor constitucional sobre "Israel como Estado-nação do povo judeu". Ali onde a declaração de independência oferecia aos "habitantes árabes do país da Palestina" o "direito de cidadania plena e total em igualdade de condições com os judeus" (Laurens, 1998, p. 674), o texto de Netanyahu reserva apenas ao povo judeu, 70 anos depois, o direito à autodeterminação sobre a terra de Israel. O desenvolvimento do "assentamento judaico" é erigido como "causa nacional" a ser "encorajada e promovida". Quanto ao árabe, até então língua oficial tanto quanto o hebraico, ele é rebaixado a um vago "estatuto especial" (Lei, 1948).

Ainda que essa lei fundamental seja votada por apenas 62 dos 120 membros do *Knesset*, ela provoca protestos rapidamente limitados à comunidade drusa e a seus apoiadores nos partidos progressistas. E ela nunca será verdadeiramente tema de debate no decorrer das cinco campanhas eleitorais que se sucedem de 2019 a 2022. Essa aprovação, ao menos por consenso, constitui a vitória mais importante de Netanyahu, que refunda o Estado de Israel de acordo com suas convicções revisionistas. Os judeus, que representavam um décimo da população da Palestina no momento da Declaração Balfour, constituem em 2019 pouco mais da metade dos 14 milhões de habitantes que povoam o mesmo espaço. Todos são, por definição, cidadãos israelenses de pleno direito, inclusive os residentes das colônias, da ordem de 250 mil em Jerusalém Oriental e 450 mil na Cisjordânia. Só esses colonos representam 10% da população judaica israelense. Em contrapartida, os palestinos são repartidos em quatro estatutos, do mais ao menos favorável, correspondendo às quatro divisões geográficas do espaço israelense-palestino: 1,7 milhão são cidadãos israelenses, 300 mil são residentes de Jerusalém Oriental, 2,8 milhões residem na Cisjordânia e 2,2 milhões em Gaza.

Netanyahu se beneficia do apoio incondicional de Trump, levado a tal complacência pelo ativismo dos sionistas cristãos. Essa dinâmica das demonstrações de força culmina, em fevereiro de 2020, com "o acordo do século" concluído por Netanyahu e Trump às custas dos palestinos, intimados a aderir ao projeto israelense-americano de um Estado minúsculo, sem continuidade territorial, cuja capital situa-se no lado cisjordaniano do muro de separação. Mas Abbas, num gesto de dignidade, se recusa a aceitar essa manobra. Em troca, Netanyahu ameaça anexar um terço da Cisjordânia, ou seja, o Vale do Jordão e os principais blocos de colônia. Essa ameaça causa, paradoxalmente, confusão no *establishment* militar, que prefere administrar territórios ocupados, como tem feito há décadas, em vez de zonas que se tornaram formalmente israelenses.

Netanyahu compreende, então, que uma incerteza sobre o objetivo final pode ser mais útil para um movimento de colonização, e mesmo de expansão. Ali onde Jabotinsky tentava em vão obter da direção sionista, em 1931, a definição de seu "objetivo último", seu discípulo de 2020 deve engavetar seus projetos de anexação aberta para preservar as conquistas multiformes de uma anexação insidiosa. É nesse ponto que os Acordos de Abraão permitem ao primeiro-ministro israelense sair do acordo de forma vantajosa. Mohammed Ben Zayed, soberano de fato dos Emirados Árabes Unidos, declara ter obtido de Netanyahu o abandono de seus projetos de anexação em troca da assinatura de um tratado de paz bilateral. Desse modo, ele pode afirmar que só normalizou suas relações com Israel, em setembro de 2020, à custa de um gesto sobre a questão palestina. A realidade é que Netanyahu não tinha mais vontade alguma de levar adiante seus projetos anexionistas, cujo recuo oficial salva as aparências dos dois dirigentes, de Israel e dos Emirados, agora engajados numa verdadeira reaproximação estratégica.

Netanyahu tem bastante tempo para refletir sobre essa lição durante o período em que, de junho de 2021 a dezembro de 2022, encontra-se afastado do poder. E seu segundo retorno à frente do governo se beneficia tanto dessa experiência quanto o primeiro havia se beneficiado da reconfiguração bélica do espaço israelense-palestino feita por Sharon. O chefe do Likud agora evita definir um "objetivo último", mesmo afirmando em alto e bom som o direito segundo ele imprescritível de Israel colonizar a Cisjordânia. Ele deixa seus aliados supremacistas expressarem as intenções mais chocantes e encorajar, quando não são eles mesmos que a organizam, a violência dos colonos.

Netanyahu sabe que a mobilização maciça contra seu projeto de reforma judiciária concentra toda a energia da oposição israelense. Em contrapartida, esta permanece bem silenciosa diante da repressão na Cisjordânia, de uma intensidade, no entanto, sem precedentes desde o esmagamento, em 2005, da Segunda Intifada. Quanto à Suprema Corte que os contestatários israelenses defendem, ela já foi qualificada de "Suprema Corte da ocupação" pelos defensores israelenses dos direitos humanos (The Supreme, 2020), uma vez que essa instituição, ao longo de sua história, validou quase que sistematicamente os argumentos das autoridades israelenses contra os querelantes palestinos. Esse contexto só pode, evidentemente, favorecer novos fatos consumados contra o povo palestino.

* * *

Este capítulo é mais curto do que os dois anteriores porque trata ao mesmo tempo de um tema subentendido e de uma estratégia tanto mais eficaz porque não se mostra como tal. A esse respeito é preciso navegar entre dois obstáculos perigosos: o da reconstrução *a posteriori* de uma coerência que seria largamente artificial, de um lado, e o de uma aceitação literal das justificativas sionistas, e depois israelenses, de outro. Raros são os que, como Martin Buber em 1929, expressaram que o projeto sionista se basearia inevitavelmente numa "injustiça" contra o povo palestino, injustiça que somente seu alcance poderia ser limitado: "Na Palestina, seria preciso imaginar, no mais profundo de nós mesmos, que nós somos os habitantes originais do país e que os outros são recém-chegados ao país e que, ano após ano, dele se apossam cada vez mais. Como teríamos percebido essa situação? Como teríamos reagido? Somente quando tivermos compreendido isso é que aprenderemos a não cometer uma injustiça maior do que aquela que não podemos evitar em razão de uma necessidade vital" (Charbit, 1998, p. 527).

Ben Gurion, para refutar então todas as teses binacionais, no entanto muito minoritárias dentro do movimento sionista, evita se colocar no terreno moral. Ele dissolve o vínculo com sua terra dos "habitantes originais do país" num vasto conjunto árabe em que essa população poderia se reinserir, ao passo que apenas o povo judeu alimentaria há milênios um vínculo indefectível com *Eretz Israel*. Essa inversão das legitimidades, que coloca os "direitos" dos imigrantes sionistas acima daqueles dos árabes da Palestina, é fundamental, pois todo o resto decorre dela. O Estado judeu, de 20% da Palestina em 1937, durante o primeiro plano de partilha, a 55% em 1947, durante a segunda partição, estabelece-se finalmente sobre 77% desse território em 1949. E, quando o triunfo de 1967 permite a Israel controlar o conjunto da Palestina mandatária, os trabalhistas apresentam argumentos de oportunidade e não de princípio à colonização da "Judeia e da Samaria".

Portanto, Begin tem inteira liberdade, em 1977, para se colocar como fiador da integridade de *Eretz Israel* diante das pressões internacionais em favor das concessões territoriais. Sua oferta de uma simples autonomia da Cisjordânia, apesar de equivaler a uma negação dos direitos nacionais do povo palestino, encontra-se no centro do processo de paz, processo esse que continuará a parasitar. Netanyahu, sucessor controverso de Rabin, cujo legado ele pretende, de 1996 a 1999 liquidar, só assume a estatura de um nacionalista inflexível em 2009, o que lhe garante uma longevidade excepcional à frente do governo israelense. Pois o refundador de Israel conseguiu combinar para seu próprio benefício as vantagens estruturais geradas pela mobilização incondicional dos sionistas cristãos nos Estados Unidos, a permanente escalada em Israel, até o recente avanço supremacista, e a continuação dos fatos consumados nos territórios ocupados. Contudo, mesmo esses trunfos consideráveis não teriam funcionado de forma tão espetacular em favor de Israel se a parte palestina não tivesse padecido, por mais de um século, de fragilidades estruturais.

II
As três fragilidades palestinas

1
A ilusão árabe

A Palestina não pertence aos palestinos, mas aos árabes.
Allouba Paxá, 1937
(Laurens, 2002, p. 370)

O conflito pela terra da Palestina opõe desde o início os imigrantes judeus a uma população local que se declara como árabe, ainda que o mandato britânico adote as categorias confessionais do Império Otomano. A valorização dessa identidade árabe visa assim tanto se opor à ameaça sionista quanto desarmar a armadilha da divisão entre as diferentes comunidades. Mas a tentação de se apoiar na solidariedade árabe de um conjunto mais vasto acaba, por sua vez, alimentando a propaganda sionista sobre a ausência de um sentimento nacional próprio à Palestina e a possibilidade de com isso transferir os residentes árabes para os países vizinhos. Além disso, a causa palestina torna-se o registro privilegiado de estratégias e de manobras entre regimes árabes que buscam compensar sua legitimidade enfraquecida com o registro pan-árabe. Essas rivalidades interárabes agravam em 1948 a despossessão dos palestinos, que, expulsos de sua terra por Israel, se veem igualmente privados de representação autônoma pelos Estados supostamente "irmãos". O conflito árabe-israelense consegue, paradoxalmente, durante uma geração, ocultar na prática uma questão palestina, no entanto, onipresente nos discursos árabes. Só depois da tomada de controle por Israel, em 1967, do conjunto da Palestina é que a OLP vai poder encarnar um nacionalismo autenticamente palestino, não sem repetidos e sangrentos enfrentamentos com diferentes regimes árabes.

Os avatares de uma identidade

É uma guarnição em grande parte árabe que, em 332 a.C., resiste em Gaza a Alexandre o Grande, obrigado a imobilizar suas tropas para um longo cerco, antes de castigar a cidade conquistada por sua obstinada resistência (Filiu, 2012, p. 21). Flávio Josefo evoca em *A guerra dos judeus* a "quantidade de arqueiros árabes" que participam, em 67, da repressão da sublevação da Galileia feita por Roma (Josèphe, 1977, p. 319). Trata-se, porém, num caso como no outro de mercenários vindos da "Arábia" nabateia, desde a margem oriental do Jordão. Ainda que a presença dos árabes cristianizados, vassalos do Império Bizantino, seja atestada na Jerusalém dos séculos V e VI, somente em 634 é que os exércitos árabes, dirigidos a partir de Medina por Omar, o califa, ou seja, o "sucessor" do Profeta Muhammad, iniciam a conquista da Palestina, concluída em alguns anos. A província militar (*jund*) de *Filastin*, com Lod/Lida como cidade administrativa, retoma então a denominação da *Palaestina* romana e bizantina. Mas a conquista muçulmana não provoca uma islamização das populações, que permanecem majoritariamente cristãs, com o retorno dos judeus a Jerusalém, de onde foram expulsos pelos bizantinos.

É em Jerusalém que Moáuia obtém, em 660, a fidelidade dos chefes árabes que lhe permite, no ano seguinte, se proclamar califa. Ele institui o princípio hereditário em benefício da dinastia omíada, o califado deixando Medina para instalar sua capital em Damasco. Quanto à cidade administrativa da província da Palestina, ela é deslocada de Lod para Ramla, uma cidade estabelecida nas proximidades para assumir essa função. O mais importante dos soberanos omíadas, Abedal Maleque, no poder de 685 a 705, conduz uma política de arabização voluntarista. Ele manda edificar em Jerusalém, no lugar reverenciado pelos judeus como o Monte do Templo, um suntuoso "Domo do Rochedo". Esse monumento, impropriamente chamado de "Mesquita de Omar", deveria coroar o "rochedo" onde Abraão estava prestes a sacrificar seu filho Isaac, testemunhando sua obediência cega a Deus. Em 715, a Mesquita Al-Aqsa é aberta, ao sul do Domo do Rochedo, para comemorar desta vez a viagem mística de Muhammad a

Jerusalém, mencionada no Corão. Os dois edifícios se completam para sacralizar um espaço denominado "o nobre santuário" (*Al-haram al-Sharif*), essa Esplanada das Mesquitas constituindo, depois de Meca e de Medina, o terceiro lugar sagrado do Islã. Mas a designação árabe de Jerusalém como *Al-Qods* (a Cidade Santa) é tão própria aos mulçumanos quanto a da Palestina como *Al-Ard Al-Muqadassa* (a Terra Santa).

A tomada de Jerusalém pelos cruzados em 1099 provoca a mobilização muito progressiva de uma contracruzada mulçumana que, sob a direção de Saladino, exalta as virtudes de Al-Qods, até sua reconquista em 1187. Embora a Cidade Santa caia nas mãos dos cruzados, em 1229, antes de ser retomada pelo mulçumanos em 1244, seu controle já é essencial para assentar a legitimidade do poder islâmico do momento. Este é o caso sob os mamelucos, cujo sultanato sírio-egípcio, de 1260 a 1516, tem a Palestina como seu centro. E é por isso que Suleiman o Magnífico, manda construir, de 1537 a 1540, as muralhas que cercam desde então a velha cidade de Jerusalém. Muralhas tão imponentes, ainda que desprovidas de utilidade militar, celebram a glória do sultão sob cujo reinado o Império Otomano atinge sua extensão máxima. O título de "guardião dos dois lugares santos" (de Meca e de Medina) é igualmente essencial para os soberanos otomanos (Filiu, 2021, p. 158), por isso a prioridade dada pela Sublime Porta ao Hajj (peregrinação), organizado todos os anos desde a Síria até a Arábia, passando pelo território da atual Jordânia. Dessa prioridade decorrem tanto o vínculo administrativo dos diferentes *sanjacos* (distritos) da Palestina ao governo de Damasco quanto o financiamento da peregrinação pela província do Egito.

O empirismo da gestão otomana não é característico do espaço palestino, ainda que a atenção dada por Constantinopla a Damasco e a Alepo, bem como a suas saídas mediterrâneas, acentue na Palestina a margem de manobra dos responsáveis locais. Durante um século e meio após a conquista otomana de 1516, o governador de Damasco tem autoridade sobre os cinco *sanjacos* da Palestina, que têm como cidades administrativas Jerusalém, Gaza, Nablus, Safed e Lajjun, uma localidade próxima de Jenin. Os representantes do poder central são geralmente enviados para um período limitado para Jerusalém e para Acre, sede das duas principais guarnições otomanas na Palestina, a primeira dependendo de Damasco e, a segunda, a partir de 1660, de Sídon. O cumprimento de sua missão, quer se trate da coleta dos impostos quer do recrutamento de combatentes temporários, depende em grande parte da cooperação dos notáveis árabes.

O cádi, ou seja, o juiz religioso, nomeado por Constantinopla em Jerusalém é de rito hanafita, escola jurídica do sunismo dominante no mundo turco, ao passo que a maioria dos muçulmanos locais são de rito chafeita e se dirigem, portanto, aos clérigos dessa obediência. Quando ao mufti de Jerusalém, distinto do cádi na medida em que suas opiniões religiosas, suas fátuas, são interpretações mais do que decisões, ele não está formalmente integrado à hierarquia otomana, o que relativiza o impacto de suas fátuas. As circunscrições religiosas, quer sejam mulçumanas quer cristãs, não correspondem de modo algum à divisão otomana (Krämer, 2008, p. 41). Essa fluidez das categorias administrativas não exclui um vínculo orgânico com esse território por parte das populações locais. Esse vínculo se expressa no século XVII na fórmula "a Palestina é nosso país", do mufti de Ramla, Kheyreddine al-Ramli (Gerber, 1998, p. 563).

No século XVII, as crises recorrentes em Constantinopla encorajam no Oriente Médio a constituição de feudos pelos notáveis árabes até então submetidos ao arbitrário otomano. É o caso na Galileia para os Zaydani, uma família de beduínos sedentarizados que transmite de pai para filho a concessão fiscal na zona de Tiberíades. Zahir al-Umar estende progressivamente seu território, tomando o cuidado para que suas demonstrações de força sejam avalizadas pelas autoridades otomanas, dessa forma colocadas diante de um fato consumado. Depois de ter se apoderado de Safed e então de Nazaré, ele se estabelece em Acre em 1746, consolida as fortificações da cidade e desenvolve o comércio de algodão e de cereais com negociantes europeus. Torna-se, assim, poderoso o suficiente para expulsar piratas malteses do Porto de Haifa e dele se apropriar.

Zahir al-Umar incentiva os camponeses da Galileia a se instalarem numa costa cada vez mais próspera. Em contrapartida, fracassa em suas tentativas de expansão na direção de Nablus, e *a fortioti* de Jerusalém. Somente em 1770 é que ele rompe com a Sublime Porta. Alia-se, então, com o governador do Egito, também um dissidente, ambos se aproveitando da guerra desencadeada pelo Império Otomano contra a Rússia para ocupar Damasco por um breve período. Zanir al-Umar logo controla todos os portos de Sídon a Jafa, ainda que a Palestina central continue resistindo a ele. Mas a paz concluída entre Constantinopla e São Petesburgo, em 1774, permite que, no ano seguinte, a força naval otomana reconquiste Acre. Com a morte de Zahir al-Umar nessa última batalha, seu feudo entra em colapso.

O sultão otomano nomeia em Acre um governador mameluco de origem bosníaca, Ahmed Al-Jazzar ("o açougueiro"), que, com o restabelecimento da ordem, retoma o comércio marítimo, atraindo novamente populações rurais para os portos. Compete a ele a bem-sucedida resistência ao cerco de dois meses imposto em 1799 por Napoleão Bonaparte. O general francês, não contente de ter ocupado o Egito, ambiciona então levantar o "terceiro estado" árabe contra a "nobreza" otomana e até tomar a Anatólia de assalto a partir do Oriente Médio. O anacronismo dessas categorias republicanas, já patente no Cairo, é ainda mais evidente durante essa campanha da Palestina, onde a população local padece com os excessos dos invasores. Além disso, as tropas francesas devastam o litoral palestino ao se retirarem em direção ao Egito, com o objetivo confesso de retardar a contraofensiva otomana. Essas destruições sistemáticas arruínam os esforços de repovoamento que Zahir al-Umar e Ahmed al-Jazzar conduziram com constância na zona costeira. Quanto às tribos beduínas, até então contidas no Neguev e para além do Jordão, elas iniciam um movimento para esses espaços abandonados (Laurens, 1999, p. 19). Esses beduínos, com demasiada frequência caricaturados como predadores nômades, integram-se rapidamente às redes locais de clientela, favorecendo uma facção ou outra nas lutas de poder (Doumani, 1995, p. 202).

Apesar de a expedição francesa no Egito ter terminado em 1801, ela deixa uma autoridade otomana tão fragilizada no Cairo que pouco a pouco será substituída por um poder autônomo. Mohammed Ali, nomeado governador do Egito em 1805, torna-se, apesar de suas raízes albanesas, o defensor de uma forma de nacionalismo árabe que é sobretudo um meio de consolidar seu poder perante a Sublime Porta. Ele se sente forte o suficiente para lançar, em 1831, seu filho Ibrahim Paxá na conquista da Palestina. Desta vez as fortificações de Acre caem, abrindo ao contingente egípcio a rota da Síria. A nova administração encoraja a valorização voluntarista das zonas negligenciadas. Estabelece localmente conselhos consultivos abertos a todas as comunidades. Mas a imposição do serviço militar suscita uma enorme sublevação em 1834. A repressão é severa, com a execução dos chefes e o exílio dos simpatizantes. A ordem egípcia, demasiado eficaz para não ser brutal, é ainda mais impopular porque Londres substitui a propaganda otomana. A França está, com efeito, isolada em seu apoio a Ibrahim Paxá, que, em 1840, deve retirar suas tropas sob a pressão europeia. Esta primeira experiência de arabismo forte não deixa saudades na Palestina, ao contrário daquela de Zahir al-Umar, de bom grado exaltado hoje como um precursor do nacionalismo palestino.

Nahda e *Tanzimat*

O restabelecimento da autoridade otomana na Palestina é progressivo, as elites locais aproveitam essa situação para restaurar uma forma de autonomia que fora gravemente ameaçada pelo centralismo egípcio. Além disso, a década de reinado de Ibrahim Paxá associou a Palestina à dinâmica da *Nahda*, o "renascimento" árabe, alimentada pela difusão dos livros e jornais em língua árabe. Mas o desafio egípcio obriga Constantinopla a tomar o caminho de profundas reformas, designadas pelo termo genérico de *Tanzimat*, sendo a primeira delas, em 1839, a supressão da concessão da coleta fiscal e o estabelecimento do princípio do serviço militar, seguido, em 1856, por um édito de emancipação de todos os súditos otomanos, que lhes concede a igualdade de direitos e de deveres, sem distinção de confissão. A Palestina, em razão de sua tradição contestatária, continua excluída do serviço militar, mas os chefes de distrito, muitas vezes notáveis respeitados, são rebaixados à categoria de simples coletores de impostos (Doumani, 1995, p. 170).

Somente em 1859 é que a Sublime Porta se sente forte o suficiente para submeter a região de Nablus, que se tornou o principal foco de contestação da autoridade otomana na Palestina. A expedição montada contra o feudo dos Abdel Hadi, uma família cuja ascensão havia sido favorecida pelo ocupante egípcio, é apoiada pelos Tuqan e pelos Jarrar, ou seja, os clãs mais opostos às reformas, quer venham do Cairo ou de Constantinopla. Mas, ao ajudar essa campanha, as elites tradicionais permitem que a relativa centralização otomana pouco a pouco se imponha em seus próprios domínios (Doumani, 1995, p. 234). Um processo semelhante está ocorrendo em toda a Palestina, mas não tão dramático: os notáveis locais, com os quais até então os responsáveis otomanos deviam conciliar, ou mesmo cooptar, devem agora conquistar os favores dos representantes do poder central para manter sua posição. A suspensão, em 1862, da isenção do serviço militar marca simbolicamente essa normalização otomana da Palestina.

O novo código fundiário, promulgado pela Sublime Porta em 1858, preserva as diferenças de estatuto entre as terras do Estado, os bens privados e os *waafs*, ou seja, os bens de mão-morta vinculados a uma fundação religiosa, e, portanto, inalienáveis. Mas o registro agora obrigatório dos títulos de propriedade abre inúmeros contenciosos entre o uso costumeiro, atestado às vezes ao longo de várias gerações, e o primado jurídico. Além disso, as terras deixadas abandonadas agora podem ser adquiridas, sem prova de sua ocupação, por ricos citadinos cuja residência pode estar muito afastada. Emerge então uma categoria de latifundiários absenteístas, inédita numa Palestina onde as relações de classe eram até então marcadas pela proximidade. Por fim, a administração otomana, preocupada com a transparência fiscal, obstina-se a desmantelar as formas de exploração coletiva, no entanto muito populares nas comunidades dos vilarejos. Os estrangeiros são autorizados em 1867 a comprar terras na Palestina, mas a Sublime Porta, cinco anos depois, decide administrar diretamente o distrito de Jerusalém, dessa forma desvinculado do cargo de governador de Damasco, em razão das muitas formas de ingerências dos consulados europeus na Cidade Santa, elas próprias ligadas à competição entre as potências, por exemplo em nome da "proteção" desta ou daquela comunidade.

As *Tanzimat*, ou seja, as reformas de cima para baixo do Império Otomano, convergem com o *Nahda*, ou seja, o "renascimento" árabe, ao mesmo tempo cultural e político, para consolidar, em todo o Oriente Médio otomano, uma nova classe de notáveis urbanos designados em árabe pelo termo *a'yan*. Essa classe suplantou as elites rurais, vítimas tanto da centralização otomana quanto da reforma fundiária, mas conservou uma estruturação de clã cujo encaixamento de lealdades vale até nas zonas rurais circunvizinhas. A "Terra Santa" da Palestina favorece as famílias detentoras de uma legitimidade religiosa, ou em razão da posição clerical ocupada por um ou por vários de seus membros, ou por causa de uma genealogia prestigiosa, ou em vínculo com um *waaf* importante, esses três elementos podendo naturalmente se combinar. A função de intermediação entre o poder otomano e seus súditos é essencial. Quando o Sultão Abdul Hamid II, assim que sobe ao trono em 1876, decide adotar uma constituição e reunir uma assembleia, com membros designados pelos conselhos provinciais, seis desses 120 deputados vêm da Palestina (Krämer, 2008, p. 94).

Com um parlamentar a cada 20, a Palestina obtém uma representação muito superior a seu peso demográfico no Império, o que atesta a bem-sucedida inserção de seus notáveis nas estruturas otomanas. A lei sobre as municipalidades, votada em 1877, formaliza um sistema de votação baseado no sufrágio censitário com, no caso de Jerusalém, um eleitor para 40 habitantes (Kushener, 1986, p. 40). Desse modo, as elites árabes urbanas se entregam regularmente a uma competição limitada de fato a seus círculos de influência e de clientela, numa sutil dialética com os funcionários otomanos, cuja autoridade, apoiada no poder central, não pode ser exercida sem uma forma de "política dos notáveis" (Hourani, 1968, p. 41). Em contrapartida, a lealdade permanece local nas zonas rurais palestinas, onde a afirmação árabe equivale sobretudo a uma rejeição de um poder "turco", considerado a um só tempo como estrangeiro e predador (Maoz, 1975, p. 371).

O serviço militar desempenha um papel determinante nessa rejeição à ordem otomana, em razão da morte de milhares de soldados palestinos durante a guerra com a Rússia de 1876-1878 (Schölch, 1993, p. 65), ao final da qual o sultão suspende a Constituição e restabelece um regime autocrático. Essas perdas são ainda mais pesadas porque a população da Palestina é avaliada em 1881 pelas fontes otomanas, que excluem os nômades beduínos, em 456 mil habitantes, entre os quais 405 mil mulçumanos, 45 mil cristãos e 15 mil judeus (Laurens, 1999, p. 74). Essas estatísticas, coletadas para fins fiscais, distinguem os súditos por confissão e não levam em conta os cerca de 9 mil judeus que possuem uma nacionalidade estrangeira ou escolheram a proteção de um dos consulados europeus (Laurens, 1999, p. 82). A Sublime Porta teme que a Primeira *Aliá*, iniciada em 1882, facilite as intervenções estrangeiras, daí a exigência de que os novos imigrantes assumam a nacionalidade otomana e os obstáculos burocráticos a seu assentamento.

Como resultado dessa rigidez otomana, é somente em 1891 que os responsáveis palestinos fazem o primeiro protesto contra o projeto sionista. Ele toma a forma de uma petição de notáveis mulçumanos e cristãos de Jerusalém, que pressionam a Sublime Porta para frear a imigração dos judeus estrangeiros e lhes proibir a aquisição de terras. As apreensões árabes são intensificadas pelo Congresso Sionista de 1897 e as primeiras iniciativas de Theodor Herzl. Enquanto a Primeira *Aliá* continuava relativamente discreta, a publicidade agora dada às campanhas sionistas fortalece o regime otomano em sua recusa de princípio, o que arruína os esforços de Herzl para ganhar a simpatia do sultão, inclusive com a mediação, em 1898, do imperador alemão. A colonização sionista continua, no entanto, especialmente pela corrupção dos notáveis locais, ainda que seja num ritmo bem mais lento do que Herzl esperava.

Em 1899, Yussuf Ziya al-Khalidi, prefeito de Jerusalém de 1870 a 1875, depois de 1878 a 1879, decide expressar as angústias árabes diretamente a Herzl. Para tanto, ele redige uma carta em francês, entregue ao líder sionista pelo grande rabino da França. Depois de ter mencionado que os judeus, "para nós árabes, são como primos", Khalidi afirma que o projeto sionista se choca com a "realidade" demográfica da Palestina otomana: "Essa realidade, esses fatos concretos, essa força brutal das circunstâncias não deixam ao sionismo, geograficamente, nenhuma esperança de realização e, o mais importante, é uma perigosa ameaça aos judeus" do Império Otomano. Khalidi, que foi membro do Parlamento de Constantinopla de 1877 a 1878, afirma estar convencido de que "mesmo as nações mais dispostas em relação aos judeus, como os ingleses e os americanos", jamais entrarão "em guerra contra as outras nações para ajudar os judeus a se instalarem na Palestina". E "um movimento popular contra seus correligionários" é inevitável, a não ser que "o movimento sionista, no sentido geográfico da palavra, cesse". Khalidi sugere que Herzl oriente a colonização sionista para uma destinação alternativa", "mas, em nome de Deus, que deixem a Palestina tranquila" (Laurens, 1998, p. 87-88).

O filossemitismo de Khalidi é sincero, pois é expresso no registro clássico do parentesco abraâmico entre judeus e árabes. Seus temores pela Palestina, se ela for entregue ao projeto sionista, também são sinceros, bem como suas advertências sobre os avanços de antissemitismo que esse projeto acabará alimentando. A clarividência de Khalidi sobre o engajamento dos evangélicos anglo-saxões também deve ser notada. E, ainda que não domine as sutilezas do debate sionista, ele evidentemente privilegia o sionismo cultural de Ahad Haam, encorajando ao mesmo tempo uma alternativa territorialista ao objetivo palestino. A resposta de Herzl não tarda, mas permanece no registro da "questão oculta" e de sua negação do nacionalismo palestino, uma vez que o desafio seria apenas o "de que os habitantes compreendam que eles ganharão excelentes irmãos", com os colonos sionistas (Laurens, 1998, p. 89).

O início em 1904, com a morte de Herzl, da Segunda *Aliá* fortalece os piores temores dos notáveis palestinos. Embora as restrições otomanas ainda vigorem, seu esquivamento pelo voluntarismo sionista assume uma extensão inédita. Em 1904, o consulado da França em Jerusalém estima em 40 mil o número de judeus que habitam na Cidade Santa, entre os quais 15 mil de nacionalidade otomana, 10 mil registrados em consulados e 15 mil em situação irregular, que permaneceram para além de sua estada legal de três meses, às vezes por um longo período (Laurens, 1999, p. 138). Já os proprietários absenteístas, cuja fortuna foi feita a partir da reforma fundiária de 1858, eles são os parceiros privilegiados da campanha sionista de aquisição de terras, com 80 a 90% da superfície assim transferida (Kamel, 2015, p. 65). Este é particularmente o caso de Alfred Sursock, um rico empresário de Beirute, cuja propriedade cobre uma das zonas mais férteis do norte da Palestina (Krämer, 2008, p. 83).

Do otomanismo ao arabismo

A Palestina do início do século XX se beneficia das exportações de cítricos e de cereais pelos Portos de Jafa, de Gaza, de Acre e de Haifa. A ordem otomana é garantida por apenas algumas centenas de militares, concentrados sobretudos em Jerusalém (Laurens, 1999, p. 149). Esse recuo da insegurança decorre largamente da sedentarização voluntarista dos beduínos, com o estabelecimento em 1899 do centro administrativo de Berseba, no norte do Neguev. Essa melhoria econômica momentânea alimenta um constante crescimento demográfico, a população da Palestina sendo avaliada, em 1908, pelas fontes otomanas em 645 mil habitantes, entre os quais 545 mil mulçumanos, 70 mil cristãos e 30 mil judeus (Laurens, 1999, p. 146). Os beduínos sedentarizados agora são incluídos nas estatísticas otomanas, que ainda assim continuam excluindo os judeus registrados nos consulados ou em situação irregular.

É nesse contexto que, em março de 1908, uma série de escaramuças em Jafa faz alguns feridos, tanto judeus quanto árabes. Aliás, o que seria uma mera notícia sem importância assume ares de uma queda de braço diplomática, pois os cônsules europeus obtêm do governador de Jerusalém a remoção de seu representante em Jafa, enquanto os responsáveis sionistas se comprometem a afastar os causadores dos transtornos. Quatro meses mais tarde, os Jovens Turcos, que defendem uma reforma radical do Império Otomano, obtêm a adesão do exército na Anatólia e obrigam Abdul Hamid II a restabelecer a Constituição de 1876. Essa "proclamação da liberdade" provoca cenas de júbilo e de fraternização em Jerusalém, onde a Esplanada das Mesquitas é inclusive aberta para uma procissão de fiéis judeus, carregadores das Tábuas da Lei. Segundo o *Times* de Londres, "os imãs os acolhem com entusiasmo, os abraçam, servem-lhes refrescos: todos são irmãos, todos são otomanos" (Lemire, 2012, p. 179). O contraste é impressionante entre os incidentes de Jafa que implicam o Novo *Ishuv* e o tratamento reservado, nessas jornadas revolucionárias de Jerusalém, aos representantes do Velho *Ishuv*.

É um otomanismo constitucional que os Jovens Turcos pretendem então promover, com eleição já em novembro de 1908 de uma assembleia de

288 membros, entre os quais 147 turcos, 60 árabes, 14 armênios e quatro judeus, estes dois últimos grupos podendo ser considerados ao mesmo tempo como confissão e como nacionalidade. Trata-se, uma vez mais, de uma votação censitária de dois níveis, com colégios eleitorais de segundo grau, próprios a cada província, elegendo os parlamentares que terão assento na capital (é preciso em média 500 contribuintes, inscritos nas listas eleitorais, para eleger um membro do colégio eleitoral de segundo grau) (Campos, 2010, p. 110). Ruhi al-Khalidi, sobrinho do antigo prefeito Yussuf Ziya al-Khalidi, e Said al-Husseini, ambos integrantes também da Aliança Israelita de Jerusalém, são eleitos deputados da Cidade Santa. O terceiro representante da circunscrição de Jerusalém é Hafiz Said, um notável de Jafa que já ocupou diferentes cargos na administração regional. Quanto aos *sanjacos* do norte da Palestina, seus deputados são duas personalidades religiosas: o Xeique Ahmed al-Khammash para Nablus e o Xeique Asaad Shuqayri para Acre.

A seção do partido do governo, o Comitê União e Progresso (CUP), em Jerusalém, com 140 filiados, é dirigido por um comitê composto de dez membros, entre os quais cinco mulçumanos, quatro cristãos e um judeu (Albert Antébi, diretor da Aliança Israelita na Cidade Santa, que obtém, aliás, o maior número de votos nessa votação interna) (Campos, 2010, p. 98-99). David Yellin, professor judeu de Jerusalém, candidato malsucedido a deputado, mas membro do colégio de segundo grau, celebra o "amor pela pátria" e pela "nossa Terra Santa" dos deputados Khalidi e Husseini, durante a cerimônia que marcou a partida deles para Constantinopla (Campos, 2010, p. 126). Os judeus de nacionalidade otomana participam, assim, ativamente da vida política palestina. No entanto, a liberalização da imprensa permite o aparecimento sucessivo de inúmeros jornais de língua árabe, primeiro o *Al-Qods* em Jerusalém e *Al-Karmil* (o carmelo) em Haifa, depois *Al-Dustur* (a constituição) em Jerusalém, e por fim *Filastin* (a Palestina) em Jafa. *Al-Karmil* e *Filastin* se distinguem pelo antissionismo, que seus fundadores cristãos (protestantes para o primeiro jornal, gregos ortodoxos para o segundo) formulam em termos nacionalistas mais do que comunitários. O militantismo dessas duas publicações tem como consequência sua constante suspensão pelas autoridades otomanas.

Os Jovens Turcos, ameaçados em abril de 1909 por um movimento contrarrevolucionário em Constantinopla, reagem depondo Abdul Hamid II em benefício de um sultão sem nenhum poder real. O novo regime, mais e mais autoritário, conduz intensas negociações com o movimento sionista, ao qual oferece em vão uma colonização judaica da Mesopotâmia. Ainda que secretas, essas negociações alimentam na Palestina as acusações de conluio entre Jovens Turcos e sionistas. A fundação de Tel Aviv como municipalidade autônoma, distinta de Jafa, confere uma visibilidade inédita ao projeto sionista, enquanto a substituição, para a proteção dos assentamentos judaicos, dos seguranças árabes por militantes da *Hashomer* provoca vários incidentes sangrentos (Laurens, 1999, p. 234-235). A questão sionista torna-se tão sensível que um debate parlamentar lhe é consagrado em Constantinopla em maio de 1911. Nessa ocasião, Ruhi al-Khalidi faz questão de reafirmar que ele também é malsucedido o eleito dos judeus otomanos da Palestina. Em relação aos sionistas, ele ressalta que "os judeus são um grande povo", mas que "deveriam se instalar em outras regiões do Império e assumir a identidade otomana" (Lemire, 2012, p. 203). Aderindo à linha dos Jovens Turcos, Khalidi é reeleito nas eleições de abril de 1912, em que a preponderância do CUP não elimina nenhuma chance da oposição (Laurens, 1999, p. 267).

A humilhação dessa paródia de votação se agrava, em outubro de 1912, com a cessão da Líbia pelos Jovens Turcos para a Itália, que a invadira um ano antes. A perda de um território árabe para um poder acusado de incúria, e até de traição, alimenta as sociedades secretas (Al-Fatat, civil, e Al-Ahd, militar), que, seguindo o modelo italiano, defendem uma forma de nacionalismo árabe. Um novo ciclo de guerras balcânicas semeia o caos em Constantinopla, onde os "três paxás", Enver na Guerra, Djemal na Marinha e Talaat no Interior, impõem pouco a pouco sua ditadura de fato. A França decide fazer o jogo árabe ao acolher em Paris, em julho de 1913, o primeiro Congresso Nacional Árabe. As reivindicações referem-se a uma mais forte participação dos árabes no poder otomano, que além do mais deveria conceder uma autonomia mais ampla às províncias árabes. Dos 25 delegados, em grande parte sírio-libaneses e egípcios, o único representante da

Palestina é Izzar Darwaza, um militante do Al-Fatat em Nablus. Aliás, os congressistas não veem a necessidade de se pronunciar sobre o sionismo, um silêncio denunciado com virulência na Palestina, também pelos jornais *Al-Karmil* e *Filastin* (Nafi, 1998, p. 44). Uma "associação de luta contra o sionismo" é logo depois estabelecida em Nablus, tendo como ambição mobilizar a população palestina contra a colonização judaica.

O ato fundador do arabismo moderno ignorou totalmente, em 1913, a questão do sionismo, e isso três décadas depois da Primeira *Aliá*. Em contrapartida, é a "nação (*umma*) palestina" que os editores do *Filastin* alertam contra a "ameaça da corrente sionista" (Khalidi, 2003, p. 237). Uma contradição surge, assim, desde a origem entre um nacionalismo propriamente palestino e a afirmação de uma identidade árabe com vocação mais ampla. Cada uma dessas correntes tira partido, no entanto, de uma "nação" designada com os termos *watan*, que remete a um patriotismo de tipo moderno, ou *umma*, que representa também a comunidades dos crentes do registro islâmico. O vínculo com a Palestina vai, assim, se enfraquecer, em nome do *watan*, no plano palestino ou panárabe, um nível suplementar de solidariedade islâmica podendo eventualmente aparecer com a invocação da *umma*.

A Primeira Guerra Mundial traz um doloroso esclarecimento entre esses diferentes níveis de fidelidade, uma vez que ela quebra o mito otomano ao opor os dois nacionalismos turco e árabe. Uma nova Sociedade Árabe Revolucionária é estabelecida para trabalhar, como Al-Fatat e Al-Ahd, pela independência da nação (*oumma*) árabe (Ayyad, 1999, p. 60). Em Damasco, Djemal Paxá assume, então, o comando de uma "frente da Palestina" contra o Egito sob protetorado britânico. Nesse cargo estratégico, ele se empenha em reprimir a agitação nacionalista das diferentes sociedades secretas. De fato, Al-Fatat confia a Faisal, um dos filhos do Xerife Hussein, governador otomano de Meca, a negociação com os Aliados, em julho de 1915, de uma sublevação árabe contra a Sublime Porta. Por sua vez, a Grã-Bretanha e a França se comprometem em garantir "a independência dos árabes" nos territórios libertados da autoridade otomana (Filiu, 2015, p. 48-49).

O Xerife Hussein reivindica uma linhagem que remonta a Hachem, bisavô do Profeta Muhammad, por isso o nome "hachemita" para sua dinastia e o prestígio de que goza no Oriente Médio. Foi esse prestígio que levou Al-Fatat a escolher o governador de Meca como seu defensor. Todavia, Djemal Paxá espera sufocar a contestação árabe mandando executar em maio de 1916, em Damasco e em Beirute, 21 personalidades nacionalistas. Três desses "mártires" são palestinos: Mohammed al-Shanti, de Jafa, Ali Omar Nashashibi, de Jerusalém, e Salim Abdel Hadi, de Nablus. Mas o choque desses enforcamentos coletivos, longe de neutralizar o desafio nacionalista, acaba galvanizando a Revolta Árabe, que, iniciada em junho de 1916, se apodera rapidamente de todo o Hejaz, menos da guarnição otomana, sitiada, de Medina.

Os órfãos do Reino Árabe

Paris e Londres, apesar de suas promessas aos insurretos árabes, concluíram secretamente, em maio de 1916, os Acordos Sykes-Picot de partilha do Oriente Médio, o norte para a França e o sul para o Reino Unido, com uma Palestina internacionalizada para neutralizar suas ambições concorrentes. O governo britânico, do qual vem o principal esforço de guerra no Oriente Médio, não hesita, contudo, em violar seus compromissos tanto com os árabes quanto com os franceses ao trazer, pela Declaração Balfour de novembro de 1917, seu apoio ao "estabelecimento de um lar nacional para o povo judeu na Palestina". A revelação dessa dupla traição não dissuade Faisal, cujas tropas árabes avançam para o norte da Transjordânia, de perseverar na aliança com os britânicos. Os combatentes da Revolta Árabe esperam estabelecer a relação de força mais favorável na perspectiva do colapso otomano na Síria.

Esse cálculo também é o de militantes palestinos como Amine al-Husseini, antigo oficial do exército otomano, que desertou em 1917 para organizar, a partir de Jerusalém e sob a autoridade do estado-maior britânico, o recrutamento de voluntários para o exército de Faisal. Enquanto a Palestina está sob a administração militar do Reino Unido, Damasco, conquistada pelas tropas anglo-árabes em outubro de 1918, torna-se o berço do arabismo, notadamente do palestino. Husseini encontra ali as personalidades exiladas pelos otomanos ou que se uniram à Revolta Árabe. Elas o enviam a Jerusalém para ali criar o Clube Árabe, o equivalente do braço palestino do Al-Fatat. O cenário político está em efervescência na Palestina, com a emergência de clubes mais ou menos reivindicativos. As associações islâmico-cristãs tornam-se a ponta de lança da mobilização nacionalista e organizam, em janeiro de 1919, o primeiro Congresso Árabe-Palestino em Jerusalém. Os delegados parecem divididos entre, de um lado, os defensores de que a "Síria do Sul", constituída pela Palestina, fosse anexada a Damasco e, de outro, os partidários da independência da Palestina com um governo constitucional (Nafi, 1998, p. 69).

Os dirigentes sionistas estão atentos a tais dissensões com as quais tentam jogar. Para tanto, são apoiados pelas autoridades britânicas, que seguem de muito perto, em abril de 1918, a viagem de Weizmann pela Palestina. É o governador militar de Jerusalém que convida os notáveis da Cidade Santa a ouvir um discurso de Weizmann, cuja tradução para o árabe ele mesmo faz. As personalidades palestinas insistem então em sua exigência de igualdade dos direitos e dos deveres, o que exclui os privilégios de um "lar nacional do povo judeu". Weizmann se sente muito mais confiante com Faisal, com quem se encontra dois meses mais tarde em Aqaba. Ele o encontra novamente em dezembro em Londres onde o emir, convidado para um jantar por Lorde Rothschild, o destinatário da Declaração Balfour, declara: "Pedimos a liberdade para os árabes e seríamos indignos se não desejássemos, como faço hoje, as boas-vindas aos judeus que retornam a seu país" (Laurens, 1999, p. 439).

Essa declaração é traduzida em inglês pelo Coronel Lawrence, designado pelo serviço de inteligência britânico para auxiliar o chefe militar da Revolta Árabe. O futuro Lawrence da Arábia pressiona Faisal a se conciliar com os sionistas que são os únicos, segundo ele, que podem ganhar o apoio dos Estados Unidos ao projeto de uma monarquia constitucional em Damasco. É nessas condições, e sempre por intermédio de Lawrence, que Weizmann e Faisal assinam, em janeiro de 1919 em Londres, um acordo em inglês autorizando "a imigração judaica para a Palestina, em larga escala". Embora Faisal acrescente uma ressalva em árabe condicionando o acordo à plena independência de um Reino Árabe, ele subordina na verdade os direitos dos árabes da Palestina a seus próprios projetos regionais. Um mês mais tarde, Faisal, ao se manifestar na Conferência de Paz de Paris, declara "deixar de lado a Palestina em razão de seu caráter internacional" (Laurens, 1999,). É a segunda vez, menos de seis anos depois do Congresso Árabe de Paris, que as aspirações da população palestina são deixadas de lado em nome do nacionalismo árabe. E esta não será a última vez.

A oposição ao sionismo é, no entanto, o único elemento de consenso das diferentes conversas conduzidas em junho de 1919, em toda a Palestina, pela comissão que deveria coletar a opinião das populações envolvidas sobre os futuros mandatos da SDN. Essa comissão, boicotada pela França e pela Grã-Bretanha, é copresidida por dois próximos do Presidente Americano Wilson: o universitário Henry King e o empresário Charles Crane. Antes mesmo de continuar sua missão no Oriente Médio, eles afirmam à Casa Branca que só uma poderosa força armada poderá impor o programa sionista na Palestina (Laurens, 1999, p. 475). Mas é somente na reunião em Damasco, em julho de 1919, de um Congresso Geral Sírio em que se assentam inúmeros delegados da Palestina, que Faisal esclarece e endurece sua posição sobre o sionismo. Com efeito, a Assembleia adota uma resolução que rejeita a Declaração Balfour e a imigração sionista, proclamando ao mesmo tempo a igualdade dos direitos de "nossos compatriotas judeus" (Kayyali, 1985, p. 76).

É em abril de 1920 que os tumultos intercomunitários eclodem efetivamente em Jerusalém, com um saldo de cinco judeus e de quatro árabes mortos. O governador britânico decide demitir o prefeito da Cidade Santa, Moussa Kazem al-Husseini, ordenando também a prisão de militantes árabes e, para causar boa impressão, a de Jabotinsky, logo libertado em razão de uma campanha de todas as organizações sionistas em seu favor. Os nacionalistas palestinos, que apostam num boicote da administração militar, esperam constrangê-la ao deixar a prefeitura vacante. Mas Ragheb Nashashibi aceita a oferta britânica de se tornar prefeito de Jerusalém, dividindo permanentemente as elites locais entre pró-Husseini "radicais" e pró-Nashashibi "moderados". Os britânicos se mostram, assim, capazes de conduzir na Palestina uma política dos notáveis tão hábil quanto a anteriormente praticada pelos otomanos.

Pouco depois, a Conferência de San Remo decide atribuir mandatos da SDN ao Reino Unido sobre a Palestina e o Iraque, bem como à França sobre a Síria. Três meses depois, as tropas francesas se apoderam de Damasco, causando o colapso do Reino Árabe e a fuga de Faisal, seu efêmero soberano. Os defensores de uma anexação da Palestina à Síria devem admitir sua amarga derrota, enquanto Moussa Kazem al-Husseini, o prefeito destituído de Jerusalém, declara: "Precisamos revisar completamente nossos planos, pois a Síria do Sul não existe mais e devemos defender a Palestina" (Khalidi, 2003, p. 252). Mas os nacionalistas propriamente palestinos absorvem no mesmo momento o choque da nomeação de Herbert Samuel como alto-comissário britânico em Jerusalém. Esse sionista convicto, colocado no comando da administração civil que sucede a três anos de governo militar, retoma a imigração judaica e nega qualquer representatividade às associações islâmico-cristãs.

Essas associações e os clubes nacionalistas organizam, no entanto, em dezembro de 1920 em Haifa, um novo Congresso Árabe-Palestino que representa o ato fundador do nacionalismo palestino, sete anos depois daquele do nacionalismo árabe em Paris. Moussa Kazem al-Husseini, com 67 anos, preside os trabalhos como decano. Assim como os congressistas parisienses esperavam em 1913 convencer o poder otomano da pertinência de suas reivindicações, os delegados de Haifa pedem "à Grã-Bretanha o direito de tomar a iniciativa de formar um governo nacional responsável diante de uma Câmara dos Deputados que elegeriam os membros do povo que falam a língua árabe e moravam na Palestina no começo da guerra" (Laurens, 1999, p. 546). Na verdade, é o sionismo, e não o Reino Unido, que é designado como o inimigo das aspirações do "povo árabe-palestino" (Laurens, 1999, p. 546). Husseini é eleito à liderança do Comitê Executivo encarregado de implantar essas resoluções. Em setembro de 1921, a "delegação árabe da Palestina" defende junto à SDN, em Genebra, a ilegalidade do mandato britânico, cujos termos previstos "nos privam do direito de dispor de nós mesmos" e "nos retiram os mínimos direitos políticos dos quais desfrutamos durantes séculos" (Laurens, 1999, p. 585).

A invenção do grão-mufti

Diante da crescente afirmação desse nacionalismo palestino, Samuel realiza uma brilhante manobra de neutralização. Em abril de 1921, ele consegue a designação de Amine al-Husseini, com apenas 26 anos, para o cargo de mufti de Jerusalém, que estava vacante pela morte de seu meio-irmão. O alto-comissário, que anistiara esse militante nacionalista processado após os tumultos em Jerusalém de abril de 1920, agora pode jogar a carta de que está apaziguando o Congresso Árabe-Palestino, presidido por Moussa Kazem al-Husseini, tio de Amine. Quanto à juventude do novo dignitário, ela é sublimada por sua qualidade de hadji, ostentada depois da peregrinação realizada até Meca em 1913. Além do mais, ele é agraciado com o título de "grão-mufti", importado do Egito e inédito na Palestina, que transpõe ao campo islâmico a centralização da administração britânica em Jerusalém, uma vez que o grão-mufti tem agora autoridade sobre os muftis dos diferentes distritos do país. O processo é concluído com as eleições de janeiro de 1922 para o Conselho Supremo Islâmico (CSI), baseado no colégio eleitoral otomano de segundo grau. O desafio dessas eleições não é nada menos do que a supervisão das inúmeras fundações constituídas na Palestina à maneira do *waaf*. O CSI representa, depois da administração britânica, o segundo empregador da Palestina, com as resultantes redes de clientela (Nafi, 1998, p. 92).

Desse modo, Samuel consegue contornar a recusa árabe de participar de uma votação que legitima o mandato britânico cuja carta incorpora, em julho de 1922, a Declaração Balfour, e, portanto, a negação dos direitos nacionais da população árabe, reduzida a ser apenas um amálgama de "comunidades não judaicas". Mas o alto-comissário também conseguiu islamizar um cenário político em que a mobilização nacionalista retirava sua força da aliança entre muçulmanos e cristãos sob a bandeira da Palestina árabe. Ele aprisionou, sobretudo, as elites palestinas num enfrentamento entre os partidários dos Husseini, vitoriosos da eleição do CSI, e os dos Nashashibi, cooptados pela prefeitura de Jerusalém. Essa rivalidade, desastrosa para o futuro do nacionalismo palestino, logo adquire uma dimensão interárabe. Pois os Nashashibi podem contar com o apoio de Abdallah, emir da recentíssima Transjordânia, e de Faisal, seu irmão, instalado por Londres no trono do Iraque. Diante dos dois soberanos hachemitas, os Husseini se voltam para o Egito, independente desde fevereiro de 1922, e depois para os vaabitas de Ibn Saud, que se apoderam de Meca em outubro de 1924, obrigando o Xerife Hussein ao exílio, embora seu reino só passe a se chamar "Arábia Saudita" oito anos mais tarde.

Quando uma sublevação nacionalista eclode, em julho de 1925, na Síria sob mandato francês, Hadji Amine al-Husseini lidera, na Palestina, o movimento de solidariedade para com os insurretos. As autoridades britânicas toleram todas essas coletas e manifestações porque os *slogans* antifranceses começam a eclipsar em Jerusalém os *slogans* antissionistas (Laurens, 2002, p. 93). Em junho de 1926, o grão-mufti de Jerusalém traz seu apoio ao Congresso Islâmico que Ibn Saud reúne em Meca, oficialmente para debater a organização da peregrinação. Mas esse conclave visa, de fato, legitimar a vitória dos vaabitas sobre os hachemitas, vitória que suscita ainda vivas apreensões no mundo muçulmano em razão do fundamentalismo militante dos novos senhores dos lugares santos. Em agosto de 1928, Husseini vai ainda mais longe publicando em Jerusalém, com nacionalistas sírios, uma declaração exigindo a restauração do Reino Árabe de Damasco, desta vez com um filho de Ibn Saud no trono, e a anexação da Palestina (Laurens, 2002, p. 155).

Essa política árabe cada vez mais cindida do grão-mufti é acompanhada de uma polarização inédita entre muçulmanos e cristãos no seio da população palestina. O Congresso Internacional das Missões Protestantes, que ocorre em Jerusalém em março de 1928, desperta uma onda de protestos que compara os imperialistas atuais aos cruzados medievais. Izzat Darwaza, único delegado palestino no Congresso Árabe de Paris, em 1913, adere, 15 anos mais tarde, a esse discurso islamizante, que o grão-mufti alimenta nos bastidores (Laurens, 2002, p. 97). A relativa super-representação dos cristãos em relação aos muçulmanos na administração do mandato britânico também é objeto de amargas polêmicas (Laurens, 2002, p. 110). A Associação da Juventude Muçulmana é fundada em abril de 1928 em Nablus, inspirando-se e rejeitando a um só tempo a YMCA (Young Men Christian Association), movimento anglo-saxão muito presente em Jerusalém, com o apoio ativo das autoridades britânicas.

Moussa Kazem al-Husseini é, desde o Congresso Árabe-Palestino de 1920, reconduzido à presidência do Executivo árabe encarregado do acompanhamento das resoluções adotadas. Ele tenta travar a deriva confessional no decorrer do congresso de junho de 1928 em Jerusalém, em que um quarto dos delegados são cristãos, ao passo que os cristãos representam apenas um oitavo da população árabe. Os 38 membros do Comitê Executivo, entre os quais 12 cristãos, condenam na qualidade de "palestinos", sem sequer mencionar sua identidade árabe, o "regime colonial absoluto" imposto a seu país (Laurens, 2002, p. 101). No entanto, o Presidente Husseini se choca contra a determinação de seu sobrinho, o grão-mufti de Jerusalém, de perseverar na internacionalização árabe e na islamização retórica da causa palestina. Durante a celebração do *Yom Kippur* no Muro das Lamentações, em setembro de 1928, a instalação de um biombo entre homens e mulheres provoca um desentendimento com os muçulmanos, que condenam uma violação do *status quo*. É o bastante para que o grão-mufti reúna, um mês depois, um Congresso Muçulmano, com uma forte presença dos nacionalistas sírios, que atribui aos palestinos a missão de defender, em Jerusalém, o terceiro lugar santo do Islã (Laurens, 2002, p. 160).

A incapacidade das autoridades britânicas de definir uma interpretação incontestável do *status quo*, que judeus e muçulmanos se acusam sucessivamente de violar, deixa o terreno livre para um reinício dos incidentes em torno do Muro das Lamentações em agosto de 1929. Embora o saldo dos tumultos, que se espalham pela Palestina, seja da ordem de 130 mortos em cada uma das duas populações, os sionistas denunciam um *pogrom* fomentado pelo Mufti Husseini, cujos partidários acusam por sua vez os judeus de terem desejado se apoderar de Al-Aqsa. Um congresso desta vez árabe, mais do que muçulmano, reúne em outubro em Jerusalém cerca de mil delegados vindos de toda a Palestina, mas também da Transjordânia, da Síria e do Iraque. A emoção é tanto mais forte porque três rebeldes árabes foram condenados à morte (o único condenado judeu pelos tumultos de agosto de 1929 será agraciado). Celebrados como mártires, os três militantes, pouco antes do enforcamento, em junho de 1930, pedem "que os árabes de todos os países, bem como os muçulmanos, se dediquem a libertar a Palestina de seus sofrimentos" (Laurens, 1998, p. 423).

O grão-mufti dá mais um passo ao reunir, em dezembro de 1931 em Jerusalém, um Congresso Islâmico cujos 145 delegados são em sua maioria sírios e palestinos, mas com uma representação do Iraque, do Líbano, do Magrebe, da Índia e do Irã. É Abderrahmane al-Azzam, chefe do Partido Nacionalista Wafd, que chefia a delegação egípcia, uma participação que o próprio Hadji Amine al-Husseini foi negociar no Cairo. Esse congresso é consagrado à defesa dos lugares santos muçulmanos e à luta contra a imigração e a colonização judaicas. À margem desse congresso, Awni Abdel Hadi, um próximo do grão-mufti, reúne os nacionalistas árabes então presentes em Jerusalém para adotar uma Carta proclamando que "os países árabes formam uma unidade completa e indivisível" (Laurens, 2002, p. 227). Os dirigentes britânicos autorizaram essas reuniões, dando, assim, provas de boa vontade aos muçulmanos da Índia, bem como aos nacionalistas árabes, cuja hostilidade era, portanto, mais dirigida contra a França.

Hadji Amine al-Husseini busca, com tais iniciativas internacionais, se impor tanto no centro do cenário palestino quanto como interlocutor privilegiado das autoridades britânicas. Em dezembro de 1933, ele se compromete com o alto-comissário a moderar o militantismo árabe, propondo ao mesmo tempo suspender a imigração judaica e considerar o "lar nacional" de uma vez por todas constituído pelo povo judeu na Palestina. De fato, as manifestações árabes de janeiro de 1934 se desenrolam de forma calma, ao passo que os protestos de outubro de 1933 resultaram na morte de cerca de 30 pessoas. A morte, em março de 1934, de Moussa Kazem al-Husseini, enterrado na Esplanada das Mesquitas, deixa vacante a direção do Executivo árabe, o que reforça a estatura nacional de seu sobrinho. O grão-mufti conduz então uma mediação entre a Arábia Saudita e o Iêmen, invadido por seu vizinho do norte. Embora essa mediação palestina não chegue a frear o conflito (concluído, em junho de 1934, com um tratado de paz muito favorável ao agressor saudita), Hadji Amine al-Husseini se impõe no jogo interárabe, respeitando ao mesmo tempo suas relações com Ibn Saud. Em reação, os Nashashibi se aproximam ainda mais do Emir Abdallah da Transjordânia e de seu sobrinho Ghazi, sucessor de Faisal, morto em 1933 ocupando o trono do Iraque.

A Grande Revolta Árabe

A duplicação da população judaica na Palestina, entre 1932 e 1936 (Halevi, 1983, p. 458), provoca tamanha pressão sobre os autóctones árabes que uma série de incidentes resulta, em abril de 1936, numa sublevação nacionalista. A greve geral dessa Grande Revolta Árabe é acompanhada de ações de guerrilha nos campos. Os comitês locais, que emergem graças à insurreição, obrigam os partidários dos Hussein e dos Nashashibi a suspender suas disputas. Um Alto-Comitê Árabe é constituído sob a presidência do grão-mufti, mas com a participação de seus rivais. Essa dinâmica unitária alimenta um movimento de desobediência civil de uma extensão inédita.

Entretanto, a travessia do Jordão em agosto de 1936 por 200 combatentes sírios e iraquianos liderados por Fawzi al-Qawuqji causou confusão entre os insurretos. Qawuqji, veterano sírio da revolta árabe de 1916 e da sublevação de 1925 na Síria, proclama-se, com efeito, "comandante e chefe da revolução" na Palestina, uma pretensão apoiada pelos soberanos hachemitas do Iraque e da Transjordânia. As tensões aumentam com Abdelkader al-Husseini, filho de Moussa Kazem e primo de Hadji Amine, que conduz os comandos palestinos do "*Jihad* Nacional Sagrado", proclamado pelo Alto-Comitê Árabe (Laurens, 2002, p. 320). Essas tensões são agravadas pela cooperação que liga Qawuqji aos chefes de grupo ligados aos Nashashibi nas regiões de Jenin e de Nablus (Cohen, 2008, p. 108).

A diplomacia britânica tenta mobilizar os monarcas árabes para frear a sublevação. O Emir Abdallah, cujos contatos com a Agência Judaica nunca cessaram, mesmo durante a sublevação, presta-se de bom grado à manobra. Quanto ao Rei Ghazi do Iraque, ele dá carta-branca a seu primeiro-ministro, Nuri Said, muito próximo de Londres. Só falta a adesão de Ibn Saud, que se impressiona com a firmeza demonstrada pela Grã-Bretanha. Em outubro de 1936, o rei da Arábia alerta o Alto-Comitê Árabe sobre os "resultados desastrosos que a greve poderia causar" (Laurens, 1998, p. 482). Em seguida é a vez dos três soberanos também pedirem ao Alto-Comitê Árabe para "restabelecer a paz e a ordem a fim de evitar outros derramamentos de sangue", em nome de sua "confiança na boa vontade do governo de Sua Majestade Britânica" (Laurens, 1998, p. 481). E é "de acordo com nossos irmãos os reis árabes e o Emir Abdallah" (Laurens, 2002, p. 327) que o Alto-Comitê Árabe decreta, ao final de seis meses, o fim da greve geral.

Londres conseguiu, assim, usar a internacionalização árabe da questão palestina para colocar um fim à campanha de desobediência civil, que inquietava muito mais do que a insurreição armada. Quanto a Qawuqji, ele suspende solenemente suas operações, reprime os oponentes ao cessar-fogo na região de Nablus e atravessa o Jordão dirigindo-se, com seus partidários, ao Iraque, onde é festejado como herói. Os guerrilheiros palestinos veem na complacência inglesa para com Qawuqji a confirmação de suas piores suspeitas e recusam, em contrapartida, o desarmamento. Eles censuram o Alto-Comitê Árabe por ter concordado com o fim da greve sem nenhuma contrapartida, já que uma nova cota de vistos de imigração é concedida à Agência Judaica em novembro de 1936. Hadji Amine al-Husseini evita a desmoralização anunciando um boicote árabe à Comissão Real para a Palestina, presidida por Lorde William Peel.

Uma vez mais, a Grã-Bretanha pode contar com os soberanos do Iraque e da Arábia Saudita para superar, em janeiro de 1937, a relutância do Alto-Comitê Árabe em cooperar com a Comissão Peel. Esta também pode contar, durante seu deslocamento a Amã, com a boa vontade do Emir Abdallah. Quanto a Hadji Amine al-Husseini, ele continua a cultivar seu relacionamento com Ibn Saud, de quem é convidado pessoal durante a peregrinação a Meca em fevereiro. Esse jogo do grão-mufti tendo o soberano saudita como um contrapeso à influência hachemita reacende a rivalidade entre os Husseini e os Nashashibi, que se retiraram do Alto-Comitê Árabe em julho. O nacionalismo palestino, já enfraquecido pela retomada, pouco mais de um ano depois, dessas disputas na cúpula, recebe com surpresa a publicação do Plano Peel e de seu projeto de partição da Palestina*. O Alto-Comitê Árabe está reduzido a uma condenação tão virulenta quanto impotente, enquanto o grão-mufti se refugia na Esplanada das Mesquitas, que deveria ser inviolável, e o Emir Abdallah se felicita pela anexação do futuro Estado árabe à Transjordânia.

---

* *Cf.* mapa 4.

A derrota infligida ao nacionalismo palestino encoraja as pretensões panárabes, com a reunião no Líbano, em setembro de 1937, de um Congresso de Solidariedade Árabe cujo vice-presidente, o ex-ministro egípcio Alluba Paxá, declara que "a Palestina não pertence aos palestinos, mas aos árabes" (Laurens, 2002, p. 370). Pouco depois, o comandante britânico da Galileia foi assassinado por insurretos árabes, acarretando, em represália, a destituição do grão-mufti e a deportação de vários membros do Alto-Comitê Árabe para as Seychelles. Mas Hadji Amine al-Husseini consegue escapar da perseguição britânica e fugir por mar para Beirute, onde é interceptado pelos serviços de segurança franceses e colocado em prisão domiciliar. Paris, que reprovara amargamente Londres por sua complacência para com a agitação nacionalista na Síria, agora está se vingando. Além disso, Darwaza, que se refugiara em Damasco, organiza em nome do grão-mufti o apoio à insurreição na Palestina, e isso graças às contribuições arrecadadas no Egito e no Iraque, entre outros lugares.

É Abdelkader al-Husseini que, do centro do país, se impõe como chefe de uma guerrilha cujas unidades tentam cobrir todo o território. Uma forma de justiça revolucionária é aplicada, não apenas contra os colaboradores do exército britânico, mas também para resolver as disputas nas comunidades rurais. Os rebeldes conseguem tomar Hebron temporariamente em agosto de 1938, Berseba em setembro e a cidade velha de Jerusalém em outubro. Esses sucessos apoiam-se em raízes locais muito fortes e na recusa às ingerências estrangeiras, prevalecendo uma oposição unânime a qualquer retorno de Qawuqji. A oferta da Irmandade Muçulmana egípcia de enviar voluntários é firmemente rejeitada, e o emissário que eles enviam é assassinado pelos insurretos, que o suspeitam de espionagem para os britânicos (Filiu, 2012, p. 360).

A chegada de importantes reforços britânicos, liderados por veteranos da contrainsurreição na Irlanda e apoiados por milhares de combatentes temporários judeus, precipita o fim da Grande Revolta Árabe na Palestina. Em fevereiro de 1939, Londres sedia uma conferência sobre a Palestina no palácio de Saint James, onde as delegações judaica e árabe permanecem em duas salas separadas. O Iraque está representado pelo Primeiro-Ministro Nuri Said, a Arábia Saudita pelo Príncipe Faisal, filho de Ibn Saud, e o Egito por Ali Maher, antigo (e futuro) chefe do governo. Esses Estados árabes pressionam primeiramente Jamal al-Husseini, nomeado por seu primo, o grão-mufti, como chefe da delegação palestina, para que ele associe os Nashashibi a essa delegação. Mas os dirigentes árabes, uma vez imposta essa unidade de fachada à representação palestina, entregam-se às suas próprias disputas. De fato, o filho de Ibn Saud passa o resto da conferência contestando os projetos de Nuri Said para a união árabe, projetos aos quais a Arábia Saudita se opõe em razão de sua hostilidade histórica contra os hachemitas.

A Conferência de Saint James resulta, no entanto, em maio de 1939, na publicação de um Livro Branco sobre a Palestina, em que as autoridades britânicas concedem um lugar inédito às reivindicações árabes; a partição, considerada dois anos antes, é rejeitada em favor da perspectiva de um "Estado palestino independente" e binacional, ao passo que a imigração judaica é limitada a 75 mil pessoas nos próximos cinco anos. Embora o Livro Branco suscite uma campanha vigorosa de protesto dos dirigentes sionistas, ele também é rejeitado pelo Alto-Comitê Árabe. O responsável por esse bloqueio é Hadji Amine al-Husseini, cujo retorno à Palestina é recusado pelos britânicos. O grão-mufti, radicalizado num exílio que o afasta das realidades palestinas, permanece suficiente forte para neutralizar qualquer concorrente sério na Palestina, mas permanece demasiado enfraquecido para propor uma alternativa mobilizadora ao Livro Branco.

Reduzido a ser somente um estorvo, Hadji Amine al-Husseini decide em outubro de 1939 se estabelecer no Iraque e não na Arábia Saudita. O grão-mufti, logo seguido por Jamal al-Husseini, tenta inutilmente obter concessões de Londres por intermédio do primeiro-ministro, o anglófilo Nuri Said (o trono está ocupado pelo Regente Abdelilah, pois o Rei Ghazi morreu num acidente em 1939 e o príncipe herdeiro ainda é menor de idade). A substituição na liderança do governo iraquiano, em março de 1940, de Said por Rachid al-Kaylani, favorável a uma reaproximação com o Eixo, encoraja Hadji Amine al-Husseini a enviar um emissário a Berlim e depois a escrever diretamente a Adolf Hitler, ao qual pede que "ajude os árabes a destruir as pretensões sionistas" (Laurens, 2002, p. 459). É nesse espírito que o grão-mufti, em abril de 1941, apoia o golpe de Estado pró-nazista de Kaylani. Enquanto o regente e Nuri Said fogem do Iraque, o apoio alemão aos golpistas transita pelos aeroportos da Síria, colocados à disposição de Berlim pelo regime de Vichy.

A resposta de Londres a esse avanço hitlerista no Oriente Médio é fulgurante. Em junho de 1941, as tropas britânicas se apoderam de Bagdá, da qual Kaylani e Husseini fogem para se refugiarem no Irã. O Regente Abdelilah retorna ao trono do Iraque e Nuri Said à liderança do governo. No mês seguinte, o exército de Pétain é derrotado na Síria e no Líbano, e a Grã-Bretanha entrega ao General De Gaulle o mandato francês sobre esses dois países. Qawuqji, ferido nos combates contra os anglo-gaullistas, é condecorado por Vichy e transferido para a Alemanha para cuidados médicos. Em agosto, os britânicos e os soviéticos ocupam conjuntamente o Irã, derrubando Reza Shah, demasiado ligado a Berlim, e instalam seu filho no trono. O grão-mufti e Kaylani fogem para a Turquia e depois vão para a Itália fascista, antes de encontrar refúgio na Alemanha nazista, onde se colocam a serviço do *Führer*.

De fato, é a aposta constante de Hadji Amine al-Husseini numa arabização da questão palestina que o conduz a esse escandaloso alinhamento ao regime hitlerista. O impacto desse alinhamento é, contudo, muito fraco na Palestina, onde o número de engajados no exército britânico é comparável entre os árabes (7.578) e entre os judeus (10.483) (Laurens, 2002, p. 505). O grão-mufti conduz sobretudo uma ação de propaganda ao convocar um *jihad* contra os aliados na imprensa do Eixo. Somente na Bósnia é que ele consegue contribuir efetivamente no recrutamento de combatentes temporários muçulmanos para o exército nazista, enquanto seus esforços fracassam lamentavelmente no mundo árabe. Embora os nacionalistas árabes que permaneceram na Palestina o acusem de ter "vendido" sua causa a Berlim (Laurens, 2002, p. 482), ele ainda tem prestígio suficiente para que nenhuma personalidade com um estofo comparável surja no cenário palestino.

A "Nakba" da Liga

O colapso do Terceiro Reich provoca um novo exílio de Hadji Amine al-Husseini, desta vez na Suíça. As autoridades desse país o entregam à França em maio de 1945, ao mesmo tempo em que o marechal Pétain. Colocado em prisão domiciliar na periferia parisiense, o mufti retoma suas grandes manobras árabes, principalmente em sua correspondência com Abderrahmane al-Azzam, então chefe da delegação egípcia, que ele em 1931 convidara ao Congresso Islâmico de Jerusalém. Com efeito, Azzam tornou-se o secretário-geral da Liga dos Estados Árabes, fundada em março de 1945 no Cairo pelo Egito, Iraque, Arábia Saudita, Transjordânia, Síria e Líbano. A Palestina é membro de direito dessa Liga, mas sua representação é garantida por rodízio dentro do Alto-Comitê Árabe, reconstituído depois de uma nova reconciliação entre os Husseini e os Nashashibi. No entanto, é o grão-mufti que continua a dominar os debates.

Em maio de 1946, ele escapa da vigilância francesa, graças à ajuda do cônsul sírio em Paris, e vai para o Cairo, onde obtém asilo político. Seu estabelecimento no Egito permite influenciar ainda mais o Alto-Comitê Árabe, que ele obriga a boicotar, em setembro de 1946, a Conferência de Londres sobre a Palestina. Em contrapartida, os Estados árabes aceitam o convite britânico e propõem conceder aos judeus uma autonomia comunitária e não direitos nacionais, numa Palestina independente onde eles representarão um terço da população. O grão-mufti retalia conseguindo que o Alto-Comitê Árabe endosse uma posição maximalista que só reconhece a cidadania da futura Palestina aos judeus instalados antes de 1917. Quando o Reino Unido transfere para a ONU a responsabilidade de definir o futuro da Palestina, o grão-mufti persevera nesse extremismo obrigando as personalidades palestinas a boicotar, em junho de 1947, a Comissão da ONU que veio a Jerusalém auditar as partes envolvidas. Essa comissão dirige-se em seguida a Beirute, onde os representantes dos Estados-membro da Liga Árabe lhe afirmam coletivamente que, em caso da partilha da Palestina, "a um Estado estabelecido pela violência, os Estados árabes serão forçados a opor a violência" (Laurens, 2002, p. 584).

Nem por isso a Assembleia Geral da ONU deixa de votar, em novembro de 1947, o plano de partilha da Palestina, com o apoio determinante dos Estados Unidos. Essa decisão histórica revela o descompasso cruel entre os discursos inflamados das partes árabes e seus engajamentos concretos. Abdallah da Transjordânia viola seus engajamentos para com a Liga Árabe e negocia secretamente com a direção sionista a anexação dos territórios atribuídos ao Estado árabe pelo plano de partilha. O soberano hachemita, cujo emirado tornou-se um "reino" no final, em 1946, do mandato britânico, sonha em realizar sob sua coroa "a união das duas margens" do Jordão. Quanto às unidades palestinas que o grão-mufti pretende animar a partir do Líbano, elas estão mediocramente armadas e muito mal coordenadas. A autoridade de Abdelkader al-Husseini, com seu prestígio de chefe da Grande Revolta de 1936, só é exercida verdadeiramente na região de Jerusalém.

O retorno de Qawuqji e de seus voluntários árabes, infiltrados da Síria a partir de janeiro de 1948, relança a rivalidade miliciana entre o norte e o centro da Palestina. Esse Exército de Socorro Árabe (*jaysh al-inqâdh al'arabî*), constituído sob a égide da Liga Árabe, é com demasiada frequência traduzido na historiografia ocidental como "Exército de Libertação Árabe", embora ainda não houvesse, por definição, territórios a "libertar". Qawuqji, recebido em março de 1948 em Amã pelo Rei Abdallah, compartilha com ele uma profunda hostilidade em relação aos Husseini. No mesmo momento, Hassan al-Banna, fundador da Irmandade Muçulmana, galvaniza, não longe de Gaza, os islamistas palestinos e egípcios que juntos vão dar início a ataques muito ineficazes contra os assentamentos sionistas na zona (Filiu, 2012, p. 71). Frear o impressionante êxodo da população árabe exigiria muito mais do que essas intervenções pontuais.

Em abril de 1948, Abdelkader al-Husseini se dirige a Damasco para pedir ao comitê militar da Liga Árabe que priorize a batalha de Jerusalém. Mas os chefes árabes preferem apostar tudo em Qawuqji e suas operações na Galileia. Husseini os acusa de traição e lhes diz que "A História os condenará" (Laurens, 2007, p. 73). De volta à Palestina, ele é morto pouco depois na retomada de um vilarejo estratégico na estrada de Jerusalém. A eliminação desse comandante carismático entrega o destino da população palestina às intrigas e às manobras dos regimes árabes. O Egito pressiona para que o Rei Abdallah seja nomeado comandante supremo das forças árabes, acreditando que isso o conterá. Cabe, portanto, a um soberano em negociações secretas com os sionistas encarnar militarmente a solidariedade árabe na Palestina. Além disso, é somente em 9 de maio, seis dias antes da expiração do mandato britânico, que a Liga Árabe inicia o planejamento de suas futuras operações.

A primeira guerra árabe-israelense eclode em 15 de maio de 1948, no dia seguinte ao da proclamação do Estado de Israel, com o que é geralmente apresentado pela coalisão árabe como "a invasão" de Israel. Mas uma grande parte das operações se desenrola, não no território atribuído ao Estado judeu pela ONU, mas naquele atribuído ao Estado árabe. O que não altera em nada o fato de que são os Estados árabes que coletivamente tomaram as iniciativas das hostilidades. Os efetivos engajados são da ordem de 10 mil egípcios, 4.500 transjordanianos, 1.500 sírios e 1.000 libaneses, aos quais se juntam um contingente de 1.500 iraquianos e outro de 1.500 sauditas. Embora leve em conta os milhares de milicianos palestinos, já bem experientes, o conjunto heterogêneo dessas forças árabes permanece inferior em número aos 30 a 35 mil combatentes do recém-criado exército israelense (Filiu, 2021, p. 267). Além disso, essa coalisão só existe no papel, em razão da contradição entre, de um lado, seus objetivos declarados e, de outro, a união tácita entre Israel e a Transjordânia.

À medida que Israel progride em sua conquista da Palestina e que o êxodo da população árabe se agrava, a rivalidade na representação dos palestinos se acentua entre o Egito e a Transjordânia. Em 30 de setembro de 1948, na cidade de Gaza controlada pelo exército egípcio, Hadji Amine al-Husseini preside um Conselho Nacional Palestino que proclama a independência da Palestina, com Jerusalém como capital. A assembleia concede sua confiança a um Governo de Toda a Palestina (GTP), com a liderança de Ahmed Hilmi, colaborador do grão-mufti, exilado pelos britânicos nas Seicheles de 1937 a 1939. No mesmo momento, um Congresso Palestino ocorre em Amã e presta fidelidade ao Rei Abdallah. Ele é o único chefe de Estado árabe a se recusar a reconhecer o GTP, que, diante da ofensiva israelense, deve em breve evacuar Gaza para se tornar algo sem função no Cairo, simples caixa de ressonância das ambições de Hadji Amine al-Husseini. Em contrapartida, em 1º de dezembro, um novo Congresso Palestino ocorre em Jericó e renova a fidelidade de centenas de notáveis palestinos ao trono hachemita.

A *Nakba*, como os palestinos chamam a "catástrofe" que se abate sobre eles em 1948, vê então o território da Palestina mandatária dividido entre os 77% de sua superfície absorvidos por Israel e os 22% residuais da Cisjordânia, como é designado o espaço anexado pelo Rei Abdallah à Transjordânia para fundar seu reino hachemita da Jordânia*. A linha verde definida pelo armistício entre Israel e a Jordânia de abril de 1949 atravessa Jerusalém, cujo setor ocidental é atribuído a Israel e o oriental à Jordânia. Quanto ao Egito, ela se recusa a anexar a Faixa de Gaza, como é denominado o 1% da Palestina mandatária agora sob seu controle. Mas ele evita transmitir esse território ao GTP e conserva sua administração militar. Para todos os regimes árabes, humilhados por sua derrota perante Israel, a Palestina tornou-se preciosa demais para confiá-la aos palestinos.

As pesadas perdas dos exércitos árabes diante de Israel, com mais de um soldado morto a cada dez engajados (Laurens, 2007, p. 194), alimentam, em todos os países envolvidos, a convicção de que o sangue derramado legitima o direito de falar em nome da Palestina. Além do mais, o naufrágio do grão-mufti e de seu GTP priva a população palestina, traumatizada pelo exílio e pela dispersão, de uma direção digna de nome. Como tanto o Egito quanto a Jordânia temem que um deles manipule uma forma de representação palestina, um consenso árabe padrão emerge, em março de 1949 em Beirute, a favor da ausência de uma delegação palestina na Conferência de Paz que a ONU abre, no mês seguinte, em Lausanne. Essa conferência se conclui alguns meses mais tarde com um fracasso, colocando a região num constante período intermediário nem de guerra, nem de paz. Quanto aos palestinos, reduzidos a ser apenas um povo de refugiados, eles terão de esperar um quarto de século para que sua representação tenha assento em pé de igualdade no concerto árabe.

---

* *Cf.* mapa 5.

O longo percurso dos fedains

O choque da *Nakba* desestabiliza permanentemente o Oriente Médio árabe, em que a questão palestina está no centro das rivalidades entre os regimes, bem como as lutas de poder no interior de cada um desses regimes. O chefe de estado-maior sírio, o Coronel Hosni Zaim, toma o poder em Damasco, em março de 1949, por um golpe de Estado que lhe permite escapar da investigação parlamentar sobre as falhas na guerra com Israel. Ele propõe a Ben Gurion acolher 350 mil refugiados palestinos na Síria, mas o primeiro-ministro israelense concede a prioridade à conclusão de um acordo de cessar-fogo, efetivo em julho (Segev, 2019, p. 507). De todo modo, Zaim é deposto e assassinado no mês seguinte por um de seus subordinados, que também é deposto e assassinado em dezembro de 1949. Esse encadeamento de golpes endurece a retórica militante dos sucessivos dirigentes, que reivindicam agora para a Síria, e contra o Egito, o controle do nacionalismo árabe.

Quanto à Arábia Saudita, ela continua a se opor às duas monarquias hachemitas da Jordânia e do Iraque, às quais acusa de complacências condenáveis em relação a Israel. O Rei Abdallah decide então conceder a nacionalidade jordaniana a todos os seus novos súditos palestinos, inclusive os refugiados, a fim de tornar irreversível sua anexação da Cisjordânia. No entanto, ele é assassinado, em julho de 1951, na Esplanada das Mesquitas de Jerusalém, por um militante palestino partidário de Husseini. A investigação jordaniana afirma que o atentado contou com financiamentos egípcios e sauditas (Laurens, 2007, p. 308). Hussein, neto de Abdallah, que estava a seu lado no momento do assassinato e com a idade de 15 anos, é atingido no peito. Mas a condecoração que ele usa sobre suas vestes de aparato detém a bala. Em maio de 1953, ao atingir a maioridade, o herdeiro, objeto de um milagre, sobe ao trono da Jordânia.

O homem do Egito mais leal à Palestina é então Ahmed Shuqayri, secretário-geral adjunto da Liga Árabe, com base no Cairo. Ele teve assento no Alto-Comitê Árabe e conseguiu que esquecessem o fato de seu pai, o Xeique Assad Shuqayri, prefeito de Acre e deputado otomano em 1908 e 1912, ter publicado, em 1916, a fátua legitimando o enforcamento de 21 nacionalistas árabes em Damasco e em Beirute. Shuqayri é confrontado com o protesto dos estudantes palestinos do Cairo, cujo sindicato muito ativo reúne nacionalistas e islamistas, sendo o mais importante Salah Khalaf, um refugiado de Jafa membro do braço palestino da Irmandade Muçulmana. O golpe de Estado que, em julho de 1952, depõe a monarquia egípcia é muito bem acolhido nesses meios militantes porque a Irmandade Muçulmana traz seu apoio determinante ao Movimento dos Oficiais Livres do Coronel Nasser. Dois meses depois, Khalaf convence Yasser Arafat, um companheiro de estrada dos islamistas, a assumir o Sindicato dos Estudantes Palestinos no Egito.

Com efeito, Khalaf abandonou suas atividades militantes no Cairo para se consagrar, na Faixa de Gaza, à organização de células clandestinas de combatentes palestinos. Seu nome de guerra é Abu Iyad, segundo a tradição árabe que adiciona à palavra "pai" (Abu) o nome de seu filho (neste caso Iyad). Outro islamista, Khalil al-Wazir, refugiado em Ramla e denominado Abu Jihad, engaja-se então em Gaza no mesmo recrutamento clandestino. Os fedains, como são chamados esses "combatentes da fé", dependem da boa vontade das autoridades egípcias. Eles são tolerados de 1952 a 1954, beneficiando-se das boas relações entre os Oficiais Livres e a Irmandade Muçulmana egípcia, antes de serem reprimidos até 1955. Nasser, depois de ter afastado os islamistas, escolhe então mobilizar os fedains palestinos para iniciar, a partir de Gaza e contra Israel, infiltrações que não comprometam diretamente seu exército.

Na verdade, é para sufocar esse renascimento armado do nacionalismo palestino que Israel invade a Faixa de Gaza em novembro de 1956. Essa primeira ocupação, que durou quatro meses, é particularmente mortífera, com cerca de mil mortos. O trauma é tão profundo que, em vez de aderir, durante a retirada israelense de março de 1957, a uma tutela da ONU, a população decide nas ruas o retorno à administração egípcia. Foi perdida uma ocasião histórica de constituir um embrião de Palestina independente em Gaza e sob tutela internacional. Essa ocasião não se apresentará mais até o estabelecimento, em 1994, de uma Autoridade Palestina em Gaza, bem como em Jericó. Por ora, a repressão egípcia recai sobre os fedains, levando Abu Jihad e depois Abu Iyad a encontrar Arafat no Kwait, onde o ativismo palestino é tratado com benevolência.

É a partir desse emirado que Abu Jihad implora a seus camaradas islamistas para que priorizem o combate pela Palestina e não o da islamização. Embora vibrante, esse apelo não é atendido, levando Arafat, Abu Jihad e Abu Iyad a fundar, em setembro de 1959 no Kwait, um Movimento de Libertação da Palestina. Designada sob seu acrônimo árabe e invertido de Fatah, a nova organização, liderada por Arafat, recusa qualquer forma de tutela árabe, o que a expõe à repressão de todos os regimes envolvidos, seja qual for a orientação. Essa obstinação explica os longos anos em que o militantismo clandestino do Fatah não terá nenhuma expressão pública. Arafat só emerge no cenário do Oriente Médio graças à "Guerra Fria Árabe" que opõe o Cairo e Riade, tendo como pano de fundo a intervenção maciça do Egito no Iêmen, em 1962 (os republicanos apoiados por Nasser enfrentam ali, com efeito, uma insurreição monarquista incentivada pela Arábia).

O presidente egípcio procura se prevalecer de uma caução palestina para suas pretensões hegemônicas no mundo árabe. Ele usa a morte, em junho de 1963, de Abbas Hilmi, o efêmero presidente do GTP, como pretexto para substituí-lo, como representante palestino na Liga Árabe, por Ahmed Shuqayri. Reinserindo assim o ex-secretário adjunto da mesma liga, que nesse meio tempo se colocara a serviço da diplomacia saudita. Para além da humilhação assim infligida pelo Cairo a Riade, as fidelidades flutuantes de Shuqayri ilustram de forma quase caricatural a fraqueza das elites palestinas da época e sua dependência cruel dos regimes árabes. Em seguida, Nasser se aproveita da calmaria das suas relações com o Rei Hussein para convencê-lo a acolher em Jerusalém Oriental, em maio de 1964, um Conselho Nacional Palestino, naturalmente boicotado pela Arábia Saudita. Esse congresso é a certidão de nascimento da Organização de Libertação da Palestina (OLP), da qual Shuqayri assume a liderança e redige a Carta. Esta "estipula a identidade árabe da Palestina e a unidade de suas terras, como parte da grande nação árabe" (Laurens, 1998, p. 885), e nem sequer menciona um eventual Estado palestino.

A OLP é solenemente dotada de um Exército de Libertação da Palestina (ELP). Mas essa denominação enfática esconde mal a dispersão, entre o Egito, a Síria, a Jordânia e o Iraque, de unidades desprovidas de armamento pesado, cuja hierarquia palestina, limitada no nível de suboficial, está submetida ao comando do país anfitrião. Em contrapartida, o Fatah exibe a autonomia de seus comandos e de sua vocação revolucionária, que o leva a entrar em contato com a China maoista e com a Cuba castrista. No início de janeiro de 1965, Arafat inicia uma série de operações em Israel, apenas uma consegue atingir seu alvo, uma instalação hidrelétrica no Lago de Tiberíades. Contudo, a eficácia importa menos do que a afirmação simbólica da luta armada pela Palestina. Um comando é neutralizado na Faixa de Gaza pelo serviço de inteligência egípcio (Filiu, 2012, p. 130-131) e outro é interceptado na Cisjordânia pelo exército jordaniano, que mata um fedaim. O primeiro "mártir" do Fatah caiu, assim, sob as balas de um regime árabe (Laurens, 2007, p. 649). E não será o último.

Habib Burguiba, presidente tunisiano que liderou a luta de seu país até a independência de 1956, efetua em fevereiro e março de 1965 uma viagem pelo Oriente Médio. Ele volta convencido de que o conflito é mais israelense-palestino do que árabe-israelense e de que as negociações se impõem com Israel para restaurar os direitos do povo palestino. Esse advogado de formação considera que essas negociações podem ser iniciadas com base nas duas resoluções fundadoras da Assembleia Geral da ONU, a que trata da partição da Palestina em dois Estados, em 1947, e do direito ao retorno dos refugiados palestinos, em 1948. Habib Burguiba está visivelmente impressionado com o "espetáculo indescritível" do campo de refugiados que ele visita em Jericó, pois "esses refugiados são alimentados com esperanças quiméricas e com ódios estéreis" (Laurens, 1998, p. 889). Recusando a polarização do mundo árabe entre o Egito e a Arábia, ele desperta, no entanto, a ira de Nasser, segundo quem "Burguiba executa um plano imperialista sionista que tende a atacar o moral dos árabes" (Laurens, 2007, p. 659). A ausência de qualquer reação israelense às propostas do presidente tunisiano coloca um ponto final nesses debates turbulentos.

A obsessão de Nasser é ser então arrastado contra sua vontade para um conflito com Israel, por causa de uma provocação palestina. Por isso é que a propaganda do Cairo se volta contra o Fatah, acusado de ser um amontoado de islamistas a soldo do imperialismo ocidental. A lógica da "Guerra Fria Árabe" conduz a Arábia Saudita do Rei Faisal, que já acolheu alguns milhares de adeptos da Irmandade Muçulmana perseguidos no Egito, a dar um apoio decisivo a Arafat. A queda de braço entre o Cairo, defensor da OLP, e Riade, apoiador do Fatah, leva os dois poderes em competição a valorizar seus respectivos protegidos. Essa prova de força volta a dar paradoxalmente uma visibilidade ao nacionalismo palestino, ainda que seja no contexto das rivalidades interárabes, daí o aparecimento de novas estruturas militantes, mais ou menos dedicadas à luta armada. O Fatah conceitualiza uma forma de engrenagem árabe (*tawrît*) do fraco ao forte, obrigando, assim, os regimes árabes por meio da guerrilha palestina a um confronto generalizado com Israel, prelúdio à libertação da Palestina pelas armas.

Após anos de manipulação das elites palestinas pelos regimes árabes, Arafat espera inverter essa dinâmica utilizando desta vez as querelas interárabes em benefício da causa palestina. Uma janela de oportunidade se abre para ele na Síria, onde militares que se aproveitam do "socialismo árabe" do partido Baas, mais radical do que Nasser, tomaram o poder em março de 1963. Em fevereiro de 1966, as ferozes lutas de poder em Damasco viram a favor de Salah Jedid e dos defensores extremistas da luta armada. Embora o Ministro da Defesa, Hafez al-Assad, tente neutralizar Arafat, que, aprisionado em Damasco em maio de 1966, é libertado depois de uma greve de fome de três semanas (Sayigh, 1998, p. 127), o Fatah, apoiado por Jedid, multiplica as operações a partir do território sírio. O acordo de defesa concluído entre Damasco e o Cairo, em novembro de 1966, coloca as bases de uma engrenagem tão desejada por Arafat quanto temida por Nasser (Khalidi, 2012, p. 273). As operações dos fedains provocam, com efeito, represálias cada vez mais duras de Israel contra a Síria, que exige uma reação do Egito. É o bloqueio por Nasser do Porto Israelense de Eilat, em 23 de maio de 1967, verdadeiro *casus belli*, que conduz Israel, duas semanas depois, a desencadear a fulgurante campanha da Guerra dos Seis Dias.

A aposta de Arafat na engrenagem interárabe obteve um êxito muito além de suas expectativas, mas para conduzir à *Naqsa*, o "revés", como é eufemisticamente designada a conquista por Israel de Jerusalém Oriental, logo anexada, da Cisjordânia e da Faixa de Gaza, bem como do Sinai egípcio e do Golã sírio. O chefe do Fatah jamais apresentará uma autocrítica por sua forte responsabilidade numa escalada tão descontrolada. E por um bom motivo, pois desde o verão de 1967 ele penetra na Cisjordânia para ali organizar a "resistência popular armada" (Laurens, 2011, p. 69) contra a ocupação israelense. Ainda que o impacto dos atentados palestinos permaneça limitado, Arafat pode se felicitar, quando se retira para o outro lado do Jordão, de ter imposto o Fatah como principal força da Cisjordânia, substituindo os notáveis ligados ao Rei Hussein. Além disso, Shuqayri, desacreditado pela estratégia dos fedains, abandona a presidência da OLP em dezembro de 1967, enquanto o Movimento dos Nacionalistas Árabes, até então o mais representativo da fidelidade a Nasser, sofre a cisão de seu braço palestino, sob o nome de Frente Popular de Libertação da Palestina (FPLP) e a direção de Georges Habache.

Em março de 1968, Arafat, prevenido sobre a iminência de um ataque israelense contra uma base do Fatah em Karama, no Vale do Jordão, decide manter os fedains no lugar. A eles se juntam unidades do ELP e do exército jordaniano, que se mantêm firmes ao lado deles contra o ataque israelense. Embora as perdas árabes sejam pesadas (92 fedains, 61 jordanianos e 24 membros do ELP mortos), são as registradas por Israel (28 mortos num avião e quatro blindados destruídos) que impressionam a opinião pública árabe. É o que basta para que Karama, "dignidade" em árabe, torne-se o símbolo de um início de revanche palestina sobre a humilhação de junho de 1967, uma vez que os fedains se recusam a recuar diante do "inimigo sionista" (Filiu, 2015, p. 121). A onda de apoio popular aos fedains é tão forte no mundo árabe que Nasser tenta combatê-la levando a OLP a adotar, em julho de 1968, uma Carta ainda mais radical do que quatro anos antes. Apenas os judeus estabelecidos na Palestina antes de 1917 são considerados como palestinos, e "o sionismo, por natureza fascista e racista" é fustigado como "organicamente ligado ao imperialismo mundial" (Laurens, 1998, p. 943).

Contudo, Nasser deve admitir a inutilidade dessas estratégias e aceitar, em fevereiro de 1969, a tomada de controle da OLP pelo Fatah. O presidente egípcio até inaugura no Cairo o Conselho Nacional Palestino (CNP), que elege Arafat à frente do Comitê Executivo, a instância suprema da OLP, enquanto os fedains assumem uma posição dominante na organização. O novo chefe da OLP adere à perspectiva inédita de um "Estado palestino independente e democrático" e afirma não alimentar nenhuma hostilidade em relação aos "judeus como comunidade étnica e religiosa" (Laurens, 1998, p. 944-945). Ele ousa inclusive rejeitar publicamente a resolução 242 do Conselho de Segurança da ONU, no entanto aceita por seu anfitrião Nasser mas que só menciona a questão palestina sob o ângulo dos refugiados. O chefe do Estado egípcio vai ainda mais longe apadrinhando, em outubro de 1969, o acordo do Cairo entre o estado-maior libanês e a OLP. Esse acordo não é tornado público porque atenta contra a soberania do Líbano, uma vez que os fedains se tornam os únicos senhores dos campos de refugiados palestinos e obtêm "facilidades" para atingir Israel a partir do território libanês (Laurens, 1998, p. 950-951).

Setembro Negro

Não é o Líbano, e sim a Jordânia, que constitui o objetivo prioritário da OLP. Arafat, coroado pelo prestígio de Karama, implantou bases sólidas nos campos de refugiados e no Vale do Jordão. O fato de a população do reino, mesmo depois da perda da Cisjordânia, permanecer ainda metade palestina joga a favor dos fedains, sobretudo nas cidades. No entanto, as tribos da Transjordânia, pilares do exército e das forças de segurança, vivem cada vez mais insatisfeitas com a situação de duplo poder imposta a elas pela OLP. Arafat se cerca de dois outros fundadores do Fatah, Abu Jihad como chefe dos fedains e Abu Iyad como chefe do serviço de inteligência, função que ocupam tanto no Fatah quanto na OLP. Apesar dessa hierarquia formal, a OLP permanece abalada pela escalada revolucionária da FPLP, conduzida por Habache, e da Saika (relâmpago), afiliada ao Baas sírio. O outro braço do Baas, que assumiu o poder no Iraque em 1968, contesta a preeminência da direção do Baas de Damasco e concede, consequentemente, um apoio substancial à FPLP. O resultado é que as disputas interárabes acentuam a dinâmica faccional dentro da OLP.

Essa fuga para frente leva o CNP, reunido em Amã em junho de 1970, a proclamar que "a luta palestina se baseia na convicção de que há apenas um único povo no cenário jordaniano-palestino" (Laurens, 1998, p. 958). Alguns enfrentamentos entre fedains e militantes resultam então em cerca de 500 mortos em Amã e em sua periferia. O Rei Hussein escapa de um atentado solenemente denunciado por Arafat. O soberano propõe terminar a crise nomeando o chefe da OLP à frente do governo jordaniano. Arafat recusa, porque "Amã deve ser a Hanoi dos árabes, e não outra Saigon" (Laurens, 2011, p. 255), ou seja, o lugar da resistência e não da colaboração. Mas Habache não esconde mais sua vontade de derrubar a monarquia hachemita, numa dialética revolucionária em que a derrota da "reação árabe" só pode ser um prelúdio à do "inimigo sionista". Na verdade, a FPLP está atraindo a OLP para uma armadilha tão terrível quanto a engrenagem em que o Fatah havia cercado o Egito em 1967.

O primeiro dia do mês de setembro de 1970 se inicia com uma nova tentativa de assassinato do Rei Hussein, seguida de um desvio pela FPLP de três aviões de passageiros (suíço, britânico e alemão) num aeroporto jordaniano. Os aparelhos, após a retirada dos passageiros, são destruídos diante da imprensa internacional, enquanto dezenas de reféns ocidentais são transferidos para Amã. Isso é demais para o soberano hachemita, que ordena que seu exército elimine os bastiões da OLP. Arafat, arrastado para esse combate perdido de antemão, recorre aos dirigentes árabes. Jedid, homem forte de Damasco, envia centenas de blindados sírios para socorrer os fedains, mas Assad, Ministro da Defesa, se recusa a dar uma cobertura aérea aos tanques de seu próprio exército, cujo ataque é esmagado pela aviação jordaniana. O maquiavélico Assad joga em Jedid toda a responsabilidade por essa lamentável aventura, derrubando-o pouco depois e atribuindo-se então poderes absolutos.

Por ora, os fedains se encontram isolados, durante esse Setembro Negro, diante da ofensiva vitoriosa de restauração da soberania jordaniana. São milhares as vítimas, enquanto Nasser se exaure tentando obter um cessar-fogo selado em 27 de setembro no Cairo por um abraço entre Arafat e Hussein. O presidente egípcio, fulminado por um ataque cardíaco, morre no dia seguinte, sendo sucedido por Sadat à frente do governo do Egito. As declarações inflamadas dos dirigentes árabes em favor da causa palestina não conseguem mais dissimular sua passividade, e mesmo sua complacência, em relação à submissão da resistência palestina à Jordânia. Expulsos de Amã, os comandos da OLP se entrincheiram no nordeste do país, de onde são eliminados definitivamente em julho de 1971. Uma centena de fedains preferem atravessar o Jordão e se entregar a Israel do que cair nas mãos dos jordanianos. A rádio do Fatah anuncia o fim de "qualquer diálogo com o regime jordaniano, é a língua das balas e dos explosivos que agora vai prevalecer" (Laurens, 2011, p. 329). Wasfi al-Tall, primeiro-ministro jordaniano, é assassinado no Cairo em novembro de 1971 por uma organização chamada "Setembro Negro".

Arafat não aprende mais com a hecatombe de Amã do que havia aprendido com a *Naqsa* em 1967. Seu objetivo permanece o estabelecimento, às portas de Israel, de um núcleo de fedains suficientemente poderoso para mobilizar a solidariedade árabe, sem que para tanto lhe seja submissa. Expulso da Jordânia, o chefe da OLP só deseja reconstituir esse núcleo, desta vez no Líbano, com base no acordo do Cairo de 1969. No entanto, ele poderia ter se inspirado no modelo alternativo da Faixa de Gaza, onde uma guerrilha de baixa intensidade, mesmo privada de retaguarda num território integralmente ocupado por Israel, persistiu de 1967 a 1971. Mas essa resistência era conduzida em Gaza por suboficiais do ELP cuja disciplina militar, alimentada nas academias egípcias, estava nos antípodas das estratégias dos fedains (Filiu, 2012, p. 130-131). Além disso, a cultura diaspórica de Arafat, Abu Jihad e Abu Iyad, todos refugiados, os impede de levar em conta, de maneira mais operacional do que retórica, a centralidade do território palestino.

À fuga para frente do Setembro Negro jordaniano, da Palestina para a Transjordânia, sucede a partir de então a fuga para frente do Setembro Negro terrorista, do mundo árabe para o resto do mundo. Esse grupo é administrado de maneira autônoma, a fim de não comprometer nem o Fatah nem a OLP, por um antigo lugar-tenente de Abu Iyad. Ele é responsável, em fevereiro de 1972, pelo assassinato de cinco cidadãos jordanianos na Alemanha e, três meses depois, pelo desvio de um avião belga sobre o aeroporto de Tel Aviv. Dois dos quatro piratas do ar são mortos na libertação dos reféns por um comando israelense onde se distinguem dois futuros primeiros-ministros. Com efeito, a unidade é conduzida por Ehud Barak e dela faz parte Benyamin Netanyahu, ferido no decorrer do ataque (Filiu, 2019, p. 42).

A fragmentação dentro da OLP agrava tanto a escalada terrorista quanto a internacionalização extremista. Dentro da FPLP, Wadih Haddad se consolida como rival de Habache à frente das "operações externas", logo constituídas como grupo distinto (FPLP-OE) e ligado, também, ao Exército Vermelho Japonês. Em maio de 1972, no aeroporto de Tel Aviv, terroristas japoneses, agindo em nome da FPLP-OE, massacram 27 pessoas, majoritariamente peregrinos porto-riquenhos. Desta vez, as represálias israelenses vão além dos bombardeios sangrentos das posições palestinas no Líbano, com uma campanha de atentados com carros e com pacotes-bomba. Esses atentados atingem muito mais os responsáveis civis (como o escritor Ghassan Kanafani, porta-voz da FPLP, morto em julho em Beirute com sua sobrinha) do que os chefes terroristas, muito mais bem protegidos.

A Organização Setembro Negro ataca, em setembro de 1972, o pavilhão israelense dos Jogos Olímpicos de Munique. Dois israelenses são mortos no decorrer do assalto e onze são feitos reféns. Todos morrem durante a operação de salvamento lançada pela polícia alemã e que, na confusão, vira um banho de sangue. Um policial é morto, bem como cinco terroristas, cujos despojos, transferidos para a Líbia, têm direito a funerais populares. Um mês e meio depois da carnificina em Munique, o desvio sobre Zagreb do voo Damasco-Frankfurt da Lufthansa obriga as autoridades alemãs a libertar os três sobreviventes palestinos do comando de Munique. Os três terroristas são transferidos, mais uma vez, para a Líbia, onde são celebrados como heróis. O Coronel Kadafi, no poder há três anos em Trípoli, dedica-se a cultivar sua imagem de "revolucionário" desafiando os "irmãos inimigos" do Baas no poder em Damasco e em Bagdá. As rivalidades interárabes alimentam, assim, a radicalização palestina, cada ditadura sendo capaz, por um custo limitado, de suscitar uma dissidência de grupelhos e de conduzir por seu intermédio uma "luta antissionista" de forte impacto midiático.

Os ataques aéreos de represálias contra o Líbano ou a Síria não bastam mais para Golda Meir, que ordena ferir a OLP na cabeça. Em abril de 1973, um comando conduzido por Barak realiza uma audaciosa operação em Beirute no decorrer da qual três dirigentes palestinos são assassinados: Kamal Adwane e Youssef al-Najjar, ambos refugiados em Gaza em 1948, participaram, em 1959, da fundação do Fatah, enquanto Kamal Nasser, poeta cristão de Ramala, fora expulso da Cisjordânia já em 1967, depois de ter inutilmente tentado convencer as autoridades israelenses a aceitar um Estado palestino nos territórios ocupados. A OLP e seus intermediários em Beirute acusam as autoridades libanesas de não fazer nada, e até de ter colaborado com o ataque israelense. Um ciclo de enfrentamentos causa a morte, em maio de 1973, de cerca de 60 civis libaneses, bem como de cerca de 40 soldados libaneses e o mesmo tanto de fedains. O cessar-fogo é proclamado com base no acordo do Cairo, imposto por Nasser quatro anos antes.

Todas as condições estão agora reunidas para que Beirute, campo fechado das disputas interárabes, absorva progressivamente a energia de uma OLP por sua vez arrastada para uma espiral terrorista cada vez menos controlável. A resistência palestina vai ser salva dessa deriva por um programa árabe do qual ela está paradoxalmente ausente. Sadat e Assad estão, com efeito, determinados a apagar a humilhação de 1967 e a tentar libertar o Sinai egípcio e o Golã sírio. A ofensiva lançada de maneira coordenada em outubro de 1973 pretende, portanto, restaurar a integridade territorial do Egito e da Síria, e não assumir promessas sobre a questão palestina, a Jordânia e a OLP estando ostensivamente afastadas das operações. Mas Nixon, encorajado pelos evangélicos americanos, estabelece uma ponte-aérea de apoio maciço à contraofensiva israelense. Essa cobeligerância suscita a ira do Rei Faisal da Arábia, que decreta em represália um embargo sobre as exportações de petróleo para os Estados Unidos.

Essa decisão, logo seguida por outros produtores árabes, mesmo após o cessar-fogo com Israel, provoca um espetacular choque no preço do petróleo, com o custo do barril quadruplicando. Kissinger, enviado ao Oriente Médio, consegue concluir acordos de desengajamento entre Israel e o Egito, depois entre Israel e a Síria. No entanto, a abundância de petróleo que então jorra no Oriente Médio vai transformar permanentemente o mundo árabe. Os emirados do Golfo, entre os quais alguns só são independentes há dois anos, detêm agora recursos colossais. O Rei Faisal lidera um vasto movimento de solidariedade financeira para com a Síria, o Egito e a Jordânia, mas também para com a OLP, em nome da unidade árabe contra Israel. Esses depósitos, no valor de bilhões de dólares, estão programados para continuar de um ano para o outro. Além disso, há a dedução na fonte dos salários dos expatriados palestinos no Kuwait, berço do Fatah, sendo esse dízimo destinado à OLP.

Essas transferências financeiras certamente fazem da OLP o movimento de libertação mais rico da História. E Arafat, cuja clandestinidade aguçou seus reflexos de sobrevivência, evita compartilhar a gestão desse considerável tesouro de guerra, em grande parte depositado no Arab Bank de Beirute. A assinatura do chefe supremo é muitas vezes exigida para justificar a cobertura das grandes ou pequenas despesas da central palestina, além disso Arafat pode agora comprar as lealdades mais onerosas. Ele que, desde a perda do santuário jordaniano, não havia conseguido se impor pelas armas às facções rivais, encontra nessa abundância vinda do petróleo o meio mais seguro de restaurar sua autoridade, neutralizando, assim, a deriva terrorista da OLP. No Líbano, três quartos dos fedains se consideram agora do Fatah, que controla 80 a 90% dos quadros da organização (Filiu, 1982, p. 45).

O apoio financeiro do Rei Faisal, em razão de sua generosidade desinteressada, constitui a única intervenção árabe que reforçou sensivelmente o nacionalismo palestino. O fato de o soberano saudita ter sido um dos primeiros patrocinadores do Fatah não pode ser desconsiderado. É impressionante o restabelecimento da posição de Arafat, em junho de 1974, no Conselho Nacional Palestino do Cairo, que adota a perspectiva de uma "autoridade nacional independente" em "toda parte da terra palestina libertada" (Laurens, 2011, p. 489). Ao considerar assim uma alternativa ao desaparecimento pura e simples de Israel pela luta armada, Arafat obriga a FPLP a deixar a OLP e a constituir, com o apoio do Iraque e da Líbia, uma "frente de recusa" das facções palestinas contrárias a qualquer compromisso. Em contrapartida, ele fortalece sua própria legitimidade ao integrar à nova direção da OLP quatro personalidades dos territórios ocupados por Israel.

A Síria de Assad reage encorajando um ataque sangrento na Galileia desferido por um grupo obstinadamente contrário a Arafat, causando como represália bombardeios israelenses no sul do Líbano. O Baas iraquiano, não podendo deixar o monopólio do extremismo para seu irmão inimigo em Damasco, acolhe em Bagdá um dissidente do Fatah, Abu Nidal, condenado à morte à revelia por um tribunal palestino. Outro dissidente do Fatah, Mohammed Abdel Ghafur, apoiado pela Líbia e responsável por alguns atentados mortíferos, é assassinado em Beirute por ordem de Abu Jihad em setembro de 1974. A escalada terrorista foi realmente freada, e Arafat obtém no mês seguinte, na Cúpula Árabe de Rabat, o reconhecimento do "direito do povo palestino a estabelecer uma autoridade nacional independente sob a direção da OLP em sua qualidade de único e legítimo representante do povo palestino" (Laurens, 2011, p. 503). Um quarto de século após a *Nakba*, a Palestina reencontra simbolicamente sua posição no concerto árabe.

A primeira guerra de Assad

O Rei Hussein é o único chefe de Estado a se opor abertamente à consagração da OLP em Rabat. Mas Assad também está decidido a combater Arafat, oficialmente em nome de uma doutrina do Baas que considera a Palestina como uma simples "Síria do Sul", como eco distante dos sonhos do Reino Árabe de Damasco em 1919-1920. Sobretudo, o presidente sírio tomou o poder, em 1970, sacrificando uma parte de seus blindados enviados por seu rival Jedid para socorrer os fedains palestinos na Jordânia. O que mostra a determinação do novo senhor de Damasco a frear a ação da OLP, mesmo que apenas para não comprometer o recente acordo com Israel sobre Golã. Para ele, esse acordo, concluído sob a égide dos Estados Unidos em 1974, vale como reconhecimento de seu regime por Washington, ainda que ele seja aliado privilegiado da União Soviética na região (Filiu, 2019, p. 77-78). Sempre hábil em jogar em múltiplos cenários, Assad diversificou os intermediários palestinos de sua influência: a Saika, braço palestino do Baas no poder em Damasco, permanece ativa dentro da OLP, enquanto o serviço de inteligência sírio controla a FPLP-comando geral (FPLP-CG), uma dissidência da FPLP particularmente virulenta dentro da frente de recusa, e enquanto oficiais sírios enquadram as unidades do ELP baseadas na Síria.

Por ora, o senhor de Damasco é obrigado a admitir a posição dominante de Arafat no Líbano. Além das facilidades militares concedidas pelo acordo do Cairo de 1969 confirmado em 1973, a OLP realmente instalou, em Beirute, a capital política da Palestina no exílio e, no Líbano, uma forma de "Estado dentro do Estado" (Khalidi, 2003, p. 28). Todas as instituições e componentes da central palestina estão ali representados, ao passo que os campos de refugiados foram transformados em enclaves fedains, solidamente fortificados. A presença desses campos nas zonas mais deserdadas do país (periferia de Beirute e sul do Líbano, e mesmo a planície oriental da Bekaa) leva também a OLP a desenvolver redes de assistência e de clientela no seio da população libanesa local. Além disso, os dirigentes palestinos aproveitam da centralidade de Beirute na imprensa panárabe para difundir sua propaganda nacionalista e aumentar sua estatura militante.

O cenário libanês está então polarizado pela questão palestina. A direita cristã, conduzida pelas Falanges Libanesas de Pierre Gemayel, denuncia a tutela imposta ao país pela OLP e pelas represálias israelenses resultantes. O Movimento Nacional Libanês (MNL), coalisão de grupos "islâmico-progressistas" presidida por Kamal Jumblatt, exibe, pelo contrário, seu apoio à causa palestina, reivindicando ao mesmo tempo uma reforma das instituições libanesas. Cada um desses dois blocos pouco a pouco foi se dotando de um aparelho miliciano com mais envergadura e mais bem armado no campo falangista. O MNL, para compensar essa inferioridade em campo, tem todo o interesse de atrair os fedains em sua queda de braço com a "reação" cristã. Mas Arafat não tem vontade alguma de arriscar as conquistas da OLP no Líbano nesse tipo de confronto.

Ainda que a "guerra civil" ecloda no Líbano, em abril de 1975, por um confronto entre falangistas e palestinos, ela permanece por longos meses um conflito entre libanês-libanês, em que a OLP às vezes até se coloca como árbitro dos cessar-fogo proclamados em intervalos regulares. Mas os assassinatos de tipo confessional e a ação dos atiradores emboscados fazem emergir em Beirute uma linha de demarcação entre o leste majoritariamente falangista e o oeste controlado pelo MNL. De fato, essa divisão isola, dentro de Beirute Oriental, o campo palestino de Tall Zaatar e a periferia da Quarentena, onde palestinos convivem com curdos e libaneses numa comunidade de miséria. Em janeiro de 1976, os partidários de Gemayel bloqueiam os acessos a Tall Zaatar antes de atacar o objetivo mais vulnerável da Quarentena. Entre seiscentos e mil civis morrem sob os golpes dos agressores (Laurens, 2011, p. 553), enquanto a periferia é destruída e depois arrasada com tratores de esteira.

Arafat decide então, depois de nove meses de discrição, mobilizar a OLP ao lado do MNL, ainda que isso signifique acentuar a dimensão confessional do conflito. A tomada pelos "palestino-progressistas" da localidade cristã de Damour, não distante de Sídon, em represália à carnificina da Quarentena, é acompanhada então do massacre de 150 civis (Laurens, 2011, p. 553). O engajamento dos fedains no conflito provoca a intervenção, nesse estágio diplomática, de Assad, num cenário de implantação em Bekaa, com o aval do MNL, de unidades do ELP de obediência síria. Um cessar-fogo é concluído sob a égide de Assad, que convoca em Damasco seu homólogo libanês, Suleiman Frangieh, e o faz avalizar um projeto de reequilíbrio, em benefício dos muçulmanos, da representação confessional no Parlamento libanês. Essa limpeza das instituições libanesas parece bastante insuficiente para Jumblatt, favorável a uma desconfessionalização radical do país. Quanto a Arafat, ele está decidido a desapertar o garrote sírio enquanto ainda é tempo.

Em 11 de março de 1976, o Fatah apoia a sublevação do governador militar de Beirute, um general sunita que pede a demissão de Frangieh. Como a tentativa de golpe foi sufocada por Damasco, a OLP e o MNL lançam uma ofensiva conjunta contra o reduto cristão. Arafat, absorvido por essa batalha pelo Monte Líbano, negligencia as evoluções, no entanto, importantes que ocorrem no território historicamente palestino (a repressão da Jornada da Terra, em 30 de março, marca uma virada para a população árabe de Israel, e as eleições municipais de 12 de abril valem como um plebiscito da OLP na Cisjordânia). Em 16 de abril, Arafat vai a Damasco para negociar com Assad um acordo de solução política, que tão logo se torna caduco pela multiplicação dos confrontos e pela recusa de Frangieh de se demitir. A OLP, inebriada com uma relação de força favorável, estabelece um vínculo duvidoso entre sua vitória no Líbano e a libertação da Palestina, uma convicção repetida numa reunião por Abu Iyad, em 23 de maio, e sintetizada na fórmula "a libertação de Jerusalém passa por Jounieh" (Laurens, 2011, p. 566) (Jounieh sendo o porto cristão onde Frangieh se refugiou).

Assad prepara metodicamente sua campanha libanesa contra a OLP. Por intermédio do Rei Hussein, ele convence Israel a aceitar uma intervenção tendo como alvo os fedains, o equivalente do Setembro Negro jordaniano (Laurens, 2011, p. 567). Em resposta, o governo de Rabin define uma "linha vermelha" que não poderá ser ultrapassada pelas tropas sírias no sul de Sídon. Os primeiros invasores penetram no Líbano sob a proteção da Saika e do ELP, antes que milhares de soldados sírios ultrapassem abertamente a fronteira libanesa, em 1º de junho de 1976. Assad pode contar com o apoio público de Frangieh a fim de justificar sua invasão e de neutralizar, assim, o recurso de Arafat à Liga Árabe. Os falangistas retomam a iniciativa diante dos palestino-progressistas forçados a combater em duas frentes. O presidente sírio estigmatiza publicamente a OLP porque "o palestino que combate na montanha libanesa não está de modo algum lutando pela Palestina". E ele lembra com acidez que, "na Jordânia em 1970", o *slogan* na moda já era "a liberdade da Palestina passa por Amã" (Laurens, 2011, p. 574-575).

Bachir Gemayel, filho do chefe e fundador das Falanges, toma o controle das milícias cristãs que atacam por todos os lados o enclave palestino de Tall Zaatar. Depois de um cerco de 52 dias apoiado pelo exército sírio, os últimos defensores são evacuados, em 12 de agosto de 1976, sob a égide da Liga Árabe. Apesar dessas garantias internacionais, mais de mil civis são então massacrados, elevando o saldo total do cerco a mais de 3 mil mortos (Seale, 1989, p. 284). A carnificina ocorreu na surdina, a ponto de uma fotografia feita alguns meses antes, durante a matança da Quarentena, ser a ilustração desse banho de sangue em Tall Zaatar (Filiu, 2022). O golpe é ainda mais terrível para a OLP, porque, no mesmo momento, Israel reforça discretamente sua cooperação com as milícias cristãs e contribui para o bloqueio dos portos da zona palestino-progressista do Líbano.

Uma provocação urdida em Bagdá precipita o assalto final da Síria contra a OLP no Líbano. O Baas iraquiano, sempre em confronto com seu irmão inimigo em Damasco, comanda, em 26 de setembro de 1976, uma sangrenta tomada de reféns num hotel da capital Síria. É o grupo de Abu Nidal, dissidente do Fatah e condenado à morte pela OLP, que é o responsável. Apesar dos desmentidos de Arafat, Assad lança uma importante ofensiva que inflige pesadas perdas aos palestino-progressistas e continua até 16 de outubro. Nesse dia em Riade, o Rei Khaled, que em março de 1975 sucedeu Faisal, reúne Assad, Arafat, Sadat e o Emir Sabah do Kwait. Assad deve aceitar a manutenção, à frente da OLP, de Arafat, que por sua vez endossa a caução de uma Força Árabe de Dissuasão (FAD) à presença síria no Líbano. Esse acordo é ratificado pouco depois no Cairo, durante uma Cúpula Árabe presidida por Sadat.

Assim como o Setembro Negro jordaniano terminou, seis anos antes, com um consenso árabe ratificando, já no Cairo, a derrota da OLP, a vitória de Assad contra Arafat é legitimada pela mobilização da FAD, simples cobertura árabe para as tropas sírias. Os fedains, que se retiraram para trás da linha vermelha para escapar ao assalto sírio, agora estão presos no sul do Líbano, que se tornou uma espécie de mal que vem para o bem no confronto com Israel, sem esperança alguma de implicar os Estados árabes nesse confronto. Arafat avalia amargamente a perda que representou para a causa palestina a substituição no trono saudita de Faisal por Khaled, nitidamente menos militante. Mas o chefe da OLP paga, assim, o preço do superinvestimento nas intrigas interárabes, ao passo que, na Cisjordânia e em Gaza, a Irmandade Muçulmana tece pacientemente sua teia, com o aval tácito das autoridades de ocupação (Filiu, 2012, p. 130-131). Quanto a Jumblatt, que ousou denunciar publicamente o conluio entre o regime de Assad e Israel, ele é assassinado em março de 1977 a uma centena de metros de uma barragem síria.

A segunda guerra de Assad

O Líbano continua no centro da atividade político-militar da OLP, e mesmo dos cálculos internacionais de seu chefe. É a partir do sul do país que Arafat lança, em março de 1978, um comando do Fatah cujo atentado contra um ônibus israelense, não distante de Tel Aviv, resulta em 38 mortos. O dirigente palestino espera, com esse golpe terrorista, se impor nos processos de negociações que Carter encoraja entre Israel e o Egito. Mas consegue apenas convencer o presidente americano a excluir a OLP das negociações de Camp David e a se referir apenas à Jordânia para o tópico palestino desses acordos de paz. Além disso, a ofensiva israelense, lançada em março de 1978 em represália ao atentado do Fatah, causa cerca de mil mortos entre os civis libaneses. O ressentimento cresce, no seio da população do sul do Líbano, majoritariamente xiita, contra um domínio da OLP cada vez mais percebido como uma forma de ocupação.

Arafat espera apaziguar essa raiva xiita exibindo-se, em fevereiro de 1979 em Teerã, com o Aiatolá Khomeini, cuja revolução islâmica acaba de depor o xá do Irã, parceiro estratégico de Israel. Não apenas o novo regime entrega a embaixada israelense à OLP, como também exibe uma linha de um antissionismo virulento, exacerbada pela assinatura do tratado de paz israelense-egípcio. A lua de mel entre a OLP e a República Islâmica do Irã é, contudo, fugaz, pois Khomeini decide se apoiar em Assad contra Saddam Hussein, agora detentor do poder absoluto no Iraque. Enquanto Assad viola abertamente a famosa "solidariedade árabe", Arafat torna-se seu fervoroso defensor e, assim, conquista o apoio do Iraque e das petromonarquias do Golfo, que ficaram atônitas com a mensagem revolucionária de Khomeini. A ruptura da OLP com Teerã é consumada quando Arafat aprova, em setembro de 1980, a decisão de Saddam de invadir o Irã.

A Arábia Saudita demonstra seu reconhecimento em relação à OLP elaborando um Plano Fahd, nome do príncipe herdeiro saudita que, em agosto de 1981, assume sua responsabilidade. Na verdade, o Rei Khaled preferiu não se expor aos sérios riscos de rejeição desse plano que evidentemente considera o reconhecimento de Israel, mas em contrapartida da evacuação de todos os territórios ocupados em 1967, do desmantelamento das colônias e do estabelecimento de um Estado palestino. Arafat aprecia sobretudo o fato de Riade mencionar a incontestável representatividade da OLP, que está começando a compreender a dimensão do desafio islamista diante do nacionalismo palestino. Quanto a Begin e a Sharon, seu Ministro da Defesa, eles estão decididos a liquidar a presença "terrorista" no Líbano. O grupo de Abu Nidal, ao tentar assassinar o embaixador israelense em Londres, em 3 de junho de 1982, fornece a Israel a justificativa para invadir o Líbano, seis anos depois que o mesmo grupo dissidente da OLP forneceu a Assad o pretexto para sua ofensiva libanesa contra Arafat.

Assad opõe apenas uma leve resistência à invasão israelense de 6 de junho de 1982, recusando o combate sempre que possível e concluindo um cessar-fogo já em 11 de junho. Em contrapartida, a guerra israelense-palestina vai continuar ainda por dois meses e meio, durante os quais os 3.500 soldados sírios encurralados em Beirute Ocidental permanecem de braços cruzados, deixando a OLP e seus aliados libaneses defenderem sozinhos a primeira capital árabe a ser sitiada pelo "inimigo sionista". Mas o serviço de inteligência sírio acolhe na planície oriental de Bekaa alguns comandos iranianos dos Guardiões da Revolução, com os quais eles apadrinham a constituição clandestina do Hezbollah, literalmente o "partido de Deus". Essa nova milícia xiita visa ocupar, na hora certa, o vazio deixado pela OLP no sul do Líbano, em nome de uma resistência que não será mais nacionalista, e sim explicitamente "islâmica". O senhor de Damasco já se prepara para se aproveitar desse golpe terrível dado por Israel a Arafat.

Mas esse jogo duplo de Assad passa relativamente desapercebido diante do abandono da OLP pelo conjunto dos dirigentes árabes. De fato, os soberanos do Golfo e o Rei Hussein parecem menos preocupados com o cerco de Beirute Ocidental do que pela contraofensiva que no mesmo momento o Irã lança em território iraquiano, invertendo o curso da guerra desencadeada em 1980 por Saddam Hussein contra seu poderoso vizinho. Mas é o Coronel Kadhafi que supera todos os seus pares na infâmia ao aconselhar publicamente Arafat a "se suicidar" em vez de abandonar o Líbano (Qaddafi,1982). Quando um acordo de evacuação dos fedains, sob a égide da França e dos Estados Unidos, é enfim concluído, Arafat embarca, em 30 de agosto, para a Tunísia, sede da Liga Árabe, onde o acompanham cerca de mil fedains, ao passo que outros 1.100 vão para o sul do Iêmen, 850 para o norte do Iêmen, 600 para a Argélia e 500 para o Sudão (Filiu, 2005, p. 146). Mas Assad providencia para que a maioria dos combatentes da OLP seja transferida por terra para a Síria, bem como os contingentes do exército sírio e do ELP, sob comando sírio, que ficaram encurralados em Beirute Ocidental devido ao cerco israelense.

Em 15 de setembro de 1982, o exército israelense ocupa Beirute Ocidental e entrega, já no dia seguinte, os campos palestinos de Sabra e de Chatila às milícias cristãs que são suas aliadas. O massacre de centenas, e mesmo de milhares de civis, é revelado em imagens perturbadoras pela imprensa internacional. O choque é ainda maior dentro da OLP, porque Arafat é criticado por ter, como em 1976 em Tall Zaatar, priorizado a evacuação dos fedains e não a proteção da população. A propaganda de Damasco amplifica o mal-estar ao jogar os militantes que permaneceram na Síria contra seus camaradas agora dispersos em inúmeros países árabes. Os debates são violentos no Conselho Nacional Palestino de Argel, em fevereiro de 1983, ainda que a direção de Arafat não seja abertamente questionada. Dois meses mais tarde, Issam Sartawi, encarregado por Arafat de manter contatos discretos com pacifistas israelenses, é assassinado em pleno Congresso da Internacional Socialista em Portugal. O assassinato é reivindicado pelo grupo de Abu Nidal em Damasco, onde o chefe terrorista se estabeleceu, traindo Saddam Hussein em benefício de Assad, seu inimigo jurado.

O presidente sírio acredita que chegou a hora de se livrar enfim de Arafat, sete anos depois de ter fracassado ao fazê-lo no Líbano. Em vez de criar uma nova facção adepta de seus pontos de vista, ele prefere semear a discórdia dentro do movimento fundado por Arafat, uma manobra que ele já tentara em vão em 1966, quando era apenas Ministro da Defesa. Em 10 de maio de 1983, uma "dissidência" eclode oficialmente dentro do Fatah, liderada por Abu Moussa, um combatente respeitado, cujos partidários expulsam os "arafatistas" da Síria e depois dos campos palestinos em Bekaa. Em 24 de junho, o chefe da OLP vai a Damasco para uma reunião bastante tensa com Assad, que exige que ceda aos dissidentes e o ameaça de forma velada. Arafat passa as semanas seguintes percorrendo o mundo árabe numa tentativa inútil de mobilizar uns e outros contra Assad, enquanto Abu Jihad trava um combate de retaguarda em Bekaa, antes de se retirar com seus seguidores para Trípoli, o principal porto do norte do Líbano, cuja periferia conta com dois campos de refugiados palestinos: Nahr al-Bared e Baddaoui.

Em 16 de setembro de 1983, o chefe da OLP vai a Trípoli, onde 4 mil combatentes lealistas estão cercados por 10 mil militantes sírios, ainda que estes exponham de bom grado os cerca de mil fedains que lhes são afiliados, "dissidentes" do Fatah ou membros das facções pró-sírias. Cerca de mil combatentes temporários líbios também participam do assalto, que se inicia em 3 de novembro. Nesse dia, Abu Iyad afirma que, "o que Sharon não conseguiu em Beirute, os sírios e os líbios estão conseguindo" (Laurens, 2015, p. 94). De fato, a marinha israelense estabelece um bloqueio ao largo de Trípoli, completando no mar o cerco imposto em terra a Arafat e a seus partidários. Apesar dos combates encarniçados, os campos palestinos caem um após o outro em 15 de novembro. Mas uma contraofensiva lealista consegue retomar o controle do sul de Baddaoui, onde Arafat cumpre simbolicamente, em 18 de novembro, a oração do amanhecer. No entanto, é apenas um ato desesperado só para salvar a honra do chefe da OLP, obrigado a se retirar para Trípoli, enquanto uma manifestação de civis "arafatistas" é sufocada num banho de sangue em Nahr al-Bared.

A Arábia Saudita afirma, em 25 de novembro de 1983, ter concluído com a Síria um acordo sobre a "retirada de todos os combatentes palestinos de Trípoli e de seus arredores" (Filiu, 2005, p. 207). Embora não mencione a presença síria, esse acordo permanece letra morta. Somente em 20 de dezembro é que os mais de 4 mil palestinos serão evacuados sob supervisão da França, a bordo de navios gregos com a bandeira da ONU. Várias centenas de mulheres e de crianças deixam então Trípoli devido ao forte e generalizado temor das represálias sírias (Filiu, 2005, p. 211). Os navios gregos são escoltados pela marinha francesa até seu destino final. Mas Arafat pede para fazer uma escala imprevista no Canal de Suez, de onde se dirige ao Cairo para ser recebido por Mubarak.

Essa encenação, que surpreende até mesmo Abu Jihad e Abu Iyad, é um prato cheio para a propaganda síria, que se insurge contra o "traidor" Arafat. Como o Egito, em razão do tratado de paz de 1979 com Israel, continua excluído da Liga Árabe, o abraço do chefe da OLP no sucessor de Sadat parece muito prematuro. Mas Arafat, expulso de Beirute por Israel em 1982, e depois de Trípoli por Assad no ano seguinte, pretende retomar a iniciativa no terreno diplomático. Ele espera integrar a OLP a uma forma de "campo da paz" árabe que, com a bênção saudita, se apoiaria tanto no Egito quanto na Jordânia. Para tanto, Arafat está disposto a desafiar a Síria e a Líbia, cujas tropas o sitiaram em Trípoli, mas também o Iraque, cuja escalada antissionista visa combater a retórica iraniana. A reconciliação entre o Egito e a Palestina é, aliás, acolhida favoravelmente na Cisjordânia e em Gaza.

Em abril de 1984, Arafat se pronuncia a favor do "reconhecimento mútuo de dois Estados: a Palestina e Israel" (Filiu, 2005, p. 236). Em novembro, o Conselho Nacional Palestino se reúne em Amã, na ausência da FPLP e das facções radicais, para votar sobre Arafat e a reaproximação entre a OLP e a Jordânia. Três meses mais tarde, Arafat e o Rei Hussein assinam um acordo de ação comum, com base no qual é constituída uma delegação jordaniano-palestina. O soberano hachemita espera que essa delegação possa ser recebida em Washington, antes de participar de uma Conferência Internacional de Paz, e depois abrir negociações diretas com Israel, resultando numa confederação jordaniano-palestina. Contudo, o Presidente Reagan, cada vez mais ligado aos sionistas cristãos, rejeita dar continuidade a essa abertura.

Essas grandes manobras diplomáticas convencem Assad a retomar sua guerra contra a OLP no Líbano, mas desta vez de maneira indireta. É a milícia xiita Amal, muito ligada à Síria, que desencadeia em maio de 1985 o ataque contra os campos palestinos do sul de Beirute. Os fedains de todas as tendências pouco a pouco tomaram o controle dos campos de Sabra e de Chatila, teatro dos massacres de setembro de 1982. A Amal é encorajada por Assad a eliminar esses enclaves, sem avaliar o alcance simbólico de um ataque contra esses campos mártires. Com efeito, essa "guerra dos campos" efetiva a unidade das facções palestinas, arafatistas, radicais ou dissidentes, na defesa dos campos sitiados. O maquiavélico Assad vê então sua artimanha se voltar contra ele, com a união sagrada dos combatentes palestinos contra a Amal. Depois de um mês de hostilidades e de cerca de mil mortos, os milicianos xiitas controlam as ruínas de Sabra, mas encontram uma feroz resistência. Assad, tão rancoroso quanto realista, impõe a assinatura em Damasco de um cessar-fogo entre a Amal e a "dissidência" palestina, que a OLP se compromete a respeitar.

O bombardeio pela aviação israelense, em outubro de 1985, dos escritórios de Arafat em Túnis é um golpe fatal à iniciativa jordaniano-palestina, definitivamente suspensa quatro meses depois. O chefe da OLP, sem perspectiva diplomática, prioriza então a reconstituição de um núcleo fedaim no Líbano, provocando um ciclo de "guerras dos campos" sucessivas com a Amal, que se estendem de Beirute ao sul do Líbano. Em novembro de 1986, os combatentes palestinos eliminam a Amal das montanhas de Sídon, o que garante seu controle sobre o campo de Aïn Al-Heloué, o mais povoado de todo o Líbano, situado na parte de baixo. Durante a batalha, a marinha e a aviação israelenses esmagam as posições palestinas, dando credibilidade à tese da OLP de conluio entre a Amal e Israel, comparável ao que ocorreu entre a Síria e Israel durante o cerco de Trípoli em 1983. O número de fedains é então estimado em 7 ou 8 mil no Líbano, dois a cada três sendo "arafatistas" em Beirute e um a cada dois em Sídon (Grimblat, 1988, p. 90).

A dinâmica unitária das guerras dos campos resulta, em abril de 1987, em Argel, na realização de um Conselho Nacional Palestino (CNP) de reintegração da FPLP, num contexto de esgotamento da dissidência pró-síria. Arafat pode se vangloriar de ter ganhado contra Assad a batalha pela "independência da decisão Palestina" (Mansour, 1983, p. 456), independência que os dirigentes palestinos sempre identificaram à da OLP. Essa batalha ocorreu significativamente no Líbano e pela luta armada, ao passo que na Cisjordânia e em Gaza, uma nova geração afirma seu militantismo pacifista, até desencadear a Intifada de dezembro de 1987. Shamir garante involuntariamente a transmissão simbólica de uma geração a outra mandando assassinar Abu Jihad na periferia de Túnis, em abril de 1988. Com efeito, impressionantes manifestações, duramente reprimidas, celebram, na Cisjordânia e em Gaza, o chefe militar da OLP, não apenas como um "mártir", mas também como "a primeira bala" da luta armada do Fatah e a "primeira pedra" dessa Intifada.

O Rei Hussein, consciente da repercussão dessa sublevação popular entre seus súditos, decide, em julho de 1988, abandonar qualquer reivindicação sobre a Cisjordânia. A revogação do engajamento jordaniano, feita após a revogação do engajamento sírio, deixa o caminho livre para a afirmação da soberania palestina. Por isso a OLP proclama, durante o CNP de Argel em novembro de 1988, a independência do Estado da Palestina, destinado a coexistir com Israel com base nas resoluções pertinentes da ONU. Os Estados árabes não demoram a reconhecer oficialmente a Palestina, com exceção da Síria. Assim como o Rei Hussein havia, em 1974, se recusado a aderir ao reconhecimento árabe da OLP como representante única e legítima do povo palestino, o rancoroso Assad se recusa, 14 anos depois, a admitir sua derrota em face de Arafat e a reconhecer a independência da Palestina.

A armadilha iraquiana

Depois de passada a euforia da onda dos reconhecimentos internacionais, a triste realidade da obstrução israelense e de uma incansável repressão se impõe uma vez mais. O diálogo entre a OLP e os Estados Unidos permanece limitado ao embaixador americano em Túnis. Embora seja recebido na Cúpula Árabe de Casablanca, em maio de 1989, como chefe do Estado da Palestina, Arafat constata que as promessas de apoio financeiro à Intifada, feitas um ano antes durante a cúpula anterior, permaneceram letra morta. Quanto ao Plano Shamir de eleições nos territórios, derivado dos Acordos de Camp David, ele é combatido de uma maneira bastante frouxa pelas diplomacias árabes. E mesmo o retorno do Egito à Liga Árabe não muda fundamentalmente a situação, embora Arafat esperasse tanto desse retorno, uma vez que se reconciliara de forma espetacular com Mubarak em 1983.

Em maio de 1990, Arafat discursa em vão diante do Conselho de Segurança da ONU a favor de uma proteção internacional da população palestina dos territórios ocupados. Sua decepção em relação à ONU o torna mais sensível ao discurso marcial que Saddam Hussein profere pouco depois na Cúpula Árabe de Bagdá, um conclave boicotado pela Síria. Durante a cúpula, o exército israelense intercepta alguns comandos palestinos que desembarcaram numa praia próxima de Tel Aviv. Essa tentativa de atentado é obra da Frente de Libertação da Palestina (FLP), um grupelho membro da OLP, mas notoriamente ligado ao serviço de inteligência iraquiano. Abu

Iyad alerta Arafat sobre uma manipulação de Bagdá que desejaria indispor a OLP com os países ocidentais para controlá-la melhor.

Os Estados Unidos exigem, com efeito, que a FLP seja excluída da OLP, mas Arafat se recusa, pois está preocupado em poupar o Iraque, provocando, assim, em 20 de junho de 1990, a ruptura do diálogo americano-palestino. O chefe da OLP se recusa a ouvir os alertas de seu adjunto Abu Iyad, ao passo que Saddam Hussein ameaça cada vez mais abertamente o Kwait, invadido pelo exército iraquiano em 2 de agosto e anexado ao Iraque seis dias mais tarde. Além de Arafat não condenar essa violação flagrante do direito internacional, que também atinge o emirado que viu o Fatah nascer, ele se opõe a uma condenação pela Liga Árabe a essa agressão. A OLP se alia à Jordânia, ao Iêmen, ao Sudão e à Líbia no apoio à aventura iraquiana, já o Egito e a Síria proclamam sua determinação de defender a Arábia Saudita e os emirados do Golfo.

Em 12 de agosto de 1990, Saddam Hussein propõe uma "solução global" a "todos os problemas de ocupação, atuais ou futuros, na região" (Filiu, 2005, p. 292). Segundo ele, a aplicação das resoluções da ONU deve implicar primeiramente a evacuação por Israel dos territórios ocupados em 1967, e depois a retirada das tropas sírias do Líbano, e por fim uma eventual restauração da soberania do Kwait. A OLP, que se recusa a reconhecer a anexação do Kwait, saúda os "elementos positivos e realistas" da oferta iraquiana, no entanto qualificada pelos Estados Unidos como mera "manobra diversionista" (Filiu, 2005, p. 292). Na Cisjordânia e em Gaza, o apoio ao Iraque reúne de maneira inédita os partidários da OLP e do Hamas, com desfiles exibindo os retratos de Arafat e de Saddam. A inquietude de Abu Iyad é proporcional à sua impotência para conter essa onda.

Em 8 de outubro de 1990, a polícia palestina mata 21 palestinos em Jerusalém na Esplanada das Mesquitas onde eles protestavam contra a vontade de uma seita messiânica de estabelecer o Terceiro Templo. A tibieza das reações internacionais a esse banho de sangue radicaliza o apoio palestino a Saddam Hussein, celebrado como um Saladino moderno. Em 4 de dezembro, Arafat se encontra com o Rei Hussein em Bagdá para uma

Cúpula Tripartite com o déspota iraquiano, ao final da qual os milhares de estrangeiros retidos como reféns no Iraque são libertados. O chefe da OLP assume, pelo menos em parte, o sucesso dessa libertação e pretende ainda conduzir uma mediação e evitar um conflito aberto. George H. Bush obtém, no entanto, da ONU que uma data limite seja fixada em 15 de janeiro de 1991 para a retirada das tropas iraquianas do Kwait.

Abu Iyad é assassinado em Túnis em 14 de janeiro de 1991 por um de seus seguranças, infiltrado em seu entorno pelo grupo de Abu Nidal. A tese de um assassinato encomendado por Bagdá é a mais plausível, embora o rastro israelense, e mesmo líbio, também seja considerado (Laurens, 2015, p 285-286). Com o assassinato de Abu Uyad, Arafat perde não só o chefe do serviço de inteligência palestina, como também o último dos fundadores do Fatah a ter permanecido a seu lado desde 1959. Além disso, agora ninguém pode mais impedir o alinhamento da OLP, com a adesão do Hamas, ao regime iraquiano, no momento em que o conflito se anuncia perdido de antemão, com o deslocamento de meio milhão de soldados americanos para a Arábia Saudita.

Em 17 de janeiro de 1991, o Presidente Bush desencadeia uma campanha de bombardeios intensivos das posições iraquianas no Kwait e nos locais estratégicos no Iraque. No dia seguinte, Saddam Hussein ordena o lançamento de dezenas de mísseis Scud sobre Israel, na esperança de provocar um novo conflito árabe-israelense que aliviaria a pressão dos Estados Unidos sobre o Iraque. Mas a Casa Branca proíbe categoricamente Shamir de retaliar, disponibilizando ao mesmo tempo baterias antimísseis americanas operadas por soldados americanos, limitando a dois mortos as perdas israelenses ao longo de mais de um mês. O temor de que esses Scud estivessem carregados com produtos químicos revelou-se, com efeito, infundado.

A ofensiva terrestre da coalisão conduzida pelos Estados Unidos começa em 24 de fevereiro de 1991 e consegue numa centena de horas a libertação do Kwait. Logo se inicia uma verdadeira caçada humana contra os cerca de 400 mil palestinos do emirado, acusados de serem uma "quinta coluna" do Iraque e forçados ao êxodo. A maior parte desses exilados vai para a Jordânia, que conhece, assim, seu terceiro afluxo de refugiados palestinos, depois de 1948 e de 1967. Permanecem no Kwait apenas 30 mil palestinos, poupados, em razão de sua lealdade comprovada, por essa onda de represálias mais ou menos espontâneas (Laurens, 2015, p. 291-292). A perda das transferências financeiras desses expatriados palestinos do Golfo causa um terrível golpe na economia da Cisjordânia e da Faixa de Gaza, que já não vai muito bem após mais de três anos de Intifada.

A OLP encontra-se também privada de recursos consideráveis pelo muro de hostilidade que agora a separa de seus tradicionais apoios da Península Arábica. O Hamas, muito afetado pela expulsão da Irmandade Muçulmana do território saudita, pode, contudo, contar com a mobilização persistente das redes islamistas. Mas é no plano diplomático que o revés de Arafat é mais retumbante, pois seu comprometimento com Saddam Hussein arruinou uma boa parte do crédito pacientemente acumulado pela OLP ao longo de duas décadas. Tal como a aposta de Arafat na luta armada a partir do Líbano havia em 1978 excluído a OLP das negociações de Camp David, sua aposta no Iraque em 1990 resulta na exclusão da OLP, no ano seguinte, do processo de paz iniciado em Madri.

A OLP está tão desacreditada que não é difícil para Shamir impor a Bush condições bastante restritivas à composição da representação palestina, que é incorporada a uma delegação jordaniano-palestina, na Conferência de Madri em outubro de 1991. Portanto, é impossível saber se o ato fundador desse processo de paz teria evoluído de outra forma com uma participação declarada da OLP, garantia de uma delegação palestina autônoma. Por outro lado, é certo que a ausência de Arafat em Madri contribuiu para o impasse nas negociações subsequentes, convencendo Rabin, primeiro-ministro a partir de julho de 1992, a abrir um canal secreto de negociações diretas com a OLP. Também é fato que Arafat aceitou, nessas negociações, algumas concessões, especialmente sobre a colonização, com a qual a delegação de Madri jamais teria concordado. Essas contradições entre o canal oficial e o canal clandestino de negociações com Israel são claramente o legado com as mais pesadas consequências da ausência da OLP em Madri.

A assinatura dos Acordos de Oslo entre israelenses e palestinos por Arafat e Rabin, em setembro de 1993, é violentamente condenada pelo Hamas, que imediatamente se junta à Aliança das Forças Palestinas, criada pelo regime sírio contra Arafat. Essa aliança, até então restrita a facções da Frente de Recusa e a grupos dissidentes pró-Síria, ganha uma nova dimensão ao aderir ao Movimento da Resistência Islâmica, o acrônimo árabe do Hamas. Essa adesão foi facilitada pela expulsão, em dezembro de 1992, de centenas de islamistas da Cisjordânia e de Gaza que haviam estabelecido relações estreitas com o Hezbollah no Líbano. Os islamistas palestinos incluem de bom grado sua oposição aos Acordos de Oslo num "eixo de resistência" que vai da República Islâmica do Irã ao Hezbollah, tendo o regime de Assad como pivô.

O Hamas pretende agora contestar o monopólio da OLP sobre a representação do povo palestino, assumindo, para melhor islamizá-la, a reivindicação, fundadora da OLP, de uma libertação de toda a Palestina. Dessa forma, Assad se vinga de sua derrota para Arafat cinco anos antes, conseguindo ao mesmo tempo os meios para chantagear os mediadores americanos no processo de paz. Sua capacidade de causar danos, materializada no Líbano pela resistência do Hezbollah à ocupação israelense, estende-se, com efeito, ao tópico palestino pelo seu apoio às facções anti-Arafat, dois fortes argumentos para que a Casa Branca dê prioridade a um acordo de paz entre Israel e a Síria.

A chantagem de Assad sobre Clinton continua ineficaz, embora complique a dinâmica dos Acordos de Oslo, com as retiradas muito progressivas de Israel e as hesitações da Autoridade Palestina. Mas nem por isso Arafat deixa de enfrentar uma crescente contestação de sua legitimidade histórica por parte do Hamas, nesse sentido apoiado, por razões diversas, por muitos países árabes. Em outubro de 1997, o Rei Hussein consegue, após o fracasso de uma operação rocambolesca do *Mossad* em Amã (Filiu, 2019, p. 51-53), que Israel liberte o Xeique Yassin, transferido para Gaza num helicóptero jordaniano para um retorno triunfal. Em fevereiro de 1998, o chefe e fundador do Hamas, aureolado pelos oito anos de detenção em Israel, é autorizado a viajar para o Egito por motivos médicos. Ele aproveita a oportunidade para fazer uma viagem pela Arábia Saudita, Emirados Árabes Unidos e Kuwait, ao longo da qual é recebido com o mesmo respeito demonstrado a Arafat. Os dirigentes do Golfo continuam, assim, a fazer com que o chefe da OLP pague por seu alinhamento com Saddam em 1990. No funeral do Rei Hassan II em Rabat, em julho de 1999, o emir do Kwait se recusa inclusive a apertar a mão de Arafat.

A Segunda Intifada, que eclode em setembro de 2000, revela o isolamento da OLP no concerto árabe. O abismo aumenta entre a opinião pública árabe abalada com as imagens transmitidas pelos canais de notícias 24 horas, sendo o principal a Al-Jazeera, sediada no Qatar, e os chefes árabes que não desejam se envolver na crise. Uma Cúpula Árabe extraordinária é convocada no Cairo menos de um mês após o início da sublevação, momento em que já contava com 121 vítimas palestinas (para oito israelenses) (Laurens, 2015, p. 793), mas o resultado é apenas o fechamento em Tel Aviv dos escritórios de representação da Tunísia, do Marrocos e de Omã. A eleição de Sharon à frente do governo israelense em fevereiro de 2001 e a consequente escalada não provocam nenhuma reação mais significativa dos Estados árabes.

A Cúpula Árabe que ocorre em Beirute, em março de 2002, é marcada pela adoção de um "plano de paz árabe" proposto pela Arábia Saudita, daí sua designação frequente como Plano Abdallah, nome do príncipe herdeiro, que subiria ao trono árabe três anos depois. Esse plano é de fato o prolongamento do Plano Fahd, elaborado duas décadas antes pelo sucessor saudita da época. O princípio é oferecer a Israel uma paz total com todos os Estados árabes, em troca de uma retirada total dos territórios ocupados por Israel em 1967. Sharon não dá seguimento a essa iniciativa árabe, pois está absorvido na preparação de uma ofensiva para reocupar toda a Cisjordânia.

Arafat, sitiado na presidência da AP em Ramala, deve discursar na Cúpula Árabe de Beirute através de uma ligação de satélite fornecida pela Al-Jazeera. Mas o Presidente Libanês Emile Lahoud afirma que Israel poderia interferir nessa participação para impedir sua transmissão aos dirigentes árabes, embora seja transmitida ao vivo pela Al-Jazeera. Lahoud, portanto, abusa de seu privilégio de anfitrião da cúpula para agradar a

Bashar al-Assad, que, nove meses antes, havia sucedido seu pai no comando da Síria, com o mesmo ódio por Arafat como legado. É cruel o símbolo de um chefe da OLP, cercado por blindados israelenses, esgoelando-se para o vazio acreditando falar para seus pares, e tudo isso diante dos olhos de milhões de telespectadores. Quando o escândalo de tal boicote vem à tona, o dano já é irreparável. Arafat permanece enclausurado em seu quartel-general por mais dois anos e meio, sem nenhuma mobilização árabe para tirá-lo de lá. Quando o chefe da OLP colapsa em outubro de 2004, nenhum Estado árabe se oferece para acolhê-lo, e é na França que Arafat agoniza até sua morte, duas semanas depois.

De Gaza a Yarmuk

Mahmoud Abbas sucede a Arafat à frente da OLP, do Fatah e da AP com a firme intenção de pôr fim à Segunda Intifada, cuja violência terrorista havia muito ele condenava. No entanto, depara-se com a recusa de Sharon de iniciar um diálogo de paz, pois o primeiro-ministro está determinado a definir unilateralmente as fronteiras de segurança de Israel, com o muro na Cisjordânia e a evacuação de Gaza. Quanto ao Hamas, desde a eliminação do Xeique Yassine em março de 2004 num ataque israelense, seguida pela eliminação de seu sucessor Rantissi, morto nas mesmas circunstâncias, o movimento islamista se recusa a revelar a identidade de seu chefe. O que reforça a posição de Khaled Mechaal, que dirige o escritório político, ou seja, o braço externo do Hamas, a partir de Damasco. Além de seus vínculos com o regime de Assad, de quem é hóspede, Mechaal aprecia o tom da "resistência islâmica", que entra em ressonância com a retórica de Teerã e do Hezbollah.

A retirada israelense da Faixa de Gaza em setembro de 2005 é comemorada como um sucesso do Hamas, vencedor das eleições legislativas palestinas quatro meses depois. Um governo com maioria islamista é formado em março de 2006, sob a presidência de Ismail Haniyeh, que tentou, sem sucesso, formar um gabinete de união nacional com o Fatah. Com efeito, Abbas está convencido de que o isolamento do Hamas levará rapidamente à sua queda, ao passo que Mohammed Dahlan, chefe da segurança palestina, trabalha em Gaza para minar a Força Executiva criada pelo governo Haniyeh. Os confrontos entre serviços de inteligência rivais são agravados por conflitos recorrentes entre os milicianos do Fatah e do Hamas. A escalada da violência na Faixa de Gaza parece inexorável, culminando num banho de sangue no final de janeiro de 2007, com a morte de 14 palestinos em duas semanas.

O Rei Abdallah da Arábia, cujo nome estava associado ao plano de paz árabe adotado cinco anos antes em Beirute, está tão chocado com essas matanças entre palestinos que convoca Abbas, Mechaal e Haniyeh a Meca para forçá-los, em fevereiro de 2007, a formar um governo de união nacional. Apesar do bilhão de dólares prometido por Riade ao Fatah e ao Hamas, a composição do novo gabinete de Haniyeh demora um longo mês, com nove pastas para o Hamas (incluindo a de primeiro-ministro) e seis para o Fatah (incluindo a de vice-primeiro-ministro). Mas a promoção de Dahlan como conselheiro de Abbas para a segurança reinicia a polêmica sobre a Força Executiva criada um ano antes, cujo estatuto o Hamas quer oficializar, apesar da hostilidade do Fatah. A vendeta das milícias recomeça com uma intensidade renovada e, muitas vezes, com uma violência abjeta.

Em junho de 2007, depois de declarar sete cessar-fogo no espaço de um mês, as forças do Hamas lançam uma ofensiva generalizada que lhes dá o controle total da Faixa de Gaza. A polarização entre a AP de Ramala e o governo islamista de Gaza abre um novo ciclo de ingerências árabes, não para apoiar a causa palestina contra Israel, mas sim para apoiar um dos movimentos palestinos contra seu rival. A Arábia Saudita, escaldada pelo fracasso de sua conciliação de fevereiro de 2007, deixa o Egito negociar algumas modalidades entre Ramala e Gaza, que não dão em nada porque a mediação do Cairo, longe de ser neutra, é fundamentalmente hostil aos islamistas. O Catar, por outro lado, mantém uma presença em Gaza e relações de confiança com o Hamas, apoiado incondicionalmente pelo regime de Assad contra os "capituladores" de Ramala. Quanto aos Emirados Árabes Unidos, sua obsessão anti-islamista coincide com a do regime egípcio, levando-os a apoiar Dahlan, inimigo declarado do Hamas em Gaza.

A sublevação popular que derruba Mubarak em fevereiro de 2011 provoca ondas de choque em todo o Oriente Médio árabe com manifestações, no mês seguinte, pedindo o fim da divisão entre a Cisjordânia e Gaza e o início de uma onda de protestos na Síria. A mediação do Egito se torna finalmente confiável, a ponto de Abbas e Mechaal assinarem, em agosto de 2011, um acordo no Cairo que era bem mais substancial do que a negociação feita em Meca quatro anos e meio antes. Mas tanto a burocracia de Ramala quanto a de Gaza sabotam a implementação de uma unificação que corroeria suas redes de clientelas. O Catar se coloca como um padrinho regional da Irmandade Muçulmana, que parece ir de vento em popa, uma dinâmica da qual o Hamas, nascido como o braço palestino da Irmandade, se beneficia. Aliás, Mechaal troca Damasco por Doha como um sinal do divórcio agora consumado entre o Hamas e o regime de Assad. Em contrapartida, os Emirados Árabes Unidos adotam uma estratégia contrarrevolucionária e apostam mais do que nunca em Dahlan, cuja ambição insaciável acaba irritando Abbas e forçando-o a se estabelecer em Abu Dhabi.

No entanto, é Bashar al-Assad quem vai se entregar à manipulação mais cínica da causa palestina, superando seu pai em perversidade e em crueldade. O déspota sírio acredita, com efeito, que pode mobilizar Israel e seus aliados ocidentais em favor da "estabilidade" de seu regime, cada vez mais contestado por manifestações nesse momento ainda pacíficas. Em duas ocasiões, em 15 de maio de 2011, aniversário da *Nakba*, e em 5 de junho, aniversário da Guerra dos Seis Dias, ele organiza tentativas de "infiltração" de manifestantes palestinos na linha de cessar-fogo de Golã. Essa linha, no entanto, foi escrupulosamente respeitada por Hafez al-Assad desde 1974 e depois por seu filho desde que assumiu o poder em 2000. A dupla provocação de 15 de maio e de 5 de junho de 2011 é uma forma de chantagem para preservar o cessar-fogo com Israel, preservação que Assad vincula à de seu próprio regime. Porém, o senhor de Damasco não ousa colocar seus soldados na linha de frente, pois estão ocupados demais reprimindo os protestos, e envia para a morte civis palestinos do campo de refugiados de Yarmuk (quatro em 15 de maio e vinte e três em 5 de junho).

A comoção é imensa em Yarmuk, que se tornou uma aglomeração de cerca de cem mil pessoas na periferia sul de Damasco. Em 6 de junho de 2011, o funeral das vítimas mortas no dia anterior em Golã se transforma numa manifestação contra Assad, com um ataque aos escritórios das facções pró-sírias que controlam o campo em nome do regime. No entanto, os militantes palestinos, sejam do Hamas sejam da OLP, tentam manter a neutralidade do campo diante da espiral da guerra civil. Durante um ano e meio eles são bem-sucedidos, apesar dos tiros de morteiro às vezes mortais das forças pró-Assad. Tudo muda em dezembro de 2012, quando o regime de Assad decide cercar o campo e bombardeá-lo com aviões. Essa escalada leva à ocupação pelas milícias revolucionárias de um campo que se tornou assim uma das principais frentes de batalha pela capital.

Assad intensifica o confronto ao ordenar, em julho de 2013, o bloqueio total de Yarmuk, cuja população caiu para cerca de 20 mil palestinos. Os bombardeios contínuos tornam metade do campo inabitável devido à destruição total ou parcial. No entanto, a arma da fome é a mais impiedosa, com as primeiras mortes por fome sendo registradas nos últimos dias de 2013. O déspota sírio se recusa a afrouxar o controle, e, em março de 2014, foram contadas mais de uma centena de vítimas diretas da fome, um número que não inclui nem os mortos por falta de cuidados médicos, nem os civis mortos em busca de um pouco de comida nas linhas de frente (Filiu, 2018, p. 262). Assad, incapaz de quebrar a resistência em Yarmuk[7] apesar dessa tortura coletiva, deixa os *jihadistas* entrarem em abril de 2015. As milícias palestinas, combatendo em duas frentes, logo são forçadas a evacuar Yarmuk. O êxodo dos sobreviventes é descrito por vários deles como uma "nova *Nakba*" (Bitari, 2013, p. 78; Barthe, 2018). Mas, desta vez, é a ditadura de Assad a responsável por essa barbárie.

A turbulência revolucionária no Oriente Médio vê, no seio das petromonarquias, o Catar, apoiador da Irmandade Muçulmana, se opor aos Emirados Árabes Unidos, defensores de uma restauração autoritária em nome da luta contra o "terrorismo". Essa polarização reforça o engajamento de Doha em favor do Hamas e o de Abu Dhabi em apoio a Dahlan. O Presidente Abbas se vê obrigado a recorrer ao Cairo, Amã ou Riade em busca de um apoio árabe, que nunca se revela igualmente substancial. O chefe da AP também se

---

7. O cerco de Yarmuk é filmado de dentro no impressionante documentário *Little Palestine*, dirigido por Abdallah al-Khatib e lançado em 2021.

encontra isolado quando se trata de coordenar uma eventual resposta árabe ao reconhecimento de Jerusalém como capital de Israel feito por Trump. E, como consequência, Mohammed Ben Zayed, dirigente de fato dos Emirados Árabes Unidos, adere à dinâmica de normalização árabe-israelense promovida pela Casa Branca com o nome de Acordos de Abraão.

Os dois primeiros desses acordos, assinados em setembro de 2020 com os Emirados Árabes Unidos e o Barein, são de natureza diferente. Embora o acordo com Manama (Barein) normalize plenamente as relações bilaterais, é um verdadeiro tratado de parceria estratégica que é concluído com Abu Dhabi (Emirados Árabes Unidos). Para justificar essa "paz quente", o Emir Mohammed Ben Zayed afirma ter convencido Netanyahu a renunciar a seus projetos de anexação na Cisjordânia. Na verdade, o primeiro-ministro israelense buscava uma escapatória aos projetos que colocavam de forma unânime o aparelho de segurança contra eles. Desse modo, os dois dirigentes podem salvar as aparências e se consagrar ao desenvolvimento voluntarista da relação bilateral. Dahlan, que tanto aguardava essa notícia, descobre estupefato que Abu Dhabi, satisfeito com sua aliança de fato com Israel, não alimenta mais nenhum interesse pelo dossiê palestino.

Em outubro de 2020, é a vez do Sudão anunciar a normalização de suas relações com Israel. Mas o governo de transição estabelecido em Cartum desde a queda, um ano antes, do ditador Omar al-Bachir, só cumpre esse gesto para obter dos Estados Unidos a retirada do Sudão da "lista negra" dos países que apoiam o terrorismo. O acordo de normalização nunca é ratificado, e os golpistas, que derrubam o governo de transição em outubro de 2021, estão ocupados demais a se entrematar desde abril de 2023 para honrar seus compromissos com Israel. Quanto ao Marrocos, ele normaliza em dezembro de 2020 suas relações com Israel apenas como contrapartida do reconhecimento pelos Estados Unidos da anexação pelo Marrocos do Saara Ocidental, antiga colônia espanhola onde a ONU defende sem sucesso um referendo de consulta das populações locais.

O ponto em comum entre todos esses Acordos de Abraão é que os Estados árabes envolvidos nunca condicionaram a assinatura a gestos de Israel sobre a questão palestina e que também não se aproveitaram de sua normalização para moderar a agressividade da ocupação e da colonização, agressividade que atinge níveis sem precedentes desde o retorno de Netanyahu ao poder, em dezembro de 2022. Até mesmo Mohammed Ben Salman, dirigente de fato da Arábia Saudita, que Biden e seu governo pressionam para normalizar suas relações com Israel, mantém sua recusa atual em nome apenas de seus interesses nacionais, sobretudo em razão de sua reconciliação em março de 2023 com o Irã e também da sensibilidade de seus compatriotas ao estatuto de Jerusalém, terceiro lugar santo do Islã. Mas o senhor de Riade está convencido de que sua posição hoje dominante no mundo árabe não depende mais simplesmente da solidariedade com o povo palestino que soberanos como Faisal, Fahd e Abdallah, já falecidos, professavam.

* * *

A arabização da questão palestina fornece desde o início à propaganda sionista e depois israelense argumentos determinantes para negar a própria existência do povo palestino e desse modo se recusar a reconhecer seus direitos nacionais. Desde o mandato britânico, o apoio de Estados árabes tão jovens quanto frágeis à causa da Palestina nunca é suficiente para inverter a relação de força muito desfavorável à população autóctone, e é suficientemente forte para frear a afirmação plena e total de um nacionalismo propriamente palestino. O desaparecimento da Palestina, com a *Nakba* de 1948, desestabiliza permanentemente o Oriente Médio árabe, uma vez que cada regime agora se aproveita dessa causa para se impor perante seu rival, num contexto de militarização da política árabe, da qual os refugiados palestinos não passam de meros espectadores.

Ainda que os Estados árabes tenham se esforçado, num momento ou outro, para manipular a questão palestina em seu benefício, dois regimes se mostraram particularmente tenazes em sua vontade de se apropriar dela. Primeiro a monarquia hachemita de Amã, a quem o primeiro plano de partilha já atribuía, em 1937, a porção árabe da Palestina, uma partilha realizada em condições muito mais degradadas em 1948, com a absorção da Cisjordânia pela recente Jordânia. A crise do Setembro Negro de 1970 sanciona o fracasso dos fedains em se impor sobre o território jordaniano, uma derrota militar que compensa, quatro anos mais tarde, o reconhecimento árabe da OLP como representante única e legítima do povo palestino. Em seguida é o regime de Assad que conduz duas guerras sucessivas contra a OLP no Líbano, uma concentrando em 1976 os fedains no sul do país e preparando, assim, a invasão israelense de 1982, a outra destinada a finalizar, pelo cerco de Trípoli em 1983, a empreitada da liquidação da OLP iniciada por Israel em Beirute.

Arafat encarna a um só tempo essa resistência obstinada aos imperativos árabes, não importa o preço, e essa fé insensata num recurso árabe contra Israel, fé que o conduziu em 1990 a se lançar na armadilha iraquiana. Ao jogar com constância uns contra os outros, o chefe da OLP acaba, em 2002, discursando para o vazio enquanto acredita se dirigir à Cúpula Árabe de Beirute. Quanto a Abbas, seu sucessor, ele pesa tanto menos no concerto árabe porque sua legitimidade é contestada pelo Hamas, com direção externa sediada em Damasco e depois em Doha. Além disso, o fracasso das sublevações democráticas de 2011 no mundo árabe marca a derrota dos povos, ainda ligados à causa palestina, em benefício dos regimes, para os quais essa causa não passa fundamentalmente de um fardo. A esse respeito, os Acordos de Abraão constituem o fim inquietante de um século de arabização da questão palestina. Mas os regimes árabes só conseguiram se envolver nos assuntos palestinos em razão de uma dinâmica faccional muito favorável a tais ingerências.

2
A dinâmica faccional

Não há em Gaza um combate contra o inimigo e
um combate contra seus agentes, pois os agentes não podem
ser separados dos inimigos.

Georges Habache, 1970
(Filiu, 2012, p. 153)

Todos os movimentos nacionalistas tiveram de enfrentar o desafio do facciosismo, desafio alimentado pela violência da resistência armada, bem como pela dimensão de guerra civil que, em nome do combate contra "os colaboradores", acompanha cada luta de libertação. O nacionalismo palestino se distingue, contudo, por uma polarização interna tão acentuada que ela vai, em razão do antagonismo entre os Husseini e os Nashashibi, paralisar uma mobilização coletivamente eficaz contra o mandato britânico e a colonização sionista. Com efeito, essa polarização impede que a direção nacionalista perceba a ocasião histórica do Livro Branco de 1939 e a condene à impotência quando da *Nakba* de 1948. A expulsão, a dispersão e o exílio conduzem à fragmentação dos grupos fedains que assumem, em 1969, o controle da OLP. Somente a capacidade de Arafat de combinar constrangimento e clientelismo permite manter, do Setembro Negro na Jordânia até as "guerras dos campos" no Líbano, a coerência de uma organização tão diversa. Mas o processo de paz com Israel se inicia no momento em que o Hamas contesta a representatividade da OLP, contribuindo, assim, para o fracasso desse processo. Quanto à divisão que prevalece desde 2007 entre o "Fatahstão" de Ramala e o "Hamastão" de Gaza, ela pesa enormemente no impasse permanente do projeto nacional palestino.

Uma genealogia mítica

A sociedade palestina tradicional está amplamente estruturada em torno da *hamula*. Esse termo, muitas vezes traduzido por "clã", corresponde na verdade à família estendida, na medida em que ela inclui diferentes famílias nucleares, reunidas sob a proteção mítica de um ancestral tutelar e a autoridade real de uma figura patriarcal, designada por sua antiguidade e seu prestígio, mas também por sua capacidade de defender os interesses do grupo. Longe de ser uma estrutura rígida, a *hamula* funciona em três níveis de fidelidade com, primeiramente, o núcleo duro da família dominante e de sua parentela mais próxima, em seguida o segundo círculo dos recém-chegados que se integraram por afinidade ou por consenso, e por fim o grupo mais instável dos aliados de circunstância. Cada *hamula*, longe de ser petrificada, é uma construção empírica, tanto mais sólida porque a endogamia é respeitada dentro dela, mas com sua dinâmica própria de apadrinhamento e de clientela. Por isso que famílias de beduínos, por ocasião de sua sedentarização, escolhem se integrar a uma *hamula* de sua terra de eleição e a apoiam nas querelas locais. A força de uma *hamula* se mede, também, por sua capacidade de substituir as autoridades otomanas na imposição do direito costumeiro para resolver os conflitos pessoais ou fundiários, seja pela força, seja pela arbitragem.

A partir do século XVII, a genealogia mítica de cada *hamula* é acompanhada de uma ligação igualmente discutível às tribos árabes do norte e do sul da Península Arábica, respectivamente chamadas "Qays", que têm como ancestral tutelar Adnan, e "Yaman" (ou iemenitas), que têm como ancestral tutelar Qahtan. Desde os dois primeiros séculos do Islã, as lutas de poder pelo califado tinham polarizado os Qays e os Yaman em bases mais políticas do que genealógicas, o que em nada amenizava a brutalidade de seus enfrentamentos (Filiu, 2021, p. 58 e 61). A ressurgência dessas categorias clássicas na Palestina, mas também na Síria e no Monte Líbano, devido a uma crise da governança otomana, faz parte da vontade deste ou daquele chefe local de estender a base de seu poder para além de sua própria *hamula*. A evocação dessa ascendência permite também superar as clivagens confessionais: a população de Belém, quer seja cristã quer muçulmana, alia-se, assim, aos Yaman e à sua bandeira branca, enquanto Hebron se pretende coletivamente fiel aos Qays e à sua bandeira vermelha (Schölch, 1993, p. 195-196). Quanto aos Abu Ghosh, estabelecidos a oeste de Jerusalém, sua afiliação "iemenita" permite arabizar simbolicamente sua origem circassiana (Schölch, 1993, p. 187).

Quando Zahir al-Umar consegue, durante o terceiro quarto do século XVIII, unificar sob sua autoridade o norte da Palestina, tendo Acre como saída marítima, ele ressalta seu pertencimento aos Yaman para dominar seus rivais, com frequência identificados aos Qays. Essa afiliação não rompe, no entanto, a frente comum que lhe é oposta pelos clãs da região de Nablus, quer sejam "iemenitas" quer Qays, impedindo-lhe de estender seu domínio para o sul. Quanto às pretensões de Zahir al-Umar de ser ele próprio um descendente do Profeta Muhammad, elas suscitam muito pouca adesão (Joudah, 1987, p. 19). Mas é dentro de sua própria família que o senhor da Galileia deve neutralizar as ambições mais ameaçadoras. Após ter eliminado um de seus primos em 1743, e depois seu irmão mais velho em 1761, ele é confrontado com a rebelião sucessiva de vários de seus filhos, cada um deles tentando suplantá-lo a partir de seus bastiões respectivos de Safed, Tiberíades ou Nazaré (Joudah, 1987, p. 50-56). Ainda que Zahir al-Umar supere essas diferentes crises com sucesso, uma sequência igualmente confusa de dissensões familiares ilustra a fragilidade de sua construção política, que colapsa a partir de sua morte em 1775.

Na Palestina há uma ampla unanimidade contra a intervenção francesa de Bonaparte em 1799, ao contrário da ocupação egípcia de 1831-1840, que divide partidários e adversários das reformas impostas pelo Cairo. Na região de Nablus, os Abdel Hadi se colocam no primeiro campo em nome de sua afiliação ao Qays, ao passo que os Tuqan se colocam sob a bandeira "iemenita" (Schölch, 1993, p. 212-213). A revolta de 1834 contra o serviço militar é, aliás, conduzida por um chefe que alegava ser dos Yaman, Qassim al-Ahmad, cujo feudo está situado entre Nablus e Ramala. Dirigindo-se a seus pares de Jerusalém e de Hebron, ele os convoca a "pegar corajosamente em armas contra o tirano" e a "golpear, não o infiel, mas muçulmanos como vocês" (Safi, 2008, p. 49). A sublevação se estende de Safed a Gaza, obrigando o senhor do Cairo, Mohammed Ali, a desembarcar pessoalmente em Jafa, à frente de um exército que veio socorrer seu filho Ibrahim Paxá. A contraofensiva egípcia é tanto mais brutal porque está apoiada em combatentes temporários locais, pelos Abdel Hadi em Nablus ou por algumas tribos beduínas de Gaza. Qassim al-Ahmad, perseguido até a Transjordânia, é executado em Damasco, enquanto dois de seus filhos estão em Acre. Em vez dos 3 mil recrutas que o Cairo queria inicialmente conseguir na Palestina, são 9 mil homens que são arregimentados como retaliação a essa insurreição.

Constantinopla retoma formalmente o controle da Palestina com a retirada egípcia de 1840. Mas a autoridade otomana só é restaurada progressivamente ao longo das duas décadas seguintes. Com efeito, os representantes de Constantinopla deixam os chefes locais se exaurirem em seus conflitos entre Qays e Yaman, antes de finalmente se beneficiar de seu enfraquecimento recíproco. Embora a campanha conduzida contra os Abdel Hadi em 1859 tenha o apoio dos Tuqan, ela termina, na Palestina, com um enfraquecimento generalizado do poder dos notáveis, obrigados a entrar na ordem otomana (Schölch, 1993, p. 227). Ela coincide, aliás, com a submissão de Hebron, área de lealdade coletiva aos Qays, onde, na ausência de antagonismo com os "iemenitas", o governador otomano joga com o conflito entre dois irmãos da *hamula* dominante dos Amr (Schölch, 1993, p. 237).

Inicia-se então a era da política otomana dos notáveis urbanos, na qual estes agora desempenham um papel de intermediação com o poder central e seus representantes. As funções religiosas em Jerusalém são ocupadas por famílias que alegam ser de uma linhagem de prestígio, uma vez que os Husseini traçam sua linhagem até o Profeta Muhammad pelo viés de seu neto Hussein, ao passo que os Khalidi afirmam descender de Khaled ben Walid, general muçulmano que conquistou a Cidade Santa. As raízes ancestrais dessa genealogia justificam o vínculo contemporâneo dos Husseini com os Qays e o dos Khalidi com os Yaman. Mas esse equilíbrio familiar é rompido em Jerusalém pela ascensão da família dos Nashashibi, que lucram muito com as reformas otomanas, principalmente no setor fundiário. Eles não demoraram a contestar a preeminência dos Husseini e, para se aliarem melhor aos Khalidi, ostentam seu pertencimento "iemenita".

Um dos dois deputados de Jerusalém no Parlamento otomano de 1908 pertence à família Husseini e o outro à família Khalidi. Mas o único delegado palestino no Congresso Árabe de 1913 em Paris foi Izzat Darwaza, originário de Nablus, mas não ligado a nenhuma das grandes famílias locais. Os outros membros da sociedade secreta Al-Fatat na Palestina, onde ela liderou o nacionalismo árabe, podem ter vindo de famílias afiliadas aos Qays ou aos Yaman, sinal de que essa mobilização de tipo moderno vai além da tradicional bipolarização. Essa evolução é tragicamente confirmada quando a lista dos "mártires" nacionalistas enforcados por ordem de Djemal Paxá em 1916 inclui Salim Abdel Hadi e Ali Omar Nashashibi, cujas famílias são historicamente Qays, no caso do primeiro, e Yaman, no caso do segundo. A repressão otomana, ao atingir ambas as famílias, contribui, assim, para fortalecer a oposição nacionalista, para além das lealdades familiares.

A administração militar estabelecida pela Grã-Bretanha a partir de 1917 na Palestina é então confrontada com a afirmação nacionalista das elites árabes, afirmação que a Declaração Balfour acaba reforçando. Se há uma clivagem, ela se divide entre os defensores de um nacionalismo propriamente palestino e os partidários de um vínculo com o Reino Árabe de Damasco. Aliás, essa reivindicação nacionalista supera as lealdades confessionais nas associações islâmico-cristãs, que tomam a iniciativa de organizar o primeiro Congresso Árabe-Palestino em 1919. A recusa categórica à Declaração Balfour leva à palavra de ordem de boicote às instituições estabelecidas pelas autoridades britânicas, no entanto preocupadas com ter interlocutores na população árabe tão legítimos quanto os quadros sionistas são para o *Ishuv*.

Husseini contra Nashashibi

Quando Moussa Kazem al-Husseini é demitido de seu cargo de prefeito de Jerusalém em 1920, os militantes árabes apostam no constrangimento que a vacância de uma responsabilidade igualmente simbólica causará à administração britânica. Mas o consenso nacionalista é desfeito quando Ragheb Nashashibi, engenheiro que já havia trabalhado no planejamento urbano da Cidade Santa e, portanto, colaborado com os líderes da crescente população judaica, aceita o cargo de prefeito. Foi o que bastou para que os Husseini e as elites tradicionais acusem de traição seus rivais "novos-ricos" Nashashibi. O alto-comissário Samuel joga muito habilmente com essas dissensões ao nomear, em 1921, Hadji Amine al-Husseini, sobrinho de Moussa Kazem, "grão-mufti" de Jerusalém, uma função até então inédita, e colocá-lo à frente de um CSI.

As eleições para esse conselho substituem, assim, as votações boicotadas, em nome da rejeição da Declaração Balfour, pela população árabe, instaurando um cenário político por consenso. A partir de então esse cenário está polarizado entre a maioria dos membros do CSI, os "conselheiros" (*majlisiyoun*), aliados dos Husseini, e os "opositores" (*mu'âridoun*), fiéis aos Nashashibi. A política britânica dos notáveis consegue desse modo ressuscitar a clivagem, tão benéfica aos otomanos, entre Qays pró-Husseini e Yaman pró-Nashashibi, dividindo profundamente o campo árabe, enquanto o *Ishuv*, apesar de suas divergências internas, permanece coeso no objetivo de uma intensificação da imigração e da colonização judaicas. A polarização entre os Husseini e os Nashashibi vai além de Jerusalém segundo a dinâmica Qays-Yaman, os Abdel Hadi apoiando os Husseini em Nablus contra seus rivais locais dos Tuqan (um antigo prefeito, Haydar Tuqan, é além disso o intermediário privilegiado da política sionista de divisão do nacionalismo palestino). O mesmo confronto entre pró-Husseini e pró-Nashashibi prevalece entre os Surani e os Shawa em Gaza, antes de se encontrar em todos os distritos administrativos da Palestina mandatária.

Moussa Kazem al-Husseini assume a presidência do Executivo árabe, encarregado de implantar as resoluções dos Congressos Árabe-Palestinos. Ele é reeleito para a liderança do executivo com a mesma constância que seu sobrinho para a do CSI. Esse domínio dos Husseini nas duas direções política e religiosa da representação palestina não é bem-vista pelos partidários dos Nashashibi, que consideram ainda mais difícil ver seu patriotismo posto em dúvida. A polarização torna-se tão intensa entre os dois campos que acaba paralisando qualquer mobilização nacionalista digna desse nome, o que deixa o campo livre aos tumultos de 1928 e sobretudo de 1929. É para superar essa polarização que um partido da Istiqlal (independência) é fundado em 1932, tendo na liderança Awni Abdel Hadi, um dos antigos companheiros palestinos do Rei Faisal em Damasco. Darwaza torna-se o tesoureiro do novo grupo que, retomando o programa panárabe da Al-Fatat durante a Primeira Guerra Mundial, consegue atrair a hostilidade dos Husseini bem como a dos Nashashibi. Abdel Hadi e Darwaza, no entanto originários de Nablus, instalam-se em Jerusalém, agora centro da vida política.

O ano de 1934 marca uma virada no cenário palestino, e mais uma vez a partir de Jerusalém. Primeiro em março, com a morte de Moussa Kazem al-Husseini, que deixa vacante a direção do Executivo árabe. O veterano do nacionalismo palestino é enterrado na Esplanada das Mesquitas, com a presença de uma multidão imensa. Depois, em setembro, ocorre a derrota acachapante de Ragheb Nashashibi na eleição municipal de Jerusalém, marcada pela união dos Khalidi com os Husseini e a eleição para prefeito de Hussein al-Khalidi. Os Nashashibi reagem a essa afronta lançando, em Jafa, sob a presidência de Ragheb, o Partido da Defesa Nacional, que exalta a independência da Palestina, mas sem mencionar a unidade árabe. Além disso, Fakhri Nashashibi, sobrinho de Ragheb, esforça-se para ampliar a base social de sua família organizando, sob sua égide, os trabalhadores dos Portos de Jafa e de Haifa. Os Husseini retaliam apoiando-se no prestígio religioso do grão-mufti de Jerusalém.

Por isso que em janeiro de 1935, Hadji Amine al-Husseini convoca a primeira assembleia dos ulemás da Palestina, que adota uma fátua acusando de "traição para com Deus" os responsáveis por uma venda de terras aos sionistas, quer sejam proprietários quer intermediários (Cohen, 2008, p. 49). Durante os meses seguintes são fundados três partidos concorrentes daquele dirigido pelos Nashashibi. O Partido Árabe-Palestino é criado por iniciativa dos Husseini tendo um programa antissionista e panárabe largamente inspirado na plataforma do Istiqlal, cujos militantes se aliam em massa ao novo grupo. Jamal al-Husseini, primo do grão-mufti, preside o partido, tendo como adjunto Alfred Rock e como secretário-geral Emile al-Ghouri, duas figuras cristãs do engajamento nacionalista. Os Khalidi também criam um Partido da Reforma que se apoia em sua clientela, reforçada pelos dissidentes do campo Nashashibi. Por fim, alguns notáveis de Nablus considerando-se negligenciados pelos outros grupos estabelecem um Bloco Nacional, com audiência rapidamente muito limitada. O fracasso do Istiqlal, independentemente de seu programa panárabe, ilustra a incapacidade dos partidos palestinos de se desenvolverem fora das redes já estabelecidas de fidelidade e de clientela.

Tais jogos políticos são menosprezados pelo Xeique Ezzedine al-Qassam, um caádi de Haifa com uma impressionante popularidade. Nascido no litoral sírio, Qassam participou ativamente da resistência contra a imposição do mandato francês, antes de se refugiar na Palestina. Assim preservado das intrigas das elites locais, ele chega a exaltar o *jihad* contra, ao mesmo tempo, a dominação britânica e a colonização sionista. Recusando-se a abrir prematuramente as hostilidades, ele organiza pouco a pouco centenas de partidários em células de alguns membros. A descoberta em Jafa, em outubro de 1935, de um carregamento de armas destinado à *Haganá* provoca, em represália, o desencadeamento de uma série de ataques por Qassam e seus partidários, que entram na clandestinidade. Perseguido pelo exército britânico, Qassam é morto, no mês seguinte, não longe de Jenin. Mas seus funerais em Haifa tornam-se uma manifestação nacionalista contra o "governo britânico protetor dos judeus" (Laurens, 1998, p. 471). Jamal al-Husseini e Ragheb Nashashibi dirigem publicamente suas condolências à família do "mártir".

É o assassinato de dois judeus por leais a Qassam, em abril de 1936, seguido pelo assassinato de dois árabes pelo *Irgun*, que marca o início da Grande Revolta Árabe. Ela começa com uma greve geral da população árabe, animada por um Alto-Comitê Árabe em que os Nashashibi se unem à direção do grão-mufti. A suspensão da polarização no seio das elites palestinas permite uma mobilização de uma intensidade sem precedentes durante seis longos meses. Os fura-greves são acusados como infames "Kharijites", em referência aos primeiros dissidentes do Islã, em 661, condenados pelos sunitas bem como pelos xiitas (Cohen, 2008, p. 100-101). Até mesmo colaboradores notórios anunciam publicamente sua adesão aos "cavaleiros do nacionalismo palestino" (Cohen, 2008, p. 111). Mas a determinação britânica em quebrar o movimento antes de iniciar qualquer negociação, com recurso sistemático às sanções coletivas, exaure a população, sobretudo nos campos onde cresce o temor de perder as colheitas do outono. A intervenção dos soberanos árabes é decisiva na decisão de suspensão da greve geral que os Nashashibi impõem, em outubro de 1936, aos Husseini.

A derrota representada por essa suspensão, sem nenhuma contrapartida britânica, relança as querelas entre Nashashibi e Husseini. Em junho de 1937, Fakhri Nashashibi é ferido numa tentativa de assassinato (Cohen, 2008, p. 122), ao passo que o grão-mufti afirma ter escapado de vários atentados (Laurens, 2002, p. 345). Além disso, os Nashashibi organizam uma manifestação de fidelidade ao Emir Abdallah da Transjordânia. A publicação em Londres, no mês seguinte, de um plano de partição da Palestina entre um Estado judeu e um Estado árabe, anexado à Transjordânia*, alimenta a campanha dos Husseini contra os Nashashibi, acusados de conluio com os britânicos, e mesmo com os sionistas. Os Nashashibi se retiram do Alto-Comitê Árabe, que está reduzido, como o Executivo árabe antes dele, a ser apenas um instrumento dos Husseini e de seus partidários. Uma série de assassinatos atinge personalidades opostas aos Husseini, a ponto de um notável de Haifa, próximo dos Nashashibi, denunciar um "terror desenfreado" (Cohen, 2008, p. 124). O grão-mufti, refugiado no Líbano em outubro de 1937, agrava a fratura entre palestinos com suas diatribes lançadas desde o exílio.

O momento agora é o da insurreição armada, coordenada a partir do centro da Palestina por Abdelkader al-Husseini, filho de Moussa Kazem e primo do grão-mufti, em ligação com o comando da sublevação, atiçado a partir de Damasco por Izzat Darwaza. Os alvos prioritários da guerrilha são os notáveis rurais, muitas vezes ligados à zona de influência dos Nashashibi. Eles são intimidados, sequestrados ou assassinados em razão das informações que fornecem às autoridades britânicas, e até da usura que infligem ao campesinato local. Os tribunais revolucionários que os insurretos estabelecem combinam assim a luta contra os colaboradores e a

* *Cf.* mapa 14.

abolição das dívidas rurais, o que contribui em muito para sua popularidade. Mas o que se impõe é a realidade incômoda de uma sublevação árabe que mata, sobretudo, outros árabes (Laurens, 2002, p. 388) com certeza mais vulneráveis do que os judeus e *a fortiori* do que os britânicos.

No início do verão de 1938, a Grande Revolta Árabe está em seu apogeu com cerca de 4 mil combatentes permanentes (entre os quais cerca de mil na cidade) e 6 mil camponeses mobilizáveis (Laurens, 2002, p. 388), ou seja, um insurreto para cada 100 habitantes árabes. Os diplomatas franceses constatam que, quando os guerrilheiros "executam os traidores da causa palestina, eles o fazem depois de um simulacro de processo cujo testemunho são os cartazes por vezes encontrados no pescoço das vítimas" (Laurens, 1998, p. 509). O imã da Mesquita Al-Aqsa, acusado de colaboração, é assassinado em Jerusalém, ao passo que Ragheb Nashashibi, temendo por sua vida, refugia-se no Cairo, como inúmeras personalidades da oposição que escolhem o exílio. A contrainsurreição, metódica e implacável, inspira-se amplamente no modelo irlandês, com uma significativa contribuição dos combatentes temporários da *Haganá*. Abdelkader al-Husseini perde pouco a pouco o controle sobre os chefes do grupo cuja justiça revolucionária se transforma em acerto de contas. Em setembro, Fakhri Nashashibi estabelece as "unidades da paz" que combatem ao lado do exército britânico e da *Haganá*. Em outubro o assassinato do advogado e jornalista Hassan Sidqi Dajani, muito ligado aos Nashashibi, provoca tamanha desordem dentro das grandes famílias de Jerusalém que a insurreição nega ser responsável por ela.

Fakhri Nashashibi tenta inutilmente se impor como o único interlocutor árabe das autoridades britânicas, e até seu tio Ragheb reprova tais pretensões. Os resistentes espalham na região de Hebron cartazes proclamando: "Uma única nação, um único povo, uma única língua" (Cohen, 2008, p. 151). Os confrontos entre as milícias palestinas tomam então ares de sangrenta vingança, num contexto de refluxo irreversível da insurreição. Uma vez a Grande Revolta Árabe derrotada, Londres aceita então acolher, em fevereiro de 1939, uma conferência sobre o futuro do mandato na Palestina. Jamal al-Husseini, que chefia a delegação do Alto-Comitê Árabe, só aceita de muita má vontade, e pressionado pelos soberanos árabes, incluir os representantes dos Nashashibi. O Livro Branco sobre a Palestina, publicado pelo governo britânico três meses depois, beneficia, no entanto, as reivindicações árabes, com abandono do projeto de partição, perspectiva de um Estado binacional numa Palestina independente e limitando a imigração judaica para os próximos cinco anos.

Jamais o nacionalismo palestino teve, desde a Declaração Balfour, uma oportunidade tão favorável para concretizar suas exigências. As autoridades mandatárias evidentemente compreenderam que o sufocamento militar da Grande Revolta Árabe não era um fim em si e que uma solução política se impunha. Aliás, o clamor que o Livro Branco suscita no movimento sionista demonstra até que ponto Londres foi no sentido das expectativas árabes. Mas o Reino Unido persiste em não admitir o retorno do exílio dos dirigentes da insurreição, principalmente o do grão-mufti. Cego por sua ambição e por seu rancor contra os Nashashibi, Hadji Amine al-Husseini prefere então arruinar uma solução na qual ele não representaria um papel central. Duas semanas depois da publicação do Livro Branco, ele impõe ao Alto-Comitê Árabe a "rejeição das proposições" e a "recusa de cooperar com o governo" britânico nesses termos (Laurens, 1998, p. 534).

Essa obstrução do chefe exilado só se torna possível pela verdadeira sangria que a repressão da Grande Revolta infligiu à população autóctone, uma vez que os habitantes árabes da Palestina são da ordem de um milhão em 1936, até 1939, o número de mortos é de mais de 5 mil (0,5%), o dos feridos perto de 15 mil (1,5%), o dos detidos cerca de 50 mil (5%), entre os quais 2 mil condenados à prisão perpétua e 146 executados por enforcamento. Se acrescentarmos a esse terrível saldo as 5 mil casas destruídas e os 40 mil exilados mais ou menos voluntários (Sayigh, 1998, p. 2), revela-se então em toda a sua brutalidade o preço exorbitante pago pela população palestina a essa repressão demasiado metódica para não ser profundamente colonial. A derrota de 1939 apresenta uma dupla natureza: uma padecida e militar contra a Grã-Bretanha, outra assumida e política na recusa do Livro Branco. A partir de então, essa dupla derrota de 1939 prepara, e até antecipa, a "catástrofe" de 1948 na medida em que deixa o nacionalismo palestino decapitado, amputado e disperso.

As divisões da *Nakba*

A polarização entre Husseini e Nashashibi além de impedir em 1939 o nacionalismo palestino de perceber a ocasião histórica do Livro Branco, também vai suspender, e mesmo congelar, a mobilização árabe na Palestina durante o período crucial da Segunda Guerra Mundial. Enquanto a *Haganá* e o *Irgun* deixam de lado suas diferenças para entrarem juntos a serviço de Londres, o alistamento na Palestina de um número de árabes comparável ao dos judeus nas forças temporárias dos britânicos não encontra nenhuma tradução política do lado árabe. Muito pelo contrário, o mufti deposto de Jerusalém cauciona, em 1941, em Bagdá, o efêmero regime dos golpistas pró-nazistas, antes de servir ardorosamente, a partir de Berlim, à propaganda hitlerista. Ao continuar a reivindicar fortemente, em 1945, a direção do nacionalismo palestino, Hadji Amine al-Husseini lança seu descrédito pessoal sobre o conjunto de seu povo. Por isso o assassinato em 1941 de Fakhri Nashashibi permanece impune, embora seja unanimemente atribuído aos Husseini (Cohen, 2008, p. 202-203).

No momento em que o mundo todo descobre horrorizado a extensão do Holocausto, Jamal al-Husseini, primo do grão-mufti aprisionado num campo britânico na Rodésia de 1941 a 1945, impõe ao Alto-Comitê Árabe uma linha maximalista. A instância representativa dos árabes da Palestina boicota, assim, as reuniões cruciais em que é discutido o futuro da Palestina, em 1946 em Londres, depois em 1947 sob a égide da ONU. Os Husseini rejeitam tanto o plano de partilha da Palestina, que é finalmente votado pela Assembleia Geral da ONU, quanto a solução alternativa de um Estado federal, tendo Jerusalém como capital, associando um Estado árabe e um Estado judeu. A despeito desse radicalismo, as milícias árabes se revelam tão mal armadas quanto mal organizadas quando eclode, logo após o voto da ONU sobre a partição, a guerra judaico-árabe da Palestina. O contraste é impressionante com a *Haganá*, que coordena suas operações com o *Irgun* e o *Lehi*, ainda que os desaprove, como por ocasião do massacre de Deir Yassine, em abril de 1948.

Abdelkader al-Husseini, também primo do grão-mufti, deve comandar as forças árabes, como durante a Grande Revolta de 1936-1939, embora uma vez mais seja confrontado com a concorrência da milícia de Qawuqji, infiltrada a partir da Síria. Além disso, ele deve levar em conta a intervenção das Irmandades Muçulmanas síria e egípcia que vieram socorrer os membros palestinos da confraria. A batalha é encarniçada, em abril de 1948, pelo controle dos contrafortes ocidentais de Jerusalém, e, portanto, de seu acesso ao litoral. A colina estratégica de Qastal, tomada pela *Haganá*, é reconquistada pela resistência de Abdelkader al-Husseini, que morre no combate. Mas seus homens, em vez de manter a todo custo uma posição tão disputada, deixam ali apenas cerca de 40 combatentes. Pois todos disputam entre si a honra de acompanhar o funeral de seu comandante até a Esplanada das Mesquitas de Jerusalém, onde é enterrado ao lado do pai, Moussa Kazem al-Husseini.

A *Haganá* não tem, portanto, dificuldade alguma de se apoderar, desta vez definitivamente, de Qastal. A guarda próxima de Abdelkader al-Husseini preferiu lhe prestar uma última homenagem em vez de defender a todo custo a colina pela qual ele tinha se sacrificado. Além disso, não existe a possibilidade de que sua sucessão escape de sua família, por isso a nomeação à frente das milícias nacionalistas de Khalid al-Husseini, um ex-oficial de polícia cuja falta de carisma é, no entanto, reconhecida. Ocorrem então os últimos confrontos da guerra judaico-árabe, que nitidamente virou a favor das milícias sionistas, enquanto centenas de milhares de civis árabes já fugiram de seus lares. A intervenção dos exércitos árabes, a partir de 15 de maio de 1948, marginaliza as milícias locais e seus dirigentes, iniciando a queda de braço entre o Egito e a Transjordânia pela representação da Palestina.

O governo de toda a Palestina cuja constituição é apadrinhada por Hadji Amine al-Husseini, em outubro de 1948, tem como Ministro das Relações Exteriores Jamal al-Husseini, que se encarrega de obter o reconhecimento dos diferentes Estados árabes. A ele se opõe apenas Abdallah que reúne primeiro em Amã, e depois em Jericó, duas conferências de notáveis palestinos ligados ao trono hachemita. O trauma da *Nakba*, do êxodo e da despossessão é tal que a monarquia hachemita emerge como a protetora daquilo que ainda pode ser salvo da Palestina, começando pelos lugares santos de Jerusalém. É por isso que a transformação da Transjordânia em

Jordânia, pela anexação de Jerusalém Oriental e da Cisjordânia, é aprovada para além da zona de influência dos Nashashibi. O Xeique Hussameddine Jarallah, oponente histórico dos Husseini, é nomeado mufti de Jerusalém (Cohen, 2008, p. 202-203). A entrega, desde fevereiro de 1949, da nacionalidade e de passaportes jordanianos a todos os novos súditos é ainda mais bem recebida porque Amã consegue, nas negociações de armistício com Israel, recuperar, a oeste de Nablus, as cidades de Tulkarem e de Qalqilya, ainda que sua distância do litoral seja de apenas uns 20 quilômetros*.

Os mais de 700 mil refugiados palestinos, dispersos nos territórios vizinhos de Israel, são uma maioria que deve ser instalada nos campos organizados pela ONU. Eles tendem a se reagrupar por localidade e região de origem, recriando no exílio uma comunidade tanto mais exaltada porque funda e alimenta a esperança de retorno. O êxodo, por ter deslocado populações inteiras e não famílias isoladas, conduz paradoxalmente a reforçar a *hamula* e suas solidariedades de proximidade. É desse modo que a *Nakba*, longe de desestruturar a sociedade tradicional, fortalece, pelo contrário, seus mecanismos de entreajuda e de proteção, inclusive em suas dimensões faccionais. O *mukhtar*, o notável que garantia a intermediação com a ordem otomana e depois com o mandato britânico, reencontra essa função nas relações com a ONU dentro dos campos de refugiados. Mas ele garante também a solução das contendas entre refugiados de sua comunidade, com depósito sob sua autoridade de compensações que podem ir, em caso de morte ou de ferimento, até o "preço do sangue". Embora o retorno de camponeses para suas terras apropriadas por Israel resulte geralmente de iniciativas individuais, o assassinato dos "infiltrados" pelos *kibutzim* fronteiriços pode, assim, provocar uma sequência pontual de vendeta israelense-palestina (Filiu, 2012, p. 96).

Na Jordânia, os partidos políticos estão oficialmente proibidos, mas a Irmandade Mulçumana pode legalmente operar como associação. Com efeito, a confraria islamista reconheceu a anexação da Cisjordânia por Amã, ganhando ali uma liberdade de ação que contrasta com a repressão da qual

---

* *Cf.* mapa 5.

é alvo no Egito. O recrutamento da Irmandade Muçulmana na Jordânia é majoritariamente palestino, para além mesmo da proporção de dois terços representados pelos palestinos, desde "a união" entre a Transjordânia e a Cisjordânia, na população do reino hachemita. A coragem dos milicianos islamistas durante a Guerra da Palestina em 1948 contribui de maneira determinante para a popularidade dessa Irmandade. Tal popularidade também é reconhecida na Faixa de Gaza, onde ela opera na clandestinidade, com o pretexto de atividades sociais e educativas (Filiu, 2012, p. 94).

Quanto aos comunistas palestinos, de uma disciplina bastante estalinista, eles foram muito enfraquecidos pelo apoio da União Soviética ao plano de partilha da ONU, em 1947, e depois pelo rápido reconhecimento *de jure* de Israel por Moscou, em 1948. Mas seu movimento, agora dividido em três organizações distintas entre Israel, a Jordânia e Gaza, se distingue, em razão de seu apoio histórico à partilha da Palestina em dois Estados, por sua reivindicação do direito dos palestinos de estabelecer um Estado independente. Por isso que o Maki, o Partido Comunista Israelense, é não apenas o único grupo do jovem Estado hebreu a contar com membros tanto judeus quanto árabes, mas também o único a defender o direito do povo palestino à autodeterminação. Em Gaza, a Liga de Libertação Nacional, de orientação comunista, é o único partido a denunciar "a ocupação egípcia" de um território que deve se fundir numa Palestina independente (Filiu, 2012, p. 95-96). Na Cisjordânia, a mesma Liga adota durante três anos uma linha comparável, antes de integrar em 1951 um Partido Comunista da Jordânia que reconhece "a união das duas margens" do Jordão.

Ben Gurion joga sobretudo com a divisão entre muçulmanos e cristãos para enfraquecer a coerência dos palestinos que permaneceram em Israel, onde constituem um quinto da população. Além disso, os drusos e os beduínos são distinguidos dos outros muçulmanos e recebem a possibilidade de efetuar o serviço militar (num contexto de recrutamento para os primeiros e na base do voluntariado para os segundos). Ben Gurion se dedica também a isolar, no cenário israelense, o militantismo judaico-árabe do Maki, que só obtém, nas eleições de 1949 ao primeiro *Knesset*, quatro deputados dos 120, entre os quais um único árabe. Em contrapartida, o governo trabalhista defende a Lista Democrática de Nazaré, lista com a qual os dois eleitos árabes se unem à maioria parlamentar. Essa Lista é chefiada por Sayfeddine Zuhbi, um colaborador muçulmano da *Haganá* que em 1947 escapara de duas tentativas de assassinato por parte dos pró-Husseini (Cohen, 2010, p. 23), mas que dessa forma impedira em 1948 a expulsão nos vilarejos ligados à sua *hamula* (Cohen, 2008, p. 241, 246).

A administração militar que Ben Gurion estabelece, nas zonas de povoamento árabe da Galileia, do Triângulo (que faz fronteira com o norte da Cisjordânia) e do Neguev pode contar com a adesão de notáveis determinados a se vingar de seus rivais. Em Taybe, é um veterano da Grande Revolta Árabe de 1936-1939 e da guerrilha nacionalista de 1948, Abderraouf Abderrazeq, que, por odiar Hadji Amine al-Husseini, se coloca a serviço das autoridades como "conselheiro para os assuntos árabes" (Cohen, 2010, p. 13). Em Berseba, é um chefe beduíno, o Xeique Ouda Abu Mammar, que em nome dos seus pede para "ser anexado por Israel" e receber "armas para nos defender dos outros membros de nossa tribo e de seus aliados egípcios" (Cohen, 2010, p. 18). Esses auxiliares trazem um apoio determinante à luta de Israel contra as "infiltrações" de refugiados a partir da Faixa de Gaza sob controle egípcio. Os colaboradores árabes do Estado hebreu se beneficiam por sua vez de um acesso privilegiado aos "bens dos ausentes" cujos proprietários palestinos, refugiados em 1948, foram expropriados (Cohen, 2010, p. 27). Além disso, desfrutam também do privilégio de portar armas, ao contrário de seus concorrentes, o que permite ao governo israelense dividir melhor as comunidades árabes (Cohen, 2010, p. 30).

O Partido Trabalhista e seus "satélites" árabes conseguem obter 61% do voto árabe em 1949, contra 20% dos comunistas do Maki (Cohen, 2010, p. 41). A administração militar usa de todos os meios para reduzir ainda mais a influência comunista na população árabe. O bispo grego católico Hakim é autorizado em 1949 a retornar do Líbano com seu rebanho para Eilabun, do qual haviam sido expulsos durante a *Nakba*. Esse vilarejo cristão torna-se então um bastião do anticomunismo na Galileia, razão dos incidentes frequentes com os membros e simpatizantes do Maki. Em 1951, a sede desse partido em Eilabun é inclusive incendiada, causando a morte de um militante. Quanto a Nimr al-Hawwari, embora tenha fundado em 1945 uma milícia antissionista, ele é um verdadeiro oponente dos Husseini, Israel o autoriza a voltar do exílio para mobilizá-lo contra o Maki (Cohen, 2010, p. 54). Em 1954, durante uma manifestação em Nazaré, o deputado comunista Émile Habibi, no entanto protegido por sua imunidade parlamentar, só tem tempo para entoar: "Abaixo o governo militar" antes de a polícia expulsá-lo da tribuna e o arrastar até a delegacia (Cohen, 2010, p. 44). De modo geral, as autoridades israelenses conseguem jogar com o facciosismo palestino, ainda que o agrave a fim de marginalizar o ativismo nacionalista identificado com o Maki.

O Fatah contra a OLP

A Faixa de Gaza, em razão da fortíssima maioria de refugiados em sua população, torna-se o cadinho dos fedains palestinos determinados a defender pelas armas seu direito de retornar às suas terras. Esse termo "fedaim", derivado da fé (*fida'*), designava, no final do século XIX, os resistentes armênios ao arbítrio otomano ou, de 1951 a 1954, os guerrilheiros engajados contra a ocupação britânica do Canal de Suez. Essa denominação de tipo nacionalista vai pouco a pouco se identificar com a luta palestina, suplantando o termo *mujahidin*, associado ao *jihad* dos discípulos de Qassam durante a Grande Revolta de 1936. Uma continuidade é, assim, estabelecida entre os partidários de Abdelkader Husseini na Palestina, em 1937 como em 1948, e os militantes que tentam agora se infiltrar em Israel.

O exército egípcio reprime por um longo tempo esse ativismo na Faixa de Gaza até que Nasser decide, em 1955, utilizar os fedains para, em seu lugar, conduzir as hostilidades contra Israel. O Batalhão da Justiça de Khalil al-Wazir, aliás Abu Jihad, e Kamel Adwane, bem como a Família do Sacrifício de Salah Khalaf, aliás Abu Iyad, colocam-se então a serviço da segurança egípcia para poder desenvolver sua luta armada. A ameaça fedaim, apesar de seu caráter limitado, com cerca de 20 mortos israelenses num ano e meio, é levada tão a sério por Ben Gurion e seu governo que ela provoca, durante quatro meses de ocupação israelense de Gaza, em 1956-1957, uma feroz repressão. Não apenas as redes de fedains são duramente atingidas, mas a administração egípcia, uma vez restabelecida em Gaza, decide, para evitar as represálias israelenses, sufocar qualquer ressurgência de um militantismo armado no enclave palestino.

Por isso, Abu Jihad, Adwane e depois Abu Iyad deixam Gaza para fundar secretamente, com Yasser Arafat, no Kwait em 1959, o "Movimento de Libertação da Palestina", conhecido sob seu acrônimo árabe invertido de Fatah. Assim como Abu Jihad e Abu Iyad abandonaram a Irmandade Muçulmana para dar uma prioridade absoluta ao combate nacionalista, os outros fundadores do Fatah vêm de grupos políticos muito diversos: Faruk Kaddoumi, aliás Abu Lotf, é um antigo militante do Baas, adepto de um "socialismo árabe" e de uma laicidade de combate, ao passo que Khaled al-Hassan, aliás Abu Said, vem do Partido da Libertação, uma organização islamista que defende a restauração do califado. Todos eles têm em comum o fato de terem renegado suas convicções panárabes ou islamistas em nome do primado da "libertação da Palestina" pelos próprios palestinos.

Mahmoud Abbas, aliás Abu Mazen, garante a ligação nos outros emirados do Golfo, sob o pretexto de suas responsabilidades no Ministério da Educação do Catar, então sob protetorado britânico, ao passo que Hani el-Hassan, irmão de Khaled, organiza células na diáspora palestina na Alemanha Ocidental. O Fatah dispõe a partir de 1962 do boletim *Notre Palestine* [Nossa Palestina], publicado no Líbano, e de algumas centenas de militantes experientes na ação clandestina. A Argélia, onde a Frente de Libertação Nacional (FLN) vence em 1962 depois de mais de sete anos de insurreição antifrancesa, é usada como modelo. Aliás, Abu Jihad consegue estabelecer um "escritório da Palestina" em Argel que, além de enviar cerca de mil diplomados palestinos para um país com falta de quadros, supervisiona a formação militar de cerca de 200 fedains (Sayigh, 1998, p. 99). Ele também acompanha Arafat na China, em março de 1964, durante uma visita oficial em que os dois fundadores do Fatah são recebidos pelo próprio Mao Tsé-Tung.

Nasser não pode comprometer sua posição dominante no mundo árabe permitindo que o Fatah se apodere da causa palestina. Por isso se aproveita da distensão entre o Egito e a Jordânia do Rei Hussein para deixar que este presida, em maio de 1964 em Jerusalém Oriental, o congresso constitutivo da OLP. Os 422 delegados desse CNP são em grande parte notáveis da Cisjordânia e de Gaza, escolhidos por Ahmed Shuqayri, leal colaborador de Nasser, com o aval dos regimes egípcio e jordaniano. Praticamente nenhum representante dos campos de refugiados tem assento nesse CNP (Sayigh, 1998, p. 99), que prefere a expressão de "gentes do retorno" à de "refugiados". Shuqayri insiste no imperativo "de libertar a pátria usurpada, e não de arrancar a Cisjordânia do reino jordaniano" (Laurens, 1998, p. 883). O que explica o rígido controle que Amã e o Cairo exercem bem no início dessa organização, que se atribui como único horizonte o estabelecimento de uma "entidade" palestina, e não de um Estado. A Carta da OLP define o povo palestino como composto dos cidadãos árabes da Palestina em 1947, bem como de seus descendentes. O sionismo é condenado em termos categóricos, mas os judeus estabelecidos na Palestina antes de 1947 poderão ali permanecer e viver em paz.

Shuqayri é naturalmente conduzido à presidência do Comitê Executivo, a instância dirigente da OLP, que organiza um "Exército de Libertação da Palestina" (ELP), na verdade um corpo temporário submetido aos comandos árabes nesses três países onde estavam cantonados: o Egito, a Síria e o Iraque. O escritório da Palestina aberto por Abu Jihad em Argel é transferido para a OLP. O Fatah, surpreendido pela criação da OLP e do ELP, reage estabelecendo seu próprio braço armado, Al-Assifa (a tempestade), dirigido por Arafat a partir da Síria, onde o partido Baas no poder adotou a retórica revolucionária da "guerra de libertação". Em janeiro de 1965, o Fatah lança a "revolução" de sua luta armada, com algumas infiltrações em Israel, com impacto muito mais simbólico do que operacional. Em junho, um militante do Fatah, detido por Israel, é, no entanto, condenado à morte por um tribunal militar que atua a portas fechadas, sentença finalmente comutada para 30 anos de prisão. Em outubro, Israel lança no Líbano seu primeiro ataque de represálias a um ataque do Fatah.

A Jordânia e o Líbano, ainda que apenas para evitar os ataques israelenses, endurecem a repressão das células clandestinas do Fatah, que pode, em contrapartida, se prevalecer do apoio da Síria. A Arábia Saudita financia igualmente os fedains de Arafat, num contexto da Guerra Fria Árabe que opõe então o Rei Faisal a Nasser. O presidente egípcio decide mobilizar contra o Fatah o contrafogo militante do Movimento dos Nacionalistas Árabes (MNA). Essa organização nasseriana, com vocação panárabe, é, com efeito, dirigida por Georges Habache, nascido numa família grega ortodoxa de Lod, onde ele assiste, em julho de 1958, a expulsão particularmente mortífera da população pelo exército israelense. O MNA e a OLP são encorajados pelos militantes egípcios a estabelecer de comum acordo uma organização clandestina concorrente do Fatah, os Heróis do Retorno, cuja primeira infiltração em Israel, a partir do Líbano, é anunciada em outubro de 1966, antes dos ataques conduzidos a partir da Cisjordânia.

Contudo, a obsessão de Nasser é evitar a engrenagem de uma provocação palestina que conduza a um conflito aberto com Israel. Mas é precisamente esse tipo de engrenagem que o Fatah procura despertar para compensar sua própria fraqueza operacional, com um saldo de apenas 11 mortos israelenses, em grande parte soldados, em dois anos de guerrilha (Sayigh, 1998, p. 141). A aposta de Arafat e de Abu Jihad vai, em razão de seu sucesso, levar ao desastre árabe da Guerra dos Seis Dias. Com efeito, as represálias israelenses contra a Jordânia, em novembro de 1966, e depois contra a Síria, em abril de 1967, alimentam uma dinâmica de escalada que escapa aos dirigentes árabes e convence Eshkol a lançar, sob a égide de Dayan, a ofensiva "preventiva" de junho de 1967. O colapso dos exércitos árabes provoca o desencadeamento, na Cisjordânia já ocupada, de uma onda de atentados do Fatah, sob a direção do próprio Arafat, que escapa durante longos meses da perseguição israelense. Esse início de insurreição, embora rapidamente sufocado, neutraliza a influência dos notáveis pró-jordanianos em benefício da corrente nacionalista.

Na Faixa de Gaza, em contrapartida, uma guerrilha de baixa intensidade é iniciada desde o retorno do exército israelense, dez anos depois de sua primeira ocupação do enclave palestino. Essa guerrilha é liderada por antigos quadros do ELP, confiantes no treinamento militar que haviam adquirido no Egito e apoiado pelo consenso nacionalista entre comunistas, nasserianos, baasistas e patriotas de todas as origens. Somente a Irmandade Muçulmana, dirigida localmente pelo Xeique Ahmed Yassine, se recusa categoricamente se unir a essa aliança anti-israelense, pois se regozija com a humilhação infligida a Nasser, seu inimigo jurado (Filiu, 2012, p. 144). O MNA entra numa profunda crise, da qual emerge seu braço palestino como organização autônoma dirigida por Habache e chamada de "Frente Popular de Libertação da Palestina" (FPLP). Quanto ao Baas no poder em Damasco, ele organiza seu próprio grupo de fedains, as Vanguardas da Guerra Popular de Libertação, mais conhecidas sob o nome de Saika (relâmpago).

O descrédito de Shuqayri o obriga a abandonar a presidência da OLP em benefício de Yahya Hammuda, um dos iniciadores, em 1949, de um efêmero Congresso dos Refugiados Palestinos. A onda de popularidade do Fatah, em consequência de seu confronto de março de 1968 com o exército israelense no vilarejo jordaniano de Karama, permite a Arafat negociar numa posição de força a integração dos fedains à OLP. O Conselho Nacional Palestino que se reúne em Amã quatro meses depois concede a metade de seus 100 assentos à antiga OLP e a outra aos fedains, sendo 38 para o Fatah e dez para a FPLP. Arafat obtém essa parte do leão porque os dois terços dos cerca de 3 mil fedains, com todos os grupos confundidos, pertencem ao Fatah (Giacaman, 2013 p. 34). A nova Carta da OLP só considera como palestinos os judeus que chegaram antes da "invasão sionista" de 1917. Ela considera a Declaração de Balfour e o mandato britânico "nulos e sem efeito" e nega qualquer aspiração nacional por parte do povo judeu. Defende a "libertação total da Palestina" e acusa o sionismo "organicamente ligado ao imperialismo mundial" de ser "fanático e racista por natureza" (Laurens, 1998, p. 942-943).

As facções dos fedains

Em fevereiro de 1969, Nasser inaugura no Cairo o Conselho Nacional Palestino que vê a consagração de Arafat, eleito presidente do Comitê Executivo da OLP, um cargo que ele conservará até sua morte, 35 anos mais tarde. O Fatah, com 35 dos 105 assentos do Conselho, obtém quatro dos 11 assentos do Comitê Executivo. Arafat cuidou para que a FPLP, apesar de sua potência militante, só obtivesse 12 assentos, ou seja, tanto quanto a Saika, o que leva Habache e seus partidários a boicotar a reunião em protesto. A tomada de controle da OLP pelo Fatah marca então a institucionalização de uma dinâmica literalmente faccional, uma vez que os diferentes grupos de fedains são chamados de "facções" (*fasa'il*). A própria FPLP passa por três cisões: a da Frente Democrática de Libertação da Palestina (FDLP), de inspiração marxista, sob a direção de Nayef Hawatmeh, cristão como Habache; a da FPLP-Comando Geral (FPLP-CG), liderada por Ahmed Jibril, intimamente ligado aos serviços sírios; e, por fim, a da Frente de Luta Popular Palestina (FLPP), um grupelho esquerdista presidido por Bahjat Abu Gharbiyya, um veterano da Grande Revolta de 1936. Quanto ao regime baasista de Bagdá, em conflito latente com seu irmão inimigo de Damasco, ele cria sua própria organização de fedains com a Frente de Libertação Árabe (FLA).

Essa estruturação das facções palestinas em 1969 em torno de um Fatah dominante, com uma esquerda polarizada entre FPLP e FDLP, bem como quatro grupos menores mais ou menos ligados aos ditadores baasistas da Síria e do Iraque, vai permanecer relativamente estável. Claro que as relações de força entre as diferentes organizações poderão evoluir com o tempo, assim como sua vontade de ocupar um assento dentro da OLP ou de boicotar seus trabalhos. Em cada um desses grupos, há uma clara distinção entre um movimento político chamado a agir abertamente e um braço armado vinculado às regras da clandestinidade. Mas apenas o Fatah, a FPLP e a FDLP conseguem estruturar "organizações de massa" que lhes são afiliadas nos círculos estudantis, entre as mulheres ou nos sindicatos profissionais. A facção não é apenas um partido ao qual se adere, é uma verdadeira família substituta que se responsabiliza pelas bolsas de estudo, pelos gastos médicos, pela assistência social e, em caso de prisão ou morte, pelo apoio aos familiares. De onde uma inscrição profunda da divisão faccional na sociedade palestina, mais ainda no exílio do que nos territórios ocupados por Israel, com marginalização dos militantes autenticamente independentes (de fato, cada facção alimenta redes de companheiros de estrada que lhe permitem aumentar, com essas personalidades teoricamente "independentes", as cotas de representação designadas dentro da OLP).

Dentro do Fatah, é, no entanto, forte a tentação de seguir o exemplo da FLN, que não hesitou em eliminar as outras tendências da resistência argelina para ter o monopólio da luta antifrancesa. Arafat se opõe publicamente a isso, privilegiando o "diálogo democrático" à "violência sangrenta", uma vez que essa violência, segundo ele, já custou muito caro à Grande Revolta Árabe de 1936-1939: "Somos um povo de clãs e de *hamula*, um 'povo disperso', e essa revolução morrerá se escolhermos o caminho da violência para determinar seu curso" (Sayigh, 1998, p. 239). O chefe da OLP prefere jogar as facções umas contra as outras, a começar pela FDLP contra a FPLP. Em setembro de 1969, enquanto Habache ainda boicota o CNP, Arafat atribui oito assentos à FDLP, chegando a um acordo para adotar o objetivo estratégico de um "Estado democrático palestino" (Gresh, 1983, p. 69), com igualdade dos direitos para seus cidadãos muçulmanos, cristãos e judeus. A FPLP e as facções ligadas à Síria e ao Iraque denunciam uma traição da luta antissionista (Sayigh, 1998, p. 237).

Mas só com o aumento das tensões na Jordânia, num contexto de duplo poder entre o exército e os fedains, é que as facções palestinas encontram uma unidade de fachada. O CNP que ocorre em maio de 1970 no Cairo institui um Comitê central da OLP, com 28 membros e mais representativo da diversidade das facções que o Comitê Executivo dominado pelo Fatah. No entanto, Arafat só consegue essa reconciliação interpalestina recusando o cargo de primeiro-ministro, que o Rei Hussein lhe oferece, com liberdade de constituir o futuro governo jordaniano. A tomada de 88 reféns ocidentais pela FPLP em dois hotéis de Amã intervém, em junho, num contexto de enfrentamentos jordaniano-palestinos que causam a morte de centenas de pessoas ao longo de dez dias, antes da libertação de todos os reféns. Arafat e o conjunto da OLP se encontram, assim, prisioneiros da escalada militarista da FPLP e de sua retórica extremista.

O desvio pela FPLP de três aviões de carreira europeus sobre a Jordânia desencadeia o banho de sangue do Setembro Negro de 1970, durante o qual os 65 mil soldados jordanianos, apoiados por 10 mil policiais, se impõem diante dos cerca de 10 mil fedains (5 mil do Fatah, 1.500 da FPLP e o mesmo tanto do ELP, o restante vindo da Saika, da FDLP, da FLA e da FPLP-CG)

(Sayigh, 1998, p. 263). Quando o cessar-fogo é concluído sob a égide de Nasser, o saldo da crise é de 600 soldados jordanianos mortos para cerca de 1.000 fedains, em grande parte do Fatah, as 1.500 a 3.500 vítimas civis sendo palestinos mortos nas ferozes batalhas pelos campos de refugiados de Amã (Sayigh, 1998, p. 267). A FPLP, que perdeu menos de uma centena de combatentes, persiste em sua linha extremista, afirmando lançar, em dezembro de 1970, uma campanha de guerrilha contra o exército jordaniano.

Desta vez, Habache se encontra isolado em sua postura maximalista, ao passo que Arafat acusa a FPLP de ter, com a tomada de reféns, permitido que os inimigos dos palestinos os apresentassem como "falsos revolucionários" e "um povo desprovido de princípios" (Sayigh, 1998, p. 271). A FPLP suspende seus ataques, tendo fornecido, no entanto, o pretexto ao exército jordaniano para intensificar os ataques sobre os últimos bastiões fedains. O Conselho Nacional Palestino que ocorre no Cairo em julho de 1971 é marcado pelos apelos das facções à unidade, a FDLP propondo até mesmo que todos os fedains integrem um único "exército popular de libertação". Enquanto os congressistas se separam no Cairo, o Rei Hussein lança seu exército contra as bases dos fedains no nordeste da Jordânia, eliminadas em poucos dias. A distância é cruel entre os discursos revolucionários e a realidade de uma derrota acachapante.

Essa distância é tanto mais impressionante porque a OLP, ainda sob o choque de sua expulsão da Jordânia, não dimensiona a importância da virada que ocorre nesse mesmo mês de julho de 1971 na Faixa de Gaza, onde Ariel Sharon golpeia severamente a guerrilha endêmica há quatro anos. Os tanques do exército de ocupação abrem largas vias de acesso aos blindados israelenses nos campos de refugiados, dos quais cerca de 38 mil residentes são uma vez mais deslocados. A fraqueza do Fatah em Gaza explica uma parte desse desinteresse, uma vez que os fedains dependem localmente ou do ELP ou da FPLP. A insurreição também é minada pela extensão das execuções de supostos "colaboradores", às vezes reivindicadas oficialmente pela FPLP. Habache as justifica declarando que "não há em Gaza um combate contra o inimigo e um combate contra seus agentes, pois os agentes não podem ser separados do inimigo" (Filiu, 2012, p. 153). Por isso, o saldo para o ano de 1970 em Gaza chega a 17 mortos israelenses contra 110 palestinos, aos quais se acrescentam 75 "colaboradores" assassinados (Sayigh, 1998, p. 287). Essas séries de assassinatos alimentam os acertos de contas entre grupos rivais e até as vinganças entre clãs palestinos numa Faixa de Gaza onde a solidariedade familiar está profundamente enraizada.

A concorrência faccional na diáspora não apenas impede a direção da OLP de se concentrar nos territórios ocupados por Israel, como também alimenta uma fuga para frente em atentados fortemente midiatizados por parte das "operações exteriores" da FPLP, da Organização Setembro Negro e de grupelhos agindo para a Síria, o Iraque ou a Líbia. A espiral terrorista de 1971-1973 por pouco não arrasta a OLP e, com ela, o capital de simpatia internacional que a causa palestina ganhara. É o choque petrolífero de outubro de 1973, com as transferências maciças de ajuda financeira das petromonarquias, que permite a Arafat inverter a tendência ao frear os desvios de suas tropas por meio de seu próprio clientelismo. O chefe da OLP consegue, assim, trazer de volta, sob a autoridade de seu estado-maior central, inúmeras unidades de fedains que haviam se autonomizado (Sayigh, 1998, p. 354). Ele consolida também o poder de seus adjuntos: Abu Jihad nos assuntos militares, Abu Iyad no serviço de inteligência e Mahmoud Abbas nas finanças (nesse meio de revolucionários de farda, o gestor Abbas é apelidado de "o funcionário"). A adoção pelo Conselho Nacional Palestino de junho de 1974 da perspectiva de uma "autoridade nacional independente" sobre "uma parte da terra palestina libertada" constitui a primeira ruptura da OLP com o objetivo proclamado de destruição de Israel, sem que, no entanto, um mero reconhecimento seja considerado nesse estágio.

O Fatah consegue que a nova linha seja adotada com apoio da FDLP. Mas a FPLP a rejeita categoricamente, retira-se das instâncias da OLP e estabelece, em Bagdá, uma Frente de Recusa junto com a FLA, a FPLP-CG e a FLPP. Essas quatro facções insistem numa oposição tão radical que se recusam a se juntar à delegação da OLP, que, em outubro de 1974, obtém a consagração de seu reconhecimento como "representante única e legítima do povo palestino" pela Cúpula de Rabat. Em contrapartida, Arafat, integra ao Comitê Executivo da OLP quatro personalidades expulsas da Cisjordânia por Israel. Elas têm assento em nome de Frente Nacional Palestina (FNP), que associa os comunistas às várias facções e estrutura o apoio à OLP na Cisjordânia e em Gaza. Abdeljawad Saleh, um dos representantes assim promovidos, exibe sólidas convicções comunistas, uma sensibilidade até então ausente da direção da OLP, em razão de seu apoio à solução de dois Estados e de suas reservas quanto à luta armada.

De Beirute a Túnis

Arafat, consciente dessas conquistas, está determinado a não repetir no Líbano os erros ocorridos ao longo do Setembro Negro jordaniano, a fim de preservar o "Estado no Estado" que a OLP constituiu em Beirute. Por essa razão ele se recusa, em abril de 1975, a deixar os fedains se engajarem na guerra aberta entre os falangistas da direita cristã e os "islâmico-progressistas" do Movimento Nacional Libanês (MNL), no entanto aliados históricos da OLP. Ele chega a negociar, em junho, um pacto secreto de não agressão com as Falanges (Sayigh, 1998, p. 364), cuja revelação provoca furor do MNL. Arafat afirma então que a OLP "não está alinhada politicamente com um campo ou outro" e "não tem opinião sobre as escolhas do Líbano em matéria de governo e de legislação" (Sayigh, 1998, p. 365). Mas fedains de todas as facções, com exceção do Fatah, já estão engajados nas linhas de frente ao lado do MNL. Quanto ao Fatah, ele forma militarmente uma nova milícia xiita, Amal (esperança), cuja existência é revelada em julho por uma explosão acidental em que morrem o instrutor do Fatah e cerca de 20 recrutas xiitas.

No outono de 1975, Arafat tenta sem sucesso concluir uma trégua duradoura com as Falanges. Esses esforços de mediação são criticados pelas facções esquerdistas da OLP, ao passo que a FDLP e a FPLP colocam de lado suas diferenças para pedir conjuntamente uma reforma da organização e a "purificação" de sua gestão excessivamente autocrática (Sayigh, 1998, p. 371). O cenário muda em janeiro de 1976, com o cerco falangista dos enclaves palestinos de Beirute Oriental e o massacre da Quarentena, ao qual a OLP revida participando do assalto mortífero contra a localidade cristã de Damour, estrategicamente situada no sul da capital. Mas o engajamento da OLP no conflito libanês a leva a um confronto direto com o regime de Assad, que pretende impor sua tutela ao conjunto do país e decide destruir a aliança "palestino-islâmico-progressista".

Damasco consegue se apoiar a um só tempo na Saika dentro da OLP, na FPLP-CG no contexto da Frente de Recusa e nos batalhões do ELP baseados na Síria e colocados sob o comando sírio. A propaganda de Assad não mais hesita em apresentar Zouheir Mohsen, chefe da Saika, como o futuro substituto de Arafat à frente de uma OLP sirianizada. A manobra é tão grosseira que agora até mesmo a FPLP exige a exclusão da Saika da OLP. A invasão do Líbano pelo exército sírio, em junho de 1976, é acompanhada de uma tentativa abortada da Saika de se apoderar das posições da OLP em Beirute. Mohsen foge para Beirute Oriental, de onde as Falanges garantem sua transferência para Damasco. A Saika acusa o Fatah "de buscar não só a divisão do Líbano, como também a liquidação da causa palestina e o estabelecimento de um Estado palestino no Líbano" (Sayigh, 1998, p. 393). Em agosto, a queda do campo palestino de Tall Zaatar, cercado e bombardeado pelos Falangistas durante quase dois meses, é um golpe terrível no moral e na imagem da OLP. Com efeito, o saldo do cerco se eleva a 3.500 mortos palestinos, entre os quais 450 fedains, 750 milicianos locais e 2.300 civis, a maior parte massacrada depois da rendição dos combatentes (Sayigh, 1998, p. 401).

A ofensiva síria de outubro de 1976 coloca um fim, depois de um ano e meio, a esse primeiro ciclo da Guerra do Líbano. A OLP deve retirar milhares de fedains no sul do país, ao passo que 25 mil soldados sírios estão autorizados por uma Cúpula Árabe a ocupar o Líbano, num contexto de uma Força árabe de dissuasão da qual eles constituem a maior parte dos efetivos, ao lado de alguns milhares de soldados vindos da Arábia Saudita ou do Sudão. Além disso, Arafat deve aceitar o retorno dos chefes da Saika e da FPLP-CG a Beirute, chegando a pressionar a FDLP e a FPLP para que restituam às facções pró-sírias seus escritórios e instalações confiscados durante os combates do verão anterior. Mas é no plano diplomático que o chefe da OLP retoma a iniciativa, no mesmo momento em que Jimmy Carter, já na Casa Branca desde janeiro de 1977, é o primeiro presidente americano a evocar uma "pátria" para os palestinos. Não apenas Mahmoud

Abbas está encarregado de iniciar as negociações secretas com os pacifistas israelenses, como também Faruk Kaddumi, outro fundador do Fatah, responsável pela diplomacia palestina dentro do Comitê Executivo da OLP, declara em março de 1977, diante do Conselho Nacional Palestino reunido no Cairo, que a "autoridade nacional independente", considerada três anos antes, poderia se estabelecer na Cisjordânia e em Gaza evacuadas por Israel, e não mais "libertadas" pela luta armada (Sayigh, 1998, p. 417).

Como em 1974, essas aberturas são condenadas pela mesma Frente de Recusa, visto que a FPLP decidiu uma vez mais boicotar as instâncias da OLP. Contudo, Ahmed Jibril é contestado, dentro da FPLP-CG, pelo seu alinhamento cego com o regime Assad. O grupo explode entre uma ala pró-síria, sempre dirigida por Jibril, e uma Frente de Libertação da Palestina (FLP), que substitui a FPLP-CG dentro da Frente de Recusa. Essas recomposições são acompanhadas de conflitos sangrentos no Líbano. Esse também é o caso dos enfrentamentos, sempre com dezenas de mortos, entre a Saika, em Damasco, e a FLA, em Bagdá, em razão de sua afiliação ao partido Baas no poder. Essas guerras por procuração entre a Síria e o Iraque culminam, em agosto de 1978, com a explosão do quartel-geral da FLP em Beirute onde morrem 188 pessoas (entre as quais 37 membros da FLP, 16 do Fatah e 135 civis). O serviço de inteligência iraquiano lança, por outro lado, uma campanha de assassinatos contra a OLP no exterior, matando entre outros os delegados da OLP em Londres, no Kwait e em Paris. Esses atentados são perpetrados diretamente ou pelo intermédio do grupo de Abu Nidal, antigo representante do Fatah em Bagdá e agora condenado à morte pela OLP.

Arafat, no entanto, reatou com o terrorismo em março de 1978, com um sangrento ataque do Fatah em Israel que exclui a OLP do processo de paz israelense-egípcio, iniciado sob a égide de Carter em Camp David. Mas esse retorno à "luta armada" não acalma de forma alguma a Frente de Recusa, que continua acusando a OLP de "capitulacionismo" (Sayigh, 1998, p. 433). Essas críticas são inclusive retomadas pela FDLP, que a elas acrescenta sua antiga reivindicação de uma colegialidade na direção da OLP, com o objetivo de frear o autoritarismo de Arafat e de garantir um peso mais importante às facções minoritárias. A Cúpula Árabe que acontece em Bagdá em novembro de 1978, na ausência do Egito, decide alocar 300 milhões de dólares por ano à OLP (sendo 50 para os territórios ocupados por Israel).

Como em 1974, esse afluxo financeiro permite a Arafat, pelo viés de uma gestão discricionária, sufocar a oposição dentro do Fatah bem como da OLP. É que o "Estado dentro do Estado" palestino no Líbano não passa de um formidável aparelho político-militar. É igualmente o principal empregador de Beirute, com ateliês, cooperativas, empresas de construção e órgãos de imprensa, além de uma instituição que presta importantes serviços sociais e médicos, suplementando com frequência as falhas do Estado na periferia da capital e no sul do Líbano. Além disso, as milhares de bolsas de estudo e de formação, civis ou militares, concedidas à OLP pelos países árabes e os Estados socialistas são um precioso instrumento de garantia da lealdade de seus beneficiários.

Arafat consagra, entretanto, uma parte substancial da ajuda árabe ao aumento do poderio e da profissionalização das unidades de fedains, agora dotadas de tanques T-34 e de baterias de mísseis solo-solo. Em Israel, o Primeiro-ministro Begin está decidido a destruir o arsenal da OLP, por isso a onda de bombardeios que ele lança sobre o Líbano em julho de 1981. A sede da central palestina em Beirute é inclusive visada num ataque que causa 150 mortes, entre as quais 30 membros de função subalterna da OLP. Um cessar-fogo é finalmente concluído sob a égide dos Estados Unidos e com um saldo de seis israelenses mortos contra 450 palestinos e libaneses (Laurens, 2011, p. 775). A FPLP-CG é expulsa pelo Fatah da zona fronteiriça ao tentar violar a trégua. A fim de apaziguar o ressentimento da população xiita do sul do Líbano, que pagou um pesado tributo à ofensiva israelense, a OLP distribui somas importantes às vítimas e até compra o total da colheita de tabaco, principal fonte de recurso dos camponeses locais.

A perspectiva de uma invasão generalizada do Líbano por Israel é agora levada muito a sério pela direção da OLP. Arafat organiza, em 1º de janeiro de 1982, um desfile militar em Beirute com o intuito de dissuadir essa ofensiva, mas que, pelo contrário, convence Begin e Sharon, seu Ministro da Defesa, de liquidar de uma vez por todas a ameaça "terrorista". Arafat ordena também a construção de novos centros subterrâneos de comando e o estabelecimento de redes de comunicação protegidas e alternativas. O estádio desativado de Beirute é convertido num enorme depósito logístico, com estoques acumulados para um cerco de vários meses. O planejamento militar se reduz, contudo, a algumas instruções dadas aos comandantes locais de manter a todo custo sua posição à espera de reforços. A coordenação entre facções de fedains permanece mínima, ao passo que os enfrentamentos recorrentes entre o MNL e a Amal fragilizam as alianças libanesas da OLP.

O exército israelense invade efetivamente o Líbano em 6 de junho de 1982. Assad só espera alguns dias para concluir um cessar-fogo, deixando os invasores concentrarem todas as suas forças contra a OLP. As defesas palestinas cedem rapidamente diante do assalto no sul do Líbano; apenas a cidade e os campos de refugiados de Sídon aguentam firme até 14 de junho. O comandante local do Fatah é feito prisioneiro, mas seus homólogos da FDLP e da FPLP conseguem escapar. Na praia de Sídon, oficiais israelenses passam em revista os sobreviventes usando informantes mascarados que apontam os militantes palestinos. Essa técnica, já comprovada na Cisjordânia e em Gaza, é desenvolvida pelos militares israelenses numa escala inédita no Líbano, a fim de semear a dúvida na população sobre a extensão da cumplicidade que o ocupante possui.

Beirute Ocidental e seu meio milhão de habitantes ficam sitiados durante dois meses e meio. Arafat organiza a defesa da cidade em torno de um comitê militar associando todas as facções palestinas. O contingente sírio encurralado na cidade permanece de braços cruzados, enquanto Assad proíbe os fedains de conduzir ataques anti-israelenses a partir do território libanês sob controle sírio. Mas as unidades do ELP ligadas à Síria ignoram essa proibição e contribuem ativamente na resistência de Beirute. É a união sagrada em torno da direção da OLP que, segundo a FPLP, "conduz o confronto militar com coragem e heroísmo" (Sayigh, 1998, p. 542). O mesmo consenso prevalece sobre as condições da evacuação dos fedains, sob a égide da França e dos Estados Unidos. A OLP reconhece a perda de 560 combatentes, bem como de um número igual de combatentes temporários palestinos e libaneses, já do lado israelense são 368 soldados mortos desde o começo da invasão (Sayigh, 1998, p. 540). Em contrapartida, o número de civis mortos ultrapassa amplamente a dezena de milhares e se agrava ainda mais com os massacres nos campos de Sabra e de Chatila perpetrados em setembro de 1982, duas semanas depois da partida de Arafat para Túnis.

O trabalho de corrosão conduzido constantemente por Assad contra a OLP traz seus frutos com a eclosão, em maio de 1983, de uma dissidência pró-síria dentro do Fatah. Os rebeldes rapidamente desalojam os "arafatistas" de seus escritórios em Damasco, e depois de suas posições no leste do Líbano, com o apoio declarado do exército e do serviço de inteligência sírio. É evidente que os rebeldes do Fatah podem contar com o apoio das facções pró-sírias da FPLP-CG, da FLPP e da Saika, mas eles enfrentam a determinação da FDLP e da FPLP de preservar "a independência da decisão palestina". Arafat denuncia um "combate entre os palestinos e os sírios, apoiados por um grupelho líbio, com alguns engajamentos palestinos" (Sayigh, 1998, p. 567). Abu Jihad se retira no mês de junho para Trípoli, no norte do Líbano, organizando a defesa da cidade e dos dois campos palestinos adjacentes. O chefe da OLP junta-se a ele dois meses depois. Cerca de mil palestinos são então encarcerados em prisões sírias, enquanto as manifestações de apoio a Arafat no campo de refugiados de Yarmuk, na periferia de Damasco, são severamente reprimidas.

Quatro mil fedains "arafatistas" são cercados em Trípoli pelo exército sírio, apoiado por um contingente líbio, embora sejam os dissidentes palestinos que Assad coloca de bom grado na linha de frente. A marinha israelense completa o bloqueio ao largo de Trípoli. A batalha, que ocorre em novembro de 1983, é marcada por centenas de deserções de fedains que abandonam o campo sírio para se unir a Arafat. Embora as unidades do ELP afiliadas à Síria tenham sido as mais afetadas por essas deserções, a Saika e a FLPP retiram-se rapidamente da linha de frente para evitar as deserções. A FPLP-CG, agora organicamente ligada ao serviço de inteligência sírio, tenta preencher essas lacunas ao lado dos dissidentes do Fatah. A troca de prisioneiros que Arafat obtém, sob a égide da França, restaura uma parte de seu crédito com seus adversários palestinos. Com efeito, em troca de seis prisioneiros israelenses mantidos pelo Fatah, Israel liberta 4.683 detidos, incluindo cerca de 2.600 palestinos de todas as tendências políticas e 2 mil libaneses. Em dezembro, Arafat e 4.326 partidários, incluindo os aliados do ELP, são evacuados de Trípoli sob a proteção diplomática e naval francesa, a bordo de navios gregos com a bandeira da ONU.

A visita de Arafat a Mubarak, ao sair de Trípoli, causa embaraço até na Cúpula da OLP, mas o Comitê Executivo se recusa a comentar essa "iniciativa pessoal", apesar da pressão da FDLP e da FPLP em favor de uma condenação pública (Sayigh, 1998, p. 574). Em julho de 1984, os dois grupos formam uma Aliança Democrática com a FLP e o Partido Comunista da Palestina (PCP), a única dessas facções que não dispõe de um braço armado. Essa aliança quadripartite inicia um diálogo com o Fatah sob os auspícios da Argélia e do Iêmen do Sul, dois países cuja orientação progressista e engajamentos árabes constrangem Assad. O regime sírio está preocupado com o fato de Argel e Aden darem, assim, sua caução a uma alternativa à polarização entre "arafatistas" e "dissidentes". Razão pela qual Assad retalia mobilizando, contra a Aliança Democrática, uma Aliança Nacional das facções leais a Damasco, ou seja, os dissidentes do Fatah, da FPLP-CG, a FLPP e a Saika,

Essas facções pró-Assad naturalmente boicotam o Conselho Nacional Palestino que acontece em Amã em novembro de 1984. Embora a FPLP se junte ao boicote, 257 dos 374 delegados participam da sessão, cujo quórum é alcançado. O Rei Hussein pressiona em vão os congressistas a aceitarem o princípio da "terra contra a paz" e, portanto, o reconhecimento de Israel. No entanto, o Conselho ratifica a "coordenação" com a Jordânia e inclusive considera, depois de o Estado palestino ser estabelecido, uma eventual confederação. Assad reage a essa humilhação pública mandando assassinar, em Amã, Fahd Kawasmeh, ex-prefeito de Hebron, expulso por Israel em 1980 e membro do Comitê Executivo da OLP (Sayigh, 1998, p. 578). O ditador sírio se vinga, assim, de sua persistente impopularidade nos territórios ocupados por Israel, atingindo ao mesmo tempo a OLP na cabeça e, além do mais, na capital jordaniana.

Em fevereiro de 1985, a assinatura de um acordo entre a OLP e a Jordânia que prevê uma delegação comum para as negociações de paz provoca desta vez a ira da FPLP, que se alia às quatro facções pró-sírias para estabelecer uma Frente Nacional de Salvação Palestina (FNSP). O objetivo explícito dessa nova aliança, evidentemente baseada em Damasco, é "derrubar Arafat" (Sayigh, 1998, p. 579). A FDLP permanece tanto mais discreta porque seus militantes contribuem no Líbano para o retorno gradual dos fedains "arafatistas" aos campos de refugiados. Assad, furioso com essa reviravolta, incentiva a milícia xiita Amal, dominante em Beirute Ocidental e muito ligada a Damasco, a atacar, em maio, Sabra e Chatila, bem como o campo vizinho de Borj al-Barajneh. Os agressores, duas vezes mais numerosos do que os sitiados, são repelidos por um vigoroso contra-ataque, apoiado pela artilharia da FDLP e da FNSP. O símbolo dos campos martirizados em 1982 e submetidos a um novo cerco é, com efeito, forte demais para que o patriotismo palestino não triunfe, mesmo entre as facções pró-sírias.

É desse modo que o ciclo de "guerra dos campos" que eclodem em intervalos regulares até a primavera de 1987, em Beirute e depois no sul do Líbano, fragiliza a campanha de Assad contra a OLP. Quando Damasco propõe, em junho de 1986, a distribuição dos fedains pelos campos da capital, a Amal se recusa categoricamente alegando que os dissidentes "se tornariam arafatistas assim que chegassem" (Sayigh, 1998, p. 591). De fato, são dois leais a Arafat que pedem aos fedains de todas as facções que garantam a defesa de Chatila e de Borj al-Barjaneh, uma vez que Sabra é apenas um campo de ruínas. E é uma força unida ao Fatah e à FDLP que se apodera do campo de Ain al-Hilweh, perto de Sídon, em outubro de 1986.

Essa fraternidade de armas restaurada no Líbano entre os fedains palestinos é um golpe fatal à dissidência pró-síria. Além disso, o abandono pela Jordânia, sob forte pressão de Israel, da coordenação com a OLP facilita a reconciliação entre as facções, oficializada durante o Conselho Nacional Palestino de "unidade nacional" que ocorre em Argel em abril de 1987. Não apenas a FPLP, a FDLP e o PCP participam dessa sessão e integram o Comitê Executivo, como a FLP se divide nessa ocasião, uma tendência indo para Argel. O poeta Mahmoud Darwich, nascido na Galileia e de nacionalidade israelense, ligado à OLP desde 1970, é também promovido ao Comitê Executivo em razão de sua imensa popularidade e de seu engajamento nacionalista. Como a FLPP deixou a FNSP, a coalisão leal a Damasco reúne apenas a Saika, a FPLP-CG e os dissidentes do Fatah.

Enquanto isso

É impressionante poder escrever a história dessas duas décadas de exílio da direção da OLP em Amã, depois em Beirute e por fim em Túnis, em paralelo à do nacionalismo palestino nos territórios ocupados por Israel desde 1967. É claro que o Fatah constituiu, antes da crise do Setembro Negro jordaniano em 1970, um "setor ocidental", ou seja, um aparelho militar dedicado à ação em Jerusalém Oriental, na Cisjordânia e em Gaza. Esse setor ocidental, confiado a Kamel Adwane, um dos fundadores do Fatah, é transferido para Abu Jihad em 1973, depois do assassinato de Adwane por Israel em Beirute. Mas o chefe militar da OLP encontra-se absorvido demais pelos confrontos militares no Líbano contra os falangistas, a Síria ou Israel, para priorizar o setor ocidental. E mesmo a integração ao Comitê Executivo da OLP, em 1974, de personalidades expulsas por Israel dos territórios ocupados não os recoloca no centro das preocupações da central palestina. A dinâmica faccional, agravada pela fragmentação e a dispersão, desempenha um importante papel nesse desinteresse relativo, pois o nacionalismo do "interior", como a Palestina mandatária é designada pelos militantes exilados, não está estruturada segundo as mesmas linhas de força na diáspora.

Depois da derrota, em julho de 1971, da insurreição de Gaza em sua guerra de quatro anos contra Israel, o desafio principal é, para os nacionalistas palestinos, opor-se ao estabelecimento pelo ocupante de intermediários eleitos ou cooptados dispostos a colaborar. Embora Rashad Shawa aceite, em setembro de 1971, o cargo de prefeito de Gaza, ele vai em seguida a Beirute para prestar fidelidade à direção da OLP. E pede demissão depois de um ano, recusando-se, apesar das pressões israelenses, a integrar à municipalidade de Gaza um dos campos administrados pela Unrwa e de avalizar, assim, o assentamento definitivo dos refugiados nesse enclave. Quando Shawa volta a ser prefeito em outubro de 1975, ele se compromete a "preservar o caráter árabe de Gaza" (Filiu, 2012, p. 171) e recebe o aval tácito do campo nacionalista liderado por Haydar Abdel Shafi, um médico de sensibilidade comunista, dirigente do Crescente Vermelho de Gaza que ele transformou em caixa de ressonância da OLP.

As eleições municipais são igualmente uma indicação do avanço do nacionalismo entre os árabes de Israel. O partido comunista Maki saiu muito enfraquecido da cisão, em 1965, de sua ala majoritariamente árabe, a Nova Lista Comunista designada sob seu acrônimo hebraico de Rakah. Com três eleitos para o *Knesset* (entre eles Émile Habibi) durante as eleições legislativas de 1965 e de 1969, o Rakah contesta a ascendência das autoridades trabalhistas sobre seus concidadãos árabes. Ele avança até quatro deputados na eleição de 1973, conseguindo 38% do voto árabe contra 46% dos trabalhistas (Laurens, 2011, p. 558). Inclusive um dos parlamentares comunistas, Tawfiq Zayyad, é eleito, em dezembro de 1975, prefeito de Nazaré, a cidade árabe mais povoada de Israel. Zayyad conduz uma campanha contra a vontade do governo de Rabin de expropriar novas terras na Galileia, acentuando a despossessão da população local. Em 30 de março de 1976, as manifestações de protesto são duramente reprimidas, com seis mortos a bala.

O contraste entre a severidade dessa repressão e a tolerância de Rabin para com os colonos da Cisjordânia é cruel. A OLP decide então celebrar a cada 30 de março o Dia da Terra Palestina, ao passo que os árabes israelenses reivindicam cada vez mais a denominação de "Palestinos de 1948" ou "Palestinos do interior". Em 12 de abril de 1976, as eleições municipais na Cisjordânia são marcadas por uma forte participação de 72,3%, ainda que a Frente de Recusa tenha defendido um boicote à eleição. Os palestinos, excluídos das eleições anteriores pela legislação jordaniana, votam pela primeira vez, e em massa. Os partidários da OLP são amplamente vencedores em Nablus, com Bassam Shakaa, um antigo partidário do Baas, e em Hebron, com Fahd Kawasmeh. Ambos colocaram suas poderosas redes familiares a serviço de suas convicções nacionalistas. Karim Khalaf, prefeito cristão de Ramala, eleito desde 1972, deve seu segundo mandato apenas à sua ligação com a OLP. Isso também vale para Elias Freij, à frente da municipalidade de Belém desde 1972, ainda que o engajamento desse notável grego ortodoxo seja mais discreto.

Enquanto os nacionalistas palestinos se esforçam para se impor num quadro eleitoral definido por Israel, a Irmandade Muçulmana de Gaza escolhe um caminho bem diferente. Seu chefe, o Xeique Ahmed Yassine, rompeu o consenso local recusando-se a se juntar, em 1967, à resistência, a um só tempo civil e militar, ao retorno da ocupação israelense. Com efeito, ele considera que os palestinos só foram espoliados de suas terras depois de terem perdido o senso e a prática do Islã. Portanto, ele confere uma prioridade absoluta à reislamização da sociedade palestina sobre a luta contra Israel. Essa posição é naturalmente apreciada pelas autoridades de ocupação, e o governador israelense de Gaza inclusive assiste à inauguração, em setembro de 1973, da mesquita do Xeique Yassine. A Irmandade Muçulmana se organiza como "centro islâmico", o Mujamma, com uma rede cada vez mais densa de militantes, mas também de associações e de escolas, que consolidam seu enraizamento na população de Gaza.

A FPLP, apesar de sua obsessiva perseguição aos "colaboradores" em Gaza, poupa constantemente os islamistas, dos quais oculta a dimensão política. Semelhante erro de percepção é cometido pelos ocupantes israelenses que, ao legalizar oficialmente o Mujamma em setembro de 1979, permitem que ele receba importantes financiamentos estrangeiros. Mas essa aposta israelense de "dividir para reinar" parece coroada de êxito quando os islamistas saqueiam, em janeiro de 1980, o Crescente Vermelho de Gaza, bastião dos nacionalistas. Os partidários do Xeique Yassine impõem sua ordem moral com uma crescente agressividade, principalmente nos campos de Gaza onde não hesitam em denunciar seus rivais da OLP às autoridades israelenses (Filiu, 2012, p. 187-188). Eles tomam o controle de uma grande parte das mesquitas do enclave palestino antes de estenderem suas atividades à Cisjordânia, onde o braço local da Irmandade Muçulmana depende da direção baseada em Amã.

Durante a crise da "dissidência" pró-síria dentro do Fatah em 1983-1984, o Mujamma ecoou as teses das facções palestinas baseadas em Damasco, violentamente opostas a Arafat, mas desprovidas de enraizamento nos territórios ocupados por Israel. O Xeique Yassine decide, em 1986, dotar seu movimento de um braço paramilitar, a Organização do *Jihad* e da Pregação, designada sob seu acrônimo árabe de Majd (glória). O comando é garantido por Salah Shehada, tendo como adjunto Yahya Sinwar, ambos nascidos nos campos de refugiados da Faixa de Gaza. Essa milícia se atribui a missão de combater cafetões e outros adictos, um pretexto conveniente para assediar os militantes nacionalistas. Os incidentes envolvendo troca de tiros entre islamistas e partidários da OLP se multiplicam na Faixa de Gaza.

Fathi Chikaki, por muito tempo agente de ligação do Mujamma na Cisjordânia, pretende conciliar o imperativo islâmico e o engajamento nacionalista. Muito influenciado pelo êxito da revolução islâmica no Irã, em 1979, ele desenvolve, dois anos mais tarde na Faixa de Gaza, o Movimento do *Jihad* Islâmico na Palestina (MJIP). Os atentados espetaculares do MJIP contribuem para sua crescente popularidade, fortalecida pela prisão de Chikaki em 1983, com detenção de um ano seguida de novo encarceramento em 1986. O Fatah, pressionado por essa concorrência militante, intensifica suas próprias ações armadas, no contexto do "setor ocidental" retomado por Abu Jihad a partir de Túnis e de Bagdá. Ele se associa a Mohammed Dahlan, refugiado de Khan Younes expulso por Israel em janeiro de 1987, que traz para a direção exilada da OLP seu conhecimento de Gaza e suas redes militantes.

A restauração da "unidade nacional" no Conselho Nacional Palestino de Argel, em abril de 1987, é seguida pelo estabelecimento de uma direção clandestina e quadripartite nos territórios ocupados por Israel. Ela é composta do Fatah, da FDLP, do PCP e da FPLP, as facções favoráveis à solução de dois Estados (FDLP e sobretudo PCP) cooperando desse modo com o Fatah, com rápida evolução sobre esse assunto, e a FPLP, ainda contrária ao reconhecimento de Israel. A agitação é então endêmica na Faixa de Gaza, com emboscadas mortais do MJIP contra soldados israelenses, em agosto e outubro. A morte, em 8 de dezembro, de quatro trabalhadores rurais avulsos esmagados pelo carro de um colono provoca já no dia seguinte uma sublevação, designada por seu termo árabe de Intifada, na Faixa de Gaza, depois em Jerusalém Oriental e na Cisjordânia.

O Xeique Yassine compreende que os ventos anti-israelenses ameaçam arrastar o Mujamma. Por isso, em 14 de dezembro de 1987, ele impõe a uma Irmandade Muçulmana muito reticente a transformação de sua organização em Hamas, o acrônimo árabe do Movimento da Resistência Islâmica. Ele oscila, assim, da complacência em relação a Israel à hostilidade aberta, mas conservando a coerência da estrutura islamista, preservada de qualquer cisão pela aura cegamente seguida de seu chefe. Somente oito meses depois é que o Hamas, fundado sob o choque da Intifada, atribui-se uma Carta que, em vez de ser debatida em assembleia como no caso da Carta da OLP em 1964 e 1968, é redigida apenas sob a autoridade do Xeique Yassine, apoiada em cerca de 30 citações do Corão.

Esse documento pretende que o conjunto do território palestino sob mandato britânico, de 1922 a 1948, constitua um *waaf*, ou seja, uma propriedade inalienável segundo o direito islâmico. Portanto, seria "ilícito renunciar a ele no todo ou em parte", uma obrigação que se imporia a "todas as gerações de muçulmanos até o dia da Ressurreição" no final dos tempos (Carta, 1988). Esse tipo de chantagem jurídica visa apenas invalidar a Carta da OLP para dela recuperar unicamente a exigência de uma "libertação" total da Palestina, desta vez em nome de um imperativo islâmico e não nacionalista. Por outro lado, Yassine recicla nessa Carta inúmeros clichês antissemitas e conspiracionistas, alegando que *Os protocolos dos sábios de Sião*, no entanto uma notória falsificação difundida em 1903 pela polícia czarista, seriam a prova de um projeto coerente para a dominação mundial. A própria OLP é acusada de ter cedido à "invasão intelectual" do Ocidente ao "adotar a ideia de um Estado laico" (Carta, 1988).

De Gaza a Oslo

Um Comando Nacional Unificado de Sublevação (CNUS) surge já em janeiro de 1988, com base na coordenação clandestina entre o Fatah, a FDLP, o PCP e a FPLP. Ele começa a mobilizar e a organizar a Intifada, lançada alguns meses antes, no conjunto dos territórios ocupados por Israel. O CNUS reivindica que esses territórios sejam colocados sob a tutela da ONU e proclama sua fidelidade à OLP, afirmando ainda que "nenhuma voz pode se elevar acima da voz da Intifada" (Filiu, 2012, p. 216). Por trás da retórica militante, há uma advertência velada à liderança exilada da OLP para que forneça um horizonte político para a sublevação popular "do interior". Arafat compreende e declara que a OLP renuncia à luta armada durante a Intifada. Depois dos fedains, agora é o tempo dos atiradores de pedras, cuja coragem diante dos ocupantes superequipados comove a opinião pública em todo o mundo, mas também em Israel.

A ação do CNUS é regularmente impedida pela obstrução do Hamas, que impõe dias de greve e de protesto diferentes daqueles programados pelos nacionalistas, resultando em tensões recorrentes. O serviço de inteligência israelense atiça de bom grado essas dissensões entre os palestinos, antes de finalmente mensurar a ameaça islamista. Chikaki é expulso para o Líbano, enquanto Shehada e Sinwar são presos, o primeiro para dois anos de "detenção administrativa", sem julgamento, o segundo para uma sentença de 462 anos de prisão. O assassinato de Abu Jihad em Túnis, em abril de 1988, longe de conter a sublevação, confere-lhe uma nova intensidade, visto que, três meses depois, o rompimento pelo Rei Hussein dos laços simbólicos que ainda ligam a Jordânia aos territórios ocupados remove o último obstáculo árabe a uma reivindicação total pela OLP de soberania sobre esses territórios. A ofensiva dos dissidentes pró-sírios do Fatah, que desalojaram os "arafatistas" dos campos de refugiados de Beirute em maio ao custo de 150 mortos, provoca um clamor de desaprovação na Cisjordânia e em Gaza, onde a credibilidade do regime de Assad despenca.

O CNUS pressiona a liderança da OLP a endossar solenemente a solução de dois Estados. Esse passo histórico é dado em 15 de novembro de 1988, quando o Conselho Nacional Palestino, reunido em Argel, proclama "o estabelecimento do Estado da Palestina em nossa terra palestina, tendo Jerusalém como sua capital". A declaração de independência, redigida pelo poeta Mahmoud Darwich, membro da liderança da OLP, afirma que "o Estado da Palestina é um Estado amante da paz, comprometido com os princípios da coexistência pacífica" (Laurens, 1988, p. 1091). Os congressistas também decidem, por 253 votos a 46, aceitar a resolução 242 do Conselho de Segurança da ONU, que reconhece Israel. Esse reconhecimento é explicitado pouco tempo depois por Arafat na tribuna da ONU em Genebra, resultando na abertura de um diálogo entre os Estados Unidos e a OLP. A FPLP e a FLPP, que votaram contra o reconhecimento de Israel, comprometem-se, no entanto, a respeitar a nova linha da OLP, em cujas instâncias continuam a ter assento.

Esse avanço histórico é, no entanto, categoricamente rejeitado por Yitzhak Shamir e seu governo em Israel, que propõem somente eleições na Cisjordânia e em Gaza com o objetivo de preparar uma autonomia local, sem nenhuma perspectiva de um Estado palestino. A repressão contra a Intifada recrudesce, com membros do CNUS sendo presos regularmente e, a cada vez, substituídos por sua respectiva organização. Arafat, agraciado com o título de "presidente do Estado da Palestina", convoca um dos raros congressos do Fatah em agosto de 1989, em Túnis (apenas o quinto em 30 anos). Todos os cerca de mil delegados são praticamente assalariados da organização, cuja lealdade Arafat controla por meio de sua despótica política orçamentária, tão meticulosa em Túnis quanto costumava ser em Beirute (Sayigh, 1998, p. 633). O chefe da OLP transfere para sua guarda pessoal, a Força 17, a administração dos territórios ocupados, ou seja, o "setor ocidental", decapitado desde o assassinato de Abu Jihad.

Enquanto a Intifada mantém, em sintonia com a OLP, sua recusa pela luta armada, o Hamas sequestra e assassina um soldado israelense em fevereiro de 1989 e outro três meses depois. O Xeique Yassine, preso por Israel, admite ter autorizado a eliminação de "colaboradores" palestinos, mas nega qualquer responsabilidade por esses dois assassinatos. Ainda assim, é condenado à prisão perpétua. O Hamas compensa o encarceramento de seu fundador tornando-se cada vez mais dependente de um "escritório político" dirigido a partir de Amã por Khaled Mechaal, um islamista da Cisjordânia que já mantinha as redes de apoio do Mujamma no exterior. A repressão israelense obriga, por conseguinte, tanto a OLP quanto o Hamas a se voltarem cada vez mais para uma direção exilada, em contraste com o início da Intifada em que a iniciativa partia do CNUS, por um lado, e do Xeique Yassine, por outro.

O retorno de Arafat aos jogos interárabes o leva, em abril de 1990, a recusar a suspensão da FLP pró-iraquiana da liderança da OLP, apesar de sua tentativa de atentado em Israel, que infringe, no entanto, as instruções da Intifada. Essa própria recusa resulta na suspensão do diálogo americano-palestino, ao passo que Arafat ignora os avisos de Abu Iyad e associa cada vez mais o destino da OLP ao de Saddam Hussein. Esse alinhamento com Bagdá, mesmo após a invasão e a anexação do Kuwait em agosto de 1990, compromete os avanços diplomáticos que os sacrifícios da Intifada obtiveram para a causa palestina. O impasse nos territórios ocupados encoraja os acertos de contas em nome da luta contra os "colaboradores", mas com tamanha agressividade que o CNUS deve solenemente pedir moderação. Esse apelo foi pouco atendido pelas tropas de choque com as quais o Fatah, a FDLP e a FPLP se equiparam, e evidentemente não é acatado pelo Hamas, responsável pela maioria dessas execuções sumárias.

A derrota de Saddam Hussein no Kuwait em fevereiro de 1991 deixa Arafat tanto mais desamparado porque Abu Iyad foi assassinado em Túnis, pouco antes do início da ofensiva americana. A Conferência de Paz convocada pelos Estados Unidos em Madri, em outubro, ocorre com a ausência da OLP e com o convite de uma delegação jordaniano-palestina. Essa representação por consenso é, no entanto, garantida com brilhantismo e dignidade pelo veterano Haydar Abdel Shafi, que participara da fundação da OLP em 1964 e em seguida estimulara as redes nacionalistas em Gaza, enfrentando para tal a repressão israelense e a violência islamista. O Hamas reage à Conferência de Madri anunciando a criação de seu braço armado, as Brigadas Ezzedine al-Qassam. A referência ao xeique sírio, morto em 1935 pelo exército britânico, visa a um só tempo islamizar ainda mais a causa palestina e invocar um passado militante anterior à OLP. O número de "colaboradores" mortos em Gaza passa de 114 em 1991 para 199 no ano seguinte (Filiu, 2012, p. 231), em grande parte por causa das Brigadas Qassam, e agora é comparável às perdas infligidas por Israel à população palestina. É como se a violência, suspensa pelo CNUS contra o ocupante, se voltasse contra a própria sociedade palestina.

Contudo, Abdel Shafi consegue separar os dois componentes da delegação de Madri, em conjunto com a Jordânia, para iniciar autênticas conversações israelense-palestinas em Washington, sob a égide do governo Bush. O projeto da AP que ele coloca sobre a mesa em fevereiro de 1992 equivale a uma reivindicação de soberania sobre todos os territórios ocupados, dos quais o exército israelense deve se retirar totalmente. O fim da colonização deve preceder a realização de eleições sob supervisão internacional, da qual todos os residentes dos territórios, incluindo pessoas deslocadas e expulsas, poderão participar. Em contrapartida, a parte israelense, mesmo após o retorno de Rabin como chefe de governo em julho, recusa-se a conceder mais do que uma autonomia sem soberania, da qual de todo modo "a segurança e a responsabilidade pelas colônias israelenses" permaneceriam excluídas (Laurens, 2015, p. 350).

Para contornar a firmeza de Abdel Shafi, os trabalhistas israelenses aceitam a proposta da Noruega de abrir, em janeiro de 1993, um canal paralelo de conversações em Oslo, desta vez diretamente com a OLP. Somente alguns acadêmicos israelenses, que Rabin pode desautorizar, negociam com os chefes do Fatah e do Partido Comunista Palestino (agora PPP, Partido do Povo Palestino), supervisionados a partir de Túnis por Mahmoud Abbas. Além de Arafat, que autorizou esse diálogo para se colocar novamente no centro do jogo diplomático, apenas o secretário-geral do PPP e o representante da FDLP no Comitê Executivo são informados sobre essas discussões secretas. Rabin logo compreende que os negociadores palestinos, exilados há muitos anos, e malpreparados sobre mapas e estatísticas, estão dispostos a fazer concessões que Abdel Shafi nem sequer levaria em consideração.

Os representantes de Arafat em Oslo não apenas aceitam excluir Jerusalém Oriental da autonomia e não ter jurisdição completa sobre a terra, como também ratificam o princípio mesmo de um período transitório sem garantia sobre o futuro estabelecimento de um Estado. Em julho de 1993, Rabin oficializa o mandato de seus negociadores em Oslo, o que acelera as negociações para um acordo sobre a autonomia concedida a uma AP, juntamente com um acordo de reconhecimento mútuo entre Israel e a OLP. Esses dois Acordos de Oslo, concluídos em setembro, são aprovados por apenas nove dos 18 membros do Comitê Executivo da OLP. Mas a demissão de Darwich, que acusa Arafat de "grave inconsciência" (Tenorio, 2021) diante da realidade concreta, possibilita a votação por maioria simples.

Os acordos são solenemente assinados por Rabin e Arafat na Casa Branca, na presença do Presidente Clinton, que sequer contribuiu para eles. Rabin está acompanhado por seu Ministro das Relações Exteriores, Shimon Peres, assim como Arafat por Abbas. Mas o chefe da OLP assina os acordos como "presidente" do Comitê Executivo, e não do Estado da Palestina. E aceita assumir a presidência de uma AP que, em vez de ser soberana, como proposto por Abdel Shafi em 1992, não passa do fruto de um acordo entre Israel e a OLP. O Hamas reage à assinatura dos Acordos de Oslo perpetrando seus primeiros atentados suicidas, primeiro em Gaza e depois na Cisjordânia, onde as Brigadas Qassam já têm uma sólida implantação.

O chefe e fundador dessas brigadas, Imad Aqel, é morto numa emboscada israelense dois meses após a cerimônia na Casa Branca. O Hamas descobrirá muito mais tarde que Aqel foi traído por um de seus companheiros, Walid Hamdiya, assassinado por milicianos islamistas em 2004. Por enquanto, o comando das Brigadas Qassam em Gaza passa para Mohammed al-Masri, apelidado de Dayef (o hóspede) por causa de suas constantes mudanças de esconderijo. De fato, Dayef, cuja prudência beira à paranoia, 30 anos mais tarde assume uma direção tão exposta quanto. O Hamas e o Movimento do *Jihad* Islâmico na Palestina (MJIP) se juntam, em dezembro de 1993 em Damasco, à aliança das facções pró-sírias que a rejeição dos Acordos de Oslo reavivaram, após anos de adormecimento.

Uma autoridade ilusória

Ao assinar os Acordos de Oslo, Arafat aceitou não ser mais o presidente de um Estado potencialmente soberano da Palestina, mas o de uma AP que exerce apenas um poder delegado por Israel sobre os territórios evacuados, ou seja, nesse estágio os três quartos da Faixa de Gaza e um enclave em torno de Jericó. No entanto, é uma verdadeira multidão que acolhe, em julho de 1994 em Gaza, o chefe da OLP, ainda que essa alegria repouse num profundo mal-entendido: a população local está convencida de ter pago um preço alto para garantir o retorno de seus compatriotas exilados, que por sua vez estão persuadidos de terem "libertado" Gaza e seus habitantes. Em seguida, Arafat se dirige, a bordo de um helicóptero egípcio, a Jericó para a primeira reunião de um governo dominado por seus leais. Tewfik Zayyad, sempre reeleito como prefeito de Nazaré desde 1975 e deputado comunista no *Knesset*, insiste em saudar Arafat em Jericó, mas morre num acidente de carro no trajeto de volta.

A prioridade concedida por Israel à missão de polícia da AP vai ao encontro da obsessão de Arafat pelo controle da segurança. Dos 9 mil policiais que Israel atribui para a AP, 7 mil retornam do exílio com o chefe da OLP (Filiu, 2012, p. 241-242). O homem-chave da engrenagem é Mohammed Dahlan, antigo protegido de Abu Jihad, expulso da Faixa de Gaza em 1987 e agora no comando da poderosa Segurança Preventiva, bem distinta da polícia propriamente dita. Dahlan também tem o controle da polícia criminal e dos guarda-costas, ao passo que Arafat confiou a um de seus primos a direção do serviço de inteligência militar. A proliferação desses serviços traduz a vontade de Arafat de impor somente sua facção a todos os seus rivais palestinos, ao mesmo tempo que fragmenta precisamente essa facção para evitar que ali não se desenvolva um contrapoder.

Em vez da ilusão de uma AP como embrião de um Estado palestino, Arafat transpõe para Gaza a gestão autocrática que exercia em Beirute, com militarização do aparelho político e consolidação de redes de clientela. Ele tenta em vão neutralizar o Hamas pela divisão e cooptação, mas enfrenta a oposição tenaz de Abdelaziz Rantissi, encarcerado em Israel assim que retorna do Líbano para onde o governo de Rabin o expulsara em 1992, o que lhe permitiu desenvolver as relações entre o Hamas e o Hezbollah. Entretanto, é o MJIP, e não o Hamas, que está na origem da primeira grave crise de legitimidade da AP: em novembro de 1994, um atentado evidentemente israelense mata um quadro do MJIP, que retalia com um atentado suicida contra o exército israelense; Arafat ordena uma batida nas fileiras do MJIP, batida que desencadeia em Gaza manifestações de protesto reprimidas com violência, com 14 mortos pela polícia da AP. Dois deputados árabes do *Knesset*, um representando a corrente nacionalista, o outro a sensibilidade islamista, devem se dirigir a Gaza para pregar o apaziguamento entre a AP e o Hamas.

Com espaço cada vez mais restrito na Faixa de Gaza, Arafat aproveita os Acordos de Oslo II, em setembro de 1995, para estabelecer a sede da AP em Ramala, assumindo ao mesmo tempo o controle das aglomerações de Nablus, Jenin e Belém, ainda que elas permaneçam cercadas pelo exército israelense. O presidente palestino conserva um silêncio eloquente quando um comando do *Mossad* elimina, em outubro em Malta, Fathi Chikaki, fundador do MJIP. Em contrapartida, ele fica abalado com o assassinato, pouco depois, de Rabin por um terrorista judeu. Como não pode participar dos funerais do primeiro-ministro israelense, ele vai discretamente apresentar suas condolências à viúva. O Shabak, a segurança interna israelense, que não conseguira proteger Rabin, compensa essa falha assassinando em Gaza, em janeiro de 1996, Yahya Ayyache, responsável por parte do Hamas pelos inúmeros atentados suicidas. A polícia da AP, que conseguira neutralizar Ayyache há sete meses sem, no entanto, eliminá-lo, é humilhada com essa demonstração de força, lançando dezenas de milhares de pessoas nas ruas de Gaza em homenagem a Ayyache.

Arafat está tanto mais furioso porque nesse mês de janeiro de 1996 ocorrem as eleições para a presidência da AP bem como para seu Parlamento, o Conselho Legislativo Palestino (CLP). A taxa de inscrição nas listas eleitorais ultrapassa os 90% (Legrain, 1999, p. 23) e a taxa de participação ultrapassa os 70% (Legrain, 1996, p. 82), demonstrando um forte entusiasmo popular por essa votação, no entanto boicotada pela FDLP, pela FPLP, pelo Hamas e pelo MJIP. O chefe da OLP é facilmente eleito, com 87% dos votos, contra Samiha al-Khalil, uma militante nacionalista da Cisjordânia. Dos 88 assentos do CLP, sete são reservados às minorias confessionais, seis para os cristãos e um para os samaritanos, ou seja, uma nítida super-representação em relação a seu peso demográfico. Abdel Shafi, crítico severo da fragmentação territorial da Cisjordânia pelos Acordos Oslo II, lidera a lista da Aliança Nacional Democrática. Mas é o único eleito dessa aliança em razão do tipo de votação, majoritária em um turno, muito favorável ao Fatah, que conquista 50 dos 88 assentos. Ahmed Qorei, chamado de Abu Alaa, um leal a Arafat que contribuiu com o processo de Oslo, assume a presidência do CLP. Mais de um terço dos deputados é de refugiados, o que corresponde à sua proporção somada na população da Cisjordânia (um quarto) e da Faixa de Gaza (dois terços).

A oposição parlamentar ao Fatah é sobretudo constituída de candidatos independentes, por isso mesmo enfraquecidos diante da gestão a um só tempo discricionária e personalizada de Arafat. Uma análise mais fina dos resultados demonstra a pertinência eleitoral das *hamula*, famílias estendidas que continuam estruturando a sociedade palestina. Os Masri, os Jarrar e os

Chakaa mantêm seu poder no norte da Cisjordânia, onde, ao contrário, os Abdel Hadi e os Tuqan desaparecem de cena. Isso vale também para os Kawasmeh e os Mechaal em Hebron contra os Jaabari e os Tamimi, bem como os Shawa em Gaza contra os Sourani. Em caso de polarização dentro de uma mesma *hamula* entre um lealista e um oponente, é o lealista que vence, até porque a eleição de um oponente teria comprometido as relações do grupo com a AP. Por isso, Marwan Barghouti, estrela ascendente do Fatah, é eleito na circunscrição de Ramala contra seu primo Mustapha, vindo do Partido Comunista. No mesmo espírito, Saeb Erakat, promovido a negociador-chefe por Arafat, obtém a maioria dos votos em Jericó em detrimento de seu primo Daoud, historicamente comprometido com as fileiras comunistas.

Pela primeira vez em três décadas, Arafat legitimou seu poder pelo voto universal, e de maneira estrondosa. A etapa seguinte é retomar o controle das instâncias da OLP, graças à emenda de sua Carta da qual ele se comprometeu, em 1993, a retirar os artigos referentes à destruição de Israel. Essa emenda é votada, durante o Conselho Nacional Palestino reunido em abril de 1996 em Gaza, com 504 votos contra 54. A preeminência do Fatah foi acentuada pela inclusão coletiva dos eleitos do CLP a essa assembleia, o que reforça o peso do "interior" diante da diáspora dos refugiados. Mas o essencial para Arafat é a reconfiguração do Comitê Executivo pela integração de lealistas formalmente "independentes". Ele revoga assim o engajamento que a colegialidade hierárquica da OLP impunha às negociações com Israel. Quanto às facções, elas se satisfazem com conservar cada uma um assento no Comitê Executivo, quer se trate da FPLP, da FDLP, do PPP, da FLP, da FLA ou da FLPP. Arafat conseguiu inclusive atribuir um assento à União Democrática Palestina, designada sob seu acrônimo árabe de Fida, uma dissidência pró-Oslo da FDLP, liderada por Yasser Abd Rabbo.

O Hamas, bastante determinado a se vingar do assassinato de Ayyache, espera o final das eleições palestinas para realizar em Israel uma série de atentados suicidas particularmente mortíferos. Essas matanças fazem o jogo de Netanyahu, que vence de forma apertada, em maio de 1996, a primeira eleição de um primeiro-ministro israelense pelo voto universal. Essa vitória de um adversário obstinado dos Acordos de Oslo suspende o processo de paz até a laboriosa conclusão, em janeiro de 1997, de um acordo sobre a retirada israelense apenas de uma parte de Hebron, cujo centro permanece ocupado, em nome da manutenção de colônias assentadas há 30 anos. Além disso, o CLP é teatro, em abril, de debates enfurecidos sobre a gestão muito pouco transparente da ajuda internacional feita pela AP. Em julho, o Conselho Legislativo Palestino implica explicitamente quatro ministros por desvio de fundos e exige que Arafat, por 53 votos contra 1, remodele seu governo, enquanto Abdel Shafi renuncia com grande alarde ao cargo de membro do Parlamento. Por fim, o presidente palestino, cujo serviço de inteligência acompanha o Hamas, deve digerir, em setembro, o choque do retorno triunfal do Xeique Yassine a Gaza. Na verdade, Netanyahu libertou o líder islamista a fim de recuperar dois agentes do *Mossad* prisioneiros na Jordânia depois de um atentado abortado contra Mechaal, chefe do escritório político do Hamas.

Contestado por todos os lados, Arafat temporiza até julho de 1998 antes de compor um novo governo pletórico de 30 membros, em que são reconduzidos dois dos ministros, no entanto, questionados pelo CLP. O chefe da OLP se agarra à perspectiva da visita de Clinton a Gaza, em dezembro de 1998, conferindo ao presidente americano o poder de consagrar a legitimidade do Estado da Palestina, proclamado dez anos antes em Argel. O aeroporto de Gaza, cujo nome é o do líder palestino, é aberto bem a tempo de acolher Clinton e sua esposa, com hinos, bandeiras e guarda de honra destinados a afirmar uma soberania em construção. Mas Arafat se dedica sobretudo a encenar diante de seu hóspede o engajamento das instâncias palestinas no caminho da paz. Para tanto ele convoca em Gaza cerca de mil delegados, reunindo ministros e personalidades diversas, deputados do CLP e membros do Conselho Nacional Palestino, hierarcas do Comitê Executivo e do Conselho Central da OLP. Ele conseguiu que eles aprovassem, de mão levantada, a revogação dos artigos da Carta da OLP que pediam a destruição de Israel, uma emenda que já havia sido votada em abril de 1996.

Em vez de testemunhar a vitalidade da democracia palestina, esse voto ilustra praticamente de forma caricata a instrumentalização por um único homem das instituições que supostamente representariam todo um povo. O fim, em maio de 1999, do período transitório de cinco anos previsto nos Acordos de Oslo antes das negociações sobre o estatuto final, aumenta a pressão sobre Arafat. Tentado a proclamar unilateralmente o Estado da Palestina, ele foi dissuadido pelo Conselho Central da OLP, mesmo porque esse Estado já havia sido proclamado em 1988. Porém o mais sério desafio é o do "apelo dos 20" lançado em novembro de 1999 por 20 personalidades, entre as quais nove deputados do CLP, que acusam Arafat não apenas de "corrupção", mas também de ter "vendido a pátria" durante as negociações com Israel (Boltanski, 1999). A principal figura dessa denúncia sem precedentes é Abdeljawad Saleh, antigo membro do Comitê Executivo da OLP, que ele havia encontrado após sua expulsão em 1974 da Cisjordânia por Israel. As humilhações e as violências de que são vítimas os peticionários provocam tamanha indignação que Arafat se compromete a não fazer nenhuma retaliação contra eles. Além disso, ele institui, em janeiro de 2000, um Alto-Conselho Palestino para o desenvolvimento que deveria garantir a transparência das contas públicas.

O naufrágio de Arafat

O chefe da OLP, quando retorna a Gaza em 1994, se via como libertador e em breve presidente de um Estado soberano. E é somente então que ele toma fisicamente consciência da implacável realidade da ocupação e da colonização, da qual se torna um parceiro mais ou menos consentinte, e certamente não um emancipador. Mesmo a Faixa de Gaza superpovoada permanece, em um quarto de sua superfície, reservada a alguns milhares de colonos protegidos pelo exército israelense. E os repetidos bloqueios do enclave palestino arruinaram sua economia, um marasmo que a Cisjordânia também conhece sob uma forma ligeiramente atenuada, em razão das centenas de barreiras que compartimentam seu espaço. Não apenas a população dos territórios ocupados em 1967 não recebeu os dividendos da paz, como ainda padece com as arbitrariedades das diferentes polícias da AP, e também com as práticas duvidosas de sua administração. Em março de 2000, a taxa de popularidade de Arafat cai a 39%, seu nível mais baixo desde os Acordos de Oslo, sendo que dois terços das pessoas sondadas estimam que não podem criticar a AP sem receio e que apenas 22% avaliam positivamente a democracia palestina (Palestinian, 2000).

Portanto é um líder palestino historicamente enfraquecido que aceita a contragosto, em julho de 2000, o convite de Clinton para negociar em Camp David com o Primeiro-ministro Barak. Na verdade, Arafat não alimenta nenhuma ilusão em relação às negociações tão tardias cujo fracasso lhe será, ele tem certeza disso, atribuído por Israel e pelos Estados Unidos. O chefe da OLP cercou-se de seus leais "processadores" de paz, Erakat, Qorei e Dahlan, mas não está acompanhado de nenhum jurista, ao passo que Barak é aconselhado, entre outros, pelo procurador-geral de Israel, que já participara da delegação de Begin na Cúpula Israelense-Egípcia de 1978. Além disso, Arafat está submetido dentro do próprio Fatah à pressão da jovem guarda, liderada por Marwan Barghouti, que lhe implora publicamente para nada conceder nem sobre Jerusalém Oriental, nem sobre o direito ao retorno dos refugiados. Estamos bem distantes da propaganda negativa e estereotipada do líder que fará de Arafat, após o fracasso de Camp David, um manipulador tanto mais dissimulado porque teria obtido concessões inesperadas de Israel para melhor corroer seus fundamentos.

A realidade é que a visita de Sharon à Esplanada das Mesquitas e a Segunda Intifada que ela desencadeia, em setembro de 2000, surpreendem Arafat, que continua as negociações com Barak e a cooperação antiterrorista com a CIA. Em novembro, o chefe da OLP defende na Assembleia Geral da ONU o envio de uma "força internacional de paz", mas não recebe mais apoio nessa questão do que recebeu durante a Primeira Intifada. O maremoto eleitoral que leva Sharon à frente do governo israelense, em fevereiro de 2001, enfraquece ainda mais Arafat, que o novo primeiro-ministro tentou eliminar repetidamente duas décadas antes em Beirute. A condenação dos atentados suicidas por Arafat e seus apelos a poupar os civis são rejeitados pelo Hamas, pelo MJIP e pela FPLP, mas também pela "Brigada dos Mártires de Al-Aqsa", assim como os comandos da ala ativista Fatah escolheram ser chamados.

Em maio de 2001, em represálias a um atentado suicida do Hamas, Sharon ordena o bombardeio aéreo de alvos da AP na Cisjordânia e em Gaza, onde a aviação israelense entra então pela primeira vez em ação desde a ocupação de 1967. A escalada continua, em novembro de 2001, com o ataque israelense que mata, em Ramala, Abu Ali Mustapha, sucessor de Habache à frente da FPLP. Sharon se permite, assim, eliminar não apenas os responsáveis militares, mas também os dirigentes políticos dos movimentos palestinos. Em março de 2002, a Cisjordânia é reocupada pelo exército israelense, que cerca Arafat na presidência da AP em Ramala. No mês seguinte, Barghouti é preso pelas forças que ocupam a cidade, antes de ser condenado a cinco penas de prisão perpétua como suposto chefe da Brigada dos Mártires de Al-Aqsa.

É somente em junho de 2002 que George W. Bush passa a considerar a criação de um Estado palestino desde que "os palestinos elejam novos dirigentes e que estes não estejam comprometidos com o terror" (Bush, 2002). A determinação em excluir Arafat, que Sharon compara a Bin Laden, está clara para os Estados Unidos, engajados então na "guerra global contra o terror". Essa injunção, inicialmente recusada como uma intolerável ingerência, conduz, no entanto, a direção palestina, ao menos para sair do impasse diplomático, a ratificar a criação de um cargo de primeiro-ministro, enquanto até então Arafat dirigia o governo. Em março de 2003, o Conselho Central da OLP valida tal criação, o CLP aprovando em seguida a nomeação de Mahmoud Abbas para esse cargo. O novo chefe do governo foi, em 1977, um pioneiro dos contatos secretos da OLP com os pacifistas israelenses, antes de supervisionar a negociação dos Acordos de Oslo, de cuja assinatura ele participa, em 1993 em Washington, ao lado de Arafat.

O presidente da AP se engaja a jogar o jogo desse executivo bicéfalo, ainda que tente impor Dahlan no sensível Ministério do Interior, ao que Abbas reage atribuindo-se essa pasta, Dahlan sendo apenas o ministro delegado. Mas os contenciosos logo se acumulam entre Arafat e seu primeiro-ministro, conduzindo à renúncia de Abbas ao final de seis meses. Seu sucessor, Ahmed Qorei, até então presidente do CLP, não tem dificuldade em obter a investidura parlamentar. E, mesmo sendo um notório leal ao chefe da OLP, Arafat lhe impõe Hakam Balawui, seu antigo representante em Túnis, como Ministro do Interior. Esse governo da AP conta com 19 ministros do Fatah do total de 24 membros, ao passo que o independente Salam Fayyad, um antigo quadro do Banco Mundial e do FMI, conserva a pasta das Finanças que Arafat lhe confiara em 2002.

Sharon se satisfaz com ter, assim, marginalizado Arafat, enclausurado em sua presidência de Ramala. Mas ordena em março de 2004 a eliminação em Gaza, num ataque aéreo, do Xeique Yassine. No mês seguinte, é Rantissi, novo chefe do Hamas, que é morto em condições semelhantes. O movimento islamista decide a partir de então não mais revelar o nome de seu dirigente supremo. Em contrapartida, Dayef continua à frente das Brigadas Qassam que, em junho, realizam seu primeiro lançamento mortal de foguetes contra Israel. Os milicianos islamistas resistem obstinadamente às incursões israelenses em Gaza e multiplicam as humilhações públicas dos responsáveis pela polícia palestina. É nesse contexto de crise profunda da AP que Arafat, esgotado por mais de dois anos de cerco e de privações, colapsa, em outubro, antes de ser levado a Paris onde falece pouco depois. Seus despojos são repatriados a Ramala para ali serem enterrados, dezenas de milhares de pessoas acompanham seu enterro, no mesmo momento em que funerais simbólicos atraem uma multidão comparável em Gaza.

Uma Palestina contra a outra

Abbas assume rapidamente a sucessão de Arafat à frente do Fatah e da OLP, antes de ser designado candidato do Fatah à eleição presidencial de janeiro de 2005. Essa candidatura recebe o aval de Marwan Barghouti, que, mesmo na prisão israelense, traz, assim, a caução da "jovem guarda" do Fatah àquele que, no entanto, fora apelidado, três décadas antes, de "funcionário" da revolução palestina. O Hamas e o MJIP decidem boicotar a eleição, ao passo que a FDLP e o Partido Comunista apresentam candidatos que obtêm 3% dos votos. O único rival sério de Abbas é Mustapha Barghouti, um antigo comunista, apoiado por Haydar Abdel Shafi e que se tornou defensor de uma resistência popular e não violenta. Ele obtém apenas 19,5% dos votos, demonstrando a incapacidade de uma terceira via se impor na queda de braço entre o Fatah e o Hamas. Abbas é eleito graças a uma larga maioria de 62,5%, bem atrás dos 87% de Arafat em 1996, mas com uma incontestável legitimidade democrática.

Mas Sharon se recusa a negociar com Abbas a retirada israelense da Faixa de Gaza, cujo um quarto da superfície ainda está reservada às colônias e ocupada pelo exército. Essa recusa decorre da determinação do primeiro-ministro israelense de recuar unilateralmente suas forças para as "fronteiras seguras" definidas pelo muro de separação na Cisjordânia e por esse desengajamento de Gaza. Discutir os termos desse desengajamento com a parte palestina poderia resultar na reconsideração da opção de um Estado palestino, o que Sharon rejeita categoricamente. É por essa razão que a retirada israelense é acompanhada de cenas de caos miliciano em Gaza, onde as Brigadas Qassam proclamam a vitória de sua "resistência islâmica". O braço político do Hamas, dirigido por Ismail Haniyeh, um antigo protegido do Xeique Yassine, decide então participar das eleições legislativas de janeiro de 2006 após ter boicotado as três eleições anteriores da AP (duas presidenciais e uma eleição parlamentar).

Essa reviravolta dos islamistas palestinos resulta de sua vontade, não de exercer o poder e de se comprometer assim com Israel, mas de constituir uma oposição poderosa ao Fatah a partir de dentro da própria AP. É nesse mesmo sentido que Haniyeh sempre exige 40% dos assentos do Conselho Nacional Palestino para que o Hamas aceite integrar a OLP, uma exigência que Arafat sempre havia julgado escandalosa. Mas Abbas, inquieto com os avanços do Hamas, muda o modo de votação em condições duvidosas. Se a metade dos 132 assentos no CLP continua sendo atribuída por um voto majoritário de um turno nas circunscrições eleitorais, a outra será por uma votação de lista proporcional. Essas novas regras, combinadas com a multiplicação das candidaturas dissidentes do Fatah, levam à vitória inesperada do Hamas, com 75 assentos contra 45 do Fatah, mesmo considerando-se que a diferença dos votos é somente de 3% entre o Hamas (44,5%) e o Fatah (41,5%). A FPLP obtém apenas três assentos, contra dois da FDLP. As listas lideradas por Mustapha Barghouti e Salam Fayyad têm cada uma dois deputados, o que confirma a marginalização de uma terceira via cidadã.

Haniyeh, que não estava preparado para essa vitória, propõe a Abbas a formação de um governo de união nacional. Mas o presidente palestino, sob o choque dessa desaprovação eleitoral, é encorajado pelos Estados Unidos e pelos países europeus a recusar qualquer colaboração com o Hamas enquanto este não reconhecer Israel, abandonar o terrorismo e endossar os Acordos de Oslo (pois a participação dos islamistas na eleição num contexto de uma AP nascida dos Acordos de Oslo não é julgada suficiente). Haniyeh constitui então um gabinete em que 18 dos 24 ministros pertencem ao Hamas. Uma nova Força Executiva é estabelecida sob a autoridade do ministro islamista do Interior e o comando de Jamal Abu Samhadana, um antigo chefe local do Fatah que se insurgiu durante a Segunda Intifada. Alguns incidentes eclodem regularmente, na Faixa de Gaza, entre essa Força Executiva e as unidades lealistas de Dahlan.

A iniciativa mais séria de reconciliação entre as facções vem, em maio de 2006, das prisões israelenses, onde Marwan Barghouti obtém o aval do Hamas e do MJIP para um "documento dos prisioneiros" fazendo um apelo ao estabelecimento de um Estado palestino em Jerusalém Oriental, na Cisjordânia e em Gaza, restringindo ao mesmo tempo a esses territórios ocupados o campo da "resistência". O reconhecimento de Israel está apenas implícito, ainda que o terrorismo em seu solo seja agora proscrito. Haniyeh reage favoravelmente a esse texto antes de ser desaprovado por Mechaal a partir de Damasco, onde o Hamas já é um pilar da aliança anti-OLP das facções pró-sírias. Abbas propõe então a realização de um referendo sobre a proclamação de um Estado palestino nos territórios ocupados por Israel em 1967. Mas a morte num ataque israelense, em junho, de Abu Samhadana, chefe da Força Executiva do Hamas, provoca uma incursão palestina em território israelense, onde o soldado Gilad Shalit é sequestrado e detido na Faixa de Gaza. Abbas exige em vão a libertação imediata de Shalit, que uma ofensiva israelense, lançada em julho, fracassa em localizar (41 deputados do Hamas são presos em Israel, ao passo que outros quatro vivem na clandestinidade na Cisjordânia).

Na Faixa de Gaza cercada por Israel e submetida a uma pressão militar constante, os conflitos são cada vez mais mortais entre o Hamas e seus rivais da AP e do Fatah. O governo de união nacional imposto pela Arábia Saudita em março de 2007 dura apenas algumas semanas, antes de o ciclo dos conflitos e sua dinâmica de implacável vingança recomeçar em Gaza. O ataque final do Hamas, em junho, derrota as forças lealistas, no entanto superiores em número e em armamento. Abbas poderia ter, ao se deslocar imediatamente para Gaza, relembrado que ele também é o eleito da população local. Mas não esconde seu alívio de poder, assim, se dedicar apenas à Cisjordânia, pois está convencido de que a armadilha de Gaza vai se fechar sobre o Hamas (Filiu, 2012, p. 319). O número de mortos em dois anos de guerra civil interpalestina em Gaza é de 357 (quase metade deles civis pegos no fogo cruzado), em comparação com os 668 palestinos (dos quais 359 civis) mortos por Israel desde a retirada de Gaza até a expulsão da AP do enclave palestino (Filiu, 2012, p. 321).

A ruptura está consumada entre o "Hamastão" de Gaza e o "Fatahstão" da Cisjordânia, onde Abbas, denunciando o "golpe" islamista, confia a presidência de um "governo de urgência" a Salam Fayyad (Filiu, 2012, p. 342). Esse tecnocrata respeitado coloca em ação uma política liberal que atrai tanto mais doadores estrangeiros porque o desenvolvimento econômico da Cisjordânia deveria, segundo eles, corroer o poder islamista em Gaza. Uma verdadeira "bolha" de prosperidade artificial emerge beneficiando a administração de Ramala, detentora das preciosas permissões israelenses de circulação, enquanto são exaltados os sucessos da bolsa de Nablus, dois terços de cuja capitalização se baseia em apenas quatro empresas palestinas (Barthe, 2011, p. 137). Mas o principal reside ainda no aparelho de segurança da AP, para o qual "o Hamas é o inimigo", a ponto de os quadros palestinos de Ramala criticarem seus interlocutores israelenses por serem muito brandos com a milícia islamista (Barthe, 2011, p. 186).

Na Faixa de Gaza, o Hamas aproveita o bloqueio imposto por Israel, a partir de junho de 2007, para controlar e fechar o enclave palestino, consolidando sua dominação em três etapas. Primeiro, ele pune a *hamula* dos Bakr e, depois, a *hamula* de Dughmush, ambas com a esperança de preservar a autonomia de suas milícias. Em seguida, persegue as redes de influência do Fatah, sete de seus partidários são mortos, em novembro de 2007, durante manifestações marcando o terceiro aniversário da morte de Arafat. Por fim, esmaga a dissidência *jihadista* do Xeique Abdellatif Moussa, cuja mesquita de Rafa é tomada de assalto em agosto de 2009, ao custo de 29 mortes (entre as quais a de sete milicianos do Hamas, Moussa se suicidando acionando seu cinto de explosivos). As Brigadas Qassam agora patrulham a Faixa de Gaza ao lado da polícia desta segunda Autoridade Palestina, que o Hamas pretende ser a única legítima, em razão de sua vitória eleitoral de 2006. Somente o JIMP está autorizado a mobilizar sua própria milícia, as Brigadas Al-Qods (Jerusalém), mas somente nas linhas de frente.

No entanto, a sociedade civil combate a fatalidade da divisão. Em dezembro de 2010, um "Manifesto da Juventude de Gaza" iguala o Hamas ao Fatah, denunciando o "pesadelo dentro do pesadelo" do controle islamista num cenário de bloqueios e de ataques de israelenses (Filiu, 2012, p. 350). Três meses depois, os manifestantes, mais numerosos em Gaza do que em Ramala, adaptam à sua prioridade palestina o *slogan* principal das revoltas árabes em curso: "O povo quer a queda do regime", para entoar: "O povo quer o fim da divisão" entre a Cisjordânia e Gaza. É sob essa pressão popular que Abbas e Mechaal são forçados a selar, em maio de 2011, sua reconciliação, pelo menos formal, no Cairo. Mas a aproximação entre o Fatah e o Hamas logo chega a um impasse sobre a questão do primeiro-ministro, com Abbas exigindo que Fayyad seja mantido no cargo, ao passo que o movimento islamista denuncia a ilegalidade de sua nomeação. A única conquista real dessa distensão é o compromisso do Hamas de apoiar as iniciativas diplomáticas de Abbas, especialmente para a admissão da Palestina na ONU, embora o movimento islamista não se considere vinculado a essas propostas.

Em outubro de 2011, Netanyahu ordena a libertação de 1.027 prisioneiros palestinos em troca de Gilad Shalit, aceitando, assim, as condições que o Hamas colocava há mais de cinco anos. Embora o movimento islamista não tenha conseguido a libertação de Marwan Barghouti, ele garante a de inúmeros militantes do Fatah, ampliando, assim, sua estatura nacional. Sobretudo, ele assegura o retorno triunfal de Sinwar, que pronuncia, ao lado de Haniyeh, um vibrante discurso numa praça abarrotada de Gaza.

Abbas prefere consagrar todo o ano seguinte à sua campanha pelo reconhecimento da Palestina na ONU, campanha que fracassa no Conselho de Segurança em razão do veto americano a essa admissão. A Palestina teve de se contentar, em novembro de 2012, com o estatuto, comparável ao da Santa Sé, de um Estado não membro, mas observador na ONU. No entanto, esse magro resultado é suficiente para que Abbas transforme o governo da AP no do "Estado da Palestina", acentuando a confusão institucional que já prevalecia entre a OLP e a AP, esta última sendo meramente o fruto de um acordo assinado pela primeira com Israel.

O horror em que a Síria mergulha, como resultado da recusa de Bashar al-Assad em fazer concessões mínimas à sua oposição, provoca entre o Fatah e o Hamas uma troca de posições tanto mais perturbadora porque revela o profundo oportunismo de Abbas. O Hamas, fortemente apoiado por Damasco desde os Acordos de Oslo, se alia, no entanto, à revolução síria, cujo componente islamista é cada vez mais pronunciado. O campo de refugiados palestinos de Yarmuk, na periferia de Damasco, até então controlado pelas facções pró-sírias, sendo a principal delas a FPLP-CG, é bloqueado e bombardeado pelas forças do regime de Assad a partir de dezembro de 2012. Em julho de 2013, é imposto um bloqueio total ao campo de Yarmuk, cuja defesa é amplamente assegurada pelos milicianos do Hamas, ao passo que a OLP aproveita essa reviravolta para reaquecer suas relações com Damasco. Abbas não dirá uma palavra sequer contra o cerco impiedoso de Yarmuk, com a duração de mais de dois anos e durante o qual centenas de civis morrem de fome. O contraste é cruel com a emoção unânime das facções palestinas durante o calvário dos campos palestinos no Líbano, desde o cerco de Tall Zaatar em 1976 até as "guerras dos campos" da década seguinte.

A reconciliação interpalestina continua sendo carregada pelas profundas aspirações populares que nem o Fatah nem o Hamas podem ignorar. É por essa razão que se chega enfim a um acordo, em junho de 2014, para que os governos de Ramala e de Gaza se eclipsem em favor de um gabinete amplamente tecnocrático de 17 membros, entre os quais cinco de Gaza. O primeiro-ministro, Rami Hamdallah, é presidente da Universidade de

Nablus e membro do Fatah, assim como Hussein Al-Sheikh, responsável pelas "Relações Civis", um eufemismo para o diálogo diário entre a AP e Israel. Em contrapartida, nenhum ministro pertence ao Hamas. Os Estados Unidos e a União Europeia aceitam então negociar com esse governo, provocando a fúria de Netanyahu e sem dúvida contribuindo para a escalada da "Guerra dos 50 Dias" em Gaza. A ofensiva israelense, desencadeada em julho de 2014, é acompanhada por uma ocupação terrestre particularmente destrutiva. A despeito do pesado número de cerca de 2.100 mortos palestinos (incluindo perto de 500 crianças) e 72 mortos israelenses (sendo 66 soldados), Israel nunca conseguiu impedir o Hamas de disparar foguetes, que só são interrompidos pelo cessar-fogo.

A dinâmica unitária também está em ação entre os palestinos de nacionalidade israelense que formam, pela primeira vez desde 1948, uma Lista Unificada em janeiro de 2015. Os quatro componentes dessa coalizão eleitoral são os comunistas do antigo Rakah, que se tornou Hadash em 1977, os nacionalistas dos partidos Taal e Balad e os islamistas do Raam (que representam o "braço sul" do Movimento Islâmico em Israel), enquanto o "braço norte" recusa qualquer participação na política israelense). As campanhas empreendidas por Netanyahu e seus ministros contra o inimigo interno que os árabes de Israel constituiriam convenceram, com efeito, as quatro tendências da Lista Unificada a deixar suas diferenças de lado.

Ayman Odeh, advogado de Haifa que lidera a lista, ousa responder ao antiárabe Lieberman, que lhe disse, durante um debate televisionado, para se mudar para Ramala ou Gaza: "Sou muito bem-vindo em meu país natal, faço parte da paisagem, pareço-me com ele" (Smolar, 2015). O chefe da diplomacia israelense, que só imigrou da sua Moldávia natal para Israel em 1978, fica calado. A mais-valia unitária é acompanhada, portanto, de uma visibilidade sem precedentes dos militantes árabes na mídia israelense. Quanto à Lista Unificada, ela conquista 13 deputados nas eleições legislativas de março de 2015 e se torna o terceiro maior grupo no *Knesset*, atrás do Likud e dos trabalhistas. Mas esse avanço sem precedentes, denunciado pela direita e pela extrema-direita, convence Netanyahu a prosseguir com a consagração de Israel como um "Estado judeu".

As fugas para frente

Mahmoud Abbas está cada vez mais frustrado em ser presidente de uma Palestina que tem "Estado" somente no nome. No momento em que seu mandato à frente da AP está chegando ao fim depois de cinco anos, sua exasperação autoritária parasita toda a política palestina. Primeiro, ela coloca um fim à experiência unitária do governo Hamdallah, quando Abbas acusa em junho de 2005 o Hamas de não deixar os ministros operarem livremente em Gaza, antes de remanejar o gabinete sem consultar o movimento islamista. Em seguida, é a vez de Abd Rabbo perder o secretariado-geral da OLP, ligado ao Comitê Executivo para ser substituído por Erakat. Com efeito, o presidente palestino está persuadido de que Abd Rabbo conspira para derrubá-lo junto com Dahlan, no entanto inimigo jurado do Hamas e tão poderoso que Abbas o excluiu do Fatah em 2011 e o obrigou ao exílio nos Emirados Árabes Unidos. Essas acusações informam mais sobre a paranoia galopante de Abbas do que sobre as aspirações de seus rivais dentro da OLP.

Enquanto a presidência palestina entra num longo crepúsculo, o Hamas se prepara para a batalha. Em maio de 2017, um laborioso processo de consulta interna associando os representantes de Gaza, da Cisjordânia, da diáspora e dos prisioneiros detidos em Israel resulta na adoção de um "programa político". Esse documento não anula formalmente a Carta de 1988, cuja unção pelo Xeique Yassine torna intocável, e proclama que "a Palestina é a Terra Santa, que Alá abençoou para a humanidade". O texto recorre, porém, a um registro mais político do que religioso para enraizar o Hamas na terra da Palestina, sem referência à Irmandade Muçulmana da qual ele historicamente surgiu. Distante dos amálgamas antissemitas da Carta, o Hamas afirma "não combater os judeus como judeus, mas os sionistas que ocupam a Palestina. Pois são estes que identificam constantemente o judaísmo e os judeus com seu próprio projeto colonial".

O programa oficial do Hamas nega, contudo, qualquer legitimidade ao "inimigo sionista" e se recusa a reconhecer as duas resoluções fundadoras da Assembleia Geral da ONU: a do plano de partilha da Palestina de 1947, mas também a do "direito ao retorno" dos refugiados palestinos de 1948. Enquanto a ONU coloca a alternativa entre o repatriamento ou a compensação, o Hamas estima, com efeito, que todo refugiado deve receber indenizações, mesmo após seu retorno. O programa não apenas não menciona nenhuma outra resolução da ONU, como rejeita os Acordos de Oslo "e tudo o que dele resulta", principalmente as obrigações contrárias aos interesses de nosso povo". E é somente no contexto de um "consenso nacional" com a OLP que o Hamas considera "o estabelecimento de um Estado palestino plenamente soberano e independente, tendo Jerusalém como capital e com base nas linhas de 4 de junho de 1947", ou seja, nos territórios ocupados por Israel desde a Guerra dos Seis Dias (Hamas, 2017).

É possível estabelecer um paralelo entre "esse programa político" e, em 1974, a perspectiva da OLP de estabelecer uma "autoridade nacional" sobre "toda a parte da terra palestina libertada". Em ambos os casos, o objetivo continua a ser a libertação integral da Palestina, com a definição de um horizonte intermediário. Mas a OLP obtivera com o gesto de 1974 seu reconhecimento na Cúpula Árabe e na tribuna da ONU, desenvolvendo, assim, sua iniciativa diplomática, ali onde o Hamas apenas ratifica uma fórmula de "consenso nacional", deixando a responsabilidade de negociar unicamente para a OLP. Por outro lado, as consultas internas do Hamas resultam na substituição de Mechaal por Haniyeh à frente do escritório político, ou seja, da direção exterior do movimento, baseada no Catar. O exílio do ex-primeiro-ministro deixa o caminho livre em Gaza para Sinwar, que assume oficialmente o comando do Hamas no enclave palestino. O novo chefe do Hamas em Gaza, fortalecido por sua aura militante e por suas duas décadas de prisão, desfruta então de uma ascendência sem precedentes sobre as Brigadas Qassam.

A adoção pelo Hamas de uma direção e de um programa de combate marca uma nova etapa na militarização da Faixa de Gaza a serviço de um confronto julgado inevitável em curto prazo com Israel. Uma dinâmica alternativa de mobilização é, no entanto, lançada na primavera de 2018 por um grupo de jovens militantes que coloca o Hamas diante do fato consumado de suas "marchas do retorno". Com efeito, trata-se de reavivar o espírito da Primeira Intifada organizando marchas pacíficas, tendo apenas estilingues como armas, até o muro de separação com Israel. A primeira dessas marchas é lançada em 30 de março, celebrada como Dia da Terra Palestina desde 1976, repetindo-se todas as sextas-feiras até 15 de maio, aniversário da *Nakba* de 1948. As duas primeiras marchas são duramente reprimidas pelo exército israelense, com 28 mortos e cerca de mil feridos. Esse saldo, na ausência de qualquer ameaça séria para Israel, permite ao Hamas se infiltrar nas marchas seguintes e depois recuperar o movimento até o banho de sangue de 14 de maio (60 mortos e 1.300 feridos), que coincide com a inauguração da nova embaixada americana em Jerusalém.

Uma ocasião privilegiada para desmilitarizar a dinâmica de Gaza foi perdida por Netanyahu, pois está convencido de que o apoio incondicional de Trump o autoriza a se aproveitar ilimitadamente de uma relação de força esmagadora. Em julho de 2018, ele consegue que o *Knesset* vote uma lei fundamental com valor constitucional sobre "Israel como Estado-nação do povo judeu". Os partidos árabes denunciam uma lei "racista", mas não conseguem muita mobilização fora de sua comunidade. O fato de o *Knesset*, que votou esse texto, ser também a assembleia onde esses partidos árabes eram os mais bem representados da história de Israel, corrói os próprios fundamentos da Lista Unificada. A aliança se divide nas eleições de abril de 2019, com apenas dez deputados para os partidos árabes, mas se reconstitui para as duas eleições seguintes, obtendo 13, e depois 15 deputados, ultrapassando, assim, seu recorde de 2015. Mas os islamistas de Mansour Abbas rompem com seus aliados quanto à questão dos direitos dos homossexuais e decidem apresentar uma lista separada na eleição de 2021, na qual obtêm apenas quatro assentos, contra seis dos outros partidos árabes.

Esses quatro deputados islamistas estão, no entanto, integrados na maioria parlamentar do governo de Naftali Bennett, uma coalisão heteróclita que vai de um extremo ao outro na esperança de encerrar a era Netanyahu. Mansour Abbas admite de bom grado "preocupações comuns com os partidos judaicos religiosos e a direita conservadora" (Imbert, 2021). Ele se inscreve, assim, na mesma linha do Mujamma do Xeique Yassine, que preferia, meio século antes em Gaza, muito mais colaborar com as autoridades israelenses do que com os nacionalistas palestinos. Esse cálculo é tão oportunista quanto clientelista, pois Mansour Abbas espera ser o único a receber o crédito pelas medidas governamentais em favor da minoria árabe. Em contrapartida, ele não exige nenhuma pasta ministerial, o que lhe permite não ser associado diretamente a um colono militante como é o caso de Bennett.

Ao mesmo tempo, os defensores da terceira via na Cisjordânia e em Gaza, uma vez que não conseguem se impor diante do Fatah e do Hamas, conseguem negociar um compromisso sobre as eleições gerais, em 22 de maio de 2021 para as legislativas e em 31 de julho para a presidência da AP. De fato, já está mais do que na hora de regenerar pelo voto algumas instituições palestinas cujo mandato expirou há uma década. O entusiasmo popular com essas eleições é tanto que a taxa de inscrição nas listas eleitorais atinge 93%. O octogenário Mahmoud Abbas prometeu não se apresentar à sua própria sucessão, em troca do engajamento do Hamas de não concorrer às eleições presidenciais. Os partidos palestinos inclusive consentiram que as eleições, ao contrário de 1996, não ocorressem em Jerusalém Oriental. No entanto, é em nome do voto na Cidade Santa que Abbas decide, em abril de 2021, adiar *sine die* as duas eleições gerais, prolongando, assim, indefinidamente seu mandato presidencial, que já dura 16 anos.

É um golpe severo para a população palestina, cuja frustração explica amplamente o encadeamento da crise de maio de 2021, iniciada em Jerusalém Oriental para se estender à Cisjordânia e depois em Gaza antes de provocar, pela primeira vez, tumultos intercomunitários até mesmo em Israel. Enquanto Abbas e a AP permanecem em silêncio, Sinwar se coloca a partir de Gaza como líder nacional, disposto a concluir um cessar-fogo de longa duração com Israel em troca de uma retirada do bloqueio do enclave superpovoado (Imbert, 2021). Ele se congratula discretamente pelo adiamento das eleições gerais, em que o Fatah poderia ter vencido em Gaza e o Hamas na Cisjordânia, pois a população palestina sofre com a arbitrariedade das "autoridades" que a dominam. Quanto ao serviço de inteligência de Abbas, ele sufoca qualquer voz crítica na Cisjordânia, encarcerando, em junho, cinco candidatos declarados da oposição e espancando até a morte um sexto, Nizar Banat, muito popular por suas denúncias da corrupção da

AP. As manifestações de protesto e a reação internacional levam a justiça militar a condenar 14 policiais, soltos depois de um ano.

O artífice por trás dessa militarização da Cisjordânia é Hussein al-Sheikh, cuja ascendência sobre Abbas corresponde à redução da AP a um papel fundamental de colaboração com Israel. Com efeito, desde 2007, Al-Sheikh é responsável pelas Relações Civis, ou seja, pelas trocas funcionais com as autoridades de ocupação, com as quais negocia permissões de trabalho e vários acordos em troca da "cooperação de segurança" contra as facções palestinas anti-Oslo. Sua participação no governo de união nacional, em 2014-2015, não alterou em nada sua hostilidade profunda em relação ao Hamas. Al-Sheikh pressiona Abbas para adiar indefinidamente as eleições gerais de 2021 (Imbert, 2022). Ele é recompensado por sua lealdade agressiva com uma promoção, em junho de 2022, ao cargo de secretário-geral da OLP, que estava vago com a morte de Erakat. A substituição desse "processador" de paz por Al-Sheikh, o principal colaborador, prenuncia o pior na perspectiva da sucessão de Abbas, que também fora secretário-geral da OLP de 1996 até sua eleição, em 2005, à presidência.

Dois meses depois, a Faixa de Gaza é alvo de uma série de bombardeios israelenses que resultam, em três dias, em cerca de 40 mortos. Essa erupção de violência é, contudo, a primeira em que Israel poupa ostensivamente o Hamas para concentrar seus ataques apenas no MJIP, do qual mata o chefe militar, Tayssir Jaabari, já no início da operação. Em represália, o MJIP lança foguetes sobre Israel que são em sua maioria interceptados pelo Domo de Ferro da defesa antimíssil. Em contrapartida, o Hamas permanece de braços cruzados, como também as outras facções que ele controla pelo viés da Câmara de Operações Comuns da Resistência Palestina, uma estrutura de coordenação militar pela qual as Brigadas Qassam freiam a ação, entre outras, da FPLP e da FDLP. Os dirigentes israelenses se parabenizam por terem, assim, neutralizado o Hamas, atribuindo essa discrição de Sinwar ao medo de perder as 14 mil permissões de trabalho em Israel emitidas recentemente para os residentes de Gaza. Netanyahu acredita ter conseguido, ao combinar recompensa e punição como na Cisjordânia, levar o Hamas a entrar numa lógica de transação com Israel em vez de conflito aberto.

Esse panorama da desagregação do nacionalismo palestino estaria, no entanto, incompleto sem a menção de um fenômeno quase sempre excluído do campo da análise política. Trata-se do desenvolvimento aparentemente inexorável do crime organizado entre os palestinos de Israel, com 67 mortos em 2018, 96 em 2019, 113 em 2020 e 128 em 2021 (Al Batsh; Simon, 2022). A repressão metódica das máfias judaicas sob ordem do Primeiro-ministro Sharon, a partir de 2003, acabou, com efeito, permitindo a cinco "famílias" de criminosos árabes, até então subcontratantes das gangues judaicas, se apoderar do mercado deixado vago, principalmente para o tráfico de drogas, que se tornou um verdadeiro flagelo nas zonas árabes de Israel[8]. As gangues árabes também prosperaram ao emprestar dinheiro a taxas usurárias para cidadãos árabes muitas vezes discriminados pelos bancos israelenses. O resultado é o surgimento de zonas sem lei, onde a criminalidade árabe pune principalmente a população árabe.

A violência ligada a essa delinquência assume uma proporção tal que os partidos árabes acabam pedindo uma maior presença policial nas aglomerações de maioria árabe. Embora o Primeiro-ministro Bennett denuncie em 2021 o "Estado dentro do Estado" das gangues árabes munidas com "quantidades de armas ilegais dignas de um pequeno exército" (Al Batsh; Simon, 2022) e obtenha uma redução relativa dos assassinatos (111 em 2022) (Gold, 2023), Netanyahu, seu sucessor à frente do governo, dá pouca importância a esse dossiê. É verdade que o supremacista Ben Gvir, Ministro da Segurança, está mais interessado em armar os colonos da Cisjordânia do que em proteger os árabes de Israel. Durante os primeiros nove meses de 2023, 188 palestinos de nacionalidade israelense são mortos pelas "guerras das gangues" árabes, guerras por sua vez alimentadas pelo ciclo sem fim das vendetas. Esse número deve ser comparado com os 188 palestinos mortos na Cisjordânia ocupada pelo exército israelense, durante o mesmo período, no entanto considerado como o mais sangrento desde o fim da Segunda Intifada em 2005 (ONU, 2023). Que o número de palestinos mor-

8. O filme israelense *Ajami*, de 2009, dirigido por Scandar Copti e Yaron Shani, oferece um mergulho fascinante nessas gangues árabes, incluindo o sistema de justiça tradicional que rege o "preço de sangue" (Ajami é o nome de um bairro árabe na cidade mista de Jafa).

tos por outros palestinos em Israel seja o mesmo dos palestinos mortos por Israel na Cisjordânia é simplesmente atordoante. Isso ilustra o nível de violência que a dinâmica faccional pode atingir quando é amplificada pela mecânica mafiosa.

* * *

Os ciclos de violência interpalestina são demasiado recorrentes ao longo do século passado para não ser estrutural. Desde os acertos de contas entre partidários dos Husseini e dos Nashashibi em 1936-1939 até a polarização entre o Fatah e o Hamas a partir de 2006, passando pela eliminação dos "colaboradores" em Gaza de 1967 a 1971, e depois nos territórios ocupados durante as duas Intifadas, sem deixar de lado os conflitos entre os "lealistas" e pró-sírios no Líbano, é longa a lista dessas matanças que contribuíram para enfraquecer o nacionalismo palestino. Arafat, ao assumir o controle da OLP em 1969, recusa, no entanto, o modelo argelino de uma FLN liquidando os grupos rivais, apesar das fortes pressões dentro do Fatah nesse sentido. Mas essa tolerância relativa deixa correr solta a dinâmica faccional, dinâmica da qual Arafat vai, aliás, se aproveitar para assentar sua gestão ao mesmo tempo autocrática e inclusiva, uma vez que o chefe da OLP aspira somente, durante 35 anos, a reunir sob sua bandeira seu povo dispersado.

A militarização da política palestina, levada à incandescência durante as fases de conflito aberto com Israel, não poderia, contudo, fazer esquecer que o nacionalismo palestino registrou seus avanços mais notáveis após os movimentos de desobediência civil e de natureza não violenta, quer se trate da greve geral de 1936 quer da Primeira Intifada, incubadora do processo de paz. Pelo contrário, a lógica das facções armadas leva ao apagamento dos braços políticos e à fragmentação, acentuada com a competição pelos financiamentos estrangeiros. Além disso, ela gera um prêmio aos extremistas, cuja importância é amplificada pela capacidade de nocividade. A causa palestina pagou um preço exorbitante a esses desvios, ali onde o movimento sionista conseguiu mobilizar, e ao mesmo tempo canalizar, seus próprios radicais, sem nunca permitir que eles comprometessem o projeto coletivo*. Além disso, o sionismo, antes como depois de Israel, conseguiu administrar suas contradições internas sem derramamento de sangue, com a importante exceção do assassinato de Arlosoroff em 1933, do bombardeamento do *Altalena* em 1948, da morte de Grunzweig em 1983 e do assassinato de Rabin em 1995.

Sob essa perspectiva, a comparação entre o sionismo vitorioso e o nacionalismo palestino não poderia, contudo, ser levada muito longe. Pois o *Ishuv* sempre dispôs de uma base territorial, oficializada pela Declaração Balfour e protegida, pelo menos até 1944, pelas autoridades britânicas. Depois que a Guerra de Independência foi vencida em 1949, Israel conseguiu desenvolver instituições democráticas dentro de uma estrutura de soberania de Estado. No mesmo momento, a *Nakba* transformava a nação palestina num povo de refugiados, espoliados e exilados. Quanto às suas elites militantes, elas foram regularmente dizimadas pelo sufocamento britânico da Grande Revolta de 1936-1939 e depois pelas operações "antiterroristas" de Israel, pela repressão das Intifadas e pelos atentados mais ou menos direcionados. Essa sangria infligida aos quadros palestinos ao longo de décadas de luta explica, em parte, a mediocridade às vezes desconcertante das lideranças atuais, mediocridade que por sua vez é devastadora para as aspirações nacionalistas. Mas essa hecatombe não poderia ter sido perpetrada durante um período tão longo sem os vieses ideológicos que impediram que as reivindicações israelenses e palestinas fossem tratadas em pé de igualdade.

* *Cf.* capítulo 2.

3
Dois pesos, duas medidas

> A libertação do Kwait solucionou apenas um problema entre tantos outros. Compromissos foram firmados, esperanças nasceram. É preciso responder a elas. Dois pesos e duas medidas significaria assassinar o direito internacional recente!
> (Mitterrand, 1991)

O nacionalismo palestino reivindica em vão o direito dos povos à autodeterminação, no final da Primeira Guerra Mundial, para travar as ambições sionistas. Mas descobre que, no mandato sobre a Palestina confiado em 1922 pela Sociedade das Nações ao Reino Unido, somente o povo judeu vê reconhecido seus direitos nacionais, dos quais em contrapartida estão excluídos os habitantes árabes, no entanto majoritários em 90%. E é uma decisão da recém-criada ONU, em 1947, que desencadeia o início do êxodo da população árabe da Palestina, muito antes da proclamação, seis meses depois, do Estado de Israel. É uma vez mais a ONU que, em 1949, cria uma agência dedicada aos refugiados palestinos, agência encarregada de ajudá-los em seu exílio, geração após geração, em vez de garantir o direito ao retorno para sua pátria. E é também a ONU que, após a ocupação por Israel, em 1967, do resto da Palestina mandatária, continua a reduzir o povo palestino a um estatuto coletivo de refugiados sem direitos nacionais. Esse viés da SDN e depois da ONU é agravado pela posição pró-israelense do mediador americano num "processo de paz" que se assemelha menos a uma negociação entre duas partes em pé de igualdade do que a uma discussão dos termos da derrota palestina. E ainda assim essas conquistas tão limitadas são questionadas pelo endurecimento ocidental do "dois pesos, duas medidas" até se transformarem em choque civilizacional do "nós contra eles".

O entre nós colonial

A República Francesa despacha, em 1798, o General Napoleão Bonaparte ao Egito com o único objetivo de exportar pelas armas os ideais revolucionários para além da Europa. Mas a invocação de um povo árabe que seria oprimido pelos mamelucos e pelos "turcos" otomanos encontra pouca ressonância na população egípcia, pronta a ver nos invasores "infiéis" ocupantes muito mais intrusivos do que os representantes de Constantinopla. E, quando Bonaparte ocupa por um breve tempo uma parte da Palestina, em 1799, ele semeia a destruição e a morte, sobretudo quando, humilhado em Acre, se vê obrigado a recuar suas tropas para o Egito, devastando o litoral para retardar o avanço otomano. Para o ambicioso general, a Palestina não passa de um cenário onde projetar suas ambições médio-orientais, ambições tão descontroladas quanto fugazes. Assim que tais ilusões se dissipam, Bonaparte abandona todo interesse pela Palestina, que para ele não passava de uma terra estrategicamente bem situada, sem se preocupar com o povo que a habitava.

Quanto a François-René de Chateaubriand, ele retorna de sua peregrinação de 1806 à Terra Santa com a convicção de que "tudo no árabe indica o homem civilizado que retornou ao estado selvagem" (Berchet, 1985, p. 604), tanto mais porque "os costumes dos beduínos começam a se alterar em razão de uma demasiada convivência com os turcos e os europeus: agora eles prostituem suas filhas e suas esposas, e degolam o viajante que antes se contentavam em despojar" (Berchet, 1985, p. 602-603). Em contrapartida, o viajante francês não esconde sua admiração pelos judeus, "esses legítimos senhores da Judeia, escravos e estrangeiros em seu próprio país", mas que "nada pode impedir de voltar o olhar para Sião". Pois "os persas, os gregos e os romanos desapareceram da Terra, e um pequeno povo, cuja origem precedeu a dos grandes povos, ainda existe sem mistura nos escombros de sua pátria. Se algo, entre as nações, exibe o caráter do milagre, pensamos que esse caráter está aqui" (Berchet, 1985, p. 608-609).

Alphonse de Lamartine, que atravessa a Palestina em 1832, alimenta as mais vivas prevenções contra os "árabes beduínos" que o teriam "facilmente agarrado e degolado, se esses bárbaros não tivessem sido detidos pela força" (Berchet, 1985, p. 633-634). Pois "o ataque" constitui "sua única especialidade, sua única glória: o assassinato e a pilhagem é sua própria civilização" (Berchet, 1985, p. 647). Visitando a Esplanada das Mesquitas em Jerusalém, ele vê sobretudo "o pedestal sublime sobre o qual se elevava o Templo de Salomão" (Berchet, 1985, p. 642). Melchior de Vogüé, em visita à Palestina em 1854, está particularmente impressionado com os judeus de Safed "entregues aos insultos tanto dos cristãos quanto dos muçulmanos", esses judeus que "suportam sem se lamentar os ultrajes, a miséria, as doenças do clima para ter o direito de chorar em segredo o Reino de Davi" (Berchet, 1985, p. 662). Até mesmo em Jerusalém, ele considera que "os filhos de Israel alimentam, mais do que todos os outros, pretensões de futuro e a persuasão de um renascimento nacional" (Berchet, 1985, p. 672).

Esses clichês sobre árabes dissimulados e violentos, clichés tingidos de respeito pela fidelidade tenaz dos judeus, únicos dignos de um "renascimento nacional", impregnam as diferentes "viagens ao Oriente" que escritores europeus realizam no século XIX com finalidades tanto iniciáticas quanto editoriais, sendo o gênero muito apreciado pelos leitores da época. Os autores mais impregnados de fé católica completam esses clichês com a solidariedade professada para com seus correligionários da Terra Santa, principalmente as ordens missionárias, colocadas sob a proteção da França, que defende sua posição diplomática de "filha mais velha da Igreja". O cônsul francês, instalado em Jerusalém desde 1843, consagra, assim, uma parte notável de seu tempo às "missas consulares" organizadas pelas diferentes congregações, que nessa ocasião não deixam de invocar a bênção divina sobre o rei, o imperador ou o presidente do momento.

O advento da III República em nada afeta esse vínculo orgânico na Terra Santa; segundo a fórmula atribuída a Léon Gambetta, "o anticlericalismo não é um artigo de exportação" (Saaïdia, 2005, p. 101). A França, no entanto laica, não vê um povo na Palestina assim como não vê no resto do Oriente Médio, ao passo que se dá como missão "proteger" as minorias do fanatismo dos muçulmanos e mesmo de suas violências. De modo mais geral, os progressistas europeus, prontos a se inflamar pela Polônia ou pela Itália, se recusam a ouvir os nacionalistas árabes da *Nahda* enunciar que o povo árabe, com sua língua e sua cultura, deve desfrutar de direitos nacionais sobre sua própria terra. Em contrapartida, quando esse tríptico é colocado por Herzl em 1896, com um povo judeu destinado a se assentar em sua "terra de Israel" desenvolvendo ali o hebraico moderno, essa afirmação emitida a partir da Europa entra em ressonância com os debates do momento no continente, ainda que isso signifique ser contestado, enquanto as aspirações árabes simplesmente não são consideradas. E, quando a diplomacia francesa apadrinha em Paris o primeiro Congresso Árabe, em 1913, ela consegue pressionar os organizadores para que a questão do sionismo sequer seja evocada.

A Primeira Guerra Mundial é acompanhada de grandes manobras político-militares sobre o futuro do Oriente Médio pós-otomano, com ambições declaradas sobre a Palestina que nem fingem levar em conta as populações locais. Por essa razão o embaixador da França na Rússia, recebido pelo imperador Nicolau II em março de 1915, o informa que "a Palestina seria devolvida à França" porque, "desde as cruzadas, nossa tradição nunca variou", pois "outrora os príncipes franceses reinaram em Jerusalém". O ministro russo das Relações Exteriores replica que a "Rússia ortodoxa não poderia abandonar os lugares santos a uma potência católica" (Laurens, 1998, p. 169-170). A Grã-Bretanha pende mais a favor das teses russas, como indica Mark Sykes, um oficial do serviço de inteligência muito ouvido no Ministério da Guerra: "Toda a região compreendida entre Belém, Jerusalém, Jericó, tendo Jafa como porto, poderia ser erigida como território de administração internacional; e, se uma única grande potência fosse chamada a controlá-la, esta deveria ser a Rússia" (Laurens, 1998, p. 174).

Essas trocas entre aliados continuam até que o Alto-Comissariado Britânico no Cairo informa, em outubro de 1915, ao Xerife Hussein de Meca que "a Grã-Bretanha está pronta a reconhecer e a apoiar a independência dos árabes em todas as regiões dentro dos limites pedidos pelo Xerife" (Laurens, 1998, p. 175), ou seja, as províncias árabes do Império Otomano, entre elas a Palestina. Apesar de tais garantias escritas, Londres acolhe, no mês seguinte, as primeiras negociações franco-britânicas sobre a divisão do Oriente Médio realizadas entre Mark Sykes e François Georges-Picot, ex-cônsul da França em Beirute e firme partidário de uma Grande Síria incluindo a Palestina, sob dominação francesa. Para o delegado francês, "prometer aos árabes constituir assim um grande Estado é jogar areia em seus olhos", pois nada "fará de uma miríade de tribos um todo viável" (Laurens, 1998, p. 180).

Em janeiro de 1916, Sykes reivindica então um controle inglês sobre a Baía de Haifa e o Porto de Acre, ainda que o resto da Palestina seja internacionalizada. Mas Georges-Picot e ele viajam em março até a Rússia, onde o regime czarista insiste em sua exigência de uma internacionalização da Palestina. Em maio, tal exigência russa é registrada em ata nos Acordos Sykes-Picot, assim como é denominada a troca de cartas entre a França e a Grã-Bretanha sobre a partilha do Oriente Médio. No mês seguinte, o Xerife Hussein, mantido numa completa ignorância sobre essas tratativas, lança, sob o comando de seu filho Faisal, a Revolta Árabe, ou seja, a insurreição antiotomana coordenada com Paris e Londres. Já faz então um ano e meio que Weizmann defende perante os dirigentes britânicos um apoio público do Reino Unido ao projeto sionista.

No entanto, é a França a primeira a se engajar nesse caminho. Paul Cambon, Ministro da Relações Exteriores, escreve em junho de 1917 à organização sionista que seu governo "não pode senão sentir simpatia" pela "causa" da "colonização israelita na Palestina", pois "trabalhar pela justiça e pela reparação significaria ajudar no renascimento, por meio da proteção das potências aliadas, da nacionalidade judaica nessa terra de onde o povo de Israel foi expulso há tantos séculos" (Laurens, 1988, p. 209-210). Assim como a "justiça" para Paris não inclui evidentemente as populações instaladas há muito na Palestina, assim também o direito dos povos de dispor deles mesmos, destacado pelo Presidente Wilson desde a entrada dos Estados Unidos na guerra, torna-se para Londres um argumento a favor do sionismo. A oposição mais séria a um alinhamento britânico às teses sionistas vem de Edwin Montagu, único ministro judeu no gabinete de Lloyd George, que propõe garantir "para os judeus na Palestina uma total liberdade de estabelecimento e de vida baseada na igualdade com os habitantes desse país que professam outras crenças religiosas" (Laurens, 1988, p. 215).

Essas reservas são deixadas de lado na Declaração Balfour de novembro de 1917, em que apenas os judeus veem seus direitos nacionais na Palestina serem reconhecidos, as "comunidades não judaicas" dispondo apenas de "direitos civis e religiosos" (Laurens, 1988, p. 217). Esse texto é o ato fundador na questão da Palestina do "dois pesos, duas medidas" que só pode ser exercido em toda a sua brutalidade em razão da certeza de sua superioridade moral. Com efeito, há um peso e uma medida que se aplica aos 10% da população da Palestina de confissão judaica, minoria que se torna a vanguarda de um "lar nacional para o povo judeu". E há um peso e uma medida para os 90% da população da Palestina que pelo fato de ser árabe está reduzida a ser apenas um agregado de "comunidades não judaicas" definidas, portanto, por consenso, sem merecer nem a designação de "povo", nem os direitos nacionais decorrentes. A exemplo de outros processos de despossessão coletiva na longa duração, a despossessão simbólica precede e prepara a despossessão física.

Os dirigentes britânicos não têm evidentemente consciência de terem cometido essa despossessão, estão convencidos, pelo contrário, de adotar uma posição "moral" e equilibrada, o que só torna seu viés ainda mais implacável, pois cego a si mesmo. Aliás, nenhum deles se deu ao trabalho, ao longo das laboriosas tratativas sobre a Declaração Balfour, de consultar ou de encontrar uma personalidade palestina mais ou menos representativa. Em contrapartida, quando Weizman, à frente da Comissão Sionista, vai a Jerusalém em abril de 1918, o governador britânico é quem organiza o banquete em sua homenagem, convidando os notáveis árabes da Cidade Santa e traduzindo ele mesmo em árabe o discurso de seu hóspede: "Nossos ancestrais podem ter perdido seus direitos políticos sobre a Palestina, mas não renunciaram a eles. Privados da Palestina, seu lar nacional, souberam criar por assim dizer uma Palestina intelectual e moral que resistiu vitoriosamente durante 2 mil anos aos assaltos de todos os inimigos. Por isso podemos dizer que não viemos para a Palestina, e sim a ela retornamos" (Laurens, 1988, p. 236).

A mecânica impiedosa da despossessão, pelas palavras antes dos atos, já está em andamento. Não apenas a minoria judaica, ou seja, um décimo da população, desfruta de direitos nacionais que são negados ao restante dos habitantes da Palestina, como as vantagens e desvantagens do direito desses residentes são avaliadas com o "retorno" dos judeus da diáspora cujos "direitos políticos sobre a Palestina" permanecem válidos depois de 2 mil anos. A etapa seguinte será logicamente repetir insistentemente que, na Palestina, tais "direitos políticos" dos judeus de todas as origens, em razão de sua anterioridade bimilenar, são superiores aos direitos da população local de desenvolver ali as formas de existência coletiva de sua escolha. O caráter árabe dessa população, longe de justificar seu apego à terra da Palestina, será então avançado para justificar a possibilidade de diluir esses residentes árabes no entorno árabe da "terra de Israel".

Por ora, é a SDN que, longe de aplicar o direito dos povos árabes à autodeterminação, fornece o contexto, ao mesmo tempo jurídico e paternalista, de sua submissão pelos mandatos atribuídos à Grã-Bretanha sobre a Palestina e sobre o Iraque, como também à França sobre a Síria. O pacto fundador da SDN, adotado em 1919, considera, com efeito, que "certas comunidades que antes pertenciam ao Império Otomano atingiram um grau de desenvolvimento tal que sua existência como nações independentes pode ser reconhecida provisoriamente, desde que a ajuda e os conselhos de um mandatário guiem sua administração até o momento em que poderão caminhar sozinhas" (Pacto, 1919). Na Conferência dos Aliados que, em abril de 1920 em San Remo, define a repartição desses mandatos, Lorde Curzon insiste para que as "promessas feitas aos judeus em relação ao Estado futuro da Palestina" (Laurens, 1998, p. 282) sejam levadas em consideração pela SDN. A França protesta, pois considera que uma declaração unilateral do governo britânico adquire, assim, um estatuto no direito internacional.

A Grã-Bretanha se mantém firme e consegue, em julho de 1922, que a SDN a torne, na Carta do mandato que ela lhe confia sobre a Palestina, "responsável pela execução" da Declaração Balfour. De todo modo, a Carta retoma os termos dessa declaração e acrescenta que "a organização sionista" está "oficialmente reconhecida" para "garantir a cooperação de todos os judeus dispostos a colaborar na constituição do lar nacional judaico". O mandatário, por sua vez, compromete-se a "facilitar a imigração dos judeus" e a "encorajar seu estabelecimento intensivo nas terras do país". Enquanto o termo "judeu" aparece 12 vezes nesse texto, a população árabe é designada somente em termos negativos ("comunidades não judaicas" ou "outras partes da população"). Apenas a língua árabe é mencionada, mas para deixar claro que ela é, com o inglês e o hebraico, uma das três "línguas oficiais da Palestina" (Laurens, 1998, p. 326-330). Toda inscrição em árabe deverá ser traduzida em hebraico, e reciprocamente.

O mandato britânico sobre a Palestina é tão logo marcado pela contradição entre a missão da SDN de acompanhar uma "nação" pós-otomana até sua independência, de um lado, e o reconhecimento formal dos direitos nacionais apenas do "povo judeu", de outro. Embora o povo árabe da Palestina represente a maioria esmagadora dos habitantes desse território, ele só é mencionado de maneira indireta e de forma-padrão na Carta do mandato. Esse silêncio não prenuncia nada de bom, enquanto a única alternativa aberta por esse processo é, ao expirar o mandato, ou um Estado binacional judaico-árabe, ou dois Estados separados para cada um dos dois povos. Os dirigentes árabes decidem boicotar as instituições de um mandato que nega tão abertamente seus direitos, o que acaba apenas reforçando a complacência das autoridades britânicas para com os responsáveis sionistas muito desejosos, ao contrário, de cooperar com a administração mandatária. E é assim que o viés original da Declaração Balfour se acentua com o estabelecimento efetivo de um mandato que trata oficialmente com os sionistas, mas que têm relações de fato com os árabes.

Os *pogroms* e os nazistas

Os tumultos de agosto de 1929 eclodem, após uma série de incidentes durante as festas judaicas e muçulmanas, em Jerusalém, onde os bairros judaicos são atacados por bandos árabes, antes de espalhar em Hebron, em Safed ou em Gaza, onde as comunidades judaicas estabelecidas há muitos séculos são obrigadas a fugir. Ainda que o saldo dos tumultos seja comparável entre judeus e árabes, com respectivamente 135 e 136 mortos (Laurens, 2002,

p. 179), a maioria dos árabes foi morta pela polícia britânica que defendia a população judaica. Em Hebron e em Gaza, famílias e notáveis árabes se mobilizaram para proteger os sobreviventes judeus, sem conseguir convencê-los a permanecer. Em Tiberíades, judeus e árabes se uniram para dissuadir com sucesso eventuais agressores. Mas esses testemunhos de solidariedade pouco pesam diante da convicção cada vez mais difundida no *Ishuv* de que se trata de *pogroms* organizados dentro da pior tradição antissemita.

Segundo a Comissão de Investigação constituída pelo governo britânico sobre esses tumultos, "sua causa essencial" é o fato de "os árabes temerem que, em consequência da imigração judaica e das compras de terras, eles sejam privados de meios de existência e caiam politicamente sob a tutela dos judeus" (Laurens, 1998, p. 418). A direção sionista refuta essa interpretação, afirmando que "a questão dos terrenos não existe em Safed e em Hebron, onde os tumultos foram os mais terríveis. A multidão nunca gritou: 'Devolvam nossas terras', mas repetia: 'Estão nos retirando nossos lugares santos'" (Laurens, 1998, p. 407). O rumor de um ataque judaico contra a Esplanada das Mesquitas foi então determinante para o início dos tumultos, mas o Grão-mufti Husseini, embora acusado pelos sionistas de tê-los planejado, foi visivelmente pego de surpresa pela extensão das violências.

Enquanto os dirigentes árabes da Palestina têm um acesso limitado, e mesmo inexistente, à imprensa internacional, a versão sionista dos tumultos antissemitas, sem nenhum fundamento político nem territorial, impõe-se largamente. Albert Londres, célebre jornalista do *Petit Parisien*, viaja até a Palestina muito depois dos tumultos, o que não o impede de esboçar um quadro aterrador das matanças de Hebron: "Eles cortaram mãos, cortaram dedos, mantiveram as cabeças em cima de um fogareiro, praticaram a enucleação de olhos. Um rabino recomendou a Deus seus judeus: ele foi escalpelado. Levaram seu cérebro". O jornalista parece não se fartar em enumerar as sevícias infligidas, segundo ele, pelos árabes: "Mutilaram os homens. As meninas de 13 anos, as mães e as avós foram jogadas no sangue e foram estupradas coletivamente" (Londres, 2011, p. 250-251). Em Safed, ele afirma que um professor judeu foi morto com sua mulher "por três antigos alunos" e que os judeus foram massacrados por seus vizinhos árabes, até então seus amigos" (Londres, 2011, p. 253-255). Para agravar o ataque, ele descreve o bastante moderado prefeito de Jerusalém, Ragheb Nashashibi, como um nacionalista fanático pronto a exterminar dezenas de milhares de judeus por dia (Londres, 2011, p. 265). O jornalista sequer cita os mortos árabes, no entanto tão numerosos quanto os judeus, e afirma, levado pelo seu zelo sionista, que a Declaração Balfour foi assinada por "52 nações" e não apenas pelo governo britânico (Londres, 2011, p. 263).

A ascensão ao poder de Adolf Hitler em Berlim, em janeiro de 1933, seguida de uma onda de medidas antissemitas, suscita uma intensa emoção no *Ishuv*, onde os apelos ao boicote dos produtos alemães se multiplicam. Mas a Agência Judaica escolhe concluir, em agosto de 1933, um acordo de "transferência" com as autoridades nazistas que resulta na imigração de 53 mil judeus para a Palestina ao longo dos seis anos seguintes. Enquanto apenas 3 mil judeus haviam emigrado da Alemanha para a Palestina de 1920 a 1932 (Filiu, 2023), essa chegada maciça contribui para a expansão espetacular da população judaica que logo vai representar um terço dos habitantes da Palestina. Dentro do contexto do acordo de "transferência" com o regime nazista, os imigrantes judeus recuperam na Palestina o valor de seus bens colocados numa conta-caução na Alemanha e realizados em troca de produtos alemães de exportação, o que permite a Berlim contornar as campanhas de boicote internacional. Além disso, Weizmann é recebido em várias ocasiões por Benito Mussolini, que, em fevereiro de 1934, se mostra favorável ao estabelecimento de um Estado judeu, uma vez a Palestina "dividida em cantões, uns reservados aos árabes, e outros aos judeus" (Laurens, 1998, p. 467). Weizmann encoraja o *Duce* nesse caminho afirmando "que uma divisão do país já existe de fato", pois a maioria dos árabes "vive nas regiões montanhosas, ao passo que os judeus estão sobretudo instalados no litoral e nas planícies" (Laurens, 1998, p. 467).

O acordo entre a Agência Judaica e a Alemanha hitlerista, e depois o apoio de Mussolini ao projeto sionista, não impede que a imprensa do *Ishuv* acuse regularmente os árabes de conluio com o nazismo e o fascismo (Laurens, 1998, p. 461). Contudo, somente em janeiro de 1941, ou seja, mais de um ano após o início da Segunda Guerra Mundial, é que o Grão-mufti Husseini, exilado em Bagdá, deseja a Hitler "a vitória estrondosa e a prosperidade para o grande povo alemão e para o Eixo no mais curto prazo" (Laurens, 1998, p. 546). A retomada do Iraque pelo exército britânico, em junho, obriga Husseini a fugir para o Irã, e depois para a Turquia e a Itália, e por fim para a Alemanha, onde se coloca a serviço do *Führer*. Ele é recebido em três ocasiões, em novembro e em dezembro, por Hitler, sempre prolixo sobre as "sabotagens" perpetradas pelos judeus contra a Alemanha. Quando o grão-mufti ousa comentar que "nós, árabes, pensamos ser o sionismo a origem de todas essas sabotagens, e não os judeus", Hitler replica: "Vocês são um povo sentimental" (Laurens, 1998, p. 560).

O escandaloso alinhamento de Husseini com Hitler não tem impacto algum na Palestina, onde o número de engajados entre os combatentes temporários britânicos é comparável nas comunidades judaicas e árabes. Mas ele tem uma enorme influência no pós-guerra, quando o grão-mufti, que retornou ao Egito em maio de 1946, impõe uma vez mais suas condições ao Alto-Comitê Árabe. No mesmo momento, Ben Gurion insiste com os dirigentes britânicos, que ele, no entanto, não poupou ao longo dos anos anteriores, sobre a "semelhanças de valores" que os une aos sionistas (Segev, 2019, p. 393). Mas Husseini se aventura imprudentemente numa linha extremista de boicote às consultas conduzidas pela Grã-Bretanha e depois pela ONU sobre a Palestina, enquanto avilta a causa palestina com seu próprio descrédito de antigo colaborador de Hitler. Ao mesmo tempo que o horror do extermínio nazista provoca uma onda de solidariedade aos sobreviventes da Solução Final, a recusa de Husseini de não apresentar sequer uma autocrítica é diplomaticamente desastrosa. No decorrer dos debates cruciais que conduzem a Assembleia Geral da ONU a votar, em dezembro de 1947, o plano de partilha da Palestina, os partidários americanos de um Estado judeu distribuem ao conjunto das delegações um dossiê acusando o mufti e seu entorno de figurar entre "os piores criminosos de guerra do Eixo", baseado em documentos classificados do Departamento de Estado (Mendelson; Smith, 2006, p. 193). Aliás, o apoio de Stálin a essa partição da Palestina, por hostilidade à "reação árabe", ressuscita, apesar do início da Guerra Fria, a aliança entre a União Soviética e os Estados Unidos contra a barbárie nazista.

Esse estigma hitlerista é regularmente invocado pela propaganda sionista durante a guerra entre árabes e judeus que eclode na Palestina desde o voto pela ONU da partilha do país. Quando a *Haganá* lança seu ataque final a Haifa, em abril de 1948, ela exige que as milícias árabes lhe entreguem os "nazistas europeus" que fariam parte de suas fileiras (Laurens, 2007, p. 80). Porém, nenhum desses "nazistas" foi encontrado depois da rendição da cidade. Além disso, a magnitude das expulsões da população árabe, com cerca de 400 mil refugiados desde o mês de maio de 1948, é amplamente ocultada na imprensa internacional. Uma importante narrativa se coloca em andamento, em ressonância com o Holocausto, em que o pequeno Estado judeu, cercado de todos os lados, é invadido desde sua proclamação pela coalisão dos exércitos árabes empenhada em sua destruição. A realidade é que uma boa parte dos combates se desenrola não no território designado ao Estado judeu pela ONU, e sim naquele que poderia ter se tornado um Estado árabe, território que a contraofensiva israelense vai retalhar ainda mais. Quanto à "coalisão árabe", ela só existe no papel, uma vez que a Transjordânia estabeleceu secretamente um pacto com Israel.

No entanto, é essa resistência heroica do recém-criado Estado de Israel que comove e até abala a opinião pública ocidental. Os mais conhecidos repórteres do momento, formados na dura escola da Europa em guerra alguns anos antes, convergem para Tel Aviv para imortalizar a "Guerra de Independência" do Estado judeu. Entre eles, Robert Capa, já famoso por suas fotos da guerra da Espanha e do desembarque na Normandia, documenta apenas os combates do lado israelense, assim como escolhera o campo republicano na Espanha e o exército americano em 1944. Aliás, ele afirma que "numa guerra" é preciso odiar alguém ou amar alguém" (Mendelson; Smith, 2006, p. 193), recusando, assim, qualquer pretensão de neutralidade. Além disso, Capa retorna a Israel após o cessar-fogo de 1949, para fotografar desta vez o assentamento de milhares de imigrantes judeus. E até mesmo dirige, para uma organização sionista de Nova York, a United Jewish Appeal, um filme de propaganda sobre esse assunto. Mas Capa é apenas um dos inúmeros jornalistas ocidentais seduzidos pelo mito do "renascimento" de Israel. Em contrapartida, o êxodo palestino não é praticamente fotografado, o que contribuirá por muito tempo para as campanhas de negação da *Nakba*, a "catástrofe" palestina.

A ONU sob pressão

Israel apresenta o paradoxo de um Estado criado por uma decisão da ONU, o plano de partilha da Palestina em novembro de 1947, que vai, no entanto, contestar com regularidade, e até hoje, a suposta "parcialidade" da ONU contra ele. Folke Bernadotte, mediador sueco, nomeado pela ONU em maio de 1948, embora três anos antes tenha contribuído para o resgate de milhares de judeus dos campos de concentração, logo encontra uma forte tensão em seus contatos com os responsáveis israelenses, tensão que contrasta com a vontade de cooperação da parte árabe (Laurens, 2007, p. 123). Os diplomatas envolvidos logo espalham o adágio segundo o qual, "se você está 90% de acordo com os israelenses, eles o acusam de ser antissemita por causa dos 10% restantes, mas, se estiver 10% de acordo com os árabes, eles o celebram como um amigo, e não estão nem aí com os 90% restantes" (Entrevistas).

Bernadotte elabora, em junho de 1948, um plano de paz que se apoia na internacionalização de Jerusalém e no retorno das centenas de refugiados palestinos, duas propostas que enfurecem Ben Gurion. Três meses depois, o mediador da ONU é assassinado por um comando do *Lehi*, do qual dois membros, condenados em Israel, são anistiados pouco depois. A censura militar israelense proíbe até mesmo os jornalistas estrangeiros de noticiar o atentado, cuja veiculação para o mundo é feita pela parte árabe (Cummings, 2016, p. 31). Até hoje o assassinato do primeiro diplomata encarregado de solucionar pacificamente o conflito árabe-israelense é celebrado em Tel Aviv, num museu que exalta o *Lehi* e é dependente do Ministério da Defesa (Filiu, 2016). Por ora, um minuto de silêncio é observado em memória de Bernadotte na ONU, cujo choque coletivo explica em parte a adoção pela Assembleia Geral, em dezembro, de uma resolução reconhecendo o "direito ao retorno" dos refugiados palestinos. Mas, assim como a resolução adotada um ano antes sobre a partilha da Palestina dera efetivamente origem a Israel, assim também a resolução sobre o direito ao retorno, no entanto de mesmo valor jurídico, permanece letra morta.

Ralph Bunche, adjunto americano de Bernadotte que o sucedeu como mediador na Palestina, na verdade não tem vontade alguma de sofrer o mesmo destino trágico do diplomata sueco. Por essa razão, ele supervisiona em 1949 a negociação, entre Israel e seus quatro vizinhos árabes, de quatro armistícios que não passam de suspensões das hostilidades, e não fim do estado de guerra. O povo palestino está tão pouco representado nessas tratativas entre Estados quanto estava na conferência convocada pela ONU em Lausanne, que se separa sem conseguir solucionar a "questão da Palestina". Como essa "questão" continua pendente, ela começa a alimentar a mais importante base de dados jurídicos da ONU, com calhamaços de textos que permanecem inaplicados por causa da obstrução de Israel[9].

O Oriente Médio vive permanentemente entre dois extremos de guerra e de paz do qual o povo palestino é a principal vítima, seu destino estando literalmente suspenso. Enquanto os jornalistas correm para Israel para admirar a proeza da integração de ondas humanas de imigrantes judeus, apenas a ONU documenta para um público restrito a instalação, em 1950, dos primeiros campos de refugiados construídos de maneira permanente (em contrapartida, não existe nenhuma imagem do terrível inverno 1948-1949 em que a fome e as doenças dizimam as crianças palestinas concentradas em barracas em Gaza). A diplomacia americana acaba então transformando a Agência das Nações Unidas de Assistência aos Refugiados da Palestina (UNRPR em sua sigla inglesa) em Agência das Nações Unidas de Assistência e de Trabalho (Unrwa em sua sigla inglesa), implicando que essa agência dedicada aos refugiados palestinos deve agora auxiliá-los com "trabalho" e não mais apenas "assisti-los" num contexto de exílio projetado como permanente.

Não apenas a Palestina desaparece da sigla dessa nova agência, como seu mandato não prevê explicitamente o "direito ao retorno" desses refugiados, ainda que uma resolução da ONU prescreva esse direito. A diferença é impressionante com o Alto-Comissariado das Nações Unidas para os Refugiados (UNHCR em sua sigla inglesa), criado um ano depois, cuja missão im-

---

9. Disponível em: https://www.un.org/unispal/

plica o repatriamento dos refugiados. Além do mais, a Unrwa é financiada apenas por contribuições voluntárias, na base de um mandato que a ONU deve renovar a intervalos regulares. Essa situação de "provisório indefinidamente prolongado" corresponde bem ao tempo suspenso no qual agora os refugiados palestinos estão condenados a viver. Enquanto a UNRPR estimava em 1949 o número de refugiados em 910 mil (Laurens, 2007, p. 239), a Unrwa registra em sua fundação, um ano depois, 726 mil refugiados elegíveis para seus serviços de ajuda alimentar, de apoio médico, de sistema escolar e de "trabalhos" diversos (Sayigh, 1998, p. 4). A diferença entre esses dois números resulta da confusão que prevalece logo após o pós-guerra, bem como dos critérios mais restritivos da Unrwa. Por seu lado, Israel confirma o número de 530 mil refugiados (Laurens, 2007, p. 325), sendo que Ben Gurion propõe na Conferência de Lausanne realojar 100 mil deles para saldar suas obrigações, uma oferta que caducou depois do fracasso dessa conferência.

A maioria desses refugiados reside nas dezenas de campos da Unrwa estabelecidos na Cisjordânia, na Faixa de Gaza, na Transjordânia, na Síria e no Líbano. Construídos em ruas paralelas e perpendiculares, esses campos não deveriam abrigar construções com mais de um andar, alimentando a ilusão de um "retorno" que supostamente preveniria o assentamento (*tawtîn*) no país de acolhimento. Como os Estados Unidos são de longe o principal contribuidor da Unrwa, não teria sido ilógico que Israel, diretamente responsável por esse desastre humanitário, participe pelo menos simbolicamente do orçamento da agência encarregada de atenuar suas sequelas. Israel nunca levará em consideração essa questão, muito pelo contrário, razão de um esquema de inversão das responsabilidades fadado a prosperar, em que a Unrwa será acusada por Israel de alimentar a "questão da Palestina" com ainda mais virulência à medida que o estatuto de refugiado for passado de uma geração para outra".

Embora os Estados Unidos contribuam de maneira determinante para a Unrwa, esse engajamento financeiro pouco pesa diante de seu apoio multiforme a Israel, cujo orçamento depende pelo menos em 75% da ajuda externa (Laurens, 2007, p. 325). O Estado judeu também pode beneficiar-se do tratado de reparações assinado em setembro de 1952 com a República

Federal da Alemanha (RFA), que assume a integralidade da herança da Alemanha histórica, ao passo que a República Democrática Alemã (RDA), afiliada ao bloco soviético, afirma estar em ruptura antifascista com o passado nazista. Portanto, é apenas a Alemanha Ocidental que se compromete a pagar 750 milhões de dólares a Israel em 14 anuidades, como cobertura dos gastos de integração pelo Estado judeu dos cerca de 250 mil sobreviventes do Holocausto (Laurens, 2007, p. 327-328). Ainda que Bonn se recuse a reconhecer Israel como herdeiro dos judeus assassinados pelo regime hitlerista, o montante dessas transferências financeiras e sua regularidade até 1966 são essenciais para a primeira geração de israelenses.

Os trabalhistas israelenses podem também contar com o apoio contínuo de seus camaradas da Internacional Socialista, sendo o primeiro deles Guy Mollet e a Seção Francesa da Internacional Operária (SFIO). Mollet, conduzido à frente do governo em fevereiro de 1956, tendo como pano de fundo a insurreição nacionalista na Argélia, afirma a Anthony Eden, seu homólogo britânico, que, "depois de ter contido a ofensiva do pan-eslavismo, os ocidentais agora têm de enfrentar a do pan-islamismo, que certamente está em conluio com o pan-eslavismo soviético" (Laurens, 2007, p. 453). A França é então o principal fornecedor de armas para Israel, uma cooperação militar desenvolvida metodicamente pelo trabalhista Shimon Peres, diretor-geral no Ministério da Defesa de Israel e bem próximo de seus camaradas socialistas em Paris. A nacionalização do Canal de Suez por Nasser, em julho, suscita uma onda de entusiasmo no mundo árabe, mas também campanhas ferozes da imprensa ocidental que comparam o presidente egípcio a um "novo Hitler" (Laurens, 2007, p. 493-494).

Algumas negociações secretas entre a França, a Grã-Bretanha e Israel ocorrem em outubro de 1956 para elaborar uma resposta conjunta a Nasser. Ben Gurion propõe a Mollet, cuja prioridade é o fim do apoio egípcio à guerrilha argelina, uma "solução completa dos problemas do Oriente Médio" em que Israel ocuparia a Cisjordânia, o restante da Jordânia sendo anexado ao Iraque no contexto de um acordo de assentamento definitivo dos refugiados palestinos (Laurens, 2007, p. 483). Esse plano no mínimo ambicioso nem sequer é discutido com Eden, que se satisfaz em aprovar o acordo tripartite, concluído secretamente em Sèvres, sobre uma ofensiva coordenada contra o Egito sob pretexto de uma "força de interposição" franco-britânica na zona do Canal de Suez. Para justificar publicamente essa agressão, Mollet profere diante dos deputados o mesmo texto que Mitterrand, seu Ministro da Justiça, lê diante dos senadores, texto que celebra "o apego" do povo israelense "aos direitos humanos e à democracia" diante do "ditador" Nasser (Filiu, 2005, p. 24).

O Presidente Eisenhower, furioso ao ver a União Soviética se aproveitar desse diversionismo médio-oriental para esmagar a sublevação anticomunista na Hungria, exige a retirada das forças franco-britânicas, em novembro de 1956, e depois a evacuação de Gaza pelo exército israelense, em março de 1957. As matanças coletivas e as execuções sumárias que o ocupante israelense perpetrou ao longo de quatro meses ocorreram no interior do enclave palestino e despertam pouquíssimo interesse internacional. Apenas o *New Yorker* envia um jornalista a Gaza, que, além dos massacres, constata que é "difícil viver por muito tempo numa prisão com 300 mil detentos sem por vezes sentir claustrofobia" (Liebling, 1957). Essa é a primeira comparação do enclave palestino a uma prisão a céu aberto, mas infelizmente não a última. Quanto a Mollet, ultrajado por ter sido obrigado a abandonar Israel na contenda, ele inicia uma cooperação secreta sobre o programa nuclear militar com o Estado hebreu, cooperação seguida por seus sucessores na liderança do governo.

A superioridade moral de que Israel se prevalece constitui também um importante trunfo estratégico em seu confronto com os exércitos árabes e sua negação do povo palestino. A "pureza das armas", conceito forjado nas tropas de choque da *Haganá*, foi adotada como doutrina pela *Tsahal* desde a proclamação do Estado de Israel. O reconhecimento apenas do massacre de Deir Yassine, perpetrado pelos dissidentes do *Irgun* e do *Lehi* em abril de 1948, permitiu, em contrapartida, se calar sobre as matanças perpetradas pela *Haganá*, e depois pela *Tsahal*, durante a implacável guerra pela Palestina. A liquidação de milhares de palestinos "infiltrados" de 1948 a 1956 também foi ocultada, assim como o terrível saldo dos quatro meses de ocupação israelense de Gaza em 1956-1957 é amplamente subdimensionado.

Entre os palestinos cresce o sentimento de que sua vida não vale grande coisa diante de um opressor israelense cuja "moralidade" é exaltada com tanta ênfase. Com efeito, é somente com o massacre de centenas de prisioneiros egípcios pela *Tsahal* no Sinai, bem no início de novembro de 1956, que a reputação de "pureza" israelense é maculada, mas não desacreditada (Laurens, 2007, p. 501).

Os dirigentes israelenses acusam a portas fechadas Eisenhower e seu governo de tê-los "traído" na crise de Suez (Laurens, 2007, p. 523). O Ministério Israelense das Relações Exteriores decide então desenvolver nos Estados Unidos sua diplomacia pública, designada com o termo hebraico de *hasbara*, literalmente "explicação". O conhecido romancista Leon Uris publica em setembro de 1958 o livro *Êxodo*, cujo herói, um oficial da *Haganá*, garante a imigração ilegal para a Palestina de um grupo de sobreviventes do Holocausto, antes de participar da "Guerra de Independência" de Israel. O livro, nascido das conversas entre Uris e o cônsul israelense em Los Angeles, foi alimentado por uma longa estada do autor em Israel onde era acompanhado por um diplomata israelense, sendo que outro diplomata veio de Israel tendo o privilégio de reler o manuscrito e corrigi-lo antes da publicação. O romance torna-se rapidamente um *best-seller* que Otto Preminger decide adaptar em Hollywood para a United Artists, com Paul Newman no papel principal.

O filme foi realizado em Israel, onde Preminger é recebido, em julho de 1959, por Ben Gurion, por vários ministros e pelo chefe do estado-maior. As cenas de júbilo quando da aprovação do plano de partilha da ONU são filmadas em Jerusalém, onde a multidão local foi atraída através de uma loteria especialmente organizada para a ocasião pelo governo israelense. Zuhbi, antigo colaborador da *Haganá* agora prefeito de Nazaré, garante a cooperação de figurantes árabes na representação de uma cidade da Galileia que vive pacificamente com seus vizinhos sionistas até que os invasores árabes de 1948, escoltados por improváveis instrutores nazistas, ali semeiem o ódio e a desolação. Depois da estreia do filme, em dezembro de 1960 em Nova York, os ingressos de todas as apresentações sempre se esgotam em todos os Estados Unidos. A diplomacia israelense está mobilizada para garantir a maior difusão de *Êxodo* no mundo todo, onde o filme influenciará permanentemente a percepção do conflito árabe-israelense.

Um sucesso que dificilmente será igualado pelos dois filmes seguintes dessa "era israelense" de Hollywood (Goodman, 2014, p. 226): *Judith*, de Daniel Mann, em que Sophia Loren interpreta uma sobrevivente do Holocausto que se refugia num *kibutz* atacado em 1948 por seu ex-marido, o comandante nazista de soldados sírios, e *À sombra de um gigante*, em que Kirk Douglas é um judeu americano que se torna oficial da *Haganá* e é morto em 1948 durante a "Guerra de Independência". Todos esses filmes têm em comum o fato de associar a guerra israelense de 1948 à luta antinazista: ou porque uma contribuição hitlerista à campanha árabe é inventada do zero, como em *Êxodo* e *Judith*, ou em razão da participação do herói de *À sombra de um gigante* na libertação dos campos de concentração três anos antes.

Na França, a união sagrada em torno de Israel exclui apenas o Partido Comunista, principalmente por fidelidade à União Soviética, e alguns grupelhos cristãos sensíveis ao sofrimento dos refugiados palestinos. A intensa cooperação de defesa e de armamento com Israel continua após o advento, em 1958, da V República e com a entrega, a partir de 1959, de 20 caças-bombardeiro Super-Mystères, seguida, a partir de 1961, da de 72 Mirage III, e depois, em 1965, de helicópteros Super Frelon, e, em 1966, da nova geração de Mirage V. Além disso, a França fornece a Israel, a partir de 1961, 385 toneladas de urânio, com a condição de que o combustível enriquecido seja restituído à França, sob o controle dos Estados Unidos (Filiu, 2012, p. 248). Charles de Gaulle acredita então ter suspendido a colaboração com Israel sobre a energia nuclear militar, ainda que empresas francesas continuem a trabalhar nas instalações de Dimona até 1965 a fim de honrar os contratos firmados (Laurens, 2007, p. 583). De todo modo, é tarde demais para impedir que a tecnologia francesa já transferida não permita a Israel ter a arma atômica. Em 1966, a central de Dimona, coração do programa nuclear, entra em atividade.

Ao receber Ben Gurion em junho de 1960, De Gaulle o celebra como "um dos maiores homens de Estado deste século", antes de qualificar Israel como "nosso amigo, nosso aliado" durante uma nova visita do primeiro-ministro a Paris, em fevereiro de 1961 (Laurens, 2007, p. 583). A *intelligentsia* progressista está igualmente engajada ao lado do Estado judeu, como demonstra Jean-Paul Sartre durante sua estada de março de 1967 no Egito e em Israel. Convidado por seus anfitriões egípcios a visitar a Faixa de Gaza, Sartre ali expressa sua compaixão em relação ao destino dos refugiados, mas nenhuma solidariedade em relação às suas aspirações nacionais. Ele declara a seguir em Israel que "os campos de refugiados [que ele] visitou na semana passada em Gaza são uma realidade que pesará muito no futuro de Israel" (Filiu, 2012, p. 373). Assim que retorna, Sartre inicia a preparação de um número consagrado ao conflito árabe-israelense de sua revista *Les Temps Modernes*. O calhamaço de páginas dessa edição especial, publicada pouco depois da Guerra dos Seis Dias, traz a coexistência, mais do que o diálogo, entre 17 "pontos de vista árabes" e 27 "pontos de vista israelenses". Os palestinos representam apenas uma minoria desses "pontos de vista árabes" e são paradoxalmente mais numerosos, como cidadãos árabes de Israel, entre os "pontos de vista israelenses".

Davi contra Golias

O cerco de Israel pelos árabes em maio de 1967 espalha pelo mundo, e muito além da diáspora judaica, o temor de um novo Holocausto nas mãos de Nasser, uma vez mais comparado a Hitler. A contagem regressiva para a ofensiva israelense na Guerra dos Seis Dias é marcada por uma multiplicação dos gestos de solidariedade incondicional com o Estado judeu, como esta canção em que Serge Gainsbourg se declara pronto para "defender, contra todo inimigo, a areia e a terra que me foram prometidas/ainda que morra pela areia de Israel, as cidades de Israel, o país de Israel/todos os Golias vindos das pirâmides recuarão diante da estrela de Davi" (Gainsbourg, 1967). A referência a Davi triunfando sobre Golias torna-se onipresente após a conquista israelense de Jerusalém Oriental, da Cisjordânia e de Gaza, além da Península Egípcia do Sinai e das Colinas Sírias de Golã. O novo êxodo de centena de milhares de palestinos, registrados pela ONU como "deslocados" para distingui-los dos "refugiados" de 1948, desperta um interesse no mínimo limitado na opinião pública ocidental.

O Comitê Internacional do Crescente Vermelho (CICV) é autorizado por Israel a operar nos territórios que acabam de ser ocupados, inclusive em Jerusalém Oriental, anexada *de facto* desde junho de 1967. Mas o governo de Eshkol se recusa a aplicar em sua integralidade as Convenções de Genebra de agosto de 1949 sobre o direito da guerra, principalmente a 4ª convenção sobre a proteção dos civis em tempos de guerra. Na realidade, ele se considera apenas vinculado às cláusulas "humanitárias" dessas convenções, como as visitas aos prisioneiros ou as reunificações das famílias. E sempre contesta o estatuto "ocupado" de territórios que ele considera "administrados" ou "disputados". Essa recusa trata especialmente do artigo 49 da 4ª Convenção de Genebra que "proíbe, seja qual for o motivo" as "transferências forçadas, em massa ou individuais" (Laurens, 2011, p. 54-55). Essa recusa israelense se choca, desta vez, com a firmeza dos Estados Unidos, que se juntam, quatro dias depois do final do conflito, ao voto unânime, pelo Conselho de Segurança da ONU, da resolução 234, que prescreve "respeitar escrupulosamente" o conjunto das Convenções de Genebra (Resolução, 1967). A posição de princípio de Washington não impede, contudo, Israel de continuar a aplicar de maneira seletiva o direito humanitário da guerra.

O triunfo de junho de 1967 foi conquistado pelas forças israelenses muito bem equipadas com armamento francês. Como De Gaulle advertiu solenemente que a França não poderia apoiar a parte que daria início às hostilidades, as entregas a Israel de armas francesas são oficialmente suspensas durante o conflito, ainda que Paris autorize secretamente o fornecimento de peças sobressalentes cruciais para a aviação israelense (Filiu, 2012, p. 256). Sartre qualifica, no entanto, como "capricho insuportável" a decisão de Charles de Gaulle (Judaken, 2005, p. 218), que alimenta por ouro lado uma virulenta campanha de difamação da França em Israel como nos Estados Unidos. É verdade que o apoio constante do Presidente Johnson à ofensiva israelense, numa lógica de Guerra Fria, é acompanhado de um aumento do poder dos "sionistas cristãos" no cenário americano.

Os diplomatas franceses enfrentam seus homólogos americanos e ingleses na ONU para que seja finalmente votada, em novembro de 1967, a resolução 242 do Conselho de Segurança. Embora o preâmbulo desse texto sublinhe "a inadmissibilidade da aquisição de territórios pela guerra", somente a versão francesa pede a "retirada das forças armadas israelenses dos territórios ocupados durante o recente conflito", enquanto a versão inglesa, de mesmo valor jurídico, omite um artigo crucial, que considera a mera retirada "de territórios ocupados" (*from occupied territoires*). Mas as duas versões convergem em exigir somente uma "justa solução do problema dos refugiados", sem nunca mencionar o termo "palestino" (Resolução, 1967). E dessa forma o povo palestino é ocultado dessa resolução fundamental para o futuro do Oriente Médio, resolução da qual decorre o princípio da troca da "terra contra a paz", no centro do futuro processo de paz.

Alguns dias depois do voto dessa resolução em Nova York, De Gaulle declara que Israel "organiza, nos territórios que ele tomou, a ocupação que só pode ocorrer com opressão, repressão, expulsões, manifestando-se então contra ele uma resistência que, por sua vez, ele qualifica de terrorismo" (Laurens, 2011, p. 89-90). Essa dialética entre "ocupação", "resistência" e "terrorismo" já é forte na boca do herói da França livre. Mas é a referência aos judeus como um "povo de elite, seguro de si e dominador" (Laurens, 2011, p. 88) que desencadeia a polêmica, De Gaulle sendo acusado de ter estigmatizado o conjunto de uma comunidade, inclusive no território francês. Eshkol e seus ministros denunciam "um insulto grave ao povo judeu e ao governo de Israel" (Laurens, 2011, p. 91).

A propaganda negativa e estereotipada de uma França que apunhala Israel nas costas no momento de uma batalha existencial agora se associa a um processo de antissemitismo. A realidade é que Israel não tem mais interesse algum numa parceria com a França, que por muito tempo lhe foi tão favorável, inclusive no campo nuclear, e que a crise com De Gaulle permite por sua vez valorizar a convergência estratégica com os Estados Unidos. Além do mais, impõe-se o esquema de um Estado judeu bastante exigente para depreciar qualquer dirigente e qualquer país que ousem denunciar seus fatos consumados, ainda que esse dirigente e esse país tenham até então trazido uma ajuda substancial, ajuda literalmente inestimável no caso da França durante as duas primeiras décadas de Israel. Esse esquema acabará se repetindo depois de cada crítica internacional a Israel, com cada vez mais virulência.

Enquanto um fluxo regular para Israel de visitas mais ou menos oficiais, de viagens organizadas e de estadas em *kibutz* consolida as redes de solidariedade nos países ocidentais, uma fina rede de militantes de diversas origens visita a Jordânia, a partir de agosto de 1969, para se mostrar ao lado dos fedains. Jean-Luc Godard encontra ali a matéria de seu filme *Aqui e acolá*; Jean Genet a de seu romance póstumo *Um cativo apaixonado*. Mas jamais o apoio à causa palestina, inclusive nos meios mais politizados, pode ser comparado, mesmo de longe, ao nível de mobilização contra a Guerra do Vietnã. E isso é ainda mais verdadeiro nos Estados Unidos do que na Europa, com, além disso, uma fratura dentro do movimento dos direitos civis entre os militantes judeus muito ligados à segurança de Israel, sobretudo graças à guerra de junho de 1967, e seus camaradas afro-americanos, mais sensíveis à tonalidade anti-imperialista da retórica fedaim.

A corrente pró-palestina, já ultraminoritária na Europa e nos Estados Unidos, está ainda mais enfraquecida pela escalada terrorista da FPLP, com a tomada de cerca de 60 reféns ocidentais nos hotéis de Amã, em junho de 1970, seguida, três meses mais tarde, pelo desvio de três aviões de carreira europeus sobre o aeroporto da Jordânia. É verdade que os reféns são todos libertados sãos e salvos, mas a agitação suscitada por atentados tão cegos se agrava com a rivalidade entre grupos terroristas, culminando com o ataque da Organização Setembro Negro contra o alojamento israelense durante as Olimpíadas de Munique, em setembro de 1972. As represálias decididas por Golda Meir são julgadas tão legítimas quanto eficazes pela maior parte da opinião pública ocidental, mesmo quando atingem responsáveis civis da OLP em vez dos terroristas ativos e não poupam as vítimas colaterais, inclusive em solo europeu.

Arafat consegue em 1974 inverter essa espiral destrutiva e devolver um horizonte político à OLP. Os países recém-independentes da África e da Ásia veem na ocupação dos territórios palestinos e sua colonização já reconhecida por Israel um anacronismo cada vez mais escandaloso. O peso desses Estados na ONU é sem precedentes, a ponto de a Assembleia Geral votar, em outubro de 1974, a favor de um convite de Arafat a Nova York, e com 105 votos contra quatro (Israel, Estados Unidos, Bolívia e a República

Dominicana). O chefe da OLP, ao intervir no mês seguinte nessa tribuna, coloca-se como "portador de um ramo de oliveira e de um fuzil de combatente. Não deixem o ramo de oliveira cair de minha mão". O embaixador de Israel na ONU replica que a Assembleia Geral "capitulou diante de uma organização de assassinos" dedicada a "fazer correr o sangue judaico" (Laurens, 2011, p. 506-507).

A mesma Assembleia Geral da ONU vota, pouco depois, o reconhecimento do direito do povo palestino à autodeterminação, à independência nacional e à soberania, concedendo ao mesmo tempo um estatuto de observador à OLP. Mas a sessão seguinte dessa Assembleia Geral, em novembro de 1975, é muito mais tensa, uma vez que agora é a assimilação do sionismo ao *apartheid*, no contexto de cooperação multiforme entre Israel e a África do Sul, que alimenta uma resolução sobre o sionismo como "forma de racismo". O texto, em razão de seus excessos, é aprovado somente por 75 votos contra 35, com 32 abstenções, os Estados europeus acompanhando os Estados Unidos no voto negativo. Nem por isso a imagem da ONU deixa de sofrer um grave abalo nos Estados Unidos, enquanto aumenta o fosso entre a Assembleia Geral e o Conselho de Segurança, em que o veto americano protege Israel de qualquer condenação séria. Por outro lado, a Casa Branca comprometeu-se com Israel, em setembro de 1975, a recusar qualquer contato com a OLP enquanto a central palestina não tiver reconhecido o direito de Israel de viver em segurança, bem como a resolução 242 do Conselho de Segurança da ONU.

A paz sem os palestinos

O isolamento dos Estados Unidos na questão palestina se acentua paradoxalmente com o processo de paz entre Israel e o Egito que Jimmy Carter promove em Camp David em setembro de 1978, antes da conclusão do primeiro tratado de paz árabe-israelense, em março de 1979, entre Begin e Sadat. O presidente americano escolheu, com efeito, excluir a OLP de um processo que se reduz afinal a uma paz separada entre Israel e o Egito, em razão da Jordânia se recusar a fazer parte das discussões sobre a autonomia da Cisjordânia e de Gaza. Longe de suscitar uma dinâmica de distensão em escala regional, essa instauração da *Pax americana* no Oriente Médio leva à exclusão do Egito da Liga Árabe, que transfere sua sede para Túnis. Esse desequilíbrio permite a Valery Giscard d'Estaing defender com sucesso em favor de uma iniciativa autônoma com os oito outros membros da Comunidade Econômica Europeia (Alemanha, Itália, Reino Unido, Bélgica, Holanda, Irlanda, Luxemburgo e Dinamarca).

Em junho de 1980, o Conselho Europeu adota em Veneza uma declaração julgando "mais necessário e urgente que jamais uma solução global do conflito árabe-israelense". Ao contrariar assim a abordagem separada do governo Carter, os nove recolocam o povo palestino no centro da equação regional: "O problema palestino, que não é somente um problema de refugiados, deve enfim encontrar uma justa solução. O povo palestino, que tem consciência de existir como tal, deve ser capacitado, por meio de um processo apropriado definido dentro do contexto da solução global de paz, a exercer plenamente seu direito à autodeterminação". Além disso, o Conselho Europeu deixa claro que "a OLP deverá fazer parte da negociação" e que "as colônias de povoamento representam um obstáculo grave ao processo de paz", tanto mais porque são "ilegais de acordo com o direito internacional" (Declaração, 1980).

Os Estados Unidos se irritam com essa reivindicação de autonomia europeia, pois para eles a prioridade era até então neutralizar, tanto militar quanto politicamente, a influência da União Soviética no Oriente Médio. Essa irritação aumenta com a chegada à Casa Branca, em janeiro de 1981, de Ronald Reagan, cuja visão de uma "Nova Guerra Fria" compara a OLP ao "Império do Mal" do campo soviético. Mas, quatro meses depois, Mitterrand vence Giscard d'Estaing na eleição presidencial francesa, levando, assim, à sede da presidência um partidário declarado dos Acordos de Camp David. A França arrasta a Grã-Bretanha, a Itália e os Países Baixos para a Força Multinacional de Observadores responsáveis pela supervisão, ao lado dos Estados Unidos, da retirada israelense do Sinai. É no Cairo, em outubro de 1981, que Mitterrand encontra Begin, como também os Ex-presidentes Nixon, Ford e Carter, para homenagear Sadat assassinado e apoiar, assim, seu sucessor, Mubarak, à frente do Egito.

Apesar desses gestos em relação a Washington, Mitterrand continua convencido de que o direito do povo palestino à autodeterminação deve ser levado em consideração, uma convicção defendida pela União da esquerda, então no poder em Paris, com base numa aliança entre socialistas e comunistas. O presidente francês, que já visitou Gaza em 1972 e se encontrou com Arafat em 1974, menciona tanto a OLP quanto o Estado palestino diante do *Knesset* em março de 1982. A invasão israelense do Líbano, três meses depois, provoca uma queda de braço diplomática entre Washington, firme apoiador da operação "antiterrorista" de Begin, e Paris, que trabalha numa contrapartida política à desmilitarização da OLP, em especial na forma de uma resolução do Conselho de Segurança da ONU que complemente a 242 pela afirmação do direito do povo palestino à autodeterminação (Filiu, 2005, p. 126-129). Esse projeto nunca foi colocado em votação devido à ameaça de veto americano, ao passo que a ONU se recupera com dificuldade da humilhação infligida às suas Forças de Paz por Israel no sul do Líbano (um soldado norueguês da ONU foi morto pelos invasores aos quais ele estava tentando, em vão, se opor).

Essa fraqueza da ONU abre caminho para as Forças Multinacionais de inspiração americana, nos moldes das que estão no Sinai. A primeira Força Multinacional em Beirute, composta de contingentes americanos, franceses e italianos, é enviada em agosto de 1982 para supervisionar a evacuação de Arafat e de milhares de fedains. Ela se retira rápido demais para poder evitar os massacres ocorridos no mês seguinte nos campos de refugiados palestinos de Sabra e Chatila. Uma segunda Força Multinacional retorna então a Beirute, mas com uma missão distinta para cada um de seus componentes, os Estados Unidos insistindo na estabilização do governo libanês, a Itália na proteção dos civis palestinos, e a França tentando equilibrar essas duas prioridades. No entanto, a Força Multinacional não consegue impedir o "desaparecimento" de centenas de palestinos nas mãos das milícias pró-israelenses, que geralmente executam esses civis pouco depois de sequestrá-los (Liban, 1984).

O Plano Reagan de setembro de 1982 prevê apenas uma negociação entre Israel e a Jordânia sobre a autonomia dos territórios palestinos que

Israel evacuaria. O diálogo com a OLP permanece excluído por Washington, assim como a perspectiva de um Estado palestino. Por outro lado, Mitterrand considera que a OLP deve ser preservada como interlocutora, no momento apropriado, de Israel, com base num reconhecimento mútuo entre as duas partes. Razão pela qual o exército e a diplomacia franceses são mobilizados para salvar, em dezembro de 1983, Arafat e os milhares de fedains sitiados no norte do Líbano pelo exército sírio. Mas o bombardeio israelense dos escritórios da OLP em Túnis, em outubro de 1985, é aprovado por Reagan como "autodefesa contra ataques terroristas" (Filiu, 2005, p. 249), enquanto Mitterrand se preocupa com o golpe assim desferido contra Burguiba, o primeiro presidente árabe a se comprometer, 20 anos antes, com o reconhecimento de Israel.

A "Revolução das Pedras" de dezembro de 1987, que constitui a Primeira Intifada, acentua as divergências transatlânticas. Enquanto a diplomacia americana deixa Israel livre para agir na repressão da sublevação palestina, Mitterrand avalia, em fevereiro de 1988, que essa "matança cotidiana" é "simplesmente insuportável" (Filiu, 2005, p. 258). Depois do reconhecimento de Israel pela OLP em Argel, em novembro de 1988, o presidente francês saúda "a emergência de uma nação palestina, identificada como tal aos olhos das outras nações do mundo", e "reconhece o direito dos palestinos de viver num território constituído como um Estado independente" (Filiu, 2005, p. 263). No entanto, diferentemente de 1974, os Estados Unidos se recusam a conceder a Arafat um visto para discursar na Assembleia Geral da ONU. A sessão plenária é então transferida, em dezembro de 1988, para Genebra, onde o chefe da OLP insere em seu discurso em árabe as frases em inglês exigidas por Washington sobre o reconhecimento de Israel.

Esse gesto de Arafat leva finalmente à abertura de um diálogo americano-palestino, mas limitado ao embaixador dos Estados Unidos em Túnis e a um membro do Comitê Executivo da OLP, Yasser Abd Rabbo. Esse diálogo, aberto nas últimas semanas da presidência de Reagan, continua sob seu sucessor, George H. Bush, mas sem nenhum avanço político. O que pode ser explicado tanto pela posição intermediária dos dois negociadores quanto pela prioridade dada por Washington ao Plano Shamir de eleições nos territórios ocupados. Em outubro de 1989, a diplomacia americana prevê apenas conversas entre israelenses e palestinos no Cairo sobre as modalidades dessas eleições, com Israel tendo direito de veto sobre a composição da delegação palestina, da qual a OLP deve ser excluída. Uma abertura tão limitada alimenta a frustração nas fileiras palestinas, levando à suspensão do diálogo entre os Estados Unidos e a OLP em junho de 1990.

Mitterrand declara que "seria uma boa coisa" para o governo Bush ser tão exigente com Israel quanto é com a OLP (Filiu, 2005, p. 291). É para corrigir esse desequilíbrio na posição americana que o presidente francês propõe, após a invasão do Kuwait por Saddam Hussein, em agosto de 1990, que a indispensável retirada iraquiana do Kuwait leve o Oriente Médio a uma "dinâmica de boa vizinhança, com respeito à paz e à segurança de todos" (Filiu, 2005, p. 294-295). Mitterrand refere-se ao Líbano, onde Bush acaba, no entanto, de dar seu aval ao esmagamento do reduto cristão efetuado por Assad, em contrapartida do qual foi levado a integrar a coalizão anti-Iraque no Kuwait. Mas o governo francês refere-se, sobretudo, à reivindicação palestina de um Estado independente, reivindicação que deve ser levada em consideração, quaisquer que sejam os erros de Arafat, em razão do seu alinhamento com Bagdá.

A libertação do Kuwait pela coalizão liderada pelos Estados Unidos em fevereiro de 1991 é acompanhada de enormes excessos contra a população palestina do emirado, acusada de colaborar com o ocupante iraquiano. Mitterrand pede em seguida a rápida realização de uma Conferência de Paz sob a égide da ONU, que permitiria a Israel "realmente dispor de fronteiras seguras e reconhecidas" e aos palestinos "possuírem como povo sua identidade, sua pátria, seu Estado". O presidente francês não esconde sua preocupação se essa conferência não for convocada o mais rápido possível: "A libertação do Kuwait resolveu apenas um problema entre outros. Compromissos foram assumidos, esperanças nasceram. É preciso lhes dar uma resposta. Dois pesos e duas medidas, mas isso significaria assassinar o nascente direito internacional!" (Mitterrand, 1991). Além de esse aviso ter sido ignorado, a Conferência de Paz que Bush convoca em Madri, em outubro de 1991, exclui tanto a OLP quanto uma delegação palestina autônoma.

O processo dos americanos

O presidente republicano está determinado a lançar, no Oriente Médio, as bases de uma "nova ordem mundial" pós-soviética. Depois da agenda militar da libertação do Kuwait, a agenda política da Conferência de Madri visa menos selar a paz árabe-israelense e mais lançar um processo sob o controle rigoroso dos Estados Unidos. Bush confia simbolicamente a copresidência da reunião a Gorbachev, chefe de uma União Soviética que não tem mais do que algumas semanas de vida. Todos os participantes receberam um convite americano, acompanhado, para cada parte, de uma carta específica de garantias sobre os pontos sensíveis. O secretário-geral da ONU e o presidente holandês do Conselho Europeu estão presentes apenas como observadores. Bush é de fato um defensor do *UNilateralismo*, esse mesmo "unilateralismo da ONU" que já permitiu aos Estados Unidos conduzir a campanha do Kuwait com a caução da ONU. Aliás, dois meses depois de Madri, a Assembleia Geral da ONU anula, com 111 votos a favor e 25 contra, sua resolução de 1975 sobre o sionismo como forma de racismo. Quanto aos 12 membros da Comissão Econômica Europeia, ele apenas reconhece seu direito de financiar, no momento oportuno, a *Pax americana* no Oriente Médio.

A diplomacia americana se limita a uma "neutralidade passiva" e ostensiva durante as primeiras negociações entre Israel e a delegação jordaniano-palestina em dezembro de 1991 em Washington (Laurens, 2015, p. 325). Essa sessão se encerra quando os representantes israelenses se recusam a se reunir com os palestinos sem a presença dos jordanianos. O mediador americano suspende as negociações oficiais, embora os delegados conversem informalmente, sentados em sofás nos corredores do Departamento de Estado. É somente durante as sessões seguintes que os delegados israelenses aceitam dialogar apenas com os representantes palestinos, um diálogo conflituoso e trabalhoso que contrasta com a fluidez das conversas paralelas entre israelenses e jordanianos. O Primeiro-ministro Shamir inicia sua campanha eleitoral, em janeiro de 1992, num assentamento na Cisjordânia, numa clara provocação a Washington. Além disso, ele encoraja seu protegido, Netanyahu, vice-Ministro das Relações Exteriores, a denunciar as "fronteiras de Auschwitz", ou seja, as linhas de cessar-fogo de 4 de junho de 1967, elas mesmas baseadas nos Acordos árabe-israelenses de 1949 (Laurens, 2015, p. 333). O tema do "novo Holocausto", que fora invocado para justificar a ofensiva israelense de desencadeamento da Guerra dos Seis Dias, agora é reciclado para rejeitar qualquer retirada substancial dos territórios palestinos ocupados desde então.

A obstrução de Shamir ao longo das negociações de paz pesa na sua derrota nas eleições legislativas de junho de 1992, contra Rabin apoiado pelo "campo da paz". No entanto, o novo primeiro-ministro trabalhista mantém o mesmo chefe à frente da delegação israelense nas discussões com os palestinos. E insiste na necessidade de um período transitório de cinco anos, rejeitado pelos representantes palestinos, que insistem, pelo contrário, na soberania que a entidade destinada a se tornar um Estado independente deveria desfrutar desde o início. Esses bloqueios em Washington, acentuados pela "neutralidade passiva" da mediação americana, convencem Rabin a abrir, em Oslo, um canal secreto e direto de negociação com a OLP. São essas negociações diretas, sem nenhuma interferência americana, que resultam no avanço histórico dos Acordos de Oslo, assinados em setembro de 1993 na Casa Branca sob os auspícios de Bill Clinton.

Mitterrand, durante sua segunda visita de Estado a Israel, em novembro de 1992, declara que entre o "Estado para Israel" e o "Estado para os palestinos" previstos no plano de partilha da ONU de 1947, "o direito é o mesmo" (Filiu, 2005, p. 316). Torna-se, assim, o primeiro dirigente ocidental a endossar a solução de dois Estados entre Israel e a Palestina. E é "na qualidade de principal representante da nova entidade territorial de Gaza e Jericó" que ele recebe Arafat em Paris, em outubro de 1993, num gesto de afirmação protocolar de soberania para o chefe da nova Autoridade Palestina (Filiu, 2005, p. 321). Mas a França permanece tão marginalizada no processo de paz quanto havia sido em Madri, e Clinton confia a gestão a Dennis Ross, um especialista da Guerra Fria promovido no governo Bush graças à crise do Kuwait.

Ross e seu adjunto, Aaron David Miller, compartilham, segundo o próprio Miller, "uma tendência fundamental em ver a política árabe-israelense do ponto de vista de Israel mais do que do dos palestinos". Essa tendência decorre de uma "forte identidade judaica" e da convicção de que o sucesso das negociações depende de "certo grau de coordenação com Israel", e até de uma "defesa pública de suas posições" (Miller, 2008, p. 205). Há ainda a escolha de Ross de praticar uma "ambiguidade construtiva" destinada, segundo ele, a encorajar os progressos bilaterais, embora cada parte tenha uma interpretação diferente dos pontos aceitos. Mas para ele essa "ambiguidade" só pode beneficiar Israel, por isso o crescente mal-estar da parte palestina perante o viés assumido pelo enviado especial de Clinton. Nem os israelenses, nem os palestinos acreditam, aliás, no mito do "corretor honesto" (*honest broker*) representado pelos Estados Unidos, os primeiros porque estão persuadidos de poder influenciar esse mediador, os segundos porque já têm demasiada experiência da negociação israelense-americana. Além disso, a tentação vai ser forte, durante todo o governo Clinton, de priorizar um acordo de paz entre Israel e a Síria em vez de uma solução definitiva da questão palestina.

Tendo em vista que a Casa Branca adiou as discussões sobre o estatuto final para 1999, ela tem argumento para voltar atrás sobre algumas posições até então conquistadas sobre Jerusalém Oriental, que não é mais considerada publicamente como um território ocupado, e sobre as colônias israelenses, que não são mais "um obstáculo à paz", e sim um fator de complicação" (Laurens, 2015, p. 455). Por isso Washigton aceita um desenvolvimento sensível dos assentamentos por Rabin, uma vez que o número de colonos na Cisjordânia e em Gaza passou em três anos de 98 mil a 138 mil (Laurens, 2015, p. 494). O raciocínio americano, no mínimo paradoxal, é de que o primeiro-ministro trabalhista, ao conquistar assim os favores dos colonos, poderá lhes impor mais facilmente as futuras retiradas israelenses. Os Estados Unidos estimam igualmente que o repetido bloqueio da Cisjordânia, e mais ainda da Faixa de Gaza, faz parte de uma exigência legítima para a segurança de Israel, mesmo quando esse bloqueio corrói a economia dos territórios palestinos, mais do que nunca dependentes dos doadores de fundos estrangeiros, bem como da transferência para a AP dos impostos cobrados por Israel sobre os produtos importados.

A ilusão de que o processo de paz se desenrolaria entre dois parceiros em pé de igualdade desaba um pouco mais durante a visita, em março de

1995, de Al Gore, vice-presidente americano. Aproveitando-se de uma estada em Israel, ele deseja, com efeito, visitar os territórios palestinos, mas exclui Gaza por razões de segurança. É então em Jericó que ele é recebido por Arafat, pois esse Oásis do Vale do Jordão é a única porção da Cisjordânia que nessa época passou para o controle da AP. Mas Jericó, em vez de prosperar desde o estabelecimento dos Acordos de Oslo, não para de empobrecer. As agências de viagens israelenses se recusam, com efeito, a levar os turistas ao enclave palestino, que está bloqueado em cada um de seus acessos por barreiras do exército de ocupação. Embora Jerusalém se encontre a apenas meia-hora de estrada, uma autorização escrita dos militares israelenses é indispensável para ir até lá. Em maio de 1995, o primeiro aniversário da autonomia ocorre com o triste saldo de 200 dias de bloqueio em um ano e cerca de 100 mil palestinos excluídos do mercado de trabalho israelense (Laurens, 2015, p. 501).

Durante as negociações bastante difíceis para concluir, em setembro de 1995, os Acordos de Oslo II, Ross não hesita em pressionar a delegação palestina, ainda que usando o Congresso Americano como trunfo para ameaçar com o fechamento do escritório da OLP em Washington ou com a suspensão da ajuda financeira para a AP (Laurens, 2015, p. 513). Peres celebra um acordo que "deixa nas mãos israelenses 73% da superfície dos territórios, 97% da segurança e 80% da água" da Cisjordânia ocupada (Laurens, 2015, p. 510). Jerusalém Oriental não é jamais mencionada, apesar de seu estatuto de território ocupado desde 1967, e seus habitantes árabes só poderão participar das eleições da AP como residentes no exterior da entidade palestina. Quanto à retirada israelense, ela envolve Ramala, Nablus, Belém e Jenin, mas exclui Hebron, no entanto a cidade mais importante da Cisjordânia, em razão do assentamento de algumas centenas de colonos israelenses em seu centro histórico.

Netanyahu, que em 1993 se tornou chefe do Likud, e, portanto, da oposição a Rabin, já faz tempo que compara o nacionalismo palestino à barbárie nazista. Não satisfeito em qualificar as linhas dos cessar-fogo árabe-israelenses de 1949 como "fronteiras de Auschwitz", ele faz um paralelo no mínimo discutível entre os palestinos da Cisjordânia e os alemães dos

Sudetos tchecoslovacos, anexados ao Reich hitlerista depois dos Acordos de Munique de 1938. Ele fustiga a vontade da OLP de "persuadir o Ocidente de que os habitantes árabes dessas montanhas, bem como os árabes dos Sudetos, são um povo separado que merece o direito à autodeterminação". A conclusão desse raciocínio é inequívoca: "Não é uma surpresa que os árabes tenham se inspirado diretamente nos nazistas como fazem com demasiada frequência para lutar contra Israel" (Filiu, 2019, p. 106). Mas esses amálgamas só são banalizados em outubro de 1995, com a campanha de recusa a Oslo II, campanha de uma virulência sem precedentes, desencadeada por Netanyahu e a ala mais extremista dos colonos. É então que os palestinos e Arafat são acusados de serem ao mesmo tempo "terroristas" e "nazistas", um estigma estendido a Rabin, caricaturado como oficial SS por alguns manifestantes.

O assassinato de Rabin por um terrorista judeu ao sair de uma manifestação pacífica em Tel Aviv, em novembro de 1995, não leva a nenhum exame de consciência sobre as fontes dessa violência na sociedade israelense, enquanto Netanyahu mantém uma atitude discreta, evitando, no entanto, qualquer autocrítica. O "terrorismo" continua a ser associado apenas aos palestinos, uma convicção compartilhada em Israel e nos Estados Unidos, sobretudo depois da onda de atentados suicidas do Hamas, em fevereiro e em março de 1996, que contribui, em maio, para a eleição inesperada de Netanyahu. O novo primeiro-ministro, determinado a sabotar os Acordos de Oslo, conhece intimamente o processo de decisão nos Estados Unidos e sabe que consegue mobilizar seus intermediários sionistas cristãos. Em janeiro de 1997, ele obtém que a cidade de Hebron seja a única da Cisjordânia a não ser totalmente evacuada, uma vez que cerca de mil soldados israelenses continuam a proteger, no centro da cidade, algumas centenas de colonos. No mês seguinte, ele lança o canteiro de obras de uma nova colônia em Har Homa, estrategicamente situada nos arredores de Jerusalém, colônia que logo desperta a fúria do governo Clinton antes de ser avalizada pela Casa Branca um ano e meio depois.

Netanyahu justifica suas concessões limitadas a Hebron afirmando que ele "conserva em troca a totalidade ou quase da Judeia e da Samaria" (Laurens,

2015, p. 588). Mais tarde, ele vai se vangloriar de ter "tirado os Acordos de Oslo dos trilhos" ao alargar arbitrariamente as zonas de segurança, excluindo, assim, a possibilidade de qualquer retirada israelense (Filiu, 2019, p. 108). Ele se congratulará sobretudo por "saber o que é a América" e por ser capaz de "manipulá-la na direção certa" (Filiu, 2019, p. 130). De fato, Ross é muito mais sensível às dificuldades encontradas por Netanyahu dentro de sua coalisão governamental do que ao desafio apresentado a Arafat pelo Hamas e pela oposição palestina. Além disso, como o período transitório de cinco anos está terminando, o Congresso Americano pressiona Clinton, em março de 1999, a se opor à proclamação por Arafat de um Estado palestino, uma resolução votada nos mesmos termos no Senado (98 votos contra 1) e na Câmara dos Representantes (380 contra 24).

A União Europeia foi reduzida pelos "processadores" de paz americanos ao papel de mera doadora de fundos de acordos cuja aplicação devora ainda mais o orçamento porque o PIB dos territórios palestinos caiu em um quinto desde os Acordos de Oslo (ou seja, uma queda de mais de um terço do PIB por habitante) (The Palestinian, 2011), a taxa de desemprego multiplicou por três e a totalidade da ajuda internacional pouco compensa os efeitos deletérios dos bloqueios (Laurens, 2015, p. 595). Jacques Chirac, que sucedeu Mitterrand na presidência em maio de 1995, ficou por muito tempo acomodado nesse rebaixamento europeu. Mas os debates sobre a proclamação de um Estado palestino no final do período transitório levam a diplomacia francesa a se mobilizar em favor de um adiamento dessa proclamação por Arafat em troca de um apoio ao próprio princípio de um Estado palestino pela União Europeia, então sob a presidência da Alemanha de Angela Merkel.

É nessa perspectiva que a Cúpula Europeia de Berlim, em março de 1999, "reafirma o direito permanente e sem restrição dos palestinos à autodeterminação, incluindo a opção de um Estado", e "deseja o cumprimento imediato desse direito". A UE "expressa sua convicção de que a criação de um Estado palestino democrático, viável e pacífico com base nos acordos existentes e por meio das negociações seria a melhor garantia da segurança de Israel", razão da disponibilidade da UE para "considerar o reconhecimento de um

Estado palestino no momento adequado". Netanyahu convoca a memória do Holocausto para criticar essa posição da "Europa, onde um terço dos judeus pereceram" (Laurens, 2015, p. 670). Em contrapartida, Arafat aceita o compromisso proposto por Chirac e se abstém de qualquer proclamação unilateral. Dos 15 membros da União Europeia, sete (França, Alemanha, Reino Unido, Bélgica, Suécia, Grécia) mantêm há muito tempo um consulado geral em Jerusalém, competente para os territórios palestinos, ao passo que outros sete (Países Baixos, Espanha, Portugal, Irlanda, Dinamarca, Áustria, Finlândia) abriram, desde 1995, uma representação em Ramala para a AP.

A eleição de Barak para a presidência do governo israelense, em maio de 1999, alimenta as esperanças de um recomeço voluntarista do processo de paz. Mas Clinton e Barak priorizam a negociação de um acordo com a Síria, perspectiva que colapsa com o fracasso da Cúpula entre americanos e sírios em Genebra, em março de 2000. De fato, o único tratado árabe-israelense concluído desde os Acordos de Oslo foi entre Israel e a Jordânia, em outubro de 1994, em que o único papel dos Estados Unidos foi sediar a cerimônia de assinatura. O que mostra os limites da mediação americana, que fracassa em relação à Síria e está ausente tanto das negociações com a Jordânia quanto das discussões de Oslo com a OLP, que, durante os últimos meses do segundo mandato de Clinton, finalmente se mobiliza para obter um acordo de paz israelense-palestino em vez de acordos intermediários.

A reunião a portas fechadas em Camp David, em julho de 2000, revela as fraquezas já recorrentes dos negociadores americanos, seu viés pró-Israel (que as críticas contundentes de Barak apenas acentuam), sua recusa em impor uma solução às duas partes (que evidentemente teriam precisado dessa pressão para impô-la em seu próprio campo) e, acima de tudo, sua falta de soluções alternativas no caso de uma interrupção das negociações. Durante a Cúpula Israelense-Egípcia em Camp David, em 1978, os diplomatas americanos prepararam nada menos do que 23 projetos de acordos até a conclusão final, ao passo que a equipe de Clinton se encontra desestabilizada desde o início pela rejeição israelense de suas propostas iniciais (Laurens, 2015, p. 743). Porém o mais grave é que, contrariamente aos engajamentos assumidos com Arafat, Ross atribui toda a responsabilidade pelo fracasso de Camp David à parte palestina. Ele não apenas distorce os fatos ao afirmar que "Arafat disse não a tudo" (Ross, 2004, p. 695), como também fortalece a propaganda israelense sobre a ausência de um parceiro palestino para a paz.

O fracasso retumbante da diplomacia americana ilustra igualmente os limites da abordagem transacional constantemente seguida pelo governo Clinton. Quando Arafat pede que as trocas territoriais entre israelenses e palestinos ocorram com base nas linhas de 4 de junho de 1967, o presidente americano responde que ele está em Camp David, não na ONU (Finkelstein, 2007, p. 43). Embora o direito internacional e as resoluções pertinentes da ONU pudessem ter fornecido o quadro jurídico para as negociações, as "concessões" de Barak aos mediadores americanos consistem apenas em emendas às suas exigências de segurança, enquanto as "intransigências" de Arafat equivalem apenas a uma reafirmação de direitos reconhecidos aos palestinos pela ONU. E não é um diplomata americano, e sim o enviado especial da UE ao Oriente Médio, o dinâmico Miguel Angel Moratinos, que assume a tarefa de documentar as negociações finais entre israelenses e palestinos em janeiro de 2001 (Laurens, 2015, p. 815-818), negociações às quais as violências da Segunda Intifada deram uma dimensão de urgência existencial.

As duas soluções de dois Estados

George W. Bush, que entra na Casa Branca em 20 de janeiro de 2001, pouco antes da eleição de Sharon à frente do governo israelense, exclui considerar até mesmo formalmente que israelenses e palestinos estejam em pé de igualdade. Os atentados *jihadistas* de 11 de setembro de 2001 em Nova York e em Washington acentuam esse viés, já que o interlocutor privilegiado de Arafat é agora o chefe da CIA e não um diplomata americano, com a perspectiva exclusiva de uma cooperação antiterrorista. E, quando Bush sinaliza aos palestinos um horizonte político, em 24 de junho de 2002, é com a condição expressa de que eles se livrem de seus dirigentes "comprometidos com o terror": "Quando o povo palestino tiver novos dirigentes, novas instituições e novos arranjos de segurança com seus vizinhos, os Estados Unidos apoiarão a criação de um Estado palestino cujas fronteiras e certas dimensões de soberania permanecerão provisórias até sua definição no contexto de uma solução definitiva no Oriente Médio" (Bush, 2002).

A Casa Branca lança essa notificação formal num momento em que Arafat já está sitiado há vários meses na presidência da AP em Ramala. Em seguida, os Estados Unidos organizam, sob sua égide, um Quarteto reunindo a ONU, a Rússia e a União Europeia, quarteto dedicado a ampliar sua base diplomática no Oriente Médio, e até mesmo a neutralizar qualquer voz dissonante, em vez de levar verdadeiramente em conta a diversidade dos pontos de vista. Desse modo, Vladimir Putin recupera para a Rússia a consideração protocolar reservada à União Soviética de Gorbachev durante a Conferência de Madri em 1991. Mas é a integração da ONU numa instância dominada de fato pelos Estados Unidos que marca o auge desse "unilateralismo da ONU", em que Washington trata as Nações Unidas como nada mais do que uma caixa de ressonância da potência americana.

A invasão americana do Iraque, em março de 2003, sem consultar a ONU, que havia, no entanto, legitimado a campanha de libertação do Kuwait 12 anos antes, pode fragilizar o mecanismo diplomático no Oriente Médio. O governo Bush reage levando o Quarteto a adotar, em abril, um "roteiro" para a paz. A criação do cargo de primeiro-ministro da AP, confiado a Abbas, já faz parte da primeira fase desse calendário de paz, fase durante a qual o fim da violência palestina deveria corresponder à paralização de toda a colonização israelense. As duas fases seguintes do "roteiro" preveem uma Conferência Internacional que consagra a instauração provisória de um Estado palestino, e depois outra conferência que consagra o estabelecimento definitivo desse Estado. Como tanto os atentados palestinos quanto a expansão israelense das colônias não cessam, um calendário tão virtuoso permanece puramente teórico.

Enquanto o roteiro de inspiração americana patina diante da continuação das violências e da construção por Sharon de um "muro de separação" em território cisjordaniano, a solução de dois Estados é apresentada, em dezembro de 2003, como uma iniciativa de Genebra*. Conduzida por nego-

---

* *Cf.* mapa 9.

ciadores israelenses e palestinos engajados no processo de paz, desde Oslo em 1993 até Taba em 2001, essa iniciativa não governamental apoia-se no documento de Moratinos, enviado especial da UE para propor uma solução definitiva para o conflito entre os dois povos (Iniciativa). Essa solução inclui a anexação dos blocos de colônias, com base numa troca de territórios entre Israel e a Palestina, dois Estados que terão Jerusalém como capital compartilhada. O Estado palestino será desmilitarizado e se comprometerá a reprimir não só o terrorismo como também a incitação à violência. Jimmy Carter e Nelson Mandela assistem à cerimônia de lançamento dessa inciativa.

Enquanto Mitterrand havia mobilizado a diplomacia e o exército francês para salvar Arafat cercado em Beirute em 1982 e depois em Trípoli em 1983, Chirac se contenta com acolher, em outubro de 2004, um presidente devastado por dois anos e meio de cerco, que morre pouco depois num hospital militar da periferia parisiense. E, além do mais, a França só fez esse gesto em resposta a um pedido urgente de Sharon, que temia um recomeço da Intifada se Arafat morresse na Cisjordânia. Quanto à UE, sua visão da "solução de dois Estados" endossa muito mais a prioridade antiterrorista do Presidente Bush do que a reconciliação num pé de igualdade da iniciativa de Genebra. Aliás, o sucessor de Moratinos como enviado especial da UE é o discreto Marc Otté, cuja principal missão é representar os 25 dentro do Quarteto. Os dez novos membros da UE, que não têm nenhuma presença histórica em Jerusalém, são tanto mais sensíveis à retorica israelense porque ela parece se opor à herança soviética da qual eles querem precisamente se emancipar integrando uma Europa unida.

O Tribunal Internacional de Justiça de Haia declara, em julho de 2004, que o muro construído por Israel na Cisjordânia é "contrário ao direito internacional", uma vez que "Israel não poderia se aproveitar do direito de legítima defesa" e que "o traçado escolhido para o muro" modifica "a composição demográfica do território palestino ocupado" ao agregar porções deste ao território israelense. Em consequência, a instância suprema do direito internacional prescreve a Israel não apenas "desmantelar imediatamente" o muro, inclusive em Jerusalém Oriental, como também "reparar todos os prejuízos causados pela sua construção" (Comunicado, 2004).

Desse modo, está posto o princípio de uma obrigação para Israel de arcar com os custos de reconstrução e de indenizar as vítimas das operações de repressão e de colonização realizadas nos territórios ocupados desde 1967. Embora a UE esteja oficialmente vinculada a esse tipo de normas internacionais, ela se abstém de qualquer atitude nesse sentido em relação a Israel, que, além disso, nem é chamado a compensar a demolição, durante a reocupação da Cisjordânia, de vários prédios construídos ou reformados com financiamento europeu.

A armadilha de Gaza

Sharon está decidido a não seguir nem o "roteiro" do Quarteto nem as prescrições do Tribunal de Haia. Ele decidiu, já que a Segunda Intifada foi vencida, recuar as tropas israelenses até "fronteiras seguras", o que, após a construção do muro da Cisjordânia, inclui a retirada de Gaza. Mas para Sharon essa retirada só pode ser unilateral, ele se recusa a conferir a Abas, eleito para a presidência da AP em janeiro de 2005, a legitimidade de um parceiro, pois teme que a solução de dois Estados volte a ser discutida. Diante desse bloqueio, Abbas consegue da Casa Branca que o General Willian Ward, responsável pela reestruturação da segurança palestina, seja também encarregado de coordenar com Israel a retirada de Gaza. Ward é rapidamente convencido de que a polícia palestina, cujo armamento permanece totalmente limitado por Israel, não tem estofo para se impor às milícias de Gaza.

James Wolfensohn deixa a presidência do Banco Mundial, em abril de 2005, para se tornar representante do Quarteto no Oriente Médio. Três meses depois, na Cúpula do G8, ele apresenta um ambicioso plano de desenvolvimento de Gaza ao longo de três anos, com 3 bilhões de dólares, prevendo a reabertura do aeroporto (destruído por um bombardeio israelense em dezembro de 2001), a construção de um porto e, sobretudo, o restabelecimento da liberdade de circulação, indispensável a qualquer retomada econômica. Wolfensohn está tão convencido do potencial de Gaza que consegue levantar 14 milhões de dólares com compatriotas americanos (dos quais meio milhão de sua fortuna pessoal) para garantir a transferência de estufas agrícolas dos assentamentos israelenses para os agricultores palestinos.

Esse belo projeto vai pelo ralo em razão da política da "terra arrasada" dos colonos, que destroem estufas e casas antes de sua evacuação de Gaza, em agosto de 2005. Em contrapartida, Sharon, que, no entanto, se comprometera a demolir as sinagogas das colônias, as deixa intactas, razão das cenas de pilhagem que mancham ainda mais a imagem dos palestinos. Diante dessas demonstrações de caos miliciano, o primeiro-ministro israelense se posiciona como homem de Estado capaz de impor concessões dolorosas a seu próprio povo, sem que a parte oposta agarre essa oportunidade. A grande narrativa que se espalha, para muito além das redes pró-israelenses, é de uma retirada generosamente concedida aos habitantes de Gaza, que, nem bem o ocupante partiu, correm para transformar seu enclave em santuário terrorista.

A realidade é que um muro de concreto de vários metros de altura começa a ser construído em torno da Faixa de Gaza, que a zona industrial de Erez, no norte do enclave, é brutalmente fechada e que os pescadores, autorizados a navegar até 20 milhas náuticas pelos Acordos de Oslo, são obrigados pela marinha israelense a se limitar a 9 milhas. Em outubro de 2005, Sharon inicia uma onda de bombardeios de Gaza intitulada significativamente de "Eterno recomeço". E é somente no mês seguinte que um Acordo sobre a Mobilidade e o Acesso (AMA) a Gaza é finalmente concluído entre Israel e a AP. Wolfensohn deve ter ameaçado se demitir e implicar diretamente a diplomacia americana para que esse acordo, no entanto de natureza técnica, seja assinado, tamanha era a reticência de Sharon a qualquer cooperação com Abbas sobre Gaza.

É nesse contexto muito pesado que ocorrem, em janeiro de 2006, as eleições legislativas palestinas, financiadas pela UE cujos observadores garantem o caráter livre e imparcial da votação. A despeito desse engajamento europeu, nenhuma condição é colocada à participação do Hamas na votação, pois não é vetada pelo próprio governo israelense. As chancelarias ocidentais, persuadidas de que o Fatah vai vencê-la como em 1996, não medem as profundas sequelas da Segunda Intifada, bem como a tentação de um voto de protesto contra a incúria e a corrupção da AP. A surpresa é imensa diante da nítida vitória do Hamas, também espantado com esse êxito inesperado.

A UE reage exigindo do Hamas a renúncia à violência, o reconhecimento de Israel e o respeito aos acordos já concluídos pela OLP com Israel. Essas três condições são naturalmente razoáveis no absoluto, mas teria sido melhor se tivessem sido formuladas antes da votação. Além do mais, deixam de lado os anos de tratativas que permitiram conduzir muito progressivamente a OLP ao reconhecimento de Israel. O ultimato europeu resulta na verdade de um desequilíbrio interno dos 25, acostumados com o fato de que o alinhamento da maioria dos novos membros a Israel é compensado por uma linha menos partidária adotada pela França. Mas Chirac só pensa em sua vingança contra Bashar al-Assad, o ditador sírio que ele protegeu por tanto tempo, antes de acusá-lo pelo assassinato de Rafic Hariri, ex-primeiro-ministro libanês, em Beirute em abril de 2005. Muito próximo de Hariri, a quem descrevia como seu "irmão" (Filiu, 2017, p. 236), o presidente francês associa o Hamas a Assad e, a partir de então, adota uma linha intransigente em relação a ele.

É nesse contexto que as três condições enunciadas pela UE em relação ao Hamas são retomadas no interior do Quarteto, do qual Wolfensohn, desgostoso com o fracasso de Gaza, acaba se demitindo. Os Estados Unidos e Israel iniciam uma campanha de isolamento sistemático do enclave palestino, onde Haniyeh, apesar de sua preferência por um governo de união nacional, é obrigado a constituir um gabinete com predominância islamista. A UE põe em prática um Mecanismo Temporário de Intervenção, designado por seu acrônimo inglês como TIM, destinado a driblar o governo Hamas confiando às ONGs orçamentos e missões até então atribuídas aos ministérios da AP. Além do custo exorbitante dessas circunvoluções burocráticas, é o próprio princípio de uma Autoridade defendida como o embrião do futuro Estado palestino que está sendo questionado. Por outro lado, esse retrocesso valoriza a parceria florescente entre a UE e Israel, ao passo que essa cooperação só deveria se desenvolver em função dos avanços de Israel em direção à coexistência com um Estado palestino.

A tomada do controle pelo Hamas da Faixa de Gaza, da qual a AP foi expulsa em junho de 2007, apenas agrava essa tendência do "dois pesos, duas medidas" da UE. A divisão dos territórios palestinos entre o "Fatahstão" de Ramala e o "Hamastão" de Gaza também coincide com a nomeação de Tony Blair, que durante os últimos dez anos liderara o governo britânico, como enviado especial do Quarteto. Embora o cargo de Wolfensohn continuasse vago desde abril de 2006, essa nomeação é imposta por Bush, como gratidão por Blair tê-lo apoiado sem reservas na aventura iraquiana. Blair não demora, aliás, a aderir à visão da Casa Branca de um Estado palestino vassalizado por Israel em nome dos imperativos de segurança do Estado hebreu. Para ele, "a segurança de Israel não é negociável", pois "também é de nosso interesse estratégico, da Grã-Bretanha, do Ocidente e do mundo" (Cook, 2013, p. 56).

Embora em abril de 2003 o Quarteto tenha pressionado Arafat a criar o cargo de primeiro-ministro responsável perante o Parlamento palestino e a nomear Abbas para esse cargo, o mesmo Quarteto encoraja Abbas, em junho de 2007, a dissolver o governo de união nacional, constituído três meses antes, e a nomear o tecnocrata Fayyad como primeiro-ministro sem maioria parlamentar. Os doadores de fundos desbloqueiam rapidamente quantias consideráveis de dinheiro, permitindo que a AP também pague os salários de suas dezenas de milhares de funcionários em Gaza, com a condição expressa de que se recusem a servir na administração local do Hamas. A generosidade internacional consegue a partir de então alimentar uma forma particularmente perversa de assistência faccional no enclave sitiado por Israel, onde as empresas operam com apenas 20% de sua capacidade (Filiu, 2012, p. 320). Blair expõe uma dupla prioridade: a da Cisjordânia sobre Gaza, a do desenvolvimento econômico sobre o processo de paz, de acordo com a ilusão já fomentada pelos primeiros sionistas de que a elevação do padrão de vida dos palestinos diluiria suas reivindicações nacionalistas.

Seis meses depois de se tornar presidente, Nicolas Sarkozy organiza em Paris, em dezembro de 2007, uma "conferência de doadores para o Estado Palestino", que resulta num compromisso coletivo de depositar 7,4 bilhões de dólares ao longo de três anos. A França abandonou a ambição de contribuir para a solução da questão palestina que havia sido a ambição de Mitterrand e, em menor grau, de Chirac. Agora, ela adere à visão estritamente econômica de Blair, segundo a qual o modelo virtuoso de uma Cisjordânia próspera e estável corroeria o domínio do Hamas sobre Gaza. A realidade é que a dominação islamista é reforçada pelo bloqueio israelense do enclave palestino, sobretudo após a devastadora ofensiva em Gaza de dezembro de 2008 e janeiro de 2009. A destruição causada por Israel resulta na perda de mais de 100 mil empregos, elevando a taxa de desemprego para dois terços da população ativa de Gaza (Filiu, 2012, p. 339). O Hamas, em vez de ser afetado por esse colapso generalizado, é bem-sucedido ao investir no contrabando com o Egito através de uma rede de túneis transfronteiriços.

Blair se vangloria da eficácia de seus "projetos de impacto rápido", ainda que a ideia de reservar corredores para turistas estrangeiros nas barreiras israelenses de acesso a Belém cause indignação, pois revela de forma quase caricatural uma vontade de organizar a ocupação sem alterar profundamente suas restrições (Barthe, 2011, p. 102). As zonas de desenvolvimento que Blair pretende reorganizar como incubadoras de empresas em torno de Hebron e de Jenin nunca sairão do papel, devido aos muitos entraves israelenses ao investimento palestino. Somente a pseudocapital de Ramala, impulsionada pela ajuda internacional, torna-se a ilusória fachada dessa quimera tecnocrática. As somas colossais então despejadas servem apenas para subsidiar a ocupação israelense, bem como, indiretamente, a colonização persistente, acentuando inclusive a fragmentação do espaço palestino, primeiro dentro da própria Cisjordânia e depois entre a Cisjordânia e Gaza (Barthe, 2011, p. 103).

A substituição de Bush por Obama na Casa Branca, em janeiro de 2009, alimenta a esperança de uma abordagem de Washington menos desequilibrada em relação ao Oriente Médio. O presidente americano consegue, evidentemente, que Netanyahu, à frente do governo israelense a partir de março de 2009, apoie, três meses depois, a solução de dois Estados. Mas o chefe do Likud impõe a essa solução a inédita condição prévia do reconhecimento palestino de Israel como um Estado judeu. Não apenas essa condição jamais fora sequer mencionada diante de um Estado árabe, como jamais fora evocada durante os longos anos de negociações entre Israel e a OLP, inclusive quando Netanyahu era primeiro-ministro, de 1996 a 1999. Quanto a Abbas, ele está legitimamente preocupado com as repercussões que esse reconhecimento teria sobre os direitos dos cidadãos árabes em Israel. Em novembro de 2009, Netanyahu concede a Obama uma moratória de dez meses sobre a colonização, mas essa paralização, ao contrário das exigências de Bush em 2003, não envolve Jerusalém Oriental, nem o crescimento "natural" dos assentamentos existentes. E, em setembro de 2010, a colonização recomeça a todo o vapor na Cisjordânia.

Nós contra eles

Ao discursar na Assembleia Geral da ONU em setembro de 2009, Netanyahu pede aos Estados-membro da ONU que escolham um lado entre "Israel e os terroristas" (Linch, 2009). Um relatório de investigação do Conselho de Direitos Humanos da ONU concluiu, com efeito, que tanto o exército israelense quanto o Hamas cometeram crimes de guerra durante o recente conflito em Gaza, particularmente no bombardeio indiscriminado de civis. O primeiro-ministro israelense acusa esse relatório, no entanto equilibrado, de ser um "prêmio ao terror" e de "complicar o combate das democracias contra o terrorismo" (Sofer, 2009). Ele mobiliza suas redes no Congresso Americano, onde a Câmara dos Representantes pressiona Obama, por 344 votos a 36, a se opor categoricamente a qualquer consideração sobre esse relatório (Resolução, 2009). Em troca, o governo democrata pressiona Abbas para que a OLP não apoie o relatório na ONU, provocando um protesto dos ativistas palestinos de direitos humanos.

A onda populista do Tea Party nas eleições americanas de meio de mandato, em novembro de 2010, consolida o apoio a Netanyahu no Congresso. Obama, que, no entanto, havia defendido a admissão da Palestina na ONU, retorna às exigências de Bush de um reconhecimento submetido à aprovação prévia de Israel. A Unesco, que ousa acolher a Palestina como membro de pleno direito em outubro de 2011, é punida com a suspensão da contribuição dos Estados Unidos, que representa quase um quarto de seu orçamento. Washington ameaça vetar no Conselho de Segurança a admissão formal da Palestina na ONU, forçando Abbas a se contentar com o estatuto de Estado não membro observador. Esse estatuto é concedido à Palestina numa votação da Assembleia Geral, por 138 votos a favor, nove contra e 41 abstenções. Os Estados Unidos e Israel são acompanhados em seu voto negativo também pela República Tcheca. Em contrapartida, 13 membros da UE (França, Espanha, Itália, Grécia, Irlanda, Suécia, Portugal, Finlândia, Áustria, Bélgica, Dinamarca, Malta e Luxemburgo) votam a favor, enquanto os outros 11 se abstêm. Essa fragmentação das posições europeias numa questão tão sensível enfraquece ainda mais o engajamento declarado da UE a favor da solução de dois Estados.

As democracias ocidentais também enfrentam suas próprias contradições diante da onda de contestação democrática que assola o mundo árabe e que força o Presidente Mubarak a renunciar em fevereiro de 2011, após três décadas no poder. Os dirigentes europeus, longe de ver na queda do "muro do medo" ao sul do Mediterrâneo algo equivalente à queda do Muro de Berlim em 1989, inquietam-se sobretudo com o colapso do *status quo* ditatorial. Obama também não alimenta nenhuma empatia por essas "primaveras árabes", sobretudo após a Irmandade Muçulmana vencer a eleição presidencial egípcia em junho de 2012. Os Estados Unidos e a UE estão tão surpresos com o sucesso eleitoral dos islamistas no Cairo quanto estavam, seis anos antes, com o do Hamas na Cisjordânia e em Gaza, especialmente porque o novo governo egípcio incentiva ativamente a reconciliação entre o Fatah e o Hamas.

Para Netanyahu, a causa é clara: as sublevações árabes são uma séria ameaça à estabilidade regional, uma tese convictamente retomada por Blair. É impressionante ver esses dois apoios ativos da invasão americana do Iraque, que em 2003 deveria levar a democracia à região e, portanto, à paz com Israel, inquietarem-se, menos de uma década depois, com a queda de ditadores árabes que garantiriam então a segurança no Oriente Médio. Na verdade, Israel assinou com o Egito e a Jordânia tratados de paz que somente os regimes autoritários em vigor nesses dois países conseguiriam impor a uma população majoritariamente reticente. E o Estado hebreu não deseja de modo algum perder seu estatuto de "única democracia" na região, pois esse estatuto de exceção lhe vale privilégios em ambos os lados do Atlântico. Portanto, é fácil compreender por que Netanyahu se regozija com o golpe do General Sissi no Cairo, em julho de 2013, e por que sempre aposta na permanência de Bashar al-Assad no poder em Damasco, já que ele é considerado mais confiável do que os revolucionários sírios.

A obstrução de Netanyahu não consegue, no entanto, impedir a formação, em junho de 2014, de um governo palestino de coalisão entre o Fatah e o Hamas. O fato de os Estados Unidos e a UE concordarem em tratar com esse governo, em razão de seu caráter tecnocrático, sem dúvida contribui para a escalada na direção de uma nova guerra israelense contra Gaza, durante 50 dias do verão de 2014. Esse conflito, marcado por uma ofensiva terrestre particularmente destrutiva da *Tsahal*, causa três ou quatro vezes mais devastação do que a guerra de 2008-2009. A Conferência Internacional realizada no Cairo em outubro termina com engajamentos de ajuda da ordem de 5,4 bilhões de dólares, sendo a metade para a reconstrução de Gaza e a outra para o orçamento da AP. O Qatar, único país árabe que abriu uma representação em Gaza, é o principal doador, com 1 bilhão de dólares, bem à frente da UE e seus 570 milhões de dólares (Filiu, 2012, p. 21-22). Como a regra tácita já está estabelecida, Israel, ausente do Cairo, em nenhum momento foi solicitado a compensar pelo menos uma parte das destruições infligidas a Gaza.

Em contrapartida, o primeiro-ministro israelense se convida para a marcha internacional de solidariedade organizada em Paris, em janeiro de 2015, após uma série de atentados *jihadistas*, um dos quais atingiu um comércio judaico da Porta de Vincennes. François Hollande, presidente francês, diante do fato consumado, convida também Abbas, pelo menos para não deixar Netanyahu multiplicar os almágamas entre as violências palestinas e o terrorismo globalizado. Mas o chefe do governo israelense aproveita a ocasião para lançar um apelo "a todos os judeus da França, todos os judeus da Europa" a emigrar para Israel, que "não é apenas o lugar para o qual vocês oram, Israel é seu lar". O Primeiro-ministro Manuel Valls lhe responde solenemente que "a França, sem os judeus da França, não é mais a França" (Mazoue, 2015). A verdade é que Netanyahu continua se irritando contra a França desde que a Assembleia Nacional votou, em dezembro de 2014, por 339 votos contra 151, a favor do "reconhecimento do Estado da Palestina" pelo governo francês no contexto de uma "solução definitiva do conflito" (Equy, 2014).

Às vésperas de uma viagem a Berlim, em outubro de 2015, Netanyahu dá mais um passo na estigmatização coletiva dos palestinos. Pronunciando-se em inglês diante do Congresso Sionista reunido em Jerusalém, ele acusa Hadji Amine al-Husseini de ter até mesmo, em 1941, sugerido a Hitler a ideia da Solução Final. A colaboração do grão-mufti de Jerusalém com o regime nazista já é por si só bastante devastadora, não precisando ser agravada por uma mentira histórica tão flagrante. Com certeza não é a primeira liberdade que o primeiro-ministro toma com a realidade factual a fim de assimilar os palestinos aos nazistas. Mas, ao fazer de um palestino o pai intelectual do Holocausto, Netanyahu já não mede esforços para liquidar qualquer esperança de reconciliação entre os povos. A manobra é tão grosseira que Angela Merkel, a chanceler que o recebe em Berlim, sente-se obrigada a lembrar, "em nome do governo alemão e em meu nome", que "continuamos a assumir a responsabilidade alemã no Holocausto" (Filiu, 2019, p. 8). No entanto, nada é o bastante para dissuadir Netanyahu de continuar a difundir suas falsificações da História.

Embora a França e a Alemanha resistam nessa fase diante das manobras de Netanyahu, os amálgamas do primeiro-ministro israelense encontram um eco muito favorável entre os populistas da Europa central e oriental. Viktor Orban retornou à frente do governo húngaro em 2010, depois de uma primeira passagem pelo poder de 1998 a 2002, num percurso comparável ao de Netanyahu. Os dois dirigentes compartilham as mesmas convicções "iliberais" sobre a predominância das autoridades eleitas pelo voto universal diante dos contrapoderes judiciários, acadêmicos e midiáticos. Eles têm também um inimigo comum na pessoa de George Soros, um biliardário americano nascido numa família judaica de Budapeste e sobrevivente do Holocausto, que apoia generosamente tanto as organizações de defesa dos direitos humanos em Israel quanto a sociedade civil na Hungria. Ainda que uma campanha governamental contra Soros na Hungria contenha, em julho de 2017, conotações antissemitas, Netanyahu se recusa a condená-la e acusa, ao contrário, Soros de "trazer ameaças aos governos israelenses democraticamente eleitos ao financiar organizações que difamam o Estado judeu" (Smolar, 2017).

Orban retribui o favor a Netanyahu quando, convidado a visitar Israel em julho de 2018, recusa-se a se encontrar com qualquer dirigente palestino. A troca de favores continua com o aval dado pelo primeiro-ministro israelense ao projeto de Orban de um novo Museu do Holocausto em Budapeste, museu que exonera o regime colaboracionista do almirante Horthy, no poder até 1944, de qualquer responsabilidade no Holocausto. Na verdade, essa reescrita da História tem o objetivo de recuperar com Horthy a referência civilizacional da direita etnonacionalista húngara. Netanyahu vai ainda mais longe ao comparar a recusa de Budapeste de ceder às supostas "imposições" de Bruxelas sobre o acolhimento dos refugiados do Oriente Médio à rejeição por Israel das críticas europeias sobre a colonização de Jerusalém Oriental e da Cisjordânia. É nesse mesmo espírito que o chefe do governo israelense encoraja os populistas no poder em Varsóvia, assinando com seu homólogo polonês Mateusz Morawiecki, em junho de 2018, um comunicado celebrando o "apoio sistemático ao povo judeu" que a resistência antinazista na Polônia teria dado. Essa declaração conjunta desperta vivas polêmicas em Israel e é inclusive criticada como um "insulto à verdade histórica" pelos especialistas do memorial do Holocausto em Jerusalém (Filiu, 2019).

Netanyahu instrumentaliza cinicamente a herança do Holocausto para manchar ainda mais a imagem dos palestinos, enquanto cauciona as reescritas da História pelos populistas húngaros e poloneses. Ele corteja os Estados que entraram para a UE a partir de 2004, alimenta seus rancores contra Bruxelas e elogia seus valores compartilhados com Israel, e até mesmo ameaça a UE de "decomposição" se ela persistir em se opor à colonização dos territórios palestinos (Filiu, 2019, p. 163). Um trabalho de corrosão também metódico paralisa qualquer ação coletiva da UE sobre esse assunto, uma vez que as delegações mais pró-israelenses não hesitam em difundir os documentos internos que poderiam resultar em iniciativas mais firmes contra a colonização, o que permite a Israel sufocar essas veleidades. Os relatórios anuais dos chefes de missões diplomáticas da UE em Jerusalém e em Ramala transformam-se, assim, num psicodrama recorrente, já que o "vazamento" de trechos duros para Israel resultam por vezes na censura dos trechos mais polêmicos e, muitas vezes, na recusa de Bruxelas em seguir recomendações demasiado incisivas.

É então uma Europa ao mesmo tempo dividida e enfraquecida que, diante dos ataques violentos de Trump contra a legalidade internacional no Oriente Médio, revela-se incapaz de lhe opor os princípios de uma resolução pacífica do conflito israelense-palestino. O reconhecimento pelos Estados Unidos de Jerusalém como capital de Israel em dezembro de 2017 e, seis meses mais tarde, a mudança de sua embaixada para a Cidade Santa despertam nos dirigentes europeus somente referências rituais à sua ligação com a "solução de dois Estados". E ainda persiste a ambiguidade sobre a interpretação dessa solução, a alternativa sendo clara entre a versão, enunciada por Bush em 2002, de uma entidade palestina vassalizada por Israel em nome da luta "antiterrorista", de um lado, e a iniciativa de Genebra de 2003 tratando israelenses e palestinos num pé de igualdade, de outro. Essa ambiguidade explica a timidez da reação da UE e de seus membros, em janeiro de 2020, quando Trump e Netanyahu revelam seu "acordo do século" sobre um Estado tampão da Palestina.

Esse acordo foi, com efeito, negociado diretamente entre os Estados Unidos e Israel, sem ao menos consultar a parte palestina, que é intimada a aceitá-lo por meio de um ultimato mal disfarçado. Emmanuel Macron, presidente francês, se vê obrigado a reafirmar que "são necessários dois para fazer a paz" (Malbrunot, 2020). Com efeito, Trump abdicou de qualquer vontade de aparecer como um "honesto intermediário", vontade que seus antecessores, de Nixon a Obama, tinham, no entanto, assumido, ao menos para atenuar o viés constante dos Estados Unidos a favor de Israel. O momento não é mais para tais precauções oratórias e o "dois pesos, duas medidas" evolui para um "nós contra eles" em que a afirmação identitária é tanto mais descomplexada porque se alimenta da brutalidade das relações de força. A aposta de Netanyahu nos sionistas cristãos nos Estados Unidos une-se, então, a seu encorajamento aos populistas europeus, e não levando em consideração o transtorno causado por alinhamentos tão claros dentro das comunidades judaicas envolvidas.

A dinâmica dos Acordos de Abraão normalizando, a partir de setembro de 2020, as relações entre Israel, de um lado, e os Emirados Árabes Unidos, o Bahrein, o Marrocos e o Sudão, de outro, contribui para sufocar as vozes dissonantes. É um coro de elogios ocidentais que saúda esse avanço histórico e, em particular, a cooperação estratégica que logo se estabelece entre Israel e os Emirados. Os novos parceiros árabes de Israel não têm, no entanto, nem a vontade nem a energia para contribuir na solução da questão palestina, que aparece permanentemente marginalizada. Quanto ao Presidente Abbas, que alguns meses antes fora bem-sucedido ao se opor ao "acordo do século" concluído entre Trump e Netanyahu, ele avalia desta vez o isolamento palestino no mundo árabe e para além dele. Biden, ao chegar à Casa Branca, em janeiro de 2021, se recusa então a voltar atrás sobre os fatos consumados de Trump, começando pela instalação em Jerusalém da embaixada dos Estados Unidos em Israel. O novo presidente americano exibe seu desinteresse por uma retomada do processo israelense-palestino multiplicando ao mesmo tempo os gestos a favor de uma eventual normalização israelense-saudita.

Enquanto a deriva iliberal de Netanyahu alimenta um sentimento de discriminação no seio da minoria árabe, uma organização israelense de defesa dos direitos humanos, B'Tselem, considera, em janeiro de 2021, que "o regime de supremacia judaica entre o Jordão e o Mediterrâneo" é como um *apartheid* (A regime, 2021). Três meses mais tarde é a vez do Human Rights Watch afirmar que as políticas conduzidas contra a população palestina são agora "crime de *apartheid*" assim como definido pela convenção de 1973 sobre o *apartheid* e pelo estatuto de 1998 do Tribunal Penal Internacional. É de fato uma qualificação jurídica, e não uma comparação com a situação que prevalece na África do Sul até 1994, em que a maior parte da população negra era privada de voto, ao contrário da minoria árabe em Israel. Em fevereiro de 2022, é a vez da Amnesty International dar um passo ao qualificar "o *apartheid* israelense contra o povo palestino" de "crime contra a humanidade" (L'apartheid, 2022). As autoridades israelenses estigmatizam essa posição como "antissemita" (Lis; Shezaf, 2022) e iniciam uma campanha de difamação dessas ONG.

O ataque é tão violento que nenhum governo ocidental se dá ao trabalho de estudar os relatórios incriminados, e mesmo de comentar suas conclusões, apesar das acusações bastante graves e convergentes dessas três organizações de defesa dos direitos humanos. A impunidade de Israel não é menor perante o Tribunal Penal Internacional (TPI), em razão das pressões exercidas pelos Estados Unidos sobre seus juízes, embora nem os Estados Unidos nem Israel sejam signatários do TPI. Em 2009, o Presidente Abbas solicita ao TPI que reconheça sua competência no conflito israelense-palestino, uma solicitação estudada por três anos, mas sem nenhuma sequência. Só depois da adesão da Palestina ao TPI, em 2015, é que um "exame preliminar minucioso" com uma duração de cinco anos (Brody, 2023) convence o TPI, em março de 2021, a abrir uma investigação formal sobre os crimes cometidos desde 2014 em Jerusalém Oriental, na Cisjordânia e na Faixa de Gaza. Essa investigação está prevista para durar longos anos, tais prazos contrastando com a mobilização voluntarista do TPI na Ucrânia desde a invasão russa de fevereiro de 2022, mobilização muito encorajada pelos Estados Unidos e pela UE, embora a Rússia não seja signatária do TPI.

"Os Estados Unidos decidem, a Europa paga e as Nações Unidas alimentam": esse adágio da ONU parece mais do que nunca atual nesses tempos de paralisação permanente do processo israelense-palestino. O *status quo* evocado por uns e por outros não é, no entanto, um *status quo*, uma vez que a lenta apropriação de Jerusalém Oriental e da Cisjordânia por uma colonização mais e mais agressiva continua num ritmo constante, num ambiente de avanço em potência dos supremacistas israelenses. Um início de saída desse impasse emerge, no entanto, com o acordo interpalestino sobre a manutenção de eleições gerais, em maio de 2021 para o legislativo e em julho para a presidência. Mas essas votações, indispensáveis ao renascimento de instituições palestinas com mandato caduco há uma década, são adiadas *sine die* pelo Presidente Abbas, um mês apenas antes das eleições legislativas. A UE, de longe o principal doador de fundos para a AP, poderia e deveria ter suspendido sua ajuda condicionando-a à manutenção de eleições nos prazos mais convenientes. Ela prefere se satisfazer com uma ilusão de "estabilidade", de tanto que teme uma vitória do Hamas tão categórica quanto em 2006. Esse mesmo raciocínio é feito em Washington, as democracias ocidentais sendo, assim, pegas em flagrante delito de contradição com suas defesas recorrentes a favor da "democracia" palestina.

O fechamento do horizonte político conduz inevitavelmente à retomada das violências numa escala sem precedentes. Primeiro é a crise proteiforme de maio de 2021, iniciada em Jerusalém Oriental antes de se estender para a Cisjordânia e para Gaza, depois de provocar distúrbios intercomunitários até mesmo em Israel. Em seguida é o sangrento saldo do ano de 2022, com 204 palestinos mortos pelo exército israelense ou pelos colonos, sendo 37 em Gaza, 20 em Jerusalém Oriental, cinco em Israel e 142 na Cisjordânia. Este último número é o mais preocupante, pois traduz uma escalada sensível em relação ao número de palestinos mortos na Cisjordânia em 2020 (30) e 2021 (78) (Pulling, 2023). Com efeito, a ocupação israelense deve enfrentar o ativismo de grupos com alianças flutuantes, mas cujos jovens combatentes estão profundamente enraizados num ambiente militante, como os grupos insurretos Cova dos Leões em Jenin e a Brigada de Balata no campo de refugiados do mesmo nome em Nablus. Em vez de se perguntar sobre os vínculos entre essa dissidência armada e a crise de legitimidade da AP, os padrinhos europeus do Presidente Abbas persistem em sustentá-lo a fundo perdido.

Esse tipo de ação em função dos acontecimentos continua em 2023, a despeito da explosão da violência na Cisjordânia, que atinge durante os nove primeiros meses um nível desconhecido desde a Segunda Intifada. Os ataques dos colonos israelenses às localidades palestinas vizinhas são encorajados pelos ministros supremacistas. É o que ocorre em Huwara, no sul de Nablus, entregue aos excessos dos colonos em fevereiro de 2023, enquanto Smotrich, Ministro das Finanças, proclama que "Huwara deve ser destruída" (Forey, 2023). O projeto de reforma judiciária que Netanyahu tenta impor enfrentando uma contestação sem precedentes em Israel suscita evidentemente mais transtornos nos Estados Unidos e no seio da UE do que a espiral de violência nos territórios palestinos.

Quanto à Faixa de Gaza, ela está mais do que nunca abandonada à sua própria sorte pela comunidade internacional, o desinteresse das democracias ocidentais em relação ao enclave palestino sendo fortalecido por uma ausência tão patente de interesse por parte dos países árabes e do restante do "sul global". Sendo assim, a UE jamais analisa seriamente a proposição que lhe é constantemente submetida de um corredor humanitário entre a Faixa de Gaza e o território europeu de Chipre (Filiu, 2023, p. 144), corredor que teria a um só tempo aliviado o bloqueio do enclave e testemunhado a seus habitantes um engajamento concreto. Os comunicados apaziguadores sobre a solução de dois Estados têm dificuldade para compensar esse malogro.

* * *

O aplicativo ChatGPT de inteligência artificial, ao qual se pergunta no outono de 2023 se "os palestinos merecem justiça?", responde que "a justiça para os palestinos é um assunto complexo e extremamente debatido". Mas, quando essa pergunta lhe é feita em relação "aos israelenses", a resposta é que "os israelenses, como todos os outros povos, merecem a justiça e a proteção de seus direitos" (Tamam, 2023). O contraste entre as duas respostas ilustra a profundidade do viés pró-israelense no debate público sobre a questão palestina, uma vez que a inteligência artificial é apenas o reflexo do *corpus* existente quanto às opiniões sobre o assunto. Esse viés é ainda acentuado na Europa e nos Estados Unidos por décadas de exposição mais ou menos empática à grande narrativa sionista, veiculada pelos talentos de Albert Londres, de Robert Capa ou de Otto Preminger, para não citar senão as grandes figuras desse cenário anteriores a 1967. A exaltação de Israel como pioneiro e cercado dá, então, lugar à justificativa da ocupação e da colonização de territórios que teriam sido "libertados" mais do que conquistados.

Essa questão da ocupação e da colonização é, no entanto, central, de tanto que a perpetuação dessa ocupação e dessa colonização ao longo de mais de meio século lança uma luz crua sobre o "dois pesos, duas medidas" a favor de Israel. Com efeito, em vez de considerar de uma vez por todas essa ocupação como ilegítima e as colônias ilegais, em conformidade com o direito internacional, a diplomacia americana impõe a ideia de que os territórios ocupados tornaram-se uma moeda de troca para Israel, que não é obrigado a evacuá-los, mas que pode ao contrário esperar concessões substanciais como contrapartida de uma eventual retirada. É o princípio da "terra contra a paz" que se encontra no centro do processo árabe-israelense, mesmo que isso signifique evoluir para "a paz contra a paz" no tópico palestino, Israel recusando, a partir de 2005, qualquer concessão territorial, enquanto continua a exigir a suspensão de qualquer violência palestina.

Essa recusa categórica de Israel é, há quase duas décadas, encorajada ativamente pelos Estados Unidos e tacitamente pela UE. Esse tipo de recusa é naturalmente acompanhado de uma campanha de propaganda visando inverter o ônus da prova e acusar os palestinos de travar, sob a desculpa de lutar contra a ocupação, uma guerra existencial contra Israel. O contexto das "guerras globais contra o terror", conduzidas pelos Estados Unidos contra Al-Qaeda a partir de 2001 e depois contra o Estado Islâmico a partir de 2014, favorece essa essencialização do "terrorismo", colocado como inimigo estratégico, inimigo ao qual os palestinos são sistematicamente associados. Mas a estigmatização israelense da população ocupada ultrapassa um grau suplementar com a assimilação dos palestinos aos nazistas, aos quais eles teriam até inspirado a ideia da Solução Final. O ciclo está, assim, fechado, a impotência internacional para promover um compromisso territorial, sem nem mesmo mencionar a suspensão do bloqueio de Gaza, abrindo caminho para grupos extremistas, principalmente o Hamas.

Conclusão
Depois do dilúvio

A tendência do movimento nacional palestino foi regularmente a de pintar suas derrotas, inclusive as mais contundentes, com as cores da vitória. Isso se deve à brutalidade da negação da identidade palestina, depois da *Nakba* de 1948, tanto por Israel quanto pelos regimes árabes. O Fatah conseguiu, assim, apresentar a carnificina de Karama, em 1968, como um êxito sem precedentes, ao passo que, alguns meses antes, Israel havia concluído seu controle sobre o conjunto da Palestina histórica. É nesse mesmo espírito que o Conselho Nacional Palestino, reunido em Argel em 1982 imediatamente após a expulsão da OLP de Beirute, celebra a "vitória" da resistência palestina contra o cerco imposto por Israel. Issam Sartaoui é o único orador a ironizar essa celebração: "Nossa derrota no Líbano e nossa evacuação de Beirute foram descritas como uma 'vitória'. Mais uma vitória como esta, e a próxima sessão do CNP ocorrerá nas Ilhas Seicheles" (Khalidi, 2003, p. 299). Alguns meses depois, Sartaoui é assassinado em pleno Congresso da Internacional Socialista, em Portugal, um assassinato tramado em Damasco, como prelúdio à segunda guerra do regime Assad contra a OLP.

A causa palestina nada tem de uma causa perdida, em razão da determinação de todo um povo a se agarrar à sua terra, determinação que mantém até hoje o equilíbrio demográfico entre judeus e árabes no espaço situado entre o Mediterrâneo e o Jordão. Mas essa terra historicamente palestina passou progressivamente para o controle de um Estado judeu construído com método, de um fato consumado a outro, ao longo de várias gerações. No fim das contas, Israel não concedeu senão migalhas dessa terra às duas "autoridades palestinas", que só existiam por sua boa-vontade, em Ramala com base nos Acordos de Oslo e em Gaza sob o jugo do bloqueio. Para Israel, essas duas "autoridades" cumpriam, num registro diferente uma da outra, uma função fundamental de controle da maioria da população palestina, controle da qual o Estado judeu então se desincumbira. Apresentar a existência e a persistência dessas duas "autoridades" como uma "vitória" resultava, portanto, de uma perturbante cegueira.

Tudo naufraga em 7 de outubro de 2023 quando o Hamas, recusando-se a ser um mero gestor miliciano de Gaza, lança uma ofensiva sem precedentes em território israelense. Chamada de "Dilúvio de Al-Aqsa", essa campanha terrorista invoca a defesa dos lugares santos muçulmanos de Jerusalém, efetivamente submetidos há vários meses à pressão dos ministros supremacistas. Mas essa invocação da Mesquita de Al-Aqsa faz parte de uma dupla reivindicação do Hamas: primeiro, a de encarnar um nacionalismo palestino mais e mais impregnado do registro islâmico, e isso desde a Intifada de Al-Aqsa, a Segunda Intifada de setembro de 2000; em seguida, a de não confinar apenas à Faixa de Gaza uma "resistência islâmica", que, em maio de 2021, já havia desencadeado um conflito com Israel em nome da solidariedade com os manifestantes palestinos de Jerusalém Oriental. Num caso como no outro, é realmente a representatividade da OLP que o Hamas pretende radicalmente contestar.

Uma operação tão ambiciosa é preparada no maior segredo por Sinwar, chefe do Hamas em Gaza, e Dayef, comandante das Brigadas Qassam, que escapou de três décadas de perseguição israelense. Não só a direção política do Hamas, em Gaza como no exterior, não é exposta, como também somente algumas células cuidadosamente compartimentadas da Nukhba, tropas de choque das Brigadas Qassam, participam do mapeamento na direção do muro israelense que cerca o enclave palestino. O ataque pretendido tem como objetivo capturar o maior número de reféns em território israelense, na perspectiva de uma troca que poderia envolver todos os 6.700 prisioneiros palestinos nas mãos de Israel (o próprio Sinwar foi libertado em 2011, depois de 23 anos de detenção, no âmbito de uma troca de prisioneiros). O serviço de inteligência israelense intercepta bem no início um documento interno do Hamas sobre o planejamento dessa campanha, mas se recusa a atribuir à milícia islamista tal capacidade. A mesma negação prevalece diante das advertências dos militares israelenses, que, alguns dias antes da ofensiva do Hamas, assinalam movimentos suspeitos nos limites de Gaza (Le *New York*, 2023).

Cerca de 2 mil combatentes do Hamas penetram em Israel por uma trintena de brechas, na manhã de 7 de outubro de 2023. Protegidos por uma barreira de foguetes, apoderam-se rapidamente das quatro bases militares de Reim, quartel-general israelense para essa zona fronteiriça, de Erez, barreira israelense de acesso a Gaza, de Zikim, atacada igualmente por nadadores de combate, e de Nahal Oz, adjacente ao *kibutz* de mesmo nome. O colapso das defesas israelenses permite aos milicianos ocuparem o comissariado da cidade de Sderot e mesmo se infiltrarem até Ofakim, a cerca de 20 quilômetros de Gaza, semeando o terror no perímetro agora sob seu controle. Os civis que não são feitos reféns são massacrados no local, com inclusive 364 mortos num festival de música eletrônica que acontecia ao ar livre, não longe de Reim (Police, 2023).

As Brigadas Qassam, que planejaram o assalto dos alvos militares e o controle dos eixos rodoviários, certamente ignoravam a realização desse festival (Police, 2023) e se prepararam para um ataque mortífero, mas de curta duração. Durante as longas horas da contraofensiva israelense, o Hamas lança um apelo geral para que se juntem à invasão. Para além dos combatentes das diferentes facções, é literalmente o populacho de Gaza que participa de uma verdadeira orgia de sangue, de torturas e de pilhagens. O *kibutz* de Beeri, Kfar Aza, Nahal Oz e Nir Oz são, assim, o teatro de impiedosas carnificinas. Só depois do anoitecer é que o comissariado de Sderot, ainda nas mãos dos atacantes palestinos, é destruído pelo exército israelense, que só retoma o controle dos *kibutzim* fronteiriços nas primeiras horas de 8 de outubro. O saldo é de 1.222 mortos israelenses, entre os quais 845 civis (e 36 crianças), 318 soldados e 59 policiais (Israel, 2023). Cerca dos 240 reféns, em grande parte israelenses, são transferidos para Gaza, para onde os milicianos de todas as origens só recuam depois de combates muito duros com as forças israelenses.

Os bombardeios israelenses sobre a Faixa de Gaza atingem, em represálias, uma intensidade inédita durante as três semanas seguintes, com mais de 7 mil palestinos mortos em 26 de outubro de 2023[10]. A população civil paga um preço ainda mais exorbitante por essa ferocidade porque um ataque israelense mata em média mais de dez civis em Gaza (contra 2,5 durante a guerra de 2014 e 1,7 durante a de 2021 (Sabbagh, 2023), e porque o rígido bloqueio do enclave provoca rapidamente graves penúrias. Além disso, Israel intima, em 13 de outubro, os habitantes a evacuarem o norte da Faixa de Gaza, provocando a fuga de centenas de milhares de civis para o sul do território, que continua, no entanto, a ser bombardeado. Em 27 de outubro inicia-se a reocupação terrestre do norte da Faixa de Gaza, onde a extensão das destruições sistemáticas contrasta com a ausência de qualquer êxito militar importante para Israel. Essa ofensiva só é suspensa por quatro dias, em 24 de novembro, graças a uma troca de 150 detentos por Israel contra 50 reféns pelo Hamas.

Esse conflito, ao final de um mês e meio, já é para a população palestina a mais mortífera e a mais destruidora das tragédias, no entanto inúmeras em sua história. Com 14.854 mortos em Gaza em 22 de novembro, aos quais é preciso acrescentar mais de 200 mortos na Cisjordânia no mesmo período (Mustafa, 2023), o teto de 15 mil mortos é amplamente ultrapassado, se comparado à estimativa de 13 mil mortos para o conjunto da *Nakba*, a "catástrofe" de 1948. A proporção de pelo menos 40% de crianças nas matanças de Gaza não tem, por outro lado, nenhum precedente. Mesmo a magnitude do êxodo de 1,7 milhão de civis no interior da Faixa de Gaza ultrapassa as ondas humanas da *Nakba* e dos cerca de 750 mil refugiados. Quanto à destruição da metade da cidade de Gaza, com até então 800 mil pessoas, ela transforma num campo de ruínas a aglomeração mais povoada dos territórios palestinos (quatro vezes mais do que Hebron, cinco vezes mais do que Nablus e vinte vezes mais do que Ramala (Filiu, 2023).

Na verdade, o que é infligido, em 7 de outubro de 2023, ao povo israelense e, desde então, ao povo palestino é um trauma coletivo de uma

---

10. 7.028 mortos, de acordo com uma lista de 6.747 nomes do Ministério da Saúde do governo do Hamas, considerada uma fonte confiável pela ONU e por organizações de direitos humanos.

atroz violência. Ainda que essa violência atinja um nível jamais igualado, ela apenas acentua, sem questioná-lo, o duplo tríptico de trunfos israelenses e de fragilidades palestinas que, na longa duração deste livro, constitui a relação de força entre os dominantes e os dominados. O apoio incondicional de Biden à ofensiva israelense em Gaza em nome do "direito de legítima defesa" (Nooten, 2023) decorre das convicções explicitamente sionistas de um presidente que, apesar de sua fé católica, recusa os repetidos apelos do Papa Francisco para um cessar-fogo. Em visita a Israel, em 18 de outubro, Biden garante a Netanyahu que "não é preciso ser judeu para ser sionista, e eu sou sionista" (Spetalnick; Mason; Holland; Zengerle, 2023), um engajamento público que ele já havia expressado no passado, mas que adquire ares de uma cobeligerância em plena ofensiva aérea sobre Gaza. Para o presidente americano, que destaca a judeidade de alguns conselheiros e de seu Ministro das Relações Exteriores, o terrorismo do Hamas representa o "mal absoluto" (Smolar, 2023).

Além de uma ajuda maciça em logística e informação, Biden traz a Israel o apoio inflexível de sua diplomacia. Até os apelos a uma simples "pausa" humanitária em Gaza se chocam, assim, com o veto dos Estados Unidos no Conselho de Segurança da ONU. O presidente americano não teme também transmitir a propaganda de Netanyahu lançando dúvidas sobre o saldo das vítimas em Gaza ou acusando o Hamas de utilizar hospitais para fins militares. Pouco importa a Biden que um alinhamento tão agressivo com Israel provoque dissensões sérias dentro do Partido Democrata, pois para ele o essencial é se conciliar com os "sionistas cristãos" que controlam o Congresso e ameaçam bloquear as instituições federais suspendendo seu orçamento. O extremamente evangélico Mike Johson, eleito para a presidência da Câmara dos Representantes em 25 de outubro de 2023, depois de três semanas de crise, leva à votação no mesmo dia, por 412 votos contra 10, uma resolução de solidariedade "com Israel, que se defende contra a guerra bárbara desencadeada pelo Hamas" (Resolução, 2023).

Johnson, um leal a Trump, visitou Jerusalém em fevereiro de 2020, inclusive a Esplanada das Mesquitas, acompanhado de partidários israelenses da construção do Terceiro Templo sobre esse lugar santo muçulmano (Corn,

2023). Ele leva à votação, em 3 de novembro de 2023, por 226 votos contra 196, uma ajuda militar de mais de 14 bilhões de dólares para Israel, mas excluindo qualquer ajuda humanitária a Gaza, bem como a dotação de 61 bilhões de dólares programada pela Casa Branca para a Ucrânia. Biden, confrontado com essa obstrução parlamentar, não consegue evitar que a paralisia das instituições americanas pelos "sionistas cristãos" a favor de Israel seja agora manifesta. Aliás, Franklin Graham, que herdou o império evangélico de seu pai, Bill Graham, é recebido em 20 de novembro por Netanyahu, ao qual garante seu apoio a "Israel, o povo de Deus" nessa guerra "do bem contra o mal". Depois dessa entrevista, Graham pede a todos os seus fiéis nos Estados Unidos que "orem pelo primeiro-ministro" israelense (Valencia, 2023).

Quanto ao pluralismo de combate que constitui um dos mais formidáveis trunfos de Israel, ele já se evidencia em 8 de outubro de 2023, quando a maioria dos israelenses adere à maneira como Netanyahu conduz a guerra contra o Hamas. Pouco importa que o chefe de governo esteja no auge de sua impopularidade e que o fracasso histórico da defesa israelense lhe seja amplamente atribuído, o momento é de mobilização geral nessa nova "Guerra de Independência" destinada, como em 1948, a aniquilar uma ameaça existencial. Benny Gantz, chefe do estado-maior de 2011 a 2015, e Gadi Eisenkot, seu sucessor nesse cargo até 2019, trazem, em 12 de outubro, o apoio dos 12 deputados de seu partido a um "governo de urgência". Eles obtêm como contrapartida a instituição de um "gabinete de guerra" encarregado de conduzir as operações contra Gaza. Enquanto Yoav Gallant, Ministro da Defesa, qualifica de "animais humanos" os inimigos de Israel em Gaza (Soares, 2023), a adesão dos dois ex-chefes de estado-maior não é capaz de abrandar a ira da *Tsahal*: Gantz se vangloriava de ter, durante a guerra de 2014, mandado uma parte da Faixa de Gaza "para a Idade da Pedra" (Gendron, 2019); quanto a Eisenkot, ele elaborou em 2006, durante a guerra contra o Hezbollah no Líbano, uma "doutrina" de uso voluntariamente desproporcional da força com o objetivo de esmagar o inimigo em meio urbano (Samaan, 2015, p. 115-116).

O alargamento da coalisão governamental é, no entanto, apresentado por Netanyahu à opinião pública internacional como um meio de neutralizar os ministros supremacistas. Mas ele não impede que Smotrich, Ministro das Finanças, sancione financeiramente a já bem fragilizada Autoridade Palestina, e nem que Ben Gvir continue a armar os colonos, a ponto de Eisenkot acusar esses "dois piromaníacos" de querer abrir uma nova frente na Cisjordânia (Imbert, 2023). Ben Gvir chega a iniciar no *Knesset*, em 20 de novembro de 2023, um debate sobre a pena de morte para os terroristas, apesar das súplicas das famílias israelenses de reféns que temem o impacto dessa discussão sobre seus familiares detidos em Gaza. Ben Gvir e Smotrich, que militam não apenas pela reocupação de Gaza, mas também pela sua recolonização, podem se felicitar por ver 32% de seus compatriotas aderirem a essa recolonização, contra 14% a uma reocupação sem colonização (e 10% a uma restituição do enclave palestino para a AP (Survey, 2023). Uma vez mais, os extremistas tiram o melhor do pluralismo israelense e veem a opinião pública incorporar suas teses.

A estratégia de fatos consumados, que tanto beneficiou Israel em 75 anos de história, encontra com a guerra de Gaza uma ilustração de uma perturbadora eficácia. Com efeito, Netanyahu só define seus objetivos de guerra em termos vagos de "erradicação do Hamas" (Magid, 2023) e de liquidação da ameaça terrorista em Gaza, sem nunca deixar claro qual seria o indicador da realização de tais objetivos. Ele sequer esclarece se "a erradicação" anunciada visa apenas às Brigadas Qassam, já com cerca de 30 mil combatentes, ou também ao aparelho político do Hamas, com suas dezenas de milhares de quadros e de militantes, e mesmo os simpatizantes do movimento islamista, os funcionários de sua administração ou os beneficiários de alguma forma de sua assistência, o que avolumaria a população-alvo a centenas de milhares de pessoas. O primeiro-ministro israelense só é categórico em sua recusa em transferir a gestão de Gaza para a AP (Magid, 2023), o que deixa aberta somente a alternativa entre, de um lado, a reocupação de Gaza cara aos supremacistas e, de outro, o envio de uma improvável força de interposição internacional, seja ela ocidental ou árabe.

Essa indefinição sobre os objetivos israelenses numa guerra tão devastadora permite impor o estarrecedor fato consumado da destruição metódica do enclave palestino. Em 13 de novembro, dois deputados israelenses, um do Likud e o outro da oposição, afirmam que "a comunidade internacional tem a obrigação moral e a oportunidade de demonstrar compaixão", criando "programas de reassentamento" no exterior para os habitantes de Gaza (Danon; Ben-Barak, 2023). Pouco tempo depois, Ayelet Shaked, ex-ministra da Justiça (sob Netanyahu, de 2015 a 2019) e do Interior (sob Bennett, em 2021-2022), não se constrange com essas considerações pseudohumanitárias para defender a expulsão da população de Gaza. Segundo ela, não apenas o sul da Faixa de Gaza merece ser tão devastado quanto o norte do enclave, mas os países estrangeiros devem ser forçados a aceitar uma "cota" de 25 a 50 mil refugiados palestinos (Ayelet, 2023). Claro que essas declarações não comprometem o governo israelense, cuja retórica a um só tempo marcial e imprecisa encoraja, no entanto, esses transbordamentos. Com efeito, existe a tentação de "solucionar" a questão de Gaza de uma vez por todas, livrando-se de seus habitantes.

A guerra de Gaza não apenas fortalece significativamente os trunfos israelenses, como também acentua e aprofunda as fragilidades palestinas. A ilusão árabe de um apoio puramente declamatório é uma vez mais acompanhada do abandono efetivo da população palestina. Se o Egito e a Jordânia denunciam a ofensiva israelense com uma rara emoção, é porque esses dois países sabem que são os mais ameaçados por eventuais deslocamentos de população palestina, cujo princípio eles condenam com uma absoluta firmeza. Mohammed Ben Salmane reúne em Riade uma Cúpula Árabe Extraordinária que, em 11 de novembro de 2023, condena "os crimes de guerra e os massacres bárbaros e inumanos perpetrados pelo governo de ocupação" (Sallon, 2023) em Gaza. Mas esse consenso de fachada dissimula mal o incômodo dos dirigentes árabes em relação ao Hamas, que a maioria deles gostaria de ver enfraquecido.

É que os islamistas palestinos apostam numa forma ainda mais perversa de "engrenagem" do que aquela colocada em movimento pelo Fatah durante a escalada em direção à deflagração de 1967. O Hamas aposta, com efeito, na instabilidade que o agravamento dos sofrimentos de Gaza poderia suscitar nos países árabes, a começar pelo Egito e pela Jordânia. Abu Obeida, porta-voz mascarado das Brigadas Qassam, pressiona a Jordânia a abrir uma segunda frente com Israel, um apelo que ecoa até nas ruas de Amã em impressionantes manifestações. O Hamas joga as populações contra os regimes dentro da mesma lógica revolucionária que já se encontrava por trás das "primaveras árabes" de 2011-2012, e tendo como único Estado parceiro, como uma década antes, o Qatar, o indispensável mediador nas trocas de detentos entre Israel e o Hamas. Quanto aos signatários árabes dos Acordos de Abraão, sendo os Emirados Árabes Unidos o principal, eles estão reduzidos ao silêncio e à impotência, uma vez que sua influência sobre Israel se revela ineficaz.

A dinâmica faccional pela qual o nacionalismo palestino já pagou um preço tão alto é levada pelo Hamas a seu paroxismo em 7 de outubro de 2023. Em primeiro lugar, são as Brigadas Qassam que impuseram essa escalada terrorista sem precedentes ao braço político do Hamas, mantido na ignorância sobre os preparativos da operação. Em seguida, são as diferentes milícias palestinas que, convidadas a participar do massacre, competiram em crueldade, quer sua estruturação seja política ou clânica, antes de dividirem os reféns entre elas. Por fim, é Abu Obeida que, com o rosto coberto por um *keffiyeh*, fala a seus compatriotas nas redes sociais em nome de uma "resistência islâmica" cujas ações estão tragicamente em conformidade com seus discursos.

O Presidente Abbas acreditava ter construído para si um final de reinado tranquilo ao adiar *sine die* as eleições palestinas de 2021. A guerra de Gaza revela a gravidade da crise de legitimidade das três instituições que ele depreciou com seu próprio descrédito: a OLP, no entanto signatária dos Acordos de Oslo, mas diluída num "Estado da Palestina" com uma existência puramente virtual; o Fatah, a matriz do nacionalismo palestino agora exaurido pela escalada do Hamas; por fim, a AP, estabelecida pelos Acordos de Oslo e reduzida a ser somente um aparelho de "cooperação securitária" com Israel, de um lado, e de redistribuição da ajuda internacional à população palestina, de outro. A única personalidade capaz de revitalizar essas três instituições é Marwan Barghouti, detido desde 2002 em Israel onde foi condenado a cinco penas de prisão perpétua. Mas Abbas não tem pressa de obter a libertação de Barghouti, cuja popularidade ultrapassa em muito a sua, o que deixa o Fatah incapaz de retomar a iniciativa no terreno nacionalista, deixando, assim, o campo livre ao Hamas.

Por fim, o "dois pesos, duas medidas" das democracias ocidentais atinge com a crise de Gaza uma indecência que beira a esquizofrenia intelectual. Os mesmos dirigentes que em 2022 condenavam com razão os "crimes de guerra" da Rússia contra a Ucrânia, os deslocamentos forçados de populações, os bombardeios de infraestruturas civis e os ataques indiscriminados contra as zonas residenciais justificam agora em nome da "legítima defesa" os mesmos atos perpetrados por Israel contra a Faixa de Gaza. A primeira reação da Comissão Europeia aos massacres de 7 de outubro de 2023 é suspender a ajuda ao desenvolvimento dos territórios palestinos, um calamitoso amálgama, retificado como "revisão" a essa ajuda, que não revela, aliás, nenhum desvio dos fundos alocados. Quanto à presidente da Comissão, Ursula von der Leyen, ela se encontra com Netanyahu já em 13 de outubro para garantir que a "Europa se mantém ao lado de Israel" (Von der, 2023). No momento em que ela se engaja de forma tão aberta em nome da Europa, o número de crianças mortas em Gaza em alguns dias de bombardeios israelenses já é superior ao das crianças mortas na Ucrânia desde o começo da invasão russa de fevereiro de 2022[11].

Putin se beneficia tanto mais dessas contradições ocidentais porque Netanyahu continua a poupá-lo, ainda que apenas para não comprometer os arranjos israelense-russos na Síria. Moscou pode inclusive defender na ONU, já em 13 de outubro de 2023, um "cessar-fogo imediato" em Gaza, ao passo que os diplomatas americanos e europeus consideram apenas uma "trégua humanitária", sobre cujas modalidades eles também acabam se dividindo. Como o Conselho de Segurança está paralisado nessa questão pelo veto americano, a Assembleia Geral vota, em 27 de outubro, a favor dessa trégua por 120 votos (entre os quais os da França, Espanha, Portugal, Irlanda e Luxemburgo) contra 14 (entre os quais os dos Estados Unidos, Israel, Áustria, Hungria, República Tcheca e Croácia), os outros membros

11. Em 13 de outubro de 2023, o Ministério da Saúde do Hamas contabilizava 724 crianças de um total de 2.215 mortas, em comparação com pelo menos 560 crianças mortas na Ucrânia, de acordo com a ONU em 21 de novembro de 2023.

da UE escolhendo a abstenção. Essa fraqueza coletiva é tanto mais inquietante porque os responsáveis das agências humanitárias da ONU multiplicam os alertas sobre "uma catástrofe humanitária inédita" (Lazzarini, 2023), baseando-se no fato de "não haver lugar seguro em Gaza" (Türk, 2023) e de que o enclave palestino "tornou-se um cemitério para as crianças" (Russel, 2023). De fato, num mês e meio de conflitos, 108 agentes da Unrwa são mortos em Gaza, sendo a metade no sul do enclave palestino, que supostamente, no entanto, deveria ser poupada dos ataques israelenses (Stephan, 2023).

Enquanto o mundo todo tem os olhos fixos no inferno de Gaza, uma guerra de baixa intensidade foi retomada nos territórios ainda ocupados de Jerusalém Oriental e da Cisjordânia. Com efeito, de 7 de outubro a 24 de novembro de 2023, 216 palestinos são mortos, sendo 208 pelas forças israelenses de segurança e oito pelos colonos (Mustafa, 2023). Embora eles pareçam menos mortais, os ataques dos colonos são os mais frequentes, num contexto de assédio constante e sistemático da população civil, muitas vezes submetida a um bloqueio de fato. A média dos ataques antipalestinos dos colonos, que já era de três por dia, passa a sete por dia desde 7 de outubro de 2023 (Mustafa, 2023). A constituição de milícias de colonos, legalizadas e armadas pelo Ministro Ben Gvir, participa dessa discreta escalada, enquanto Smotrich, outro membro supremacista do governo, ousa afirmar que há "dois milhões de nazistas" na Cisjordânia (Keller-Lynn; Magid, 2023), sugerindo, assim, que o pior ainda está por vir.

Para acabar com qualquer debate sobre a tragédia em curso, o embaixador israelense na ONU decide que, a partir de 30 de outubro de 2023, ele só se apresentará usando a estrela amarela com a qual o regime nazista estigmatizava os judeus. "Se você concorda em 90% com os israelenses, eles o acusam de antissemita por causa dos 10% restantes, mas, se você concorda em 10% com os árabes, eles o celebram como um amigo, e tanto pior os 90% restantes": esse ditado, que está em voga na ONU desde a criação de Israel, recupera uma cruel atualidade. A paralisia internacional é tal que mesmo a "trégua humanitária" só entra em vigor em 24 de novembro, não baseada num voto na ONU, e sim na troca de detentos entre Israel e o Hamas. Esse acordo prevê a libertação de três prisioneiros palestinos para cada refém israelense solto, e tudo sob a supervisão do Qatar, que obtém o prolongamento da trégua até 30 de novembro.

Depois dessa semana de trégua, em que 80 reféns foram libertados pelo Hamas em troca de 240 detentos palestinos nas mãos de Israel, os combates recomeçam no início da manhã de 1º de dezembro. A *Tsahal* tendo como alvo desta vez o sul da Faixa de Gaza. O saldo na população palestina continua se agravando hora após hora, sem nenhuma perspectiva de saída dessa lógica de guerra total. O porta-voz da Unicef denuncia em Gaza "aqueles que decidiram pelo recomeço da matança das crianças", acrescentando que "é irresponsável pensar que novos ataques sobre a população de Gaza possam produzir algo além de uma carnificina" (Unicef, 2023). Quanto ao presidente francês, Emmanuel Macron, ele exige que as "autoridades israelenses" "definam mais precisamente seu objetivo", pois, se este for realmente "a destruição total do Hamas", então "a guerra durará dez anos" (Ricard, 2023).

A catástrofe política e militar se agrava a partir de um colapso da diplomacia, no exato momento em que somente a diplomacia é capaz não apenas de humanizar as terríveis condições da derrota palestina, mas também de transformar essa incontestável derrota num êxito tão incontestável quanto para Israel. Hoje, a invocação retórica da solução de dois Estados parece ter pouca credibilidade diante da impotência de frear a corrida para o abismo da destruição metódica de Gaza, uma impotência que se torna mais evidente a cada dia. Essa solução de dois Estados, cujos termos são conhecidos há duas décadas, não está, no entanto, fadada a ser apenas um mero *slogan*. Ela constitui, ao contrário, o único horizonte de futuro para a coexistência de dois povos sobre a mesma terra, e isso com base numa relação de força agora esmagadora a favor de Israel. Pois, sem esse contexto de coexistência, essa relação de força não trará ao Estado judeu nem a segurança nem a estabilidade, como demonstrado pelo terror do 7 de outubro de 2023.

Será preciso a mobilização determinada e enérgica de boas vontades internacionais para impor a emergência de um Estado palestino, democrático e desmilitarizado, ao lado de um Estado de Israel de uma vez por todas em paz com seu vizinho mais próximo. Uma mobilização tão ambiciosa a longo prazo é, com efeito, indispensável para derrubar uma dupla dinâmica de guerra: a dinâmica israelense das estratégias eleitorais levando políticos sempre mais extremistas ao poder em Israel, de um lado, e a dinâmica palestina de uma divisão faccional e territorial sempre mais favorável ao Hamas, mesmo num campo de ruínas, de outro. Esperemos que o drama em curso, porque é de uma magnitude sem precedentes, provoque enfim o sobressalto necessário para quebrar essa dupla dinâmica e sair de um confronto em que os dois povos, israelense e palestino, palestino e israelense, são perdedores. E é com essa mensagem de esperança que se conclui, apesar de tudo, esta reflexão histórica sobre uma das tragédias mais pungentes de nosso tempo.

Vincennes, 3 de dezembro de 2023.

Referências

A look at Israeli settlers by numbers. *Associated Press*, Jerusalem, 18 ago. 2013.

A regime of Jewish supremacy from the Jordan River to the Mediterranean Sea: This is apartheid. *B'Tselem*, 12 jan. 2021. Disponível em: https://www.btselem.org/publications

AFP, 4 ago. 2023.

AFP. Washington, 15 fev. 2017.

Al Batsh, M.; Simon, B. Deadly crime wave grips Arabs. *In:* Israel "by the Throat". *Times of Israel*, 12 jan. 2022.

Allen, B. Jeffress prays blessing at opening of US Embassy in Jerusalem. *Baptist Global News*, 14 maio 2018.

Anderson, I. H. *Biblical interpretation and Middle East policy.* Tampa: University of Florida Press, 2002.

Aren, R. Friedman: US peace plan won't call for settlement evacuations. *Times of Israel*, 16 out. 2019.

Armstrong, H. W. Jews take Jerusalem! *The plain truth*, jun. 1967.

Ayelet shaked makes provocative statements on relocating the population in Gaza. *Middle East Monitor*, 22 nov. 2023.

Ayyad, A. *Arab nationalism and the Palestinians, 1850-1939*. Jerusalém: Passia: 1999.

B. Oren, M. *Ally*. New York: Random House, 2016.

B. Oren, M. *Power, faith and fantasy: America in the Middle East*. New York: W. W. Norton & Company, 2007.

Barthe, B. *Ramallah dream: voyage au cœur du mirage palestinien*. Paris: La Découverte, 2011.

Barthe, B. Yarmouk, le cimetière des palestiniens de Syrie. *Le Monde*, 26 maio 2018.

Baruch, H. Bennet: a wall of deterrence will stop terror. *Israel National News*, 19 out. 2015.

Ben Barka, M. *La droite chrétienne américaine, des origines à nos jours*. Paris: Privat, 2007.

Benson, M. T. Harry Truman as a modern Cyrus. *Brigham young studies*, v. 34, n. 1, 1994.

Bensoussan, G. *Une histoire intellectuelle et politique du sionisme*. Paris: Fayard, 2002.

Berchet, J.-C. *Le voyage en Orient: anthologie des voyageurs français dans le Levant au XIXe siècle*. Paris: Robert Laffont, 1985.

Bickerton, I. President Truman's recognition of Israel. *American Jewish Historical Quarterly*, v. 58, n. 2, 1968.

Bitari, N. Yarmuk refugee camp and the Syrian revolution. *Journal of Palestine Studies*, v. 43, n. 1, 2013.

Blue and White Brass said to Fume at its rightist MKs for foiling minority government. *The Times of Israel*, 8 mar. 2020.

Boltanski, C. Contestation bâillonnée en Palestine. *Libération*, 30 nov. 1999.

Brenner, M. *Zionism, a brief history*. Princeton: Markus Wiener, 2003.

Brody, R. Les plaintes palestiniennes à la CPI sont traitées avec une lenteur insoutenable. *Le Monde*, 16 nov. 2023.

Bush, G. *Life of Mohammed*. New York: Harper, 1837.

Bush, G. *The valley of vision, or the dry bones of Israel revived*. New York: Saxton and Miles, 1844.

Bush, G. W. Discurso. Washington: Casa Branca, 24 jun. 2002.

Campos, M. *Ottoman brothers: Muslims, Christians, and Jews in early 20th Century Palestine*. Palo Alto: Stanford University Press, 2010.

Carenen, C. *The fervent embrace*. New York: New York University Press, 2012.

Carta do Hamas, artigo 11, 18 ago. 1988.

Carta do Hamas, artigo 27, 18 ago. 1988.

Charbit, D. *Sionismes, textes fondamentaux*. Paris: Albin Michel, 1998.

Cohen, H. *Army of shadows: Palestinian collaboration with zionism, 1917-1948*. Berkeley: University of California Press, 2008.

Cohen, H. *Good Arabs*. Berkeley: University of California Press, 2010.

Cohen, S. *Israël, une démocratie fragile*. Paris: Fayard, 2021.

Cohn-Sherbok, D. *The politics of apocalypse: the history and influence of Christian Zionism*. Oxford: Oneworld, 2006.

Comunicado de imprensa do Tribunal Internacional de Justiça, 9 jul. 2004.

Congresswoman says Jews sold out Israel. *Jewish Telegraphic Agency*, 7 mar. 2014.

Cook, J. Tony Blair's tangled web. *Journal of Palestine studies*, v. 42, n. 2, 2013.

Corn, D. During a trip to Israel, Mike Johnson connected with Far-Right extremists. *Mother Jones*, 3 nov. 2023.

Cummings, J. *Israel's public diplomacy*. Lanham: Rowman & Littlefield, 2016.

Danon, D.; Ben-Barak, R. The West should welcome Gaza refugees. *The Wall Street Journal*, 13 nov. 2023.

Darby, J. N. The hopes of the church of God in connection with the destiny of the jews as revealed in prophecy. *Collected writings prophetic I*. v. 2. Kingston: Stow Hill Bible and Trust Depot, 1962.

Declaração do Conselho Europeu sobre o Oriente Médio, 13 jun. 1980.

Demoulin, C. En Israel, un parfum de 1984. *Revue du Crieur*, n. 8, 2017.

Des dizaines de milliers de Druzes à Tel Aviv contre la loi sur l'Etat-nation. *The Times of Israel*, 5 ago. 2018.

Dhombres, D. Reagan dénonce l'URSS comme l'empire du Mal. *Le Monde*, 10 mar. 1983.

Dieckhoff, A. *L'invention d'une nation: Israël et la modernité politique*. Paris: Gallimard, 1993.

Dombey, D. Clinton clashes with Israel over settlers. *The Financial Times*, 18 jun. 2009.

Donald Trump et l'extrême-droite israélienne. *Le Monde*, editorial, 20 dez. 2016.

Doumani, B. *Rediscovering Palestine*. Berkeley: University of California Press, 1995.

Election night poll. *J Street*, 4 nov. 2020.

En Israël, des milliers d'arabes israéliens manifestent contre une loi controversée. *Le Monde*, 11 ago. 2018.

Enderlin, C. *Au nom du Temple: Israël et l'irrésistible ascension du messianisme juif*. Paris: Points, 2023.

Enderlin, C. *Paix ou guerres: les secrets des négociations israélo-arabes 1917-1995*. Paris: Fayard, 2004.

Enderlin, C. *Par le feu et par le sang*. Paris: Albin Michel, 2008.

Entrevistas com vários “veteranos” da ONU. Paris, Nova York e Washington.

Equy, L. L'Assemblée vote la reconnaissance d'un État palestinien. *Libération*, 2 dez. 2014.

Falwell says “Somedy goofed” in Beirut. *UPI*, Chattanooga, 8 out. 1982.

Filiu, J.-P. A sea between us, but a sea of incomprehension. *In*: Telo, M. (dir.). *Towards a common EU strategic culture?* Bruxelas: Academie Royale de Belgique, 2023.

Filiu, J.-P. France and the june 1967 war. *In:* Louis, R.; Shlaim, A. (org.). *The 1967 Arab-Israeli war*. New York: Cambridge University Press, 2012.

Filiu, J.-P. *Histoire de Gaza*. Edição atualizada. Paris: Pluriel, 2015.

Filiu, J.-P. *Histoire de Gaza*. Paris: Fayard, 2012.

Filiu, J.-P. Il y a 90 ans, “le transfert” négocié des juifs allemands vers la Palestine. *Le Monde*, 6 ago. 2023.

Filiu, J.-P. L'assassinat par Israel du mediateur de l'ONU en Palestine. *Un si proche Orient*, disponível no blogue do site do *Le Monde*, 14 out. 2018.

Filiu, J.-P. L'isolement des vétérans de l'islamisme palestinien. *Le Monde*, 14 ago. 2022.

Filiu, J.-P. Le jeu dangereux de Netanyahou avec la mémoire de la Shoah. *Un si proche Orient*, 24 fev. 2019. Disponivel em: https://www.lemonde.fr/blog/filiu/

Filiu, J.-P. *Le milieu des mondes: une histoire laïque du Moyen-Orient de 395 à nos jours*. Paris: Seuil, 2021.

Filiu, J.-P. *Le miroir de Damas*. Paris: La Découverte, 2007.

Filiu, J.-P. *Le Miroir de Damas: Syrie, notre histoire*. Paris: La Découverte, 2017.

Filiu, J.-P. *Le Monde*, 26 nov. 2023.

Filiu, J.-P. Le piège de Gaza. *Rue 89*, 15 jul. 2014.

Filiu, J.-P. *Les arabes, leur destin et le nôtre: histoire d'une libération*. Paris : La Découverte: 2015.

Filiu, J.-P. *Main basse sur Israël: Netanyahou et la fin du rêve sioniste*. Paris: La Découverte, 2019.

Filiu, J.-P. *Mitterrand et la Palestine*. Paris: Fayard, 2005.

Filiu, J.-P. Non, les Palestiniens de Gaza ne sont pas des jouets du Hamas. *Un si proche Orient*. Disponível no blogue do site do *Le Monde*, 22 abr. 2018.

Filiu, J.-P. The twelve wars on Gaza. *Journal of Palestine Studies*, v. 44, n. 1, 2014.

Filiu, J.-P. Un massacre pouvait en cacher un autre au Liban en 1976. *Le Monde*, 28 ago. 2022.

Filiu, J.-P. Un moment dans l'errance. *Peuples Méditerranéens*, n. 20, 1982.

Filiu, J-P. *Généraux, gangsters et jihadistes: Histoire de la contrerévolution arabe*. Paris: La Découverte, 2018.

Finkelstein, N. The Camp David II Negotiations. *Journal of Palestine Studies*, v. 36, n. 2, 2007.

Flavius J. *La Guerre des Juifs*. Paris: Minuit, 1977.

Forey, S. A Huwara, en Cisjordanie, l'armée israélienne enferme les Palestiniens chez eux. *Le Monde*, 2 nov. 2023.

Gainsbourg, S. Le sable et le soldat, jun. 1967.

Garfinkle, A. On the origin, meaning, use and abuse of a phrase. *Middle Eastern Studies*, v. 27, n. 4, 1991.

Gendron, G. Le général Gantz muscle sa droite. *Libération*, 30 jan. 2019.

Gerber, H. Palestine and other territorial concepts in the Seventeenth Century. *International Journal of Middle East Studies*, nov. 1998, v. 30, n. 4.

Gibbs, N.; Duffy, M. *The preacher and the presidents*. New York: Center Street, 2007.

Glanz, J. Israeli Defense minister compares beloved Palestinian poet to Hitler. *The New York Times*, 22 jul. 2016.

Gold, H. Israel's Arab citizens demand justice after alarming rise in gang-related murders. *CNN*, 8 set. 2023.

Goldman, S. *Zeal for Zion: Christians, Jews, and the idea of the Promised Land*. Chapel Hill: University of North Carolina Press, 2009.

Goodman, G. Operation Exodus. *Journal of Israeli History*, v. 33/2, 2014.

Gresh, A. *OLP, histoire et stratégies*. Paris: SPAG-Papyrus, 1983.

Grimblat, F. La communaute chiite libanaise et le mouvement national palestinien. *Guerres Mondiales et Conflits Contemporains*, n. 151, 1988.

Habibi, É. *Les Aventures extraordinaires de Saïd le peptimiste*. Paris: Gallimard, 1987.

Hagee, C. *Final dawn over Jerusalem*. Nashville: Thomas Nelson, 1999.

Hagee: I meant to call Obama anti-Israel. *Jewish Telegraphic Agency*, 8 dez. 2014.

Halevi, N. The political economy of absorptive capacity. *Middle Eastern Studies*, v. 19, n. 4, 1983.

Hamas in 2017, the document in full. *Middle East Eye*, 2 maio 2017.

Hasson, N. Waiting for the Messiah. *Haaretz*, 19 mar. 2012.

Herzl, T. *Altneuland: nouveau pays ancien*. Paris: Editions de l'Éclat, 2004.

Herzl, T. *L'État des juifs*. Paris: La Découverte, 2003.

Hoffman, J. Trump turns Rosh Hashanah call into campaign pitch. *CNN*, 16 set. 2020.

Holbrooke, R. President Truman's decision to recognize Israel. *Jerusalem Center for Public Affairs*, n. 563, 2008.

Hourani, A. Ottoman reform and the politics of notables. *In:* Polk, W.; Chambers, R. (org.). *Beginnings of modernization in the Middle East*. Chicago: University of Chicago Press, 1968.

Hummel, D. G. His land and the origins of the Jewish evangelical Israel lobby. *Church History*, v. 87, n. 4, 2018.

Ice, T. D. The 1999 Israeli elections. *Liberty University*, n. 89, 2009.

Imbert, L. Ben Gvir, le mauvais génie de la droite israélienne. *Le Monde*, 3 nov. 2022.

Imbert, L. Bezalel Smotrich, le colon radical qui imprime sa marque au gouvernement. *Le Monde*, 7 mar. 2023.

Imbert, L. Depuis Gaza, Yahya Sinouar se pose en leader national. *Le Monde*, 27 maio 2021.

Imbert, L. En Palestine, l'ascension d'Hussein Al-Sheikh. *Le Monde*, 8 fev. 2022.

Imbert, L. En Palestine, une vague de colère "du fleuve à la mer". *Le Monde*, 4 jun. 2021.

Imbert, L. Mansour Abbas, l'islamiste qui pourrait sauver Benyamin Netanyahou. *Le Monde*, 26 mar. 2021.

Imbert, L. Smotrich, agent du chaos au sein du gouvernement israélien. *Le Monde*, 5 nov. 2023.

Iniciativa de Genebra. Disponível em: https://geneva-accord.org/the-accord/

Israel Democracy Institute. *20th Edition of the Israeli Democracy Index*, 15 jan. 2023.

Israel revises death toll from oct.7 Hamas assault. *Times of Israel*, 11 nov. 2023.

Israeli settler population 1972-2006. Foundation for Middle East peace. Washington, 2007.

Israeli weapons manufacturing employees warn judicial overhaul will harm industry. *Haaretz*, 27 mar. 2023.

Joffe, L. Rafael Eitan. *The Guardian*, 25 nov. 2004.

Joudah, A. H. *Revolt in Palestine in the Eighteenth Century*. Princeton: Kingston Press, 1987.

Jourdin, Steve. *Israel: autopsie d'une gauche (1905-1995)*. Paris: Le Bord de l'Eau, 2021.

Judaken, J. Sartre, Israel et la politique de l'intellectuel. *In:* Galster, J. (org.). *Sartre et les juifs*. Paris: La Découverte, 2005.

Kahane can push law to ban Arab-Israeli sex, Court says. *UPI*, Jerusalém, 31 out. 1985.

Kamel, L. *Imperial perceptions of Palestine*. London: I. B. Tauris, 2015.

Kayyali, A. W. *Histoire de la Palestine 1896-1940*. Paris: L'Harmattan, 1985.

Keller-Lynn, C.; Magid, J. There are two millions Nazis in the West Bank. *Times of Israel*, 28 nov. 2023.

Khalidi, R. *L'identité palestinienne: la construction d'une conscience nationale moderne*. Paris: La Fabrique, 2003.

Khalidi, R. The 1967 war and the demise of Arab nationalism. *In:* Louis, R.; Shlaim, A. (org.). *The 1967 Arab-Israeli war*. New York: Cambridge University Press, 2012.

Khoury, J. Israeli Defense minister calls for boycott of Arab citizens". *Haaretz*, 10 dez. 2017.

Khoury, E. *Les Enfants du ghetto: je m'appelle Adam*. Paris: Actes Sud, 2018.

Krämer, G. *A history of Palestine*. Princeton: Princeton University Press, 2008.

Kushner, D. (org.). *Palestine in the late Ottoman period*. Leyden: Brill, 1986.

L'apartheid israélien envers le peuple palestinien, 1° fev. 2022. Amnesty International. Disponível em: https://www.amnesty.org/fr.

L'Orient-le Jour, 11 jun. 2001.

Laqueur, W. *A history of Zionism*. London: Weidenfeld and Nicolson, 1972.

Laurens, H. *La question de Palestine*. t. I. Paris: Fayard, 1999.

Laurens, H. *La question de Palestine*. t. II. Paris: Fayard, 2002.

Laurens, H. *La question de Palestine*. t. III. Paris: Fayard, 2007.

Laurens, H. *La question de Palestine*. t. IV. Paris: Fayard, 2011.

Laurens, H. *La question de Palestine*. t. V. Paris: Fayard, 2015.

Laurens, H. Le projet d'Etat juif en Palestine attribue à Bonaparte. *Orientales I. Autour de l'Expédition d'Égypte*. Paris: CNRS Editions.

Laurens, H. *Le retour des exilés: la lutte pour la Palestine de 1869 à 1997*. Paris: Robert Laffont, 1998.

Laurens, H. Un accord douteux entre le mouvement sioniste et l'Allemagne nazie. *Orient XXI*, 25 fev. 2019.

Lawrence, T. E. *Seven pillars of wisdom*. London: Penguin, 1986.

Lazzarini, P. Commissário-geral da Unrwa, 15 out. 2023.

Le *New York Times* affirme que le renseignement israélien savait que le Hamas préparait une attaque inédite. *Le Monde*, 1º dez. 2023.

Legrain, J.-F. *Les Palestiniens du quotidien: les élections de l'autonomie*. Beirute-Amã: CERMOC, janeiro de 1996, 1999.

Lei fundamental "Israel etant l'Etat-nation du peuple juif". Knesset, Jerusalém, 19 juillet 1948.

Lemire, V. *Au pied du Mur: vie et mort du quartier maghrébin de Jérusalem*. Paris: Seuil, 2021.

Let the Bible be your Guide. New York: Israel Government Tourist Administration in North America, 1980.

Lewis, D. *The origins of Christian Zionism: Lord Shaftesbury and evangelical support for a Jewish homeland*. New York: Cambridge University Press, 2010.

Liban, le problème des disparus. *Lettre de la Fédération internationale des droits de l'homme*, n. 42, janeiro de 1984.

Lis, J.; Shezaf, H. Amnesty Report Accusing Israel of Apartheid Is Antisemitic. *Haaretz*, 31 jan. 2022.

Lisee, C. Michele Bachmann's Muslim Brotherhood claims draw fierce fire. *Washington Post*, 19 jul. 2022.

Londres, A. *Le juif errant est arrivé*. Paris: Le Serpent à Plumes, 2011.

Lowdermilk, W. *Palestine, terre des promesses*. Paris: La Terre Retrouvée, 1945.

Lucas, K. *Les évangéliques sionistes des États-Unis*. Paris: L'Harmattan, 2022.

Lynch, C. Israeli leader blasts Ahmadinejad at UN. *The Washington Post*, 24 set. 2009.

Magid, J. L'objectif est d'éradiquer le Hamas. *Times of Israel*, 22 out. 2023.

Mahla, D. Convergence of fundamentalisms? Ultra-Orthodox Nationalists (*Hardalim*) in Israel. *Zeitschrift für Religion, Gesellschaft und Politik*, n. 7, 2023.

Malbrunot, G. Emmanuel Macron: je crois en deux souverainetes. *Le Figaro*, 30 jan. 2020.

Mandeville, L. Pour les chretiens evangeliques, Trump est un "nouveau Cyrus". *Le Figaro*, 16 maio 2018.

Mansour, C. Les Palestiniens après la guerre du Liban. *Politique étrangère*, n. 2, 1983.

Maoz, M. (org.). *Studies on Palestine during the Ottoman period*. Jerusalém: Hebrew University Press, 1975.

Martinez, J; Smith, G. How the faithful voted. *Pew Research Center*, 9 nov. 2016.

Masalha, N. Expulsion of the Palestinians: the concept of "Transfert". *In*: *Zionist political thought, 1882-1948*. Washington: Institute for Palestine Studies, 1992.

Mazoue, A. Imbroglio diplomatique autour de Netanyahou et Abbas. *France 24*, 13 de janeiro 2015.

McTague, J. Anglo-French negotiations over the boundaries of Palestine, 1919-1920. *Journal of Palestine Studies*, v. 11, n. 2, 1982.

Mearsheimer, J; Walt, S. *Le lobby pro-israélien et la politique étrangère américaine*. Paris: La Découverte, 2007.

Meir, G. Entrevista para a Thames TV, 26 fev. 1970.

Meir, G. Entrevista para o *New York Times*, 27 ago. 1972.

Meir, G. Entrevista para o *Sunday Times*, 15 jun. 1969.

Mendelson, A.; Smith, Z. Visions of a new state. *Journalism Studies*, VII/2, 2006.

Merkley, P. C. *The politics of Christian Zionism 1891-1948*. London: Frank Cass, 1998.

Michele Bachmann lashes into Obama on Israel and Iran. *TC Jewfolk*, 6 mar. 2012.

Michele Bachmann on her love for Israel. *TC Jewfolk*, 24 mar. 2010.

Miller, A. D. *The much too promised land: America's elusive search for Arab-Israeli peace*. New York: Bantam, 2008.

Mitterrand, F. Discurso transmitido pela rádio e pela televisão, 3 mar. 1991.

Moorhead, J. A father of zionism: William Blackstone?. *Journal of the Evangelical Theological Society*, v. 53, n. 4, 2010.

Morris, B. *The birth of the Palestinian refugee problem revisited*. New York: Cambridge University Press, 2003.

Morris, B. The causes and character of the Arab exodus from Palestine. *Middle Eastern Studies*, v. 22, n. 1, 1986.

Mustafa, T. With all eyes on Gaza, Israel tightens its grip on The West Bank. *International Crisis Group*, 24 nov. 2023.

Nafi, B. *Arabism, Islamism and the Palestine question 1908-1941*. Reading: Ithaca Press, 1998.

Naor, A. Lessons of the Holocaust versus territories for peace. *Israel studies*, v. 8, n. 1, 2003.

Netanyahu, B. Discurso na Universidade Bar-Ilan. Ramat Gan, 14 jun. 2009.

Netanyahu, B. *International terrorism: challenge and response*. Jerusalém: Jonathan Institute, 1981, prefácio.

"No innocent people in Gaza", says israeli Defense minister. *Middle East Eye*, 9 abr. 2018.

Nooten, C. Guerre Israël-Hamas: isoles, les Etats-Unis bloquent une résolution a l'ONU. *Le Monde*, 19 out. 2023.

Ocha. Occupied palestinian territory, situation report, 27 maio 2021.

ONU, Office for the Coordination of Humanitarian Affairs (OCHA). *Protection of Civilians Report*, 26 set. 2023.

Oren, M. Avigdor Lieberman is Israel's paradox. *The Atlantic*, 30 ago. 2019.

Pacto fundador da Sociedade das Nações, 28 de junho de 1919, artigo 22.

Palestinian Center for Policy and Survey Research. Public opinion poll n. 46, 30 mar. 2000.

Pence, M. Intervenção na convenção da CUFY, Washington, 18 jul. 2017.

Police probe of Re'im massacre shows terrorists didn't know about party in advance. *Times of Israel*, 17 nov. 2023.

Pollock, J. *The Billy Graham story*. Grand Rapids: Zondervan, 2003.

Pollock, L. Winston Churchill in Palestine. *Jerusalem Post*, 28 mar. 2021.

Publicidade de página inteira do *Christian Science Monitor*, 3 nov. 1977.

Pulling the trigger is the first option. *Euro-Med Human Rights Monitor*, Janeiro de 2023. Disponível em: https://euromedmonitor.org/en.

Qaddafi urges suicide for Arafat guerrillas. *The New York Times*, 5 jul. 1982.

Rabinovich, A. L'incendie d'Al-Aqsa par un australien qui a failli embraser le Proche-Orient. *Times of Israel*, 18 nov. 2019.

Radosh, Allis e Ronald. *A safe haven: Harry S. Truman and the founding of Israel*. New York: Harper, 2009.

Remy, J.-P. A Gaza, avec l'armée israélienne. *Le Monde*, 8 nov. 2023.

Report on Israeli settlements in the occupied West Bank, including East Jerusalem. União Europeia. Bruxelas: 29 jun. 2020.

Resolução 234 do Conselho de Segurança da ONU, 14 jun. 1967.

Resolução 242 do Conselho de Segurança da ONU, 22 nov. 1967.

Resolução 273-III, adotada em 11 de maio de 1949 pela Assembleia Geral da ONU.

Resolução 771 da Câmara dos Representantes, 25 out. 2023.

Resolução 867 da Câmara dos Representantes, 3 nov. 2009.

Ricard, P. A Dubaï, Macron fait les frais de l'irritation arabe face a Gaza. *Le Monde*, 2 dez. 2023.

Riftin, R.; Rosenberg, J. La menace qui pèse actuellement sur Israël vient de son propre gouvernement. *Le Monde*, 13 abr. 2023.

Robertson, P. Intervenção em seu programa de televisão do "700 Club", 5 jan. 2006.

Rod-Larsen, T.; Laiq, N.; Aidan, F. (org.). *The search for peace in the Arab-Israeli conflict*. Oxford: Oxford University Press, 2014.

Rogan, E. *Frontiers of the State in the late Ottoman Empire*. New York: Cambridge University Press, 2002.

Rose, B. Many orthodox Jews support president Trump, I'm one of them. *Jewish Telegraphic Agency*, 28 ago. 2020.

Rosin, H. Bush's Christ moment. *The Washington Post*, 16 dez. 1999.

Ross, D. *The missing peace: the inside story of the fight for Middle East Peace*. New York: Farrar, Straus & Giroux, 2004.

Russell, C. Diretora-Executiva do Unicef, 9 nov. 2023.

Saaïdia, O. L'anticlericalisme, article d'exportation? *Vingtième siècle*, n. 87, 2005.

Sabbagh, D. Civilian death rate in Israeli airstrikes higher than in past conflicts. *The Guardian*, 10 nov. 2023.

Safi, K. *Awareness in the 1834 palestinian revolt: terres et espace en Palestine*. Beirute: Presses de l'IFPO, 2008.

Sallon, H. Les divergences entre Etats arabes empechent une initiative commune pour l'apres-guerre. *Le Monde*, 12 nov. 2023.

Samaan, J.-L. Israël-Hezbollah, la nouvelle équation stratégique. *Politique étrangère*, n. 2, 2015.

Santus, R. Pastor who tinks Jews can't be saved led the opening prayer at the US Embassy in Jerusalem. *Vice*, 14 maio 2018.

Sarna, J. A scholar of American antisemitism explains the hate symbols present during the US Capitol riot. *The Conversation*, 9 jan. 2021.

Sayigh, Y. *Armed struggle and the search for a State*. New York: Oxford University Press, 1998.

Schölch, A. Britain in Palestine 1838-1882. *Journal of Palestine Studies*, v. 22, n. 1, out. 1992.

Schölch, A. *Palestine in transformation 1856-1882*. Washington: Institute for Palestine Studies, 1993.

Seale, P. *Asad, the struggle for the Middle East*. Berkeley: University of California Press, 1989.

Segev, T. *A State at any cost*. New York: Farrar, Straus et Giroux, 2019.

Shamir, Y. Discurso na Conferência de Paz de Madri, 31 out. 1991.

Shibli, A. *Un détail mineur*. Paris, Actes Sud, 2020.

Shlaim, A. *Collusion across the Jordan*. Oxford: Clarendon Press, 1988.

Shlaim, A. *Israel and Palestine: reappraisals, revisions, refutations*. London: Verso, 2009.

Smolar, P. Comment Netanyahou soigne les "illiberaux" est-europeens. *Le Monde*, 19 jul. 2018.

Smolar, P. Israel et la Hongrie s'allient contre le philanthrope Soros. *Le Monde*, 13 jul. 2017.

Smolar, P. Israel, la percée de la Liste arabe unie. *Le Monde*, 18 mar. 2015.

Smolar, P. Israël, une affaire personnelle pour Biden et son administration. *Le Monde*, 18 out. 2023.

Smotrich: il n'y a pas de peuple palestinien, les "vrais Palestiniens" sont ma famille. *The Times of Israel*, 20 mar. 2023.

Soares, K. Yoav Gallant, le ministre à la tête de l'offensive militaire contre le Hamas. *L'Express*, 13 out. 2023.

Sofer, R. Netanyahu on Goldstone Report. *Ynet*, 16 set. 2009.

Spector, S. *Evangelicals and Israel*. New York: Oxford University Press, 2009.

Spetalnick, M.; Mason, J.; Holland, S.; Zengerle, P. I'm a zionist: how Joe Biden's lifelong bondwith Israel shapes war policy". *Reuters*, 21 out. 2023.

Steele, P. E. British Christian Zionism: Reverend William Hechler. *Fathom*, abril de 2022.

Steele, P. E. British Christian Zionism: the work of Laurence Oliphant. *Fathom*, jan. de 2020.

Stephan, L. A Gaza, plus de cent employés de l'ONU sont morts, c'est sans précédent. *Le Monde*, 26 nov. 2023.

Sternhell, Z. *Aux origines d'Israël*. Paris: Gallimard, 2004.

Survey shows substantial support for renewal of Gaza settlement after war. *Times of Israel*, 18 nov. 2023.

Tafakji, K. *31°Nord 35°Est. Chroniques géographiques de la colonisation israélienne.* Paris: La Découverte, 2020.

Tamam, G. Even ChatGPT sides with Israel. *Scoop Empire*, 12 de nov. de 2023. Disponível em: https://scoopempire.com/.

Tenorio, S. M. Palestinian resistance poetry by Mahmud Darwish. *Middle East Monitor*, 11 jan. 2021.

Texto da "Loi sur Israel comme Etat-nation du peuple juif", disponível no site do Knesset, 19 jul. 2018.

The Guardian, 17 set. 2001.

The Palestinian economy during the period of the Oslo Accords. *B'Tselem*, 1º jan. 2011. Disponível em: https://www.btselem.org/.

The Supreme Court of occupation. *B'Tselem*, 25 fev. 2020. Disponível em: https://www.btselem.org/.

Türk, V. Alto-Comissário da ONU para os Direitos Humanos, 28 out. 2023.

Unicef: Those in Power Have Decided Killing to Recommence in Gaza. *Times of Israel*, 1º de dez. 2023.

UPI. Jerusalém, 13 mar. 1978.

Valencia, K. Franklin Graham prays with Netanyahu during Israel's visit. *Christian News*, 20 nov. 2023.

Vescovi, T. *L'échec d'une utopie: une histoire des gauches en Israel.* Paris: La Découverte, 2021.

Vidal, D.; Boussois, S. *Comment Israël expulsa les Palestiniens (1947-1949)*. Paris: L'Atelier, 2007.

Vincent, L. *Jérusalem 1900, l'âge des possibles*. Paris: Armand Colin, 2012.

Von der Leyen a Netanyahu: "L'Europe se tient aux cotes d'Israël". *Times of Israel*, 14 out. 2023.

Walker, H. Bachmann blasts Obama for not "standing by" Israel and Mubarak. *Observer*, 9 fev. 2012.

Zertal, I.; Eldar, A. *Les Seigneurs de la terre: histoire de la colonisation israélienne des territoires occupés.* Paris: 2013, Seuil.

Ziri, D. Trump: some US Jews "don't love Israel enough". *Haaretz*, 9 dez. 2019.

Índice

B

C

F

G

H

I

J

K

L

M

N

O

P

Q

R

S

T

U

V

W

Y

EDITORA VOZES LTDA.
Rua Frei Luís, 100 – Centro – Cep 25689-900 – Petrópolis, RJ
Tel.: (24) 2233-9000 – E-mail: vendas@vozes.com.br